U0133593

# 方仙道與古華山

李顯光 著

文史哲學集成
文史哲出版社印行

國家圖書館出版品預行編目資料

方仙道與古華山 / 李顯光著. -- 初版 -- 臺北
市：文史哲，民 105.05
頁；公分（文史哲學集成；685）
ISBN 978-986-314-298-0（平裝）

1.道教修煉

235                          105007885

# 文史哲學集成　685

# 方仙道與古華山

著　　者：李　　　顯　　　光
出 版 者：文　史　哲　出　版　社
http://www.lapen.com.tw
e-mail：lapen@ms74.hinet.net
登記證字號：行政院新聞局版臺業字五三三七號
發 行 人：彭　　　正　　　雄
發 行 所：文　史　哲　出　版　社
印 刷 者：文　史　哲　出　版　社
臺北市羅斯福路一段七十二巷四號
郵政劃撥帳號：一六一八○一七五
電話886-2-23511028・傳真886-2-23965656

**實價新臺幣七○○元**

二○一六年（民一○五）五月初版

ISBN 978-986-314-298-0　　00685

# 序 一

80 年前，陳寅恪先生在談到戰國燕齊方士的神仙方術時，推斷說："蓋海濱之地應早有海上交通，受外來之影響。"他對此無暇考證，緊接著說："其不易證明，姑置不論"[1]。

80 年後，李顯光先生主動將前輩姑置不論的事做了起來，列舉出燕齊方術受外來影響的種種事例。比如，本書《方仙道與古華山》說長桑君、羡門、安期生等都是來自海外的方士。比如，他在本書中爲方仙道下了一個新的定義說："'方諸'爲外邦諸國，方諸真人爲外國真人，方術則爲來自外國的養生、長生方法，方仙道可解釋爲方諸仙道。"

十幾年前，有一篇文章提出一個挑戰性的觀點說：春秋戰國時，方士不斷來華山修煉、巡遊，成爲早期的道士。東漢時華山道教是以《靈寶經》系統爲其教義的，傳教者有裴元仁、燕濟、張楷等[2]。該文對華山方士的考證和論述比較簡單，其挑戰性的觀點沒有引起普遍的注意。

李顯光先生的祖父涵靜老人曾攜眷隱修于華山，因此李

---

1 《天師道與濱海地域之關係》，陳寅恪集《金明館叢稿初編》，第 1－2 頁。三聯書店，2001 年 6 月北京第 1 版。
2 鄭振邦《華山爲我國道教組織三大發祥地之一》，《渭南師專學報》（社會科學版）1999 年第 6 期，第 14－17 頁。

顯光先生對於考察古代華山方士的蹤跡情有獨鍾。李顯光先生接著這篇文章講，先後發表過《上清道法中的華山淵源》、《從〈清靈真人裴君傳〉觀察葛氏道》、《華嶽仙蹤》、《華山與社會間的互動研究》等論文。本書《方仙道與古華山》囊括了這些論文，並大大擴充了內容。通過本書的勾稽，人們眼中的古代華山方士一下子多了起來，清晰了起來。

　　1981 年 3 月我曾從山腳攀登到華山頂峰，曹祥貞道長招待我們在剛剛修好尚未營業的招待所過夜。纜車架設後，我又乘纜車上去過。西嶽華山在五嶽中是最陡峭險峻的。中華或華夏之“華”字，即源于華山之“華”字。古代華山特別適於隱修，近些年曹祥貞道長還在大上方山洞裡隱修。華山有關仙人、方士、道士的遺跡和傳說的確很多。

　　通過對古代華山方士蹤跡的勾稽，李顯光先生提出自己的結論說：“通過史料可以知道《五嶽真形圖》、《三皇文》、《黃帝九鼎丹書》及《太清丹經》都與華山裴玄仁有關。道人支子元于咸陽城南佛圖中曲室傳裴玄仁的道法，經由華山傳到嵩山，張陵得之入蜀開創五斗米道，左慈、鮑靚、魏華存傳江南，形成葛氏道、上清派。”這一結論包含了十幾年前那篇文章的挑戰性觀點，而且涵蓋面更廣，幾乎顛覆了學術界關於漢魏六朝道教史的通識。

　　我很贊成胡適先生的名言：“大膽假設，小心求證。”如果沒有大膽假設，總是循規蹈矩、亦步亦趨，有時就會裹足不前。大膽假設，可以開拓思路。大膽假設之後如果沒有小心求證，一味草率妄論、無根武斷，則必定走入歧途。小心求證，也就是充分而嚴謹的考證。小心求證後，如果證據充分，則可將假設變爲斷言；如果證據比較充分，則可推斷；如果證據不夠充分，甚至只有孤證，則只能推測；如果沒有證據，則假設仍然是假設。總之，言必有據，論不妄發，有幾分證據說幾分話，持認真求實的態度。小心求證後的推斷或推測，是有價值的探索，可以給人以啟發，即使將來被證明是錯了。妄論和武斷，與這種小心求證後推斷或推測的錯誤，不可同日而語。

《方仙道與古華山》前後六易其稿，歷時五年，李顯光先生的確盡力小心求證了。但是，李顯光先生的總結論是匯合許多分結論而成。而支撐某些分結論的證據並不充分，有的甚至只能看成推測。所以，我感到《方仙道與古華山》的總結論下得有些滿了。但是，至少是提出了一個值得討論的問題。

李顯光先生的《方仙道與古華山》採用了不少神仙傳記、傳說甚至神話類文獻。對這類資料，有兩種對待方法是不可取的。一種是不屑一顧，結果是拋棄了其中埋藏的史料。一種是拿來就用，結果是背離了真實。有一些學者將此類資料拿來就用，很省力氣，出成果很快，但經不起檢驗。李顯光先生的作法是重視此類資料，對其進行辨析、考證，盡可能還原其中隱藏的歷史真實，挖掘出可用的史料。這種作法是對的。

從神仙傳記、傳說、神話類文獻中挖掘史料的工作，就如同顧剛先生的“古史辨”那樣艱難，大概比姚際恒先生和黃雲眉先生的“偽書考”還要難。顧剛先生的“古史辨”、姚際恒先生和黃雲眉先生的“偽書考”，皆有失誤。李顯光先生的辨考功夫不可與顧、姚、黃三位先生相比，《方仙道與古華山》中也可能出現一些考證錯誤。相信學者們會逐步指出其中的錯誤，也相信李顯光先生會虛心接受指正。

作學問講究"行萬里路，讀萬卷書"。李顯光先生先"行萬里路"，後"讀萬卷書"。近十幾年來，李顯光先生在學術界廣結師友，四處求教。李顯光先生讀書達到了分秒必爭、廢寢忘食的程度。他毫無功利地全身心地投入到學術研究中，從學術研究中尋求並獲得了快樂。他進步很快，學術殿堂早已接納了他。他的人生達到一個新的境界。

《方仙道與古華山》即將出版，樂爲之序。

朱越利　2014 年 1 月 15 日

# 前　言

　　過去閱讀《道藏》困難，1913 年陳攖寧長住上海白雲觀，研讀明刊《道藏》5300 餘卷續刊 180 卷，寫成《四庫全書不識道家學術之全體》文稿。1942 年陳國符先生任教西南聯大，於昆明龍泉鎮北京大學文科研究所得讀《道藏》，此後將歷年翻閱剳錄，輯成《道藏源流考》，爲閱讀《道藏》的工具書。

　　1977 年新文豐出版公司影印《正統道藏》，編爲 16 開本 60 冊。1988 年文物出版社、上海書店、天津古籍出版社聯合縮小影印明版《道藏》，編爲 16 開本 36 冊。此後在各大圖書館已能閱《道藏》，唯典籍厚重，翻閱吃力，史料浩瀚，"儒者畏難，羽士鮮學。"

　　近年洪百堅先生將《道藏》數位化，研讀更加方便，使得《道藏》不再是少數人的讀物。目前已有綜合性的大型文庫如《四庫全書》、《四部叢刊》、《國學寶典》、《大正新修大藏經》等電子檢索版，便於準確掌握資料。將搜集到的資料輸入電腦，透過準確而有效的檢索，最後作整合分析，藏匿在死角的資料就浮現出來。

　　歷史常被摻入神祕色彩，以致無從考察原委，神話與歷史常混淆。王士偉說："不少道史傳記往往託爲天神降神授之書，人爲地杜撰出一個古老悠久、撲朔迷離、神秘莫測的發現和傳授系統。”“將真實的宗教史事蹟同神話傳說，神蹟靈異故事互相混雜，融爲一體，影響到它的真實性和可信度。研究道史若完全拋棄它，則失去了最基本的資料來源；若完全相信，又會有失真實。”[1]元‧王道明《終南山祖庭仙真內傳》序“有好事者記錄爲傳，則又過神其事，反使後世不能盡信……嘗觀所謂《列仙》、《總仙》、《高道》等傳，未有不涉此議者。”

詹石窗先生認爲《真誥》“除了注意記錄仙真口訣之外，還常常有關於仙真修道故事的描述。在此類故事中，我們已經難以分清故事的主人公到底是仙真還是修道者。”[2]道經不僅有以訛傳訛的現象，還會以假亂真，教內扶乩通神而產生的仙真，經過一些時日，後人不察以爲真實存在。

神話中就有歷史，道教人物經歷史長河，在信仰圈經長時間不斷重新塑造，往往真實存在的人，轉化爲虛構人物；傳說中的人，有可能被信徒認爲真實存在。必須把感通心傳，口授親傳，張大其說，與私淑攀附，區別開來。

關於仙傳中的人物、內容是否真實，與研究仙傳的態度，柳存仁先生說：看仙傳的文字，最好依照時代的先後，把它們統看，就知道它們往往相襲。時代後些的仙傳說，有些話和正史一對，毫無根據，其實不是毫無根據，是根據以前毫無根據的別的仙傳。[3]

---

1　王士偉《樓觀道源流考》。
2　詹石窗《道教神仙信仰及其生命意識透析》，湖北大學學報 2004 年第 5 期。
3　柳存仁《道教史探源》68 頁。

　　研究者往往利用方誌，方誌綜合記載一定地區的政治、經濟、文化、自然，一般堅持"越境不書"，不屬界內的事不予記述，個人史料可能因此支離破碎。方誌、仙傳中對一些人物的記載，由於資料有限，往往以傳說爲據，也使記載失實。許多內容在文獻中很難甚至完全找不到記載，只能在地下保存下來，判讀考古材料時如果缺乏深厚的文獻功底，無法正確的解釋。但是地下文物有其侷限性，只能顯示部分歷史。

　　例如張魯以鬼道教民，《晉書·李特》云漢末張魯"以鬼道教百姓，賨人敬信，巫覡多往奉之。"陳國符認爲天師道與巫覡有關[4]，考古時只能看到與巫覡有關之墓葬，《中國道教考古》[5]一書反映出了天師道，求神仙長生不老的方仙道，卻付之闕如。完全倚賴地下文物所顯示的證據，會陷入瞎子摸象的困境。

　　出自民間巫師的"鎮墓文"，文字淺顯粗俗，"黃神越章"與驅鬼辟邪的巫術有關。方士尚神仙，巫覡交鬼神。"天帝神師"與能御風而行的神仙家，不同一個路數。道教在創立的過程中吸取原始的鬼神崇拜、黃老道、讖緯之學，更主要的是先秦以來的神仙方術，無法就單一面向來描述道教是如何開展的。

　　道教在具有教團形式之前，是方仙道與鬼道並存。例如建安中（196－219）東漢張昶《西嶽華山堂闕碑銘》碑文"世宗又營集靈之宮於其下，想松喬之儔，是遊是憩。郡國方士，

---

4　《道教源流考》下冊 260 頁。
5　張勛燎、白彬《中國道教考古》，北京：線裝書局 2006 年。

自遠而至者，充巖塞崖。鄉邑巫覡，宗祀乎其中者，盈谷溢谿。咸有浮飄之志，愉悅之色。"世宗爲漢武帝劉徹（前156－前87）廟號，彼時華山已有大量方士與巫覡的活動。

　　長期以來，華山被忽略和研究力量相對薄弱，使得華山在道教史上的重要性，一直未得到應有的認識。同時學術界長期以來缺乏方仙道的基礎研究，不可避免地會產生一些常識性的問題，也認不清方仙道的本質。

　　歷史很難隔斷時代背景與周邊相關事件的聯繫。本文以華山這個空間觀察道教脈絡，在更寬大的視野下，進行全方位研究。將同一地域、同一時期所曾記載的人物分析比對，以史料上的地緣配合人緣與史緣研究，這樣才能看到真貌。既維護地域原則，也確保對歷史的完整認識。

　　筆者祖父涵靜老人抗戰前攜眷隱修於華山大上方，因此對有關華山的史料感興趣，曾將所見華山修煉者，依時代先後羅列，發現距離陳摶一千年以前的華山，有一群人彼此有師承關係。饒宗頤先生說："治古史難如海底撈針，錯了方向便投入迷宮去。必須掌握一把鑰匙，方有解決問題的機會。"[6]《雲笈七籤》卷105《清靈真人裴君傳》正是開啟研究方仙道的鑰匙。

---

6　饒宗頤《西南文化創世紀》引言。

# 方仙道與古華山

## 目　　次

# 從燕齊神仙方士看中西
# 文化的相遇與相容

　　神仙的起源，看法分歧。顧炎武《天下郡國利病書》言："湘楚之俗尚鬼，自古以然。"許地山《中國道教史》說："神仙信仰底根源當起于古人對於自然種種神秘的傳說。""道家之術，雜而多端，先儒之論備矣。"這是認爲神仙之說產生於本土。

　　聞一多（1899－1946）《神仙考》認爲"齊國（山東半島）並非神仙的發祥地，因之海與神仙亦無因果關係。""齊人本是西方遷來的羌族，其不死觀念也是從西方帶來的。[1]""甘肅新疆一帶，正是古代羌族的居地，而傳說中的不死民、不死之野、不死山、不死樹、不死藥等，也都在這裏。很可能不死觀念是當初從西方帶進來的。[2]"

---

1　聞一多《神仙考》，《聞一多全集》第 3 冊。
2　聞一多《神仙考》，《墨子・節葬下》篇云"秦之西，有儀渠之國者，其親戚死，聚柴薪而焚之，熏上，謂之登遐。"《呂氏春秋・義賞》"氐羌之民，其虜也不憂其係纍，而憂其死不焚也。"聞一多考證"儀渠即義渠，當是羌族。"據此：以上所說都是火葬，火葬的意義是靈魂因乘火上天而得永生，故古書所載火葬俗流行的地方，也是"不死"傳說發生的地方。今甘肅慶陽及涇川一帶，是古代羌族的居地，傳說中的不死民、不死之野、不死山、不死樹、不死藥等，都在這裏。

顧頡剛（1893－1980）認爲戰國之前不見仙人史料，以後神仙方術漸盛，神仙思想的觀念是"戰國是一個社會組織根本變動的時代，大家感到苦悶……於是吸風引露的超人就出來了。"[3] 又云戰國時海洋交通已萌芽，航線已擴展到南海的東京灣。"燕齊吳越等國，由於沿海常會看到樣子特別的外國人，聽到許多海洋景物的描述，於是有了《齊諧》一類的志怪之書……於是激起海上三神山的傳説和求仙的欲望，有了方仙道。"[4]

余英時（1930－　）認爲"中國東部海上貿易的起源，可能會追溯到史前時代。不過自公元前 4 世紀以來，這一地區的沿海航行和遠洋航行才發展到了空前的程度，這與追求長生不老的道教的興起密切相關。"[5]

宋代王應麟《困學紀聞》卷 20 引朱黼説："三代以上，不過日天而止，春秋以來，一變而爲諸侯之盟詛，再變而爲燕秦之仙怪，三變而爲文景之黃老，四變而爲巫蠱，五變而爲災祥，六變而爲圖讖，然後西方異説，乘其虛而誘惑之。"周紹賢説："儒家十三經並無仙字，老子五千言亦無仙字，足徵"神仙"一詞不見於春秋之前。[6]"本文藉戰國時海路的開通，論證神仙方術不是單一文化作用的結果，而是中外文化交流後，相互影響、相互借鑒的產物。

漢代對外交通有西域絲路、蜀身毒古道、海路等三條路

3 顧頡剛《秦漢的方士與儒生》第 9 頁。
4 顧頡剛《莊子和楚辭中崑崙和蓬萊兩個神話系統的融合》，《中華文史論叢》1979 年第二輯 33 頁。
5 余英時《漢代貿易與擴張》173 頁。
6 周紹賢，《道家與神仙》，第 5 頁。

線。西域絲路從長安或洛陽出發，經河西走廊到玉門關出西域，有兩條主要的路徑，經塔里木盆地東端的樓蘭，折向西南，沿崑崙山北麓西行至莎車，稱爲南道，南道西出蔥嶺至中亞的大月氏、安息。另一條經車師前王廷（今吐魯番），沿天山南麓西行至疏勒（今新疆喀什），稱爲北道。北道西出蔥嶺，至中亞的大宛、康居、奄蔡（黑海、咸海間）[7]。

　　張騫出使西域時，在大夏（今阿富汗北部）曾見邛竹杖、蜀布，大夏人訴說"身毒國在大夏東南可數千里。"張騫回長安後，向漢武帝建議"今使大夏，從羌中險，羌人惡之；少北，則爲匈奴所得；從蜀宜徑，又無寇。"說明早在西域絲路開通前，蜀身毒道就已經存在。

　　三星堆和金沙遺址中曾經出土大量的象牙，大量的象牙需要藉助於貿易。從地圖上看，中國通往印度最短的路程，是自四川經雲南轉緬甸而到印度，循這條路線，古代蜀人在商貿交易時，帶回三星堆出土的眾多海貝，也帶來金杖等文物所揭示的外來文明因素。

---

7 《漢書・西域傳上》"自玉門、陽關出西域有兩道。從鄯善傍南山北，波河西行至莎車，爲南道；南道西踰蔥嶺則出大月氏、安息。自車師前王廷隨北山，波河西行至疏勒，爲北道；北道西踰蔥嶺則出大宛、康居、奄蔡焉。"

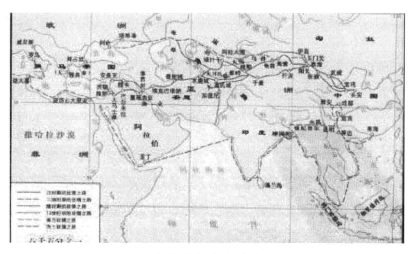

戰國時海路的開通

　　漢武帝欲打通從雲南經緬甸到印度，再通往安息、大秦的陸路交通，但沒有成功。後來明帝永平十二年（69）建立永昌郡，始開通滇緬路。從成都出發，經雅安、漢源、西昌，到會理縣境內，渡金沙江至雲南大姚、大理地區，再從大理出發，經保山循大盈江南行，經千崖抵達今緬甸境內的八莫，再西行至印度、阿富汗。

　　陶弘景通曉山川、地理、方圖、產物，著有《古今州郡記》與《西域圖》。《陶隱居集·難沈約均聖論》說："越裳白雉，尚稱重譯，則天竺罽賓，久與上國殊絕。衰周以後，時或有聞。故鄒子以為赤縣於宇內，止是九州中之一耳。漢初長安，乃有浮屠，而經像眇昧。張騫雖將命大夏，甘英遠屆安息，猶弗能宣譯風教，闡揚斯法。必其發夢帝庭，乃稍就興顯。此則似如時致通闉，非關運有起伏也。"[8]是說古代中外交通，周末以前，本來不廣，到周末才能及遠，直到漢代還有時通暢、時阻塞的現象。

漢武帝開通絲路以前主要靠海路，《洛陽城西伽藍記》說海路"浮浪乘風，百日便至（大秦）"。所謂"浮浪"是藉冬季逆時針洋流對船的推力，"乘風"是在季風的吹送下揚帆航行。每年四月至六月，今東南亞、南亞、西亞的船隻，從西域沿海啟航，藉北印度洋的順時針洋流和西南季風的推送力，可以較短時間抵達東南沿海；一般在十月至翌年正月東北季風時節，從國內啟程乘風而去。

往來的商舶，需要以印尼的港口補充食用淡水，停留數月以等候季風航行。法顯《歷遊天竺記傳》說："大海彌漫無邊，不識東西，唯望日月星宿而進。"海路的往來費用和所歷辛苦程度，小於陸路；惟取道海路由於候船、季風等因素，受季節影響。

由海路到中國的船舶有兩條路線，一是繞過中南半島抵交趾，另外是由印尼而黑潮[9]經菲律賓、台灣進入日本。過濟州海峽、以馬海峽，沿朝鮮半島西、南岸，渡渤海抵達山東半島北部。

---

8 王明《論陶弘景》，世界宗教研究1981年第1期。

9 黑潮是由太平洋北赤道流在菲律賓群島以東向北流動的一個分支延續而來。位於中國台灣東南和巴士海峽以東海域。沿台灣東岸北上，通過蘇澳和與那國島之間的水道流入東海。主軸指向東北，在陸架外緣和陸坡之間流動。當它在奄美諸島西北分出對馬暖流分支後，轉向東流，通過吐噶喇海峽北部流出東海，進入日本以南的太平洋海域；再沿日本諸島沿岸流向東北，在本州銚子附近離開陸坡向東流去，成為黑潮續流（Kuroshio Extension），再延伸為北太平洋流。

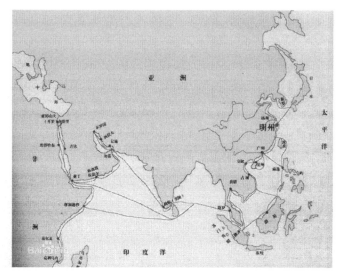

《漢書‧地理志》記載：自日南（在交阯南）、障塞（今越南峴港）、徐聞（雷州半島南端）、合浦（在今廣西），船行可五日，有都元國（今越南南圻一帶），又船行可四日，有邑盧沒國（今泰國華富里），又船行可二十餘日，有諶離國（指暹羅古都佛統），步行可十餘日，有夫甘都盧國（緬甸蒲甘地區）。自夫甘都盧國船行二日餘，有黃支國（今印度東岸建志補羅，出海口為馬德拉斯），民俗略與珠崖（漢武帝在海南島設置珠崖和儋耳郡）相類。其州廣大，戶口多，多異物，自武帝以來皆獻見……自黃支船行可八日到皮宗（Pulaw Pisan 在馬來半島西南），船行可二日到日南象林界（越南峴港）……漢之譯使自此還矣。

交州為漢代最重要的對外貿易港，廣州地區西漢晚期和東漢墓葬中出土不少裸體胡俑，束髮或頭上纏巾，作屈膝跪坐或箕踞蹲坐的姿勢，頭上頂一個缽，也有手上托一個缽的

<sup>10</sup>。浙江鄞縣東漢墓出土的胡俑，面部特徵與廣州所出的基本相同<sup>11</sup>。山東安丘漢墓的墓柱石刻中，亦有這種胡人的形象<sup>12</sup>。在山東濟寧發現的漢代畫像石上，有頭上束髮的馴象人<sup>13</sup>；馴象人在山東兩城山、孝堂山、滕縣、嘉祥呂村、江蘇連雲港孔望山、徐州洪樓等地的漢代石刻造像中均有發現，他們與上述胡俑同屬一類。西域胡俑和漢代石刻造像、畫像磚上的西域胡人形象，是歷史的忠實記錄，且只能表明這種歷史現象產生時間的下限。

　　胡俑的特徵爲大眼，鼻子高而大，顴骨略顯多鬚，臉龐較窄且中部突出，屬歐羅巴人種印度地中海類型（Indo-Mediterranean type of Europeoid race），主要來自南亞次大陸及孟加拉灣東北沿岸地區。其中，廣州漢墓所出的胡俑，具有婆羅疤斯國（今印度北部）的特徵，該國曾名貝拿勒斯（Benares），音譯作瓦拉納西、波剌那斯或波羅奈斯（Varanasi）。古時多信耆那教，"或斷髮，或椎髻，露形無服，塗身以灰，精勤苦行，求出生死"<sup>14</sup>。顯然是來自印度的恒河流域。

　　印度在公元前 5 世紀至前 4 世紀，已大量使用中國絲綢。西方"歷史之父"希羅多德（484－425？）其名著《歷史》說，希臘商人曾在公元前 6、7 世紀到過"絹國之都"。公元前 4 世紀印度旃陀羅笈多王朝的考第亞（kautilya）在《政事

10　黎金《廣州的兩漢墓葬》，《文物》1961 年第 2 期。
11　《中國陶瓷》圖錄《越窯》分冊，上海：人民美術出版社 1983 年版。
12　殷汝章《山東安丘牟山水庫發現大型石刻漢墓》，《文物》1960 年第 5 期。
13　夏忠潤《山東濟寧縣發現一組漢畫像石》，《文物》1983 年第 5 期。
14　《大唐西域記》卷 7《婆羅疤斯國》，高麗新藏本。

論》中說 "支那（Cina）產絲綢與紐帶，賈人常販至印度。"
"出產在支那成捆的絲"，說明 "至遲在公元前四世紀中國
絲已輸入印度。[15]" 紀元前 "印度人在南中國海已有定期的
海上交通。" [16]

　　張騫兩次奉命出使西域，第一次到中亞和阿富汗地區。
第二次到了西亞、美索不達米亞平原（兩河流域）和沙姆地
區（今敘利亞、約旦、巴勒斯坦、黎巴嫩），其中一個分隊
還到了當時屬於羅馬帝國（大秦）版圖的埃及亞歷山大城。

　　《漢書·西域傳》記載 "武帝始遣使至安息"。安息位
於波斯（今伊朗）北方裏海南岸。西洋史上稱爲 Parthia。公
元前 250 年左右由阿爾薩克斯王（Arsakes）所建，故稱阿爾
薩克斯王朝，安息爲其音譯。阿爾薩克斯王朝極盛時，自印
度河畔至美索不達米亞皆爲其領土。

　　《漢書·張騫傳》："因益發使抵安息、奄蔡、犛軒、
條支、身毒國。" 顏師古注 "自安息以下五國皆西域胡也。
犛軒，即大秦國也。" 犛軒即羅馬帝國的亞歷山大城，始建
於公元前 332 年馬其頓國王亞歷山大東侵埃及時，後成爲埃
及托勒密朝的都城，爲希臘化文化傳播的中心。

　　漢朝與羅馬帝國貿易，安息是必經之地，海運掌握在安
息人手中，壟斷了中國與印度、羅馬帝國的貿易，《後漢書·
西域傳》載大秦 "與安息、天竺交市於海中，利有十倍。"
《魏略·西戎傳》載大秦 "又利得中國絲，解以爲胡綾，故

---

15　王治來《中亞史》第 1 卷 69 頁；又江玉祥主編《古代西南絲綢之路研究》
　　第二輯 47 頁。
16　印度·潘尼迦《印度簡史》，北京：三聯書店，1956。

數與安息諸國交市海中。"羅馬所需的絲得自安息與天竺的
轉口貿易，安息與印度人早就經由海路來到中國。[17]

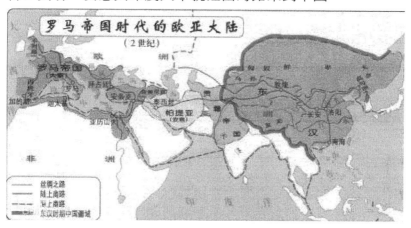

　　海路的開通應始於戰國，齊國在今山東一帶，依山傍海，
南有泰山，東有琅琊，西有黃河，北有渤海。《史記‧貨殖
列傳》說："齊帶山海，膏壤千里。""宜桑麻，人民多文
采布帛魚鹽。"由於經濟政策，山東的蠶絲業相當發達[18]。
《史記‧貨殖列傳》稱臨淄的絲織業"齊冠帶衣履天下"。

---

17 季羡林《商人與佛教》，《季羡林學術論著自選集》第 423 頁。季羡林
　　認爲佛教在中國的最初發生，並不經過西域各國的媒介，而是直接來自
　　印度。
18 《周禮‧職方氏》規定貢納的物品。如農事貢九穀、工事貢器物、商事
　　貢貨賄、牧事貢鳥獸、女事貢布帛等。"《管子‧山國軌》"女貢織帛
　　苟合于國奉，皆置而券之。以鄉擴市准日：上無幣，有穀。以穀准幣。
　　環谷而應策，國奉決。穀反准，賦軌幣。穀廩，重有加十。"意思是，
　　女工織帛供國家之用，國家全部定價收購，並訂立合同，按照規定的價
　　格，折穀償還，如此，政府無需另籌資金，利用穀幣漲落所增加的利潤，
　　解決國奉之債務。待穀由重返輕時，國家就以一定數量的貨幣借貸於人，
　　再將此"反准"之穀購而藏之，這樣，聚則重，又可使穀價加漲十倍。

"齊紈魯縞"，以絲織品著稱於世。《漢書・地理志下》"織作冰紈綺繡純麗之物，號爲冠帶衣履天下。"絲織品是齊國的大宗物質，體積小、重量輕、價格高，是貿易主要的對象。齊桓公（前685）即位後曾採取一系列鼓勵貿易措施：

一是設立市場。《管子》中提出"聚之曰市，無市則民乏"、"百乘之國，中而立市"。吸引了眾多的客商，使齊臨淄很快成爲商業中心。

二是開放邊關，減輕賦稅。允許齊國以外的商人自由地出入關卡，並實行"五十而取一"的低稅政策，讓他們得到實惠。

三是發展海外貿易，通過渤海與燕國進行海上貿易，使渤海成爲當時齊國的一個海上對外貿易區，收到"天下商賈歸齊若流水"，"商旅之繁，甲於天下"的效果。

《管子・輕重乙》"爲諸侯之商賈立客舍，一乘者有食，三乘者有芻菽，五乘者有伍養。"即爲外商興建館舍，提供免費用膳，供應飼料，專人服務等。優惠的條件招徠了許多來自海上的商人來到齊國。齊國對各種文化都能兼容並蓄，有些來自印度與安息的人，成爲當時著名的方士。

## 燕齊從海上而來的方士

### （一）長桑君

《史記・扁鵲倉公列傳》記載：扁鵲者，渤海郡鄭人也，姓秦氏，名越人，少時爲人舍長，舍客長桑君過，扁鵲獨奇之，常謹遇之。長桑君亦知扁鵲非常人也，出入十餘年，乃呼扁鵲私坐，間與語曰：我有禁方，年老欲傳與公，公毋泄！扁鵲曰：敬諾。乃出其懷中藥予扁鵲，飲是以上池之水，三十日當知物矣。乃悉取其禁方書，盡與扁鵲，忽然不見⋯⋯扁鵲以其言飲藥三十日，視見垣一方人，以此視病盡見五藏癥結，特以診脉爲名耳。

《洞玄靈寶度人經大梵隱語疏義》玉誕長桑栢空度仙解義“長桑，即扶桑也。”中國人向東的足跡，周武王時已有箕子封於朝鮮的記載。戰國時，有衛滿王朝鮮之史實。日本與朝鮮僅一水之隔，從朝鮮渡到日本也並非難事。從日本出土漢代文物的狀況推測，戰國時代中國與日本已有早期接觸。日本學者認爲：公元前二三世紀即已出現在日本的彌生文化，是受大陸文明影響而產生的。如果這一學說成立，則中國與日本在戰國時代必然已有聯繫，而這個聯繫可能是透過來華的商船。

日出於扶桑，長桑君來自東方海上。古代航海危險，需有巫主持海上祭祀活動，處理危險、不確定和反常的事物。平常爲船員醫病，停泊時上岸爲人看病。扁鵲的老師長桑君可能是來自船上的“毉”。

酈道元《水經注·易水》：“訪諸耆舊，咸言昭王禮賓，廣延方士。至如郭隗、樂毅之徒，鄒衍、劇辛之儔，宦遊歷說之民，自遠而屆者多矣。”《戰國策·燕策一》“欲將報讎，故往見郭隗。”“燕昭王見郭隗，乃築館而師之。”《史記·樂毅列傳》：“燕國小，辟遠，力不能制，於是屈身下士，先禮郭隗以招賢者。”孔融《論盛孝章書》：“向使郭隗倒懸而王不解，臨難而王不拯，則士亦將高翔遠引。"

郭隗 "倒懸" 有二種解釋， "盂蘭" 是印度語音 ullambana，譯爲解倒懸。《立音應義》十三曰 "盂蘭盆，此言訛也，正言烏藍婆拿，此譯云。按西國法，至於眾僧自恣之日，盛設供具，奉施佛僧以救先亡倒懸之苦。" 認爲 "倒懸" 是 "西國法" ，一言道破這本是印度（西國）的一種風俗[19]。 "倒懸" 也可能是一種瑜珈，如《後漢書‧甘始傳》記載： "甘始、東郭延年、封君達三人者，方士也……或飲小便，或自倒懸。" 此二種解釋都意味方士郭隗有可能來自海外。

《水經注‧易水》： "郭隗、樂毅之徒，鄒衍、劇辛之儔，宦遊歷說之民，自遠而屆者多矣……故修建下都館之，南垂言。" 《孟子‧盡心下》： "孟子之滕，館於上宮。" 趙岐注： "館，舍也。上宮，樓也。孟子舍止賓客所館之樓上也。"

扁鵲是戰國時代的傳奇人物，渤海鄭郡（今河北任丘）人，據《史記》記載，他曾經以針灸配合湯藥，使虢國太子死而復活，也因此而被後世尊稱爲針灸醫學之祖。扁鵲年輕時爲 "舍長" ，是齊國貿商招待所的管理人，有與外來文化接觸的條件。長桑君出入招待所十餘年後，扁鵲對梵語有所瞭解，故長桑君以禁方書傳扁鵲。

《史記‧孝武本紀》云： "海上燕齊之間，莫不搤捥而

---

19 倒懸是比喻人死後墮落三惡道中，尤其是餓鬼道，喉細如針，飢餓難堪，如被倒懸著的痛苦。 "盆" 是盛食物之器，用盆器恭奉佛僧，仗三寶福田之力，以 "解" 救先亡倒懸的痛苦。

自言有禁方，能神僊矣。”王充《論衡·量知》“醫無方術，以心意治病也，百姓安肯信向。”《史記·扁鵲倉公列傳》“詔問故太倉長臣意：方伎所長，及所能治病者？有其書無有？”方術與醫方最初是有關連的。

漢·王充《論衡·自紀》云：“猶和神仙之藥，以治鼽欬。”鼽欬是鼻塞不通，氣逆作咳的意思，神仙之藥最初是用以治病，後來被理解爲可以長生不死。扁鵲的出現標示著醫學史新時代的來臨。扁鵲六不治，其一就是“信巫不信醫”，此時醫術正在衝破巫術的樊籬而謀求獨立。

《史記·扁鵲倉公列傳》載“天下聞之皆曰：扁鵲能生死人。”醫學是關乎死生的技術與知識，在醫學不發達的時代，生病依賴巫師求神，“以心意治病”，必致延誤。扁鵲自稱“越人非能生死人也，此自當生者，越人能使之起耳。”扁鵲以醫藥爲人治病，故能不死。某些藥物能治好疾病，逐漸演變爲不死藥傳說。

李零先生說：“不死之藥到底是什麼東西，現在還不是很清楚。[20]”他推測大概與金丹、黃白有一定關係，這個看法大致不錯。古代醫療有內治和外治兩種，外科手術、針灸、推拿及外用藥物有熏、熨、敷、貼等法屬外治；內治法活血去瘀，以內服藥物爲主。所謂“毒藥治其內，針石治其外。”醫家內治與神仙家相似，都在“藥物”上作文章。

西王母掌不死之藥，能治好疾病的藥也來自西域，《黃帝內經·素問》說：“西方者，金玉之域，砂石之處，天地

---

20 李零《中國方術考》307頁。

之所收引也。其民陵居（按：居於高地）而多風，水土剛強。其民不衣而褐荐，華食而脂肥，故邪不能傷其形體。其病生於內，其治宜毒藥，故毒藥者，亦從西方來。"[21]

　　討論扁鵲身分的學者很多[22]，其中衛聚賢先生認爲扁鵲非爲一人，而是各地學"西醫"即印度醫術者之通稱，他對"秦越人"的解釋是"秦爲中國"，"越屬印度"。《古史研究》說："扁鵲即此西醫（印度醫）之爲中國人者，鄭人亦可，趙人亦可，盧人亦可，秦人亦可，本不限於地域，後人乃各將各地學西醫者名爲扁鵲。"

　　印度醫學源遠流長，釋迦牟尼（約前 484 入滅）"但爲眾生爲大醫王，善療眾病，分別病相，曉了藥性，隨病授藥，令眾樂服。"釋迦牟尼的弟子耆婆，以醫術聞名，有醫王之稱，名聲可媲美扁鵲。安世高亦精通醫術，曾將印度醫學引入中國。

　　孫思邈《千金翼方》中云："有天竺大醫耆婆云，天下物類皆是靈藥，萬物之中，無一物而非藥者。"雖不知孫思

---

21　《內經》治病，用毒藥以攻邪。《周禮》有"醫師掌醫之政令，聚毒藥以供醫事。"將毒藥作爲一切具有治療作用藥物的總稱。張景岳在《類經》中解釋"藥以治病，因毒爲能，所謂毒者，因氣味之有所偏也。"把藥物的毒性看作是藥物的偏性，是藥物能治療疾病的機理所在。

22　清・牛運震《空山集・史記糾謬》卷 1 說："竊意太史公傳扁鵲，多係傳聞異詞或寓言也。"近人崔適《史記探源》卷 8 也說"此傳以扁鵲之醫術爲主義，相遇之人，雜取傳記，多係寓言，此無關於信史，非子產、叔敖之比，不可以世次求也"。森田一郎《史記扁鵲倉公列傳譯注》解釋中說"秦是西方的國名，越是南方的名，而姓秦名越人這個姓名，暗示秦越人是一個被虛構出來的烏有先生"。趙紹祖《讀書偶記》四"扁鵲"條說"意太史公故爲荒幻之詞，而云或在齊，或在趙，不必其爲何方；爲盧醫，爲扁鵲，不必其爲何名；或在春秋之初，或在春秋之末，不必其爲何時，以見扁鵲之爲非常人，一如其師長桑君耳。"

邈從何知天竺耆婆的言論，然而古印度的著名醫書《闍羅迦集》（Caraka Samhita 又譯為《恰拉卡本集》）中可見如下論述"如果知道世間任何一種品物都具有一定的理（ynkti）與利（artha），則可以說沒有不是藥物的東西。"又說："任何一物，沒有不是藥物者。[23]"由此可知中印醫學間的內在聯繫。

日・桑原騭藏說："印度醫學發展甚早，紀元前已博希臘人之稱讚，紀元後則登峰造極。是故吾人不難推測隨佛教之東漸，而印度醫藥亦由僧侶傳入中國。"[24]《隋書・經籍志》有《龍樹菩薩藥方》、《乾陀利治鬼方》、《婆羅門藥方》、《耆婆所述仙人命論方》、《西域諸仙所說藥方》、《婆羅門諸仙藥方》、《西域波羅仙人方》、《西域名醫所集要方》等，《宋史・藝文志六》有《耆婆脈經》三卷、《耆婆六十四問》一卷、《耆婆要用方》一卷、《耆婆五藏論》一卷。這反映印度醫藥曾促進了中國醫學的發展，扁鵲得自長桑君診脈醫術與禁方，可能來自印度。

## （二）羨　門

《大唐西域記》卷 2 "其婆羅門學《四吠陀》，一曰壽，謂養生繕性；二曰祠，謂享祭祈禱；三曰平，謂禮義、占卜、兵法、軍陣；四曰術，謂異能、伎數、禁咒、醫方"。婆羅門徒的一生有四個時期，即梵行期、家居期、林棲期、遁世期。遁世期單獨實踐苦行，捨棄世俗享樂，雲遊漂泊，禁欲

---

23 廖育群《認識印度傳統醫學》282 頁。
24 同前。

減食，磨練意志，以期獲得解脫，此期之婆羅門稱沙門。

岑仲勉（1886－1961）認為"羨門"即"沙門"（sramana），在梵文中是出家人或是苦行者的含義。"梵"（Branma）亦為僧徒之稱，方士之"方"，自成一辭。修梵行者極其道自可通神明，享長生，故方士之業務，乃為求神仙及不死奇藥。婆羅門或火教（事火外道）之思想，早輸入我國，開後世道家之一派[25]。

方漢文先生也通過梵文典籍及《史記》、《漢書》中關於羨門的記載，論證是早期的佛教沙門的音譯，羨門是沙門的最早稱呼。羨門之稱的來源是海外，它的出現與秦始皇及至燕齊海外方士與求仙有直接關係[26]。

《山海經》的《山經》和《海經》各成體系，成書時代也不相同。《山經》為巫祝之流根據遠古以來傳說記錄的巫覡之書，專門記述海內各方名山大川、動植物產、禎祥怪異、祭祀所宜，寫定時代一般認為是戰國初期或中期。《海經》為方士之書，專門記載海內外殊方異國傳聞，夾雜大量古代神話，是秦或西漢初年的作品。

《山海經‧海外南經》有"羽民國在其東南，自生羽，其人為長頰"。王逸曰："山海經言，有羽人之國，不死之民。是以羽民即仙人也。"[27]《山海經》羽民圖是背後生有

---

25 岑仲勉《秦代已流行佛教之討論》，中國佛教史專集《漢魏兩晉南北朝篇》22－29頁。
26 方漢文《薩滿、羨門與沙門：佛教入華時間新釋》，中國文化研究（京）2004年第1期。
27 廣西貴縣泊灣西漢墓出土銅鼓紋飾，有雙體船與羽人圖像。胡忠炎《銅鼓的潛在意識初探》認為這些羽人是巫覡。見《黔東南社會科學》1987年第2期。是否印度或羅馬有翼天使待考。

雙翅、通體生毛、鳥嘴的人的形象，羽人在漢代畫像中屢見，
《論衡·無形》：

> 圖仙人之形，體生毛，臂變爲翼，行於雲則年增矣，千
> 歲不死。此虛圖也。世有虛語，亦有虛圖。假使之然，蟬蛾
> 之類，非真正人也。海外三十五國，有毛民羽民，羽則揖（按：
> 合也）矣。毛羽之民土形所出，非言爲道身生毛羽也。禹、益
> 見西王母，不言有毛羽。不死之民，亦在外國，不言有毛羽。

《論衡》“毛羽之民，土形。”《素問·五常政大論》
“上無毛羽鱗甲，土形同。”范望注“裸，爲無鱗甲毛羽，
人爲之長也。”是說毛羽之民乃地理位置不同而造成，而不
死之民在外國。《山海經·大荒南經》曰：“不死人在（交
脛）東，其爲人黑色，壽不死。”

交脛即交趾，海上絲路是經由印度、錫蘭、爪哇、馬來
半島、越南到達中國南部的交趾。饒宗頤認爲其爲人黑色，
與南印人種相同。郭璞云“圓丘上有不死樹”，不死關念，
印度謂之蘇摩 a-mrta[28]，不死樹即 yūba 宇宙樹[29]，故《呂覽》、
《山經》所謂不死之鄉，疑指印度[30]。羨門這一類來華的行
者來自印度。

## （三）安期生

《山海經·大荒西經》“西海之南，流沙之濱，赤水之

---

28　《梨俱吠陀》等書中；amrta 原意爲不死，故引伸爲達不死之位、神、諸
　　神或不滅等義。或被用爲不死靈藥 —— 蘇摩（soma）酒的異名。
29　《阿闥婆吠陀》（Atharvauedasa mhitā）梵天被描寫爲長生不死的阿濕婆
　　陀樹或宇宙樹（jagad-vrksa），其根朝上，而樹幹朝下。
30　饒宗頤《西南文化創世紀》134 頁。

後，黑山之前，有大山，名曰崑崙之丘……有人戴勝、虎齒、有豹尾，穴處，名曰西王母。"《史記・大宛列傳》記"條枝，在安息西數千里，臨西海……國善眩。安息長老聞條枝有弱水、西王母未嘗見。"《後漢書・西域傳・大秦》"（大秦國）西有弱水、流沙，近西王母所居處。"漢武帝建元二年（前 139）張騫出使西域時向安息長老探詢西王母，說明西漢即已流傳西王母在西海（今波斯灣）[31]。

安息之名首見《史記・大宛列傳》，其範圍大致於今伊朗的呼羅珊（Khorasan）地區。作爲國名，指公元前 224 年的帕提亞（Parthia）帝國，帕提亞原爲古波斯阿契門尼德王

---

31 《史記・大宛列傳》：安息長老傳聞，條支有弱水，西王母亦未嘗見也。

朝、馬其頓亞歷山大帝國、塞琉古帝國治下的一個郡。該郡居民主要是巴塔哇人（Parthava，此族見於約公元前 520 年大流士一世的 Bihist&T00110;n 摩崖碑）。公元前 247 年，阿賽西（Arsaces）殺死塞琉古帝國的總督，以尼薩（Nisa）為都城，建立阿薩息斯王朝。

波斯史家多稱安息的創建者為（Arsaka），前 250 年建立阿薩喀（阿撒喀）王朝，其國名為安息，安息是 Arsaka 略去（ka）音。安息至密司立對提一世（Mithradates l，前 171－前 138）時期，擊敗東鄰大夏和西邊塞琉古治下的敘利亞，建立了東自大夏、身毒，西至兩河流域，北自裏海，南至波斯灣的帝國。

相傳秦始皇請見安期生，與語三日三夜，賜金帛數萬，皆置去，留書於始皇曰：後千歲，求我於蓬萊山下。始皇遣徐福、盧生等數百人，入海求之，遇風波而還。《史記・封禪書》載欒大言「臣常往來海中，見安期、羨門之屬。」記載李少君謂漢武帝「嘗遊海上見安期生，安期生食巨棗，大如瓜。安期生仙者，通蓬萊中，合則見人，不合則隱。」

《太平廣記》卷 57 引《集仙傳》載西王母之小女太真夫人見安期生時，安期生說：「昔與夫人游安息國西海際，食棗異美，此間棗殊不及也。」此事又見於《太平御覽》卷 965 引《馬明生別傳》（安期生）曰：「共與女郎游於安息西母之際，食棗異美。此間棗小，不及。」

元・陶宗儀《說郛》卷 104 下「海棗……五年一實，實

甚大，如杯盌[32]……其味極甘美……晉太康五年（284），林
邑（今越南中部）獻百枚。昔李少君謂漢武帝曰臣嘗遊海上
見安期生，食巨棗大如瓜，非誕説也。”《通雅》卷 44 引廣
州刺史嵇含（263－306）云“交阯多所謂安期斗棗”。交阯
產安息人引進阿拉伯半島產的椰棗，又稱海棗、伊拉克棗、
波斯棗、阿拉伯棗，是阿拉伯人的主食之一。如斗般大的“安
期棗”，即安息棗、波斯棗[33]。

　　《舊唐書·哥舒翰傳》云“蕃人多以部落稱姓，因以爲
氏。”來華胡人往往冠國名爲姓，康居人姓康，天竺人姓竺，
月支人姓支，安息人姓安。例如東漢桓帝時來華的安息國太
子安士高[34]，以及南宋寧宗時青城山道士安世通[35]。安士、安
世、安期發音近安息，安期生來自安息。

　　“生”指年長有學問、有德行的人，是“先生”的省稱。
《史記·儒林列傳》：“言《尚書》自濟南伏生，言《禮》

---

32　西晉張華《博物志》卷三云“王母索七桃，大如彈丸，以五枚與（漢武）
　　帝……此桃三千年一生實。”大如瓜的安息巨棗、安期巨棗衍化成爲西
　　王母的壽桃。

33　明·李時珍《本草綱目·果三·無漏子》“千年棗、萬年棗、海棗、波
　　斯棗，番棗、金果，木名海棕，鳳尾蕉。無漏子名義未詳。千年、萬歲，
　　言其樹性耐久也。曰海，曰波斯，曰番，言其種自外國來也。”唐·段
　　成式《酉陽雜俎》云：“波斯棗出波斯國，波斯國呼爲窟莽樹。”另參
　　閲王青、唐娜《中土傳説對西域世界的重新構建 —— 以西域棗的仙道化
　　過程爲中心》。

34　安世高（Parthamasiris）爲安息國王滿屈（Pakor）二世之太子，漢和帝
　　永元九年（97）王薨。王弟 Cosroes 嗣位。世高退爲亞美尼亞王。羅馬
　　Trajan 帝取亞美尼亞。欲以世高爲安息王。國人不願乃出家修道，歷印
　　度而至中國。

35　《宋史·隱逸傳》謂安世通者本西人。陳垣認爲安世通以安息人而入青
　　城學道，不可謂之不奇。參見《元西域人華化考》第 4 頁。

自魯高堂生。"司馬貞索隱"謝承云：秦氏季代有魯人高堂伯，則'伯'是其字。云'生'者，自漢已來儒者皆號'生'，亦'先生'省字呼之耳。[36]"安期生是指"來自安息的先生"，所謂的"安期生"與"羨門子"一般，不是某個特定人的名字，而是一個族群[37]。

　　交阯位於中南半島的東北部，即今越南河內地區，東臨北部灣、與廣東隔海相望，與雲南、廣西毗連。從外國學者在越南中部發現約公元 3 世紀的梵、占文石刻碑銘的研究，該地區自 2 世紀以來即受到印度印度文化影響，其中婆羅門與佛教最突出[38]。

　　秦統一中國，隨即在交州設郡置縣，秦末趙佗趁亂割據嶺南，建立南越國，都於番禺（今廣州），在交州地區設立交阯、九真兩郡。西漢元鼎六年，漢武帝平南越稱爲交阯，後稱交州。《舊唐書・地理》說："交州都護制諸蠻，其海南諸國……自漢武以來皆朝貢必由交阯之道。"秦以來東南亞與羅馬、安息的使節與商船，絡繹不絕的來到交阯[39]。

　　抵交阯後的外商沿海路北上可能碰上颱風或海賊，因此

---

36　《漢書・高帝紀》"秋八月，漢王如滎陽，謂酈食其曰：緩頰往說魏王豹，能下之，以魏地萬戶封生。"顏師古注"生，猶言先生。"

37　《史記》曾三載安期生，《樂毅傳讚》載河上丈人教安期生；《封禪書》李少君"嘗游海上，見安期生。"《田儋列傳》"安期生嘗干項羽，項羽不能用其策。"

38　周偉洲《長安與南海諸國》頁 65。

39　1983 年廣州象崗山南越王墓中出土文物，有許多來自古埃及、波斯、印度。足證秦末以前，交州已成爲中西文化交流的熱區。參閱《西漢南越王墓》（上冊），北京：文物出版社 1991 年版。

轉向陸路[40]。《後漢書‧鄭弘傳》"弘奏開零陵、桂陽嶠道，於是夷通，至今遂爲常路。"從交州南海郡經桂陽、零陵北上，到長江流域。或經零陵九疑山[41]旁古道通往廣東連縣，此縣南有秦時所置陽山關，由關東南行，至廣東英德，有秦時所置湟谿關，沿北江而下，即達廣州[42]。

交阯不僅貿易頻繁，也是漢文化與海上文化相遇的前沿，來華的方士都聚集於此。因此《牟子理惑論‧序》載光熹元年（189）"靈帝崩後，天下擾亂，獨交州差安，北方異人，咸來在焉，多爲神仙辟穀長生之術。"

安期生由海道從安息來，先落腳於交阯，然後經零陵九疑山抵達廣州再北上，一如東漢桓帝時來華的安息國太子安士高[43]。凡走過必留下痕跡，沿途所留蹤跡如下：

---

40 《高僧傳》卷 2 記載晉時天竺僧人佛陀跋陀羅（359－429）"度葱嶺路經六國……至交阯乃附舶，循海而行經一島下……後遇便風，同侶皆發。賢曰不可動，舶乃乃止。既而先發者一時覆敗……俄爾賊至，留者悉被抄害。頃之至青州東萊郡（今山東掖縣）。"《高僧傳》中提到遇海賊處可能在舟山群島一帶。鄭若曾《開陽雜著》卷一《萬里海防圖論》"舟山地大，四面環海，賊舟無處不可登泊，設乘昏霧之間，假風潮之順襲。"《後漢書‧法雄傳》記漢永初三年（109）"海賊張伯路等三千餘人冠赤幘，服絳衣，自稱將軍，寇濱海九郡。"

41 九疑山在今湖南道縣，南接羅浮，位於廣東、廣西、湖南三省交界處。筆者 1994 年於中國雲遊百日，曾從廣西陽朔前往九疑洞天，故對此地區交通印象深刻。

42 《長安與南海諸國》頁 20。廣州古稱番禺，是中國南方最古老也最重要的港口，西漢初已爲繁榮的貿易中心。

43 梁啓超說"世高蓋從海道來，在廣州登陸，經江西北上，而在江淮間最久，江左人士受其感化甚深，故到處有其神話也。"張曉華《西元前後的國際環境對佛教傳入中國的影響》認爲"海運業掌握在安息人手中，安世高隨商人從海上來更合乎情理。"煙臺師範學院學報 2002 年第 2 期。

| 地點 | 遺　　跡 | 出　　處 |
|---|---|---|
| 交阯 | 七十二福地 "第二十安山在交州北，安期先生隱處。" | 《雲笈七籤》卷 27《天地宮府圖》 |
| | 安子山（今河內市東）一名象山[44]，漢安期生得道處；宋《海嶽名山圖》[45]此山爲第四福地；雲屯山在新安府雲屯縣，大海中兩山對峙一水中，通蕃國商船多聚於此。[46]雲屯縣南行二日可達占城國[47]。 | 《明一統志》卷 90 |
| | 九疑山有九峯……八曰桂林峯，馬明生遇安期授金液神丹之處[48]。 | 《太平御覽》卷 41 |
| | 明生乃隨安期先生負笈，西之女几，北到圜丘，南至盧潛及青城九嶷。 | 《雲笈七籤》卷 106《馬明生真人傳》 |
| 廣東 | 番禺東有澗、澗生菖蒲，皆一寸九節。安期生采服，仙去，但留玉舄焉。 | 晉・嵇含《南方草木狀》卷上 |
| | 廣州菖蒲觀爲安期先生修真之所。 | 《道教靈驗記》卷 2 |
| | 番禺東有澗，澗中生菖蒲[49]。 | 《廣東通志》卷 52 |
| | 九節安期生採服偓去。今俗以七月二十五日安期生上昇相率爲蒲澗之遊。 | 《廣東通志》卷 10；卷 54 |
| | 蒲澗寺在府城北白雲山麓（鶴舒臺），宋淳化元年建，相傳安期生以七月二十五日於此上昇，粵人是日悉往澗中沐浴，以期霞舉。 | 《太平寰宇記》卷 157 |

---

44　交阯，秦爲象郡，因象山爲名。

45　《洞淵集》收《海嶽名山圖》卷 4 "第四福地安山，在交州。"

46　《天下郡國利病書》第 2812 冊：雲屯海鎮在交阯新安府雲屯縣，番賈舟舶多萃于此。

47　占城（Champa）又稱爲"占婆"在今越南，八世紀中之前稱爲林邑，扼當時海上交通要道，"中國商舶泛海，往來外藩者皆聚於此，以積薪水。"是阿拉伯對華交通的重要中繼站，商船往往在此逗留，然後"從占婆出發，水陸兼行"以達中國。

48　九疑山屬零陵，在今湖南道縣，南接羅浮，位於廣東、廣西、湖南三省交界處，有古道通廣東。據周偉洲《長安與南海諸國》頁 20，長安出版社 2003。過九疑山可達廣東連縣，此縣南有秦時所置陽山關，由關東南行，至廣東英德，有秦時所置湟谿關，英德沿北江而下，即達廣州。

49　《神農本草經・昌蒲》：久服輕身，不忘不迷惑，延年。益心智，高志不老。《道藏・神仙服食靈草菖蒲丸方傳》：菖蒲者，水之精，神仙之靈草，大聖之珍方，遊山隱士，遁世潛人，皆服之。菖蒲者，水草之精英，神仙之靈藥也。

| | | |
|---|---|---|
| | 安期將少君東至赤城南至羅浮北。 | 《神仙傳·李少君》 |
| | 安期生常與李少君南之羅浮,羅浮之有遊(道)者,自安期始。自安期始至羅浮,而後桂父至焉,秦代羅浮之仙,二人而已,安期固羅浮開山之祖也。 | 屈大均《廣東新語》卷3 |
| 浙江 | 李白《對酒行》"松子栖金華,安期入蓬海。此人古之仙,羽化竟何在。"婺州金華縣有金華山,人見赤松子、安期先生於此。 | 《李太白集分類補註》卷16 |
| | 寧波象山縣東二十里曰爵溪,潮汐齧衝,賈舶絡繹,東望日本,南走天台,世傳神仙安期生之屬所來往也。故其民至於今好仙道,而其鄉曰遊仙……海去東南地卑海水旁溢,不啻萬有餘里……其間洲島國土不可勝窮,若三神山者蓋不知其幾也。 | 《浙江通志》卷230;《延祐四明志》卷18吳澄《大瀛海道院記》 |
| | 雙泉山在象山縣東四十里大海中,上有二穴出泉,味極甘列,巖上有巨人跡、上馬石,相傳安期生常游於此,故又名道人山。 | 《浙江通志》卷14引《嘉靖寧波府志》洋貨店 |
| | 普陀山[50]幾寶嶺下東側岩洞中有"仙人井"爲安期生煉丹遺跡。普陀山上的會仙峰,亦名天柱峰,安期生曾鸞驂鶴馭來游於此。桃花山以安期生灑墨成桃花而得名。 | 《寶慶四明志》卷20 |
| | 安期先生洞在昌國馬秦山(今朱家尖) | 《寧波府古蹟考府志》 |
| | (寧波府定海縣安期鄉)傳安期生隱於此,因以名鄉。按定海即今鎮海。 | 《浙江通志》卷67。 |
| 山東 | 安期生爲琅邪阜鄉人(今山東諸城縣)"賣藥於東海邊,時人皆言千歲翁。 | 劉向《列仙傳·安期先生》 |
| | 東武城(今山東武城)有雲母山,山有雲母因以爲名。安期先生常所遊餌。 | 《太平御覽》卷808:引晉·伏琛《三齊記》 |
| | 蒼山在蘭山縣(今山東省臨沂市)東九十里,下有牛口峪。《府志》:上可瞰海中,有石室,世傳安期生、徐則昇仙處。 | 《大清一統志》卷140 |
| | 沂州玉虛宮,在州東八十五里蒼山之陽,昔人以爲安期生修煉處,遺址尚存。 | 《山東通志》卷21;《兗州府祠廟考》 |
| | 仙人堂在萊蕪縣南二十里仙人山,相傳安期 | 《山東通志》卷9; |

---

50 《嘉慶重修一統志》2326冊:過去前往日本、高麗、新羅諸國,皆取道補陀洛迦山以侯風信。

| | |
|---|---|
| 生修煉于此。有仙人堂（安期真人觀）今廢。 | 《濟南府志》 |
| 萬里沙幸臺在郡城內，武帝東巡訪安期生登此。（傳漢武帝東游訪安期生所築）《史記・封禪書》"天子乃禱萬里沙。"應劭注：萬里沙，神祠也，在東萊曲成。 | 《齊乘》卷 5 |
| 李少君字雲翼，齊國臨淄人也。少好道，入泰山採藥，修絕穀遁世全身之術。道未成而病困於山林中，遇安期先生經過，見少君。少君叩頭求乞活，安期愍其有至心而被病當死，乃以神樓散一匕與服之，即起。少君於是求隨安期，奉給奴役。便聽師事之。 | 《漢武帝外傳》 |

表引資料出處雖晚，綜觀安期生傳說發生地點，交阯、九疑山、番禺、象山、琅琊等，均爲對外貿易主要港口或通道。陳寅恪說："二種不同民族文化之接觸，多在交通便利之點，即海濱港灣之地。"又說"海濱爲不同文化接觸最先之地，中外古今史中其例頗多。"[51]

《神仙傳》說馬明（鳴）生從安期生受《太清金液神丹方》，馬明生又授長生《太清金液神丹經》。《抱朴子・金丹》稱左慈以《太清丹經》傳葛玄，後由鄭思遠傳葛洪。西漢初年流傳西王母在安息西海（今波斯灣），西王母掌握不死之藥，如果安期生爲來華的安息人，有不死之藥，則意味煉丹術來自中國境外。

《史記・封禪書》云："自齊威、宣之時，騶子之徒，論著終始五德之運。及秦帝，而齊人奏之，故始皇採用之，而宋毋忌、王伯僑、充尚、羨門高，最後皆燕人，爲方僊道，形解銷化，依於鬼神之事。騶衍以陰陽主運顯於諸侯，而燕、齊海上之方士，傳其術，不能通；然則怪迂阿諛苟合之徒，

---

51 陳寅恪《天師道與濱海地域之關係》。

自此興，不可勝數也。自威、宣、燕昭使人入海求蓬萊、方
丈、瀛洲，此三神山者，其傳在勃海中，去人不遠，患且至，
則船風引而去。蓋嘗有至者，諸僊人及不死之藥，皆在焉。
其物禽獸盡白，而黃金銀爲宮闕。未至，望之如雲，及到，
三神上反居水下。臨之，風輒引去，終莫能至云。”《史記》
的記載，是較早期，較完整的神仙信仰敘述。

因此有學者認爲齊地近海，對海市蜃樓多有浪漫的想
像，三神山有長生不老之藥，而有海上神仙信仰的產生。《封
禪書》清楚的指出神仙長生術源自於海上之方士，安期生、
長桑君、羨門分明來自海上。蓬萊與崑崙神話，都是伴隨東
西文化交流而來，關鍵在於來華的途徑不同。

齊國對各種文化都能兼容並蓄，《史記・田敬仲完世家》
載：“宣王喜文學遊說之士，自如騶衍、淳于髡、田駢、接子、
慎到、環淵之徒七十六人，皆賜第爲上大夫，不治而議論，
是以齊稷下學士復盛，且數百千人。”宣王禮賢下士，稷下
聚集了大批知名學者，眾多的派別，“天下談客，坐聚于齊。
臨淄、稷下之徒，車雷鳴，袂雲摩，學者翕然以談相宗。[52]”
騶衍“以陰陽主運顯於諸侯”，“深觀陰陽消息”，他的五德
終始說、大小九洲說，爲方士及封禪的產生，提供了理論根據。

受視野的侷限，古代以中國爲中心去認識周圍的世界，產
生中國爲天下之中的概念，比如中國、中原、東夷、西胡等名
詞就是這種觀念的產物。騶衍否定了禹貢九州天下中心的地
位，謂中國僅爲大九州之一，中國以外尚有廣大無垠的世界[53]。

---

52 元・戴表元《齊東野語序》。
53 騶衍以爲“所謂中國者，於天下乃八十一分居其一耳。中國名曰赤縣

這種宏觀的視野，當始自姜太公治齊，力倡航海有關。齊國的貿易政策，吸引了從海上而來的商人，齊威、宣王和燕國昭王、秦始皇的海上求仙活動，曾受到來自海上方士的影響。

顧頡剛（1893－1980）認爲戰國時海洋交通已萌芽，航線已擴展到南海的東京灣。"燕齊吳越等國，由於沿海常會看到樣子特別的外國人，聽到許多海洋景物的描述，於是有了《齊諧》一類的志怪之書……於是激起海上三神山的傳說和求仙的欲望，有了方仙道。"[54]

《史記·孟子荀卿列傳》說："騶衍之術，迂大而閎辯。"意思是騶衍近乎荒誕，不着邊際，不合常理。孟子看不起齊學，有所謂齊東野人之語[55]，"齊諧者，志怪者也。"齊地濱海多異聞，是由於海上交通漸開，經海路而至的外商，帶來新奇事物所造成[56]。"海上之方士傳其術"，然而語言"不能通"，因此"怪迂阿諛苟合之徒"，以不爲人知的外國事物，添加附會，形成燕齊神仙傳說。

---

神州……中國外如赤縣神州者九，乃所謂九州也。於是有裨海環之，人民禽獸莫能相通者，如一區中者，乃爲一州。如此者九，乃有大瀛海，環其外天地之際焉。"

54　顧頡剛《莊子和楚辭中崑崙和蓬萊兩個神話系統的融合》，《中華文史論叢》1979 年第二輯 33 頁。

55　《孟子·萬章上》曾提到"齊東野語"，孟子弟子咸丘蒙問"語云：盛德之士，君不得而臣，父不得而子。"針對咸丘蒙"不識此語誠然乎哉"，孟子回答："否，此非君子之言，齊東野人之語也。"後以"齊東野語"比喻道聽途說、不足爲憑之言。賈公彥疏引《論語》鄭玄注"野人粗略，與都邑之士相對。亦謂國外爲野人。"野人謂居國城之郊野的人，與國人相對。自海上而來的人，是標準的國外野人。

56　《莊子·秋水》"野語有之曰：聞道百以爲莫己若者。"成玄英疏"河伯沿流東行，至於大海，聊復顧眄，不見水之端涯，方始迴旋面目，高視海若，仍慨然發歎，托之野語。"是說河伯望洋而歎，改變態度。

# 陽燧與方諸

　　許多民族和國家在歷史上都有對太陽的崇拜，太陽賜予人間光明，與人類生活關係密切，故祭祀以報答天德。考古顯示，古代對日月的崇拜可以追溯到新時期時代的仰韶文化。河南廟底溝、鄭州大河村等仰韶文化遺址出土的原始彩陶上，常見有日月文飾，這些文飾具有信仰意義。殷商甲骨卜辭中的"王賓日"、"出日"、"入日"等甲骨文，被認爲是殷王朝夕迎送日神的記錄。

　　《書·堯典》有"寅賓出日"、"寅餞納日"的記載，可見迎送太陽的禮拜儀式由來久遠。西周以後，在統祭天上諸神時，太陽神具有主神的地位，《禮記·郊特牲》所謂"郊之祭也，迎長日之至也。大報天而主日也。"鄭玄注"大，猶遍也，天之神，日爲尊。"孔穎達疏"而天之諸神唯日爲尊，故此祭者日爲諸神之主，故云主日也。""長日之至"指夏至，是一年之中日照最長的時間，此時郊祭日神。

　　《禮記·祭義》"日出於東，月生於西，陰陽長短，終始相巡。""祭日於壇，祭月於坎……祭日於東，祭月於西。""王宮，祭日也；夜明，祭月也。"鄭玄注："夜明，月壇也。"孔穎達疏："王宮，祭日也者；王，君也；宮，亦壇也……日神尊，故其壇曰君宮也。""夜明者，祭月壇名也。"

又"郊之祭,大報天而主日,配以月。"注"天無形體,懸象著明不過於日月,故以日爲百神之主,配之以月。"孔穎達注疏:"天之諸神,唯日爲尊,故此祭者,日爲諸神之主,故云主日也"。《天文志》云:"日爲太陽之精,主生養恩德";"月爲太陰之精,以之配日。"月亮不只是個配角,日月與天同運,同爲空中耀眼的發光體,爲光明的象徵,光明由黑暗生,因此先民將太陽、月亮,都視作天的代表。

每年春分設壇祭祀日神,秋分祭祀月神,有特定的禮儀。《管子・輕重己》"冬盡而春始,天子東出其國四十六里而壇,服青而絻青,搢玉揔,帶玉監(鏡的美稱,金監),朝諸侯卿大夫列士,循於百姓,號曰祭日。""秋至而禾熟,天子祀於大惢,西出其國百三十八里而壇,服白而絻白,搢玉揔,帶錫監,吹塤箎之風,鑿動金石之音。朝諸侯卿大夫列士,循於百姓,號曰祭月。"

祭日時"帶金監",與祭月"帶錫監"對舉。《周禮・考工記・輈人》[1]記載鑒燧之成分"金有六齊……金錫半,謂之鑒燧之齊。"青銅鑄器即銅與錫之合金,故每金、錫並舉。然單銅單錫不能爲鏡,疑此稱銅多錫少者曰金,錫多銅少者曰錫,其實皆青銅耳。銅多則色黃象日,故金監以祭日;錫多則色白象月,故錫監以祭月。銅錫各半,可造鏡及燧。

監又作鑑(鑒),是青銅鏡。語出《周禮・春官》"凡卜,以明火爇燋。"鄭玄注"明火,以陽燧取火於日。"《周禮・秋官・司烜氏》:"司烜氏掌以夫遂取明火於日,以鑑

---

1 西漢初因《周禮・冬官》散失,以《考工記》作補,從而保存在《周禮》中傳世。

取明水於月。以共祭祀之明齍、明燭共明水。"漢・鄭玄注：
"鑒，鏡屬，取水者，世謂之方諸。取日之火月之水，欲得
陰陽之潔氣也。在月下用銅鏡收取露水，以示明潔之義。"
按孫詒讓正義："竊意取明水，止是用鑒承露。溼潤蒸騰，
遇冷成露。"

　　鄭玄注"明齍"："明齍謂以明水滌滌粢盛黍稷。"明
水是在特定的氣候條件下，利用方諸（銅盤）於月夜，凝聚
夜氣所得露水，作爲祭祀所用淨水，以洗滌祭祀所用的穀物
（粢盛黍稷）；明火是以陽燧聚焦，取得的火，點燃祭祀照
明所用的燭（明燭），一如奧林匹克聖火利用凹面鏡集中陽
光，引燃火種。

　　用明水火可"得陰陽之潔氣"，明火明水的運用，《大
唐開元禮》卷二十二〈吉禮・齋戒〉提及："致齋之日，給

酒食及明衣，各習禮於齋所，光祿卿監取明水火。太官令取水於陰鑑，取火於陽燧，火以供爨，水以實樽前。」對日聚光取火，月下用銅鏡收取露水，爲祭祀的禮儀。

　　《淮南子·天文訓》說：「陽燧見日則然而爲火，方諸見月則津而爲水。」同書《覽冥訓》說「陽燧取火於日，方諸取露於月。」高誘注「陽燧，金也。取金杯無緣者，熟摩令熱，日中時以當日下，以艾承之，則燃得火也。」清·孫詒讓正義：「高氏云'金杯無緣'，即窪鏡之形，非眞用杯也。」

　　陽燧（遂）又稱火鏡，亦作「陽鑑」，是對日聚光取火的青銅凹面鏡；陰燧又稱水鏡、方諸，亦稱鑑諸、鑑燧，是月夜承接露水的盤子。明水火取諸於日月，是日月的象徵，表達對日月的崇拜。

　　漢武帝好方術,郭憲《洞冥記》提到"天漢二年(前99),(漢武帝)昇蒼龍閣,思仙術,召諸方士,言遠國遐方之事。""武帝以欲窮神仙之事,故絕域遐方,貢其珍異奇物,及道術之人。"遠國遐方都指遠方,《周禮·考工記·梓人》"張五采之侯,則遠國屬。"賈公彥疏"夷狄爲遠國。"《論衡·亂龍》說:"今伎道之家,鑄陽燧取飛火於日,作方諸取水於月。"伎道指方術,武帝受到來自境外方士影響,於是建柏梁台。

　　《資治通鑑》卷20《漢紀十二》云漢武帝元鼎二年(前115)"起柏梁台,作承露盤,高二十丈,大七圍,以銅爲之;上有仙人掌以承露,和玉屑飲之,云可以長生。"其後柏梁台遭火焚毀,漢武帝又命建造建章宮。《郊祀志》"太初元年(前104)建建章宮,宮中有銅柱,上有仙人掌承露,和玉屑飲之。"

　　玉屑、玉膏和玉漿等服之能長生，是誇大、神化的結果。《抱朴子・仙藥》引玉經曰：“服金者壽如金，服玉者壽如玉也。又曰，服玄真者，其命不極。玄真者，玉之別名也。”據《本草經考注》玉泉（生藍田山谷）爲玉之精華，又名爲玉札或玉屑，其服食功效是“治五藏百病，柔筋強骨，安魂魄，長肌肉，益氣，久服耐寒暑，不飢渴，不老神仙。”

　　食玉的副作用是全身發熱，極度亢奮。《本草經集注・玉石三品》云“服玉者亦多乃發熱”；《抱朴子・仙藥》“服玉屑者，宜十日輒一服，雄黃、丹砂各一刀圭散發，洗沐寒水迎風而行，則不發熱也。”《周禮・天官・玉府》：“王齊（齋戒）當食玉屑。”鄭玄認爲“玉是陽精之純者，食之以禦水氣。”由於露水爲太陰之精，可解陽精之熱，因此以“仙人掌”承露飲之。

　　《淮南子・天文訓》“方諸見月，則津而爲水。”東漢高誘注“方諸謂陰燧，大蛤也。孰摩令熱，月盛時以（方諸）向月下，則水生，以銅盤受之，下水數滴。”方諸是一種產於南海中的大蛤，屬蚌類。“小曰蛤，大曰蜃。”《周禮・地官・掌蜃》“祭祀共蜃器之蜃。”蜃器是以大蛤殼作的祭器，狀如人掌，用以月下承露，以取祭祀之淨水。

　　杜光庭《道德真經廣聖義》卷20“東海方諸之間有巨蚌焉，長尺有二寸者，因名方諸。取其殼，以柔帛拭之良久，以月照之，以器承之，則得水焉。”“古者祭法尚潔，必以方諸之水、陽燧之火薦於神明焉。”大蛤產於“東海方諸之間”，故名方諸。《漢書・地理志》說南海諸國“自武帝以來，皆獻見。”漢武帝所用承露之方諸，是南海諸國進貢的土特產。

《論衡》說：陽燧取火，方諸取水，二物皆當以形勢得。陽燧若偃月，方諸若圬杯，若二器如板狀，安能得水火也。鑄陽燧用五月丙午日午時，鍊五色石爲之，形如圓鏡，向日即得火；方諸以十一月壬子夜半時，鍊五色石爲之，狀如圬杯，向月即得津水，今取大蟴蛤向月，亦有津潤。五月丙午日中之時，此時陰盡陽生以取火器；十一月壬子夜半時，陽盡陰生以取水器。

《論衡・率性》"消鍊五石，鑄以爲器，磨礪生光，仰以向日，則火來至，此真取火之道也。" "道人消爍五石作五色之玉"。《魏書・西域傳・大月氏》"太武時（424－452）其國人商販京師，自云能鑄石爲五色琉璃。於是採礦山中，於京師鑄之。既成，光澤乃美於西來者……自此中國琉璃遂賤。"道人用五色之玉"鑄以爲器"，此"器"即取火的陽燧，是玻璃製。先秦以前冶鐵製作陽燧、方諸，根據《論衡》，最遲漢明帝始"取大蟴蛤向月"，用五色之玉（玻璃）"鑄以爲器"。

銅鏡聚焦性不佳，後來被水晶珠取代。山東諸城藏家莊與葛布口村戰國墓中，水晶呈"扁圓形"，大者直徑達 2.2cm 厚 7mm$^2$。揭示先秦時期曾以水晶凸透鏡點火的訊息。河南固始侯古堆 1 號墓出土有 3 顆蜻蜓眼式玻璃珠。經檢測含氧化鈉 10.94%，氧化鈣 9.42%，爲典型的鈉鈣玻璃。固始蜻蜓眼式玻璃珠與同時期埃及、西亞生產的玻璃珠在器形、紋飾及成分上很相似，推斷可能是從西方輸入的[3]。

---

2 《山東諸城藏家莊與葛布口村戰國墓》，《文物》1987，（12）：51。

3 西方古代玻璃以鈉鈣玻璃爲主，原料是石英、碳酸鈉和石灰。中國古代玻

　　據《嘉峪關壁畫墓發掘報告》稱，在屬於西晉時期的嘉
峪關古墓群中出土了兩枚水晶珠："白色透明，圓形或橢圓
性，低面平，背面隆起成寰頂"。其中，圓形者"直徑達
1.7cm，隆高 0.4cm"；橢圓者"長徑 1.3cm，短徑 1.1cm，
寬 1.2cm"[4]。嘉峪關在甘肅河西走廊，是通往西域的戰略要
地，當時駐軍所用的點火透鏡，可能來自西域。

　　秦漢以降，玻璃製品透過陸路與海路傳入中國。《漢書‧
西域轉》載，罽賓國出產"珠璣、珊瑚、虎魄、璧琉璃"；
《漢書‧地理志》載，武帝時都盧國和黃支國人"入海，市
明珠、璧琉璃"。《太平御覽》卷 808 引晉‧呂靜《韻集》：
"琉璃，火齊珠也。"

　　《史記‧司馬相如傳》"其石則赤玉玫瑰。"晉灼註曰
"玫瑰，火齊珠也。"顏師古曰"火齊珠，南方之出火珠也。"
《梁書‧諸夷轉》載天監十八年（519），扶南國譴使"獻火
齊珠，郁金、蘇合等香"；《南史‧夷貊傳上》"丹丹國（在
今馬來半島），中大通三年（531），其王遣使……獻火齊珠、
古貝、雜香藥。"

　　能用於聚焦點火的凸透鏡，無論是玻璃質或水晶質，古
代稱爲珠、火珠或火齊珠。《管子‧侈靡》有朦朧的火珠記
述"珠者陰之陽也，故勝火。"此注說"珠生於水而有光鑒，
故爲陰之陽，以向日則火鋒，故勝火。"能用以對日取火的

---

　　璃以鉛玻璃爲主，氧化鉛、氧化鋇的含量較高。河南固始侯古堆 1 號墓出
　　土的玻璃珠是鈉鈣玻璃。
4　《甘肅省文物隊等.嘉峪關壁畫墓發掘報告》37－38，北京：文物出版社，
　　1985。

“火珠”，是玻璃珠或水晶珠。

　　“齊”是祭祀或典禮所用的器物，因此“火齊珠”可理解爲點火器。《論衡·亂龍》“今伎道之家，鑄陽燧取飛火於日，作方諸取水於月。”伎道之家即方士，是懂得以器物取火取水的人。諸多文獻記載西域獻方物“火珠”或“火齊珠”的同時，也將透鏡點火的物理性質也傳到中國。《萬畢術》中說“削冰令圓，舉以向日，以艾承其影，則火生。”後來醫家利用冰製成凸透鏡對日聚焦，以艾承其影取火。

　　1983 年廣州象崗山第二代南越王墓出土的 5 支象牙，經鑒定均爲非洲象牙；圓形銀盒，花紋用錘揲法壓制而成，這種工藝源於波斯[5]；另外金花泡飾，採用的焊珠工藝，公元前 4000 年的兩河流域就已出現，後流行於古埃及、波斯、印度等地。墓中出土雄黃、赭石、紫水晶、硫磺、孔雀石等五色藥石和銅杵、銅臼、鐵杵等配藥用具，還有一只銅承露盤玉高足杯[6]。證明番禺在西漢以前，已有一些來自遠方的方士，帶來神仙方術。

　　來自南方的水晶珠在印度被稱爲摩尼珠。摩尼珠又作末尼、如意，一種透明的球體，是雙凸透鏡，將光線折射聚焦而產生高溫，以易燃物置於下方聚焦處，就會被引燃。史書記載泥婆羅國、康國、波斯國、拂菻國（東羅馬帝國）出產玻璃、水精和火珠，火珠能對日取火。

　　公元前 250 年左右阿育王興建的桑奇大塔，南門的第三

<hr />

5　見齊東方《李家營子出土的粟特銀器與草原絲綢之路》，載《北京大學學報》1992 年第 2 期。
6　《西漢南越王墓》（上冊），北京：文物出版社 1991 年版。

橫樑正面，雕有口吐如意蔓的藥叉形象，其造型與中國的珠神王相似（如龍門石窟），當與印度對摩尼寶珠的崇拜有關。中國石窟中的珠神王一般表現為口吐一串珠狀物，或雙（單）手托一珠狀物，有的為火焰寶珠。

　　西晉竺法護譯《佛說胞胎經》稱"若摩尼珠、陽燧向日盛明，正中之時以燥牛糞，若艾若布，尋時出火則成光焰。"《大寶積經》第 55 卷也有"日光珠"取火的記載"復次，阿難，譬如明眼之人持日光珠置於日中，以乾牛糞而懸其上，去珠不遠火便出生。""譬如阿難，有目明眼之人，若摩尼珠、陽燧向日盛明，正中之時，以燥牛糞，若艾若布，尋時出火則成光焰。"由此可見，佛經在翻譯時，將鑒燧與摩尼珠混為一談，或將兩者等同[7]。而印度的摩尼珠是用以取火的。

# 陽燧與方諸發展出的煉養

## （一）服日月法

　　嚴君平（前 53－18）《道德指歸論》[8]出生入死篇，談到西漢當時的養生方術中已有"被服五星，飲食日月。"飲食日月即採日月精華，屬觀想範疇。《抱朴·遐覽》有《食日月精經》，《雲笈七籤》收錄有《服日月氣法》、《太一遊日服日月法》、《服日月六氣法》、《大方諸宮服日月芒法》、《太上玄真訣服日月法》等。此外《太上靈寶五符序》、

---

7　戴念祖《釋譚峭的"四鏡"》，自然科學史研究，2001，（1）。
8　嚴君平成帝時賣卜於成都肆，著《老子指歸》11 卷，至今尚存 7 卷，杜光庭《道德真經廣聖義》收有《老子指歸》

《九真中經》、《登真隱訣》、《靈寶無量度人上經大法》
卷 22，都有服食日月之道。這些服日月法與《清靈真人裴君
傳》所述大同小異，功法如下：

　　"旦視日初出之時，臨目閉氣十息，因又咽日光十過，
當存令日光霞，使入口中。""日夕視月，臨目閉氣九息，
因又咽月光九過。當存月光，使入口中。""裴君白日精思
對日，存日中五帝君；夜則精思對月，存月中五夫人。"

　　裴玄仁得佛圖中道人支子元的道法，支子元來自西域。
湯用彤《漢魏兩晉南北朝佛教史》中說佛教在漢代不過爲道
術之一種，"佛教附屬爲道術之一種，被稱爲佛道。"佛圖
道人不一定指佛教徒，也可能是婆羅門。《真誥・協昌期》
有一段話值得注意：

　　"小方諸之國，多有奉佛道者，有浮圖以金玉鏤之，或
數百尺而層樓突起，其土人極孝而不死，是食不死草所致也。
皆服五星之精，日月之華，畫服日光，夜服月華，讀夏《歸
藏》之經，用之以飛行。"

　　方諸之國佛像高達數百尺，讓我們聯想阿富汗的巴米揚
山裡，有許多石窟、廟宇。興都庫什山腳下的巴米揚石窟的
摩崖兩端，雕有兩座大佛像，其中一個高約 54 米，是世界上
最大的石雕佛像。

　　且不論《真誥・協昌期》所述方諸之國是否在阿富汗，
但可以確定"畫服日光，夜服月華"的方法，來自中國境外
的方諸。《真誥・協昌期》提到方諸國服日月之華，這與"取
水於月"的方諸，必有內在聯繫關係。

## （二）內丹修鍊

《道德真經廣聖義》卷 20 "陽燧者，範金爲器，其形若杯，或類鏡焉，以玄繪潔之，以日照之，以艾承之，則得火焉。此二者因日月之光，以氣類相感，而能生水火。" 取水火於日月的交感觀念，魏伯陽得到啟發，以陽燧陰鑒氣類相感，與日月相應，作爲天人合一的理論模型。

《參同契》說："陽燧以取火，非日不生光。方諸非星月，安能得水漿？二氣玄且遠，感化尚相通，何況近存身，切在於心胸。陰陽配日月，水火爲效徵。" 腎水與心火感化相通，象徵人體陰陽二氣氤氳交感，將先天一氣招攝到體內，使自己的身心與宇宙的自然本性契合，反回到先天的道的境界。如同陽燧取火，陰燧承接露水，水火既濟而大丹有成。

陳顯微《周易參同契解》卷中："陽燧以取火，非日不生光。方諸非星月，安能得水漿。二氣玄且遠，感化尚相通。何況近存身，切在於心胸。陰陽配日月，水火爲效徵。陽燧者，鍊五色石作鏡向日，以艾取火。《淮南子》謂之火。方諸又有水，方諸以水晶爲珠，向月取水，又謂之陰燧。陽燧、方諸若不假日月，則不能生水、取火。人身之中，陰陽升降與天地造化同運，其間水火交通之理，亦豈外夫日往月來交會之機以求證效哉？"

俞琰《周易參同契發揮》卷 6 引《淮南子》云："地之去天不知幾千萬里；日月懸於空中，去地亦不知幾千萬里。而陽燧見日則得火，方諸見月則得水，奚爲感化相通，如此其速哉？何況近存身切，在於心胸，身中自有水火，心中自有藥材，得不回光返照以求其感化之妙乎？”

　　傳說王重陽在甘河遇仙，得授道妙口訣及密語五篇，其《五篇靈文註》云：“當以陽燧方諸，水火感通之理，推之自得。陽燧火珠也，太陽正宮，以火珠向日燧之。方諸水珠也，太陰正宮，以水珠向月珠之。天地懸隔之遠，一刻之中，自然得水火也。彼物受氣之偏，尚能感通日月，得水火於頃刻之間。何況人爲萬物之靈，靜定之中，豈不感通身中妙化，而結成金丹也哉。[9]”

　　取火於日的陽燧（凹面鏡），通過反射陽光聚焦而產生高溫，若將易燃物品置於其上方的焦點處，就會被引燃。《陰符經》“天地，萬物之盜，萬物，人之盜，人，萬物之盜。”盜天地精華，是把能量集束爲一，量變造成質變，盜太陽的熱能來自利。同理將渙散向外消耗的精氣神內斂，凝聚愈精密，所產生的能量就愈大。

## （三）修鍊外丹

　　術士煉丹也借助此法以神其事，如《抱朴子・金丹》造九轉金丹法，於夏至之後，“候日精照之”，煉丹採日月之精華，以合陰陽之靈氣。發展出外丹修煉。《抱朴子・金丹》有岷山丹法“道士張蓋蹹精思於岷山石室中，得此方也。其法鼓冶黃銅，以作方諸，以承取月中水。以水銀覆之，致日精火其中，長服之不死。”《道藏》中收載的《丹房須知》用火十七也說“其火取日之火”。

---

9　《道藏輯要》胃集 2 金，王嚞註，清虛道人錄《五篇靈文》。

《易・繫辭上》"精氣爲物，遊魂爲變。"王弼注"精氣煙熅聚而成物，聚極則散，而遊魂爲變也"。有形與無形之間的變化，只是氣的聚散。因此《古文龍虎經注疏》作者強調真鉛真汞，非指五金八石、硝霜漿露，亦非陰丹及靜坐存思之術。而是採取太陰之精，誘會太陽之氣，使陰陽精氣歸於神室，結成金液還丹，得日月之精華以煉外丹故能不死。

## （四）陰陽雙修

《易・繫辭上》謂："在天成象，在地成形，變化見矣。是故剛柔相摩，八卦相蕩，鼓之以雷霆，潤之以風雨，日月運行，一寒一暑，乾道成男，坤道成女。"是把雷霆、風雨、日月等自然現象當作天地交感的生命行爲，又反過來隱喻媾合。所以，由男女陰陽相感，發展出雙修陰陽法。

翁葆光《悟真直指詳說》"以同類之物誘之成丹。亦猶日中有火，以陽燧引之，則得其火矣。又如月中有水，以方諸引之，則得其水矣。故鍛同類之物，立爲爐鼎，號曰真龍真虎。"是指採取同類之真陽，以接補已漏衰老之體。

《說文解字》引《秘書》說："日月爲易，象陰陽也。"《淮南子・天文》"日者，陽之主也……月者，陰之宗也。""陰陽交合謂之丹"，丹字日頭月腳，日月即陰陽。日月是陰陽概念的最直接來源，並形成煉養思想。

早期天人合一思想，由取日之火月之水，發展了存思日月，以服氣引導；採日月之精華，以合陰陽之靈氣的外丹；男女陰陽相感的雙修陰陽法；自身的陰陽和宇宙的陰陽相感應，招攝先天一氣的虛空派。各家方法不同，原理則相通。

# 從《列仙傳》觀察神仙與方術

　　《列仙傳》舊題劉向（前 77－前 6）撰，《真誥》載 "劉向撰《列仙》亦七十二人"。隋·杜臺卿《玉燭寶典》云："漢成帝時，劉向刪《列仙傳》，得百四十六人，其七十四人已見佛經，餘七十二人爲《列仙傳》。" 葛洪謂七十餘人，蓋就七十二人言之。今本《正統道藏》僅七十人，清·王照圓《列仙傳校正》卷上末據《史記·封禪書·索引》補羨門，卷下末據《藝文類聚·靈異部》引《列仙傳》之劉安，語句皆出《神仙傳》，蓋誤引《神仙傳》爲《列仙傳》[1]。

　　余嘉錫《四庫提要辨證》卷 19 查出，漢順帝時王逸《楚辭章句》和漢獻帝時應劭《漢書注》已引《列仙傳》。余嘉錫綜合諸說推斷《列仙傳》蓋明帝以後順帝以前人之所作，於東漢時已盛行。

　　陳國符說："世人多疑今本《列仙傳》非劉向所撰；然自秦始始皇漢武帝以來，神仙之說盛行，劉向復信黃金可成，並在尙方主持製僞黃金；故國符疑《列仙傳》爲劉向所作。是書《漢書·藝文志》見著錄；但清·姚振宗《漢書·藝文志》拾補所收書亦復不少；故不可謂《漢書·藝文志》未見

---

1　王叔岷《列仙傳校箋》。

著錄，即前漢無此書也。"

　　始皇三十五年（前 212），秦始皇把原本"朕"的自稱改稱為"真人"，說："吾慕真人，自謂真人，不稱朕。"《說文解字》釋"真"，"僊人變形而登天也。"故真人即仙人，"仙"又稱"仙真"。

　　東漢許慎《說文解字》："仙，長生仙去。"又云："神，天神引出萬物者也。"依許慎釋義"神"指"天神"，是先天地而為引出萬物之創造者。《說苑‧修文》曰："神靈者，天地之本，而為萬物之始。"此天"神靈"即《說文解字》"天神"之義。

　　"仙"與"神"是不同的兩個概念，仙不同於神。古人造字時對於"神"與"仙"，一從"示"，一從"人"，其內在含義不同。從字形看，神從示申聲，說明與祭祀有關。從"示"的字大多與神有關，是為人崇拜、獻祭的物件。屬於天地宇宙之造化，非人力可及；仙從人山聲，說明人通過後天的修煉而達到肉體永生的境界。

## 人皆可學仙

　　《太平經》指出人皆可學仙，人皆可成道。通過修道，每一個人都有成仙的可能。不分男女性別、社會階層，"奴婢賢者得為善人，善人好學得成賢人；賢人好學不止，次聖人；聖人學不止，如天道門戶，入道不成，成不死之事，更仙；仙不止入真，成真不止入神，神不止乃與皇天同形。[2]"
賢人、聖人、道人、仙人、真人、神人皆積學不止所致，不
分男女、貴賤，只要學道積德，皆可成仙成聖，達長生不死。

《列仙傳》中的仙人有各種身分：上層人物如方回"堯
聘以爲閭士，夏啟末爲宦士"；老子"周柱下史"；尹喜"周
大夫"；呂尚"先佐文王，後爲武王師"；王子喬"周靈王
太子"；昌容"自稱殷王子"；彭祖"殷大夫"；馬丹"文
侯時爲大夫，至獻公時爲幕府正"；范蠡"爲越大夫"；琴
高"爲宋康王舍人"；赤須子"秦穆公時主魚吏"；鉤翼（弋）
夫人"漢武帝寵妃，漢昭帝母"；谷春"成帝時爲郎"；毛
女"秦始皇宮人"；淮南王劉安等。

下層勞動者如寇先"以釣魚爲業"；安期先生"賣藥于
東海邊"；瑕邱仲"賣藥於甯"；祝雞翁養雞；酒客"梁市
上酒家人"；嘯父"在西周市上補履"；文賓"賣草履爲
業"；葛由"刻木羊賣之"；任光"賣丹於都市里間"；崔
文子賣藥；朱仲"會稽市上販珠"；鹿皮公"爲府小吏木
工"；山圖"隨山中道人採藥"；陰生"長安渭橋下乞兒"；
子英"捕魚"；陶安公"鑄冶師"；呼子先"漢中關下卜
師"；磨鏡的負局；女丸"沽酒婦人"；玄俗"賣藥都市"等。

## 《列仙傳》中的祠祀

《禮記・祭法》說："夫聖王之制祭祀也，法施於民則

---

2　《太平經合校》，中華書局·1960 年版，第 222 頁。

祀之，以死勤事則祀之，以勞定國則祀之，能禦大災則祀之，能捍大患則祀之。非是族也，不在祀典。”漢‧王充《論衡‧祭意》“凡祭祀之義有二，一曰報功，一曰修先。報功以勉力，修先以崇恩。”修先、報功的對象是能庇護、蔭福後代子孫者。生而行善，死而爲神，功德惠及世人、品行卓著者，人們因感戴崇恩而立廟祭祀，在祭拜和頌揚中被賦予神性。

　　所謂“非是族也，不在祀典。”如同《左傳‧僖公十年》“神不歆非類，民不祀非族。”即根據血緣關係，只有共同的祖先才能得以供奉，不容外族的介入。通過儀式寄託其對於同出之祖的緬懷，以及對祖考的敬仰，以此教化子孫、鞏固家族關係。

　　《漢書‧天文志》與《漢書‧郊祀志下》記載，匡衡、桓譚曾建議漢武帝罷祀，武帝納諫罷祀後，宮中出現災異現象，因此武帝向劉向諮詢，劉向說“家人尚不欲絕種祀，況于國之神寶舊畤！”顏師古注“種祠，繼嗣所傳祠也。”謂立祠祀奉祖宗。《漢書‧王莽傳》“家之所尚，種祠天下。”顏師古注“言國已立大禖祠先祖矣，其眾庶之家所尚者，各令傳祠勿絕。”

　　祠祀指祭祀供奉的處所，《後漢書‧楚王英傳》，其言曰“楚王誦黃老之微言，尚浮屠之仁祠，潔齋三月，與神爲誓。”其稱“仁祠”，說明佛教爲當時祠祀之一種。《漢書‧郊祀志》“民神異業，敬而不黷，故神降之嘉生，民以物序，災禍不至，所求不匱。”可見祭祀活動深入人心，崇拜神仙的香火組織在漢代，甚至更早就已發展起來。從《列仙傳》記載的祠祀，可觀察《禮記‧祭法》在民間的形成，例如：

一、法施於民：嘯父能作火法"西邑多奉祀之"；嘯父弟子師門"孔甲祠而禱之"；仇生"皆知其奇人也，咸共師奉之。"葛由"隨之皆得仙道，綏山下立祠數十處。"園客"得蠶繭皆如甕大……濟陽人世祠，桑蠶設祠室。"安期先生"立祠阜鄉亭海邊十數處"。子英"吳中門戶皆作神魚，遂立子英祠。"

二、以死勤事：馬丹"北方人尊而祠之"；寇先"宋人家家奉祀"；蕭史"秦人爲作鳳女祠于雍宮中"；谷春"去之太白山。立祠於山上，時來至其祠中止宿。"子主"王遣三牲立祠"。

三、以勞定國：漢武帝"爲稷丘君立祠"。

四、禦大災、捍大患：彭祖"禱請風雨，莫不輒應。常有兩虎在祠左右，祠訖，地即有虎跡。"平常生"云水雨五日必止，止則上山求祠之。"琴高"入涿水中取龍子，弟子皆潔齋待於水傍，設祠。"酒客"使民益種芋菜曰：三年當大饑。卒如其言，梁民不死。"崔文子作黃散赤丸，成石父祠"後有疫氣（氣），以藥救疫病，活者計萬。"赤須子能預言"數道豐界災害水旱，十不失一。"騎龍鳴預言水災"果水至，死者萬計。"負局"大疫病家至戶，到與藥，活者萬計，不取一錢……立祠十餘處。"黃阮邱預先警告"地動，山崩，道絕……世共奉祠之。"昌容"能致紫草，賣與染家，得錢以遺孤寡……奉祠者萬計。"

五、血緣關係：幼伯子"世世來誠祐，蘇氏子孫得其福力。"邗子"留止山上，時下來護其宗族……蜀人立祠於穴口，西南數千里，共奉祠焉。"王子喬云"告我家，七月七

日待我於緱氏山巔……立祠於緱氏山下，及嵩高首焉。」鉤
翼夫人爲昭帝之母「廟闌有神祠、閣在焉。」鹿皮公作神舍
（祠舍），預言水災，呼宗族家室，令上山半。「果水盡漂
一郡，沒者萬計。」

　　無論是《孟子‧盡心下》云：「聖而不可知之，之謂神。」
或《繫辭》「陰陽不測之謂神……唯神也，不疾而速，不行
而至」。都反映古人對某種神秘存在的認識，把難以預測、
駕馭的力量稱之爲「神」。認爲天地之運行，萬物之變動，
有一個主宰者使其然。《說卦》「神也者，妙萬物而爲言者也。」
指陰陽變化過程非常微妙，使人不知其所以然。

　　《說文解字》解釋「神，天神引出萬物者也，從示申。」
劉向《五經通義》「王者所以因郊祭日月、星辰、風伯、雨
師、山川，何以爲？皆有功於民，故祭之也。」「申」在甲
骨文中寫作像天空中閃電的樣子，《說文解字》中對「申」
解釋爲「申，電也。」古文在電上加雨，表示閃電與下雨有
關。例如《列仙傳》中：赤松子「神農時雨師」；赤將子輿
「能隨風雨上下」；涓子「能致風雨」；師門「風雨迎之」；
彭祖「禱請風雨，莫不輒應。」

# 在山上的人長生不死

　　劉熙《釋名‧釋長幼》云：「老而不死曰仙。仙，遷也，
遷入山也，故其制字人旁作山也。」《說文》仙作僊，「人
在山上貌，從人從山。」「仙」原寫作「僊」，在許慎《說
文解字》中「僊」字該條釋義爲「長生仙去，從人從𠆲」，

"罨"也就是遷",想得道成仙,必須入山修煉。高處乃最容易接近神靈之處,《抱朴子‧登涉》謂"山無大小,皆有神靈。山大則神大,山小則神小。"例如《列仙傳》中:

赤松子"至崑崙山上";方回"隱於五柞山中";涓子"隱於宕山";呂尚"匿於南山";務光"投浮梁山,後游尚父山";仇生"尸鄉北山上";平常生"在缺門山";陸通"在蜀峨嵋山上";葛由"上綏山不復還";王子喬"上嵩高山";任光"常在柏梯山上";祝雞翁"後升吳山";修羊公"在華陰山上石室中";羨門"入蒙山";老萊子"耕於蒙山之陽";谿父"居絕山頂";山圖"隨山中道人名山採藥";谷春"去之太白山";服閭"往來方丈山";赤斧"上華山取禹餘糧餌";呼子先"騎龍上華(陰)山";負局"還蓬萊山";黃阮邱"於山上種蔥薤,時下賣藥";陵陽子明"止陵陽山上";邢子"留止山上";玄俗"見於常山下"。

許地山《道教史》定義"神仙是不死的人,求神仙便是求生命無限的延長。"[3]傳說中的神仙超脫塵世而長生不死,不死是神仙信仰的基本內涵。《列仙傳》修道長壽者如下:

偓佺"至二三百歲";老子"二百餘年;呂尚"二百年而告亡";務光"後四百餘歲至武丁時復見";彭祖"歷夏至殷末,八百餘歲。後升仙而去";邛疏"至數百年";平常生"數死復生";陸通"世世見之,歷數百年去";范蠡"後人世世識見之";琴高"浮游冀州、涿郡之間二百餘

---

3 許地山《道教史》,頁108。

年"；寇先死而復活；幼伯子"形貌歲異，後數十年更壯"；
安期先生"時人皆言千歲翁"；桂父"累世見之"；瑕邱仲
"賣藥於甯百餘年，人以爲壽矣"；酒客"後百餘歲，來爲
梁丞"；任光"如數十歲面顏"；稷丘君"髮白再黑，齒落
更生"；崔文子"自言三百歲"；赤須子"齒落更生，髮墮
再出"；商丘子胥"傳世見之三百餘年"；陵陽子明"止陵
陽山上百餘年"等。

　　《列仙傳》中赤松子"能入火自燒"；甯封子"積火自
燒，而隨煙氣上下。視其灰燼，猶有其骨。"嘯父"列數十
火而升"；嘯父弟子師門"能使火，孔甲殺而埋之外野，一
旦，風雨迎之。"

　　《墨子‧節葬下》"秦之西有儀渠之國者，其親戚死，
聚柴薪而焚之，燻上，謂之登遐。"《楚辭‧遠游》"仍羽
人於丹丘兮，留不死之舊鄉……載營魄而登霞兮，掩浮雲而
上征。"王逸注"抱我靈魂而上升也。"朱熹集注"言以此
時昇仙而去也。霞與遐通，謂遠也。"謂死者升天而去。

　　聞一多認爲登遐、升霞、登霞等說，源於火葬時靈魂乘
煙霞上天的觀念。因爲死而"聚柴薪而焚之，燻上，謂之登
遐。""登遐"即"登霞"，"遐"、"煆"相通，"本意
是火化時靈魂乘火上升於天"，即成了神仙，長生不死。聞
一多考證《楚辭‧遠遊》"營魄即魂魄，既曰'載魂魄'，
又曰'登霞'，與火葬的意義全合。"

## 方術與醫術有關

　　《漢書‧藝文志》"侍醫李柱國校方技。"顏師古注"醫藥之書。"醫書被稱爲"方書"，學醫叫"爲方"，治病有效稱"善爲方"，藥劑被稱爲"方劑"。《扁鵲倉公列傳》說："（扁鵲）出行游國中，問善爲方數者事之久矣，見事數師，悉受其要事，盡其方書意，及解論之。"方數（術）指醫術，古代醫術與方術同出一源，神仙家最初是由醫家而來。《列仙傳》有許多與醫方有關的神仙：

　　黃帝時馬醫馬師皇鍼龍"脣下口中，以甘草湯飲之而愈。"范蠡於"蘭陵賣藥"；安期先生"賣藥于東海邊"；瑕邱仲"賣藥於甯"；任光"善餌丹，賣於都市里間"；崔文子"賣藥都市……後有疫氣，民死者萬計……飲散服丸即愈，所活者計萬。後去蜀賣藥。"山圖"之名山採藥"；赤斧"上華山，取禹餘糧餌，賣之於蒼梧、湘江間。"黃阮邱"時下（山）賣藥"；玄俗"賣藥都市，七丸一錢，治百病。"

　　此外《列仙傳》服食藥物者，如赤將子輿"不食五穀，而噉百草花"；偓佺"好食松實"；方回"煉食雲母"；尹喜"常服精華、菖勝實"；涓子"好餌朮"；呂尚"服澤芝、地髓"；師門"食桃李葩"；務光"服蒲韭根"；仇生"常食松脂"；彭祖"常食桂芝"；陸通"食橐廬木實及蕪菁子"；寇先"好種荔枝，食其葩實"；桂父"常服桂及葵，以龜腦和之"；修羊公"略不食，時取黃精食之"；赤須子"好食松實、天門冬、石脂"；犢子"採松子、茯苓餌而服之"；園客"種五色香草，食其實"；鹿皮公"食芝草，飲神泉"；昌容"食蓬蘽（蓬蘽）根"；谿父"煉（鍊）瓜子，與桂、附子、芷實而食之"；山圖"服地黃、當歸、羌活、獨活、苦參散"；毛女"食松葉"；文賓"服菊花、地膚、桑上寄生[4]、松子，取以益氣"；玄俗"餌巴豆"等。

范蠡"好服桂、飲水"《孫真人備急千金要方》卷 31 云："若得汗足，應解而不解者，當服桂枝湯。此藥多毒，熱者令飲水，寒者溫飲解之。"商丘子胥"食朮、菖蒲根、飲水。"明·李時珍《本草綱目》卷 19 云："周顛仙對太祖高皇帝常嚼菖蒲飲水。問其故，云服之無腹痛之疾。"

神仙方術最早與醫術有關，《史記·扁鵲倉公列傳》載"天下聞之皆曰：扁鵲能生死人。"醫學是關乎死生的技術與知識，在醫學不發達的時代，生病依賴巫師求神，必致延誤。扁鵲"能生死人"，以醫藥爲人治病，故能不死，某些藥物能治好疾病，逐漸演變爲不死藥傳說。

## 《列仙傳》所涉方術

《列仙傳》彙集先秦、秦、漢諸家著作有關神仙記載，加上劉向自己所聞神仙事蹟，是最早流傳有關神仙人物的傳記。《神仙傳·序》云："劉向所述，殊甚簡略，美事不舉。"與《列仙傳》相比，《神仙傳》所述神仙方術雖具體深入，但《列仙傳》樸素的記載，更能體現先秦兩漢的神仙思維，

---

4 《本草綱目·木四·桑上寄生》："此名寄寓他物而生，如鳥立于上，故曰寄生、寓木、蔦木。俗呼爲寄生草。"

有其學術意義。

一、馴獸術：琴高"入涿水中取龍子"騎龍鳴"於池中求得龍子，狀如守宮者，十餘頭。養食，結草廬而守之……一旦，騎龍來渾亭下。"守宮是蜥蜴的一種，又名壁虎、蝘蜓、蠍虎。狀如守宮的龍子，即揚子江鱷[5]。琴高治江鱷"入涿水中取龍子"，被塑造爲地域性水神，而騎龍鳴則能馴養鱷魚。蕭史"吹簫，能致孔雀、白鶴於庭。"祝雞翁"養雞千餘頭，皆立名字……欲引呼名，即依呼而至……白鶴、孔雀數百，常止其傍。"子英"入水捕魚，得赤鯉持歸著池中，數以米穀食之。"後來子英上魚背，騰升而去。

二、行氣者如邛疏"能行氣煉形"；赤須子"服霞絕粒"等二人。

三、煉丹術：赤松子"服水玉"；赤斧"作水澒鍊丹，與硝石服之"（丹砂所化爲水銀）；邛疏"煮石髓而服之"；任光"善餌丹"；陵陽子明"採五石脂，沸水服之"；主柱"得神砂飛雪服之"；劉安"授丹經及三十六水方"。陳國符據此認爲"前漢或前漢以前，已有餌丹砂者。"

四、飛升術：赤松子"隨風雨上下"；甯封子"隨煙氣上下"；赤將子輿"能隨風雨上下"；偓佺"能飛行逐走馬"；馬丹"入迴風中而去"；東方朔"風飄之而去"；主柱"邑令章君服神砂，五年能飛行"；谿父"能飛走、昇山、入水"。

五、神行術：犢子"牽犢耳而走，人不能追"；毛女"身

---

5 有關蛟龍與揚子江鱷的關係閱何新《龍：神話與真相》，上海：上海人民出版社，1989年。

輕如飛”。

　　六、辟穀：修羊公“不食，時取黃精食之。”赤將子輿“不食五穀，而噉百草花。”山中道人教山圖“服地黃、當歸、羌活、獨活、苦參散。服之一歲，而不嗜食。”谷春教毛女食松葉“遂不饑寒，身輕如飛。”商丘子胥不饑不老，言“但食朮、菖蒲根、飲水。”

　　七、隱遁：方回“爲人所劫，閉之室中，從求道，化而得去。”陰生“械收，繫著桎梏而續在市中乞”；商丘子胥“有匿術”；務光“負石自沉于蓼水，已而自匿。”

　　八、風雨術：赤松子能“隨風雨上下”；赤將子輿“能隨風雨上下”；涓子“能致風雨”。

　　九、尸解術：黃帝能劍解“葬橋山，山崩，柩空無尸，唯劍舄在焉。”呂尚“葬之無尸”；谷春“有衣無尸”；平常生“數死復生”；瑕邱仲能水解“民人取仲尸，棄水中，收其藥賣之。仲披裘而從，詣之取藥”；鉤翼夫人“棺內但有絲履”；琴高能水解“乘赤鯉來……復入水去。”

　　十、占卜：呼子先爲卜師。

　　十一、火術：赤松子“能入火自燒”；甯封子“其掌火，能出五色煙”；嘯父作火法“列數十火而升”；師門“嘯父弟子，亦能使火”；陶安公“數行火，火一旦散，上行紫色沖天”等。

　　十二、去三尸：古代衛生條件差，人的身上往往有寄生蟲，被視爲危害健康的元凶。《論衡・商蟲》說：“人腹中有三蟲。下地之澤，其蟲曰蛭。蛭食人足，三蟲食腸。”吸血蛭在足部吸食血液，三種寄生蟲則在腸中吸取營養。《雲笈七籤》卷 83 "人身並有三尸九蟲。人之生也，皆寄形於父母胞胎五穀精氣，是以人腹中盡有尸蟲，爲人之大害。"因此《黃庭遁甲緣身經》云："子審欲爲道、神仙不死，當先去三尸蟲。"

《列仙傳‧朱璜》云："少病毒瘕，阮丘與七物藥，日服九丸，百日病下如肝脾者數升乃愈。""服之而去三尸"。瘕指腹內結塊，聚散無常，痛無定處。腸中蛔蟲數量較多後纏結成團，形成蟲瘕，則阻塞腸道，以致氣幾鬱滯，消化不良，食慾不振，腹部疼痛，時作時止。朱璜吃打蟲藥後，打下數升的蛔蟲才痊癒。又《列仙傳‧玄俗》云："河間王病瘕，買藥（巴豆）服之，下蛇十餘頭。"服用巴豆後瀉下如蛇般寄生蟲，這在醫學不發達時代是駭人聽聞的。此時《列仙傳》中的去三尸，尚未與服氣、辟穀有連帶關係。

## 《列仙傳》中的房中術

《漢書‧藝文志‧方技略》云："房中者，性情之極，至道之際。是以聖王制外樂以禁內情，而爲之節文。傳曰：'先王之作樂，所以節百事也。'樂而有節，則和平壽考，及迷者弗顧，以生疾而隕性命。"這段話概述了古代房中術，其要在"樂而有節"。

一、《列仙傳》"老子好養精氣，貴接而不施。"王充《論衡》說："世或以老子之道，爲可以度世，恬淡無欲，養精愛氣。夫人以精神爲壽命，精神不傷，則壽命長而不死，成事。老子行之，逾百度世爲真人矣。"李賢《後漢書‧方術傳》注中解釋說"御婦人之術，謂握固不瀉，還精補腦。"

二、《神仙傳‧彭祖》有大量關於彭祖房中採補的部分，《抱朴子‧微旨》認為房中術為"彭祖之法，最其要者。""房中之法十餘家，或以補救傷損，或以攻治眾病，或以採陰益陽，或以增年延壽，其大要在於還精補腦之一事耳。"但《列仙傳》中彭祖"善導引行氣"，並未指出彭祖善長房中採補。

三、《老子想爾注》說："道教人結精成神，今世間偽技詐稱道，托黃帝、玄女、龔子、容成之文相教，從女不施，思還精補腦，心神不一，失其所守，為揣悅不可長寶。"

《列仙傳》容成公"能善補導之事，取精于玄牝，其要谷神不死，守生養氣者也。[6]《漢書‧藝文志》著錄《容成陰道》二十八卷，大概是《老子想爾注》所說的"容成之文"。《後漢書‧方術》稱"華佗行容成公御婦人法"，唐‧李賢注"御婦人之術，謂握固不瀉，還精補腦也。"即是《老子想爾注》"從女不施，思還精補腦。"

四、《列仙傳》赤須子好食"天門冬……齒落更生，髮墮再出。"《抱朴子‧仙藥》曰："杜子微服天門冬，御十八妾，有子百四十人，日行三百里。""太原甘始服天門冬，人間三百餘年。"《後漢書‧方術傳》載"甘始、東郭延年、封君達三人者，皆方士也。率能行容成御婦人術，愛嗇精氣。"赤須子應該是房中家，服食玄氣的天門子，其名得自天門冬。

---

6 容成公為老子之師，老子"貴接而不施，善補導之事，取精於玄牝。"容成公"髮白更黑，齒落更生，事與老子同。"房中家多祖述容成公。容成公和老子均行房中術以致壽。

　　五、《列仙傳》女丸通過《素書》五卷，得到“養性交接之術”，因而《神仙傳》序有“女丸七十以增容”之語。女丸的“交接之術”，從《醫心方》卷二十八引《玉房秘訣》可以了解“若知養陰之道，使二氣和合，則化爲男子。若不爲男子，轉爲津液，流入百脈，以陽養陰，百病消除，顏色光澤肌好，延年不老，常如少童。”

　　六、《列仙傳》涓子“好餌朮，接食其精”；琴高“行涓、彭之術”。三國魏嵇康《答難養生論》“赤斧以練丹頳髮；涓子以朮精久延。”朮精是精選白朮製成的丸散，參閱明・李時珍《本草綱目・草一・朮》引陶弘景語“白朮少膏，可作丸散；赤朮多膏，可作煎用。昔劉涓子取其精而丸之，名守中金丸，可以長生。[7]”許多學者以涓子“好餌朮，接食其精。”涓子既與彭祖齊名，誤認是“食精”的房中術。

## 《列仙傳》中少數民族與境外神仙

　　隋・杜臺卿《玉燭寶典》云：“漢成帝時，劉向刪《列仙傳》，得百四十六人，其七十四人已見佛經，餘七十二人爲《列仙傳》。”唐・釋道宣《廣弘明集》卷 11 認爲漢代以前佛教已流傳中國云：“《列仙圖》自黃帝已下六代迄到於今，得仙道者七百餘人，（劉）向檢虛實定得一百四十六人，又云其七十四人已見佛經矣。推劉向言藏書者，蓋始皇時人

---

7　《吳氏本草》云：朮一名山芥，一名天蘇。《爾雅》云：朮山薊，注：朮似薊，而生山中。疏云：生平地者即名薊，生山中者名朮。《抱朴子》云：“朮一名山精，故《神農藥經》曰必欲長生，常服山精。”

間藏書也，或云夫子宅內所藏之書，據此而論，豈非秦漢已前早有佛法流行。”余嘉錫考證《列仙傳》蓋漢明帝（27－75）以後，順帝以前人之所作，於東漢時已盛行。檢視《列仙傳》可以發現一些少數民族或來自外邦成仙的紀錄：

一、滇緬古道（又稱蜀身毒道、西南絲綢之路）漢代以前已開通，《史記・西南夷傳》載“元狩元年（前 122），博望侯張騫使大夏（今阿富汗）來言，居大夏時見蜀布邛竹杖，使問所從來，曰：東南身毒國，可數千里，得蜀賈人市。”《漢書》說：“昆明之屬無君長、善寇盜，輒殺略漢使，終莫得通。然聞其西可千餘里，有乘象之國，名滇越，而蜀賈間出物者或至焉。”

綿陽市郊發現的搖錢樹銅樹葉，葉上鏤空鑄大象和牽（馴）象人的圖紋形像[8]。牽（馴）象之人，軀體瘦長，頭纏盤型巾，酷似印度人，其入川之路爲滇緬古道。1981 年 5 月，重慶忠縣塗井臥馬氹崖墓群出土陶房，陶房內有胡人吹簫俑，“當時皆是外來的胡人，主持宗教儀式。[9]”

“胡人形象在漢代的畫像和陶俑中經常出現，不能認爲胡人的出現必然與佛教有直接的聯繫。[10]”古代對西域來的人及匈奴人等皆稱“胡人”，即北方、西方的外國人，其中有商人、藝人等，當然也有佛教徒或婆羅門。《列仙傳》稱“赤斧者巴戎人也……毛髮生皆赤。”《太平御覽》卷 795

---

8　《文物》1991 年第 3 期。

9　吳焯：《四川早期佛教遺物及其年代與傳播途徑的考察》，《文物》1992 年第 11 期。

10　楊泓：《四川早期佛教造像》，《漢唐美術考古和佛教藝術》，科學出版社，2000 年。

"西域諸戎其形最異，今之胡人青眼赤髭鬚狀類彌猴者。"赤斧是來自西域的胡人。

二、"赤松子者，神農時雨師也。服水玉（即石英）以教神農，能入火自燒。往往至崑崙山上，常止西王母石室中，隨風雨上下。"《墨子・節葬下》"秦之西，有儀渠之國者，其親戚死，聚柴薪而焚之，燻上，謂之登遐。"《呂氏春秋・義賞》篇曰"氐羌之民，其虜也，不憂其係纍，而憂其死不焚也。"聞一多據此認爲以上所說都是火葬，火葬的意義是靈魂因乘火上天而得永生，故古書所載火葬俗流行的地方，也是不死傳說發生的地方。

三、平常生曾作華陰門卒"衣帔革帶"。《釋名・釋衣服》"帔，披也，披之肩背，不及下也。"以帔帛披身是西域胡人舊風，平常生可能來自西域。

四、羌人葛由騎羊而入西蜀，蜀中王侯貴人追之上綏山。

五、桂父者，象林人。據《漢書・地理志》日南郡有象林縣（越南峴港）。東漢後期林邑建國，象林遂被建爲國都。《太清金液神丹經・抱朴子序》說："後漢衰微，外夷內侵，沒取象林國銅柱，所在海邊，在林邑南，可三百里，今則別爲西圖國，國至多丹砂如土。"

六、瑕丘仲後爲夫餘胡王驛使。夫餘爲古族名，亦作扶餘。據研究早期扶餘王城在今吉林省吉林市區，高句麗強大以後，扶餘王城才西遷至今農安縣境。光武帝時扶餘遣使奉貢，順帝時扶餘王來朝京師。

七、《後漢書・西南夷傳・莋都夷》"（莋都）土出長年神藥，仙人山圖所居焉。"

　　八、安期生是來自安息的先生。（詳見《從燕齊神仙方士看中西文化的相遇與相容》）

　　九、服閭"常止莒（今山東莒縣），往來海邊諸[11]祠中。有三仙人……雇閭，令擔黃白瓜數十頭，教令瞑目。及覺，乃在方丈山，在蓬萊山南……一旦，髡頭著赭衣。"

　　十、山圖，《後漢書・西南夷傳・莋都夷》"（莋都）土出長年神藥，仙人山圖所居焉。"

　　方丈山是傳說中三神山之一，《史記・封禪書》云："此三神山者，其傳在渤海中……蓋嘗有至者，諸仙人及不死之藥皆在焉。"服閭隨外邦人士去海外後"髡頭著赭衣"，《後漢書・西域傳・大秦》"人俗力田作，多種樹蠶桑，皆髡頭而衣文繡。"《長春真人西遊記》記述邱處機奉命西行，中途經過高昌回鶻地界"西即鱉思馬大城，王官、士庶、僧道數百，具威遠迎，僧皆赭衣，道士衣冠與中國特異。"赭衣髡剃是佛教徒的打扮。

　　中國文化的形成，經過各族的融合。道教是漢族和各民族文化，相互交流融合的結晶。

---

11　諸：古邑名，在今山東諸城西南。

# 前期道教的境外因素

　　秦的咸陽城、西漢的長安城和東漢的雒陽城是政治、經濟、文化和交通的中心，以長安、洛陽爲中心的驛路通往全國大多數地區。西漢中葉國勢強盛，與西域各國的貿易頻繁，絲綢之路是漢建元二年至元朔三年（前 139－前 126）張騫通西域之後不斷開拓，形成由長安出發，經隴西，過蘭州，穿越河西走廊和塔里木盆地，經過中亞或南下印度，或西往伊朗、敍利亞，直達地中海東岸的一條連接歐亞大陸的交通要道。

　　西域[1]是漢文化、印度文化、波斯文化、希臘羅馬文化和遊牧文化薈萃之地。其中，印度、波斯乃至希臘、羅馬在兩漢魏晉南北朝正史西域傳中，都屬於西域的一部分，天山以北的遊牧部族是西域舞臺上的重要角色[2]。

　　兩漢經濟發展、國家強盛、對外來文化兼收並蓄。魯迅說：“取用外事物的時候，就如將彼俘來一樣，自由馳使，

---

1　陳垣《元西域人華化考》考定西域的範圍是“漢武以前，大抵自玉門關、陽關以西，至今新疆省止，爲西域。其後西方知識漸增，推而至葱嶺以西，撒馬爾幹、今俄領土耳其斯坦，及印度之一部，更進而至波斯、大食、小亞細亞，及印度全部，亦稱西域。”

2　余太山《兩漢魏晉南北朝正史西域傳所見西域諸國的宗教、神話傳說和東西文化交流》，西北民族研究（蘭州）2001 年第 3 期。

絕不介懷。[3]"長安、洛陽在兩漢時都出現了四夷賓館會萃，殊方異物聚合的情景。此時對外來文化持開放的態度，促進了不同文化的交流。

不同文化背景的人來到中國，豐富了漢人的精神生活，也必然對道教產生過重大的影響。通過與不同文化的接觸和交流，彼此優勢長處相互汲取，文明才能獲得繼續發展的動力。外來的文化傳入中國，在與中國傳統文化的相互碰撞、衝突、融合，逐步本土化，方仙道最終完成了中國化。

西漢以後，西域胡人逐漸遷徙關中，江統《徙戎論》提到"漢興而都長安，關中之郡號曰三輔……及至王莽之敗，赤眉因之，西都荒毀，百姓流亡。建武中（494－498）以馬援領隴西太守討叛徙，其餘種於關中，居馮翊河東空地，而與華人雜處，數歲之後族類蕃息……關中之人，百餘萬口，率其少多，戎狄居半。""魏初人寡，西北諸郡，皆爲戎居。"[4]《洛陽伽藍記》卷 3 載"自蔥嶺以西，至於大秦，百國千城，莫不款附，商胡販客，日奔塞下。（伊洛之間）樂中國土風，因而宅者不可勝數，是以附化之民，萬有餘家。"

　　留居中國的胡人接受漢族文化逐漸"華化"[5]，部分則將中國文化帶回國。胡漢的交往，使外來文化也影響了中國人的生活，余英時稱之爲"胡化"[6]。例如《後漢書‧五行志一》記載"（東漢）靈帝好胡服、胡帳、胡床、胡坐、胡飯、

---

3　《魯迅全集》第 301 頁。
4　《晉書》卷 56。
5　陳垣《元西域人華化考》以及日‧桑原騭藏《隋唐時代西域人華化考》，都討論過西域人接受漢族文化的情況。
6　余英時《漢代貿易與擴張》200 頁。

胡空侯、胡笛、胡舞、京都貴戚皆競爲之。"

　　歷史學家與考古學家都覺察到漢代文明中顯著的胡族風格，宗教學家則注意到佛教的傳入。由於佛教文化的巨大影響，現在幾乎將佛教當了印度文化的別名，凡從印度傳來的文化，往往委之於佛教，忽略了古印度的婆羅門教。根本原因恐怕還是我們對古印度文化大多限於佛教的範疇。來華的"胡僧"有些被視爲道教徒[7]，秦漢以來神仙方術即深受他們的影響。

　　來華印度人融會佛道，對於促進中印文化交流，功不可沒。黃心川先生從史傳中統計，自公元 2 世紀上葉至 8 世紀中葉，即純密形成之前，印度次大陸和中亞地區來漢地的僧侶中諳熟雜密法術的共計 39 人，[8]名不見經傳者更不在少數。39 人中三分之二以上是印度人。這些人不僅身懷妙術，且通達權變。爲了傳播印度文化，盡可能採用中國人熟悉的表達方式，甚至學習與吸收中國的一些思想和方術。黃心川指出在這些人身上"集中表現了印度婆羅門教、中亞薩滿教、西藏的苯教和中國先秦兩漢道教的巫術、魔術、占星術、方術、讖緯、神咒等等之大成"。

---

7　卿希泰編《中國道教思想史綱》第二卷第 664 頁。唐末杜光庭曾系統研究過《道德經》，撰有《道德真經廣聖義序》。他蒐集先秦以來"累代尊行，哲後明君，鴻儒碩學，詮疏箋注六十餘家"，其中就有"沙門羅什（本西胡人，符堅時自玉門關入中國）、沙門圖澄（後趙時西國胡僧也）"等胡僧注釋道教經典的資料。
8　黃心川《印度宗教與中國佛教》。

# 道教與印度的關係

　　將前期道教發展因素扯上印度容易引起爭議，印度的密教與中國的道教有悠久交流的歷史，黃心川先生認為這是研究中的一個空白[9]。他據印度師覺月、P.C.雷易、S.N.達斯古普塔、N.N.薄泰恰里耶等人的研究和中印保存的大量史料，得出結論“印度的密教和中國的道教不僅在古代和中世紀有過長期交往的歷史，而且在宇宙觀、生命觀和宗教修持方面有著驚人的相似之處。”

　　黃心川 1998 年在《法門寺國際學術研討》發表《道教與密教》一文，1999 年 7 月刊載於《中華佛學學報》第 12 期。文中借由印度學者的研究，論述道教與密教的關係。《密教的中國化》說：

　　佛教最早是從陸路途徑中亞傳入我國的，而中亞一帶又是薩滿教誕生和流行的地區，因此在佛教中或多或少地混雜了一些薩滿教的咒術和信仰。” “密教傳入中國後，為了適應我國的社會情況，迎合一部份封建上層的需要和民衆的習尚，也作了不少相應地改變，攝取了儒家、道教和民間信仰的一些內容。佛教的密咒、方術在漢初傳入中國後，首先依附於中國的陰陽五行、讖緯、神仙、鬼神信仰等等，並與儒、道等相交融[10]。

　　不少學者認為，印度的密教淵源於中國的道教。李約瑟

---

9　黃心川《印度哲學史》259 頁。
10　《世界宗教研究》第 2 期，1990 年。

認爲中國任何一種稍具規模的科學，沒有源於印度者。反之，佛教卻把道教有科學意義的神仙方術吸收過去，例如密宗，就是佛教的“道家分店”，而瑜珈也可能是源於道教[11]。

　　李養正先生不同意此說，認爲“印度、西域之佛教亦自有方術，未必所習方術皆來自中土。至於中土人弄不清乍來中土的佛教之性質，以神仙方術之流看待，這不能說是依附[12]。這個觀點比較客觀。

　　佛道間的關係自古就是一個重要的課題。日本東洋文化研究所 1956 年成立“中國固有思想與外來思想交涉”的共同研究班；窪德忠研究“道教對佛教思想的吸收”；1958 年吉岡義豐就“道教與密教思想的關係”進行研究；海峽兩岸的學者對此課題也長期關注[13]。

　　季羨林先生曾於德國格廷根大學從著名印度學家 E。瓦爾特施密特研究古代印度語言，他在爲饒宗頤《史學論著選》作序時說：“中印文化交流關係頭緒萬端，過去中外學者對此已有很多論述。但現在看來，還遠遠未能周詳，還有很多空白點有待於填補。特別是在三國至南北朝時期，中印文化交流之頻繁、密切、深入、廣泛，遠遠超出我們的想像。[14]”

　　文化的傳播從來不是單行道，而是相互的，模仿者與被

---

11　《中國之科學與文明》第三冊《中國科學思想史》（下）第15章“佛家思想”。

12　李養正《論道教與佛教的關係》，中國社會科學 1992 年第 3 期。

13　由中國社科院世界宗教研究所和台灣法鼓山中華佛學研究所主辦的“佛教與東方文化 —— 紀念佛教傳入中國 2000 年”研討會論文中，就密教與道教的關係進行了深入的探討，指出這兩個宗教不僅在理論和實踐上有很多共同的特徵，而且在古代也有過深切的交往。

14　《饒宗頤史學論著選》。

模仿者往往不容易分辨出來。宗教的傳播是文化的傳播形式之一，例如佛教雖然起源於印度，但其後佛教的發展並未侷限在印度一隅，受到亞洲各國文化的滋養，呈現種種形態。爲適應所在地文化的需要，與所在地文化相融合；融攝各地的優秀文化與思想後，營養了自己，也發展了自己。把早期道教史的研究放在文化史的高度，才能擺脫華夷之辨的框架。

　　研究前期道教，不僅要考慮中國本土巫的信仰，也要考慮諸種文化的“匯流”與互相滲透。當外來文化進入本土後，不可能全部被接受，必經歷一個本土化的過程。只有同本土的類似的或相適應的精神價值認同，才能存在和發展。

　　關於印度密宗與中國道教交流的問題，有的問題已比較明確，但系統的研究還付闕如。《清靈真人裴君傳》正是開啓《道藏》中道教與境外關係的一把鑰匙，藉此可探討早期道教一系列問題。

## 印度的房中術

　　印度對房中術的研究在公元前六世紀至二世紀間所作的《家庭經》、《法經》中已見。公元前三世紀左右，筏蹉衍那《愛經》（Kama Sutra），曾援引順事論的經典[15]。闡述性愛的目的和性交技術，是古代印度性愛科學的經典之作。雖然其創作年代並不確定，但它是在印度密宗興起之前就已廣泛流行當無疑問。

---

15 《印度哲學史》99 頁。

　　密教認爲世界是由男女和合而產生的，道教主張陰陽抱合；《抱朴子》所載房中術及男女雙修法，與密宗之雙身法相似，無上瑜伽之男女雙修法，藉由男女交合、觀想，重視明王妃之搭配。

　　印度教的性力派、恒多羅瑜伽、道教的雙修派、藏密的無上瑜伽部都認爲人的創造力與性能量有莫大關係，是修行的重要方法，有相應的方術。《素問·陰陽應象大論》的七損八益記載，亦見於印度古代醫學經典《妙聞集》（Susruta-samhita）第四章〈未發性疾病預防法〉。用以補救損傷、治病，或以採陰益陽，增年益壽的還精補腦術，至今還在孟加拉地區毗濕奴教闍塔尼亞派中流行[16]。

　　北魏時來華的中印度僧人曇無讖（梵 Dharmarakṣa；385－433）以咒術著稱，講男女雙修。《魏書·沮渠蒙遜傳》說："始罽賓沙門曰曇無讖，東入鄯善，自云能使鬼治病，令婦人多子，與鄯善王妹曼頭陀林私通。發覺，亡奔涼州。蒙遜寵之，號曰聖人。曇無讖以男女交接之術教授婦人，蒙遜諸女、子婦皆往受法。世祖聞諸行人，言曇無讖之術，乃召曇無讖。蒙遜不遣，遂髮露其事，拷訓殺之。" "曇無讖以男女交接之術教授婦人，蒙遜諸女、子婦皆往受法。[17]"曇無

---

16　黃心川《道教與密教》，臺北：中華佛學學報第 12 期 1999 年。

17　朱越利《民間道教新房中術的產生》，雲南民族學院學報 2001 年第 3 期。梁代僧佑《出三藏記集》卷 14 有《曇無讖傳》，說是蒙遜擔心足智多謀的曇無讖爲北魏重用，於己不利，遂將曇無讖秘密殺害。《法苑珠林》卷 79《冤魂志》爲曇無讖鳴不平，說蒙遜的左右常白日見曇無讖持劍擊蒙遜，蒙遜因此病死。《出三藏記集》卷 36《李順傳》又說魏世祖的使者李順受蒙遜賄賂，遂聽任蒙遜殺死曇無讖。《魏書·李順傳》也如此記載。蘇晉仁教授根據僧傳的記載，斷定曇無讖絕無教授男女交接術之類

識的男女交接之術，就是二二交會，無上瑜伽的男女和合。

　　中國房中術被賦予宗教意涵，也見於《真誥·運象篇》說"黃赤之道、混氣之法，是張陵受教施化爲種子之一術耳。"天師道祈禳齋醮房中術又稱黃赤之道，以黃赤之道解厄免禍。《黃書過度儀》有"八生大度之法"的交合法，指導種民在陰陽雙修中如何攝氣，攝取三元二十四氣。不可輕妄傳於俗人，與種子之術有關。

　　《天皇至道太清玉冊》卷4記載梁天監十四年（515），范雲向梁武帝解釋什麼叫舍利時說："西胡房中秘密之法以合氣而採陰者得之，其色紅紫而體重也，胡言舍利。"朱越利考證梁武帝時有吏部尚書范雲，天監十四年時已逝世十餘年，認爲"此解釋舍利之范雲當是誤記姓名或有意僞託。"這透露出"以合氣而採陰"的房中祕法，並非中國專利。

　　李零認爲曇無讖來華傳授印度房中術一事，與天師道房中術的流行時間非常相近，這一實例不僅爲密教房中術的起源，以及與中國房中術的關係提供了新的線索，且對重新考慮當時的釋道關係也極爲重要[18]。關於密教房中術與中國房中術的關係，請參閱本書《裴君所習道功》（三）採陰益陽，行長生之道。

---

的機跡，是李順受賄賂而將蒙遜的誣陷之辭謊報世祖，《魏書·沮渠蒙遜傳》遂誤記（36）。究竟是僧傳爲尊者諱，還是《魏書·沮渠蒙遜傳》誤記，今已無法對質。

18　李零《中國方術序考》300頁。

# 漢末的交州與婆羅門

　　《後漢書・郡國志》記載交州原稱交趾，東漢建安八年（203）改稱交州，轄七郡：南海（今廣東東部）、蒼梧（今廣西東部）、郁林（今廣西中西部）、合浦（今廣東廣西南部）、交趾（今越南北部）、九真（今越南中部）、日南（今越南中南部）。交趾東漢建安 8 年（203）改稱交州，轄七郡。吳黃武 5 年（226）分交趾、九真、日南三郡爲交州，其餘四郡爲廣州，不久復舊。永安 7 年（264），再分交、廣兩州。

　　交州位於中南半島的東北部，即今越南的北部，紅河下游地區。東臨北部灣、與廣東隔海相望。陸上同雲南、廣西相連，便利的海陸交通，使交州和中原的文化交流可上溯到遠古時代。《淮南子・主術訓》載：“昔神農之治天下也⋯⋯其地南至交趾。”《史記・五帝本紀》說：“帝顓頊高陽者⋯⋯南至於交趾。”《墨子》說堯“南撫交趾。”《呂氏春秋》

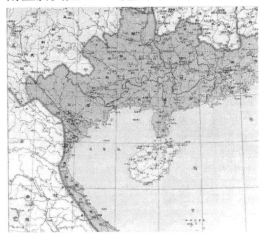

也提到大禹君臨天下，足跡所至，南達交趾。

　　越史《大越史記》說：“我越始聘於周，自稱越裳氏，獻白雉，重九譯乃至。”秦（前 221－前 206）統一全國，分天下爲三十六郡，後向南開拓疆土，又設閩中（治所在福州）、南海（治所在廣州）、桂林（治所在廣西桂平西南）、象郡（治所在臨塵今廣西崇左縣境）等四郡。秦亡，南海郡龍川令趙佗據南海併桂林、象郡，自立爲南越王。

漢武帝於元鼎六年（前 111）平南越，置南海、鬱林、蒼梧、合浦、交趾、九真、日南郡，隸屬交州管轄。次年又於海南島上置珠崖、儋耳郡，以上包括今兩廣地區和越南北部。《後漢書》記載：“光武中興（前 6－57），錫光爲交趾，任延守九真，於是教其耕稼；制爲冠履，初設媒娉，始知姻娶；建立學校，導之禮義。

《晉書》卷 16《地理志》記載建安 8 年（203）張津爲交州刺史，士燮爲交趾太守。《吳志‧士燮傳》載：“交州刺史朱符爲夷賊所殺，漢遣張津爲交州刺史，又爲其將區景所殺。”東漢交州最後一任刺史張津死後，士燮與諸弟分領交趾、合浦、九真、南海郡，割據一方。

《續後漢書》卷 89 “漢末天下亂離，民棄農業，諸軍並起，率乏糧穀，無終歲之計，餓則寇掠，飽則棄餘，民多相食，州里蕭條。”董卓時 “人相食啖，白骨盈積，殘骸餘肉，臭穢道路。”曹操有詩 “白骨露於野，千里無雞鳴。生民百遺一，念之斷人腸。”

初平 3 年（192）長安兵變，董卓被殺，近十年的混戰，民不聊生。《安南志略》說士燮 “氣宇寬厚，謙虛下士，國人加愛，中州士人往依避難。” 此時在士燮治理下的交州政治清明，難民遠來歸附，安居樂業。《續後漢書》卷 26 說：“處大亂之中，保全一郡，二十餘年，疆場無事，民不失業，羈旅之徒，皆蒙其德。"

《資治通鑒》漢獻帝建安 15 年（210）張津"好鬼神事，常著絳帕頭，鼓琴，燒香，讀道書，云可以助化。"又《三國志·吳志·孫策傳》裴松之注引晉虞溥《江表傳》"策曰：昔南陽張津爲交州刺史，舍前聖典訓，廢漢家法律，嘗著絳帕頭，鼓琴燒香，讀邪俗道書，云以助化，卒爲南夷所殺。"關於張津"好鬼神事"，"常著絳帕頭"，"邪俗道書"，論者有認爲是五斗米道[19]，有認爲是太平道[20]，也有認爲是佛教[21]，眾說紛紜。張津的宗教屬性爲婆羅門，理由是：

1、顧炎武《天下郡國利病書》第 2812 冊記載："日南象林蠻屢叛復降，（192 年）區連竟據林邑，背違中國習俗文字，漸與婆羅門同，而佛書。"由於區連叛離，日南地區"背違中國習俗文字，漸與婆羅門同。"張津受其影響而"舍前聖典訓，廢漢家法律。"外邦與漢家相對，所說"邪俗道書"，是婆羅門或佛教書籍。

2、張津著絳帕頭，是沙門的打扮，《釋老志》說："漢

---

19 王承文《葛洪早年南隱羅浮考論》，中山大學學報 1994 年第 2 期。王承文認為漢末太平道著黃巾，天師道則著絳中（絳近赤色）。《後漢書·法雄傳》記漢永初三年（109）"海賊張伯路等三千餘人冠赤幘，服絳衣，自稱將軍。"又自稱使者，使者是原始道教"天帝使者"的簡稱，張津實際上是天師道信徒。張澤洪《魏晉南北朝時期少數民族與道教》，中南民族大學學報 2005 年第 6 期。張澤洪引梁釋僧佑《弘明集》卷 8《辯惑論》"張角黃符，子魯戴絳。"認為"絳頭"為五斗米道標識。

20 姜生《原始道教三題》，西南民族學院學報 1997 年第 6 期。姜生認為作為東漢交州刺史的張津，乃干吉《太平清領書》之信奉者，是東漢上層人物中傳于張姓的原始道教信徒。

21 蔡俊士《略論佛教藝術在南方的傳播路線》，杭州大學學報 1993 年第 6 期。蔡俊士認為張津以紅帕包頭，是信佛的一種表示。

世沙門，皆衣赤布。"《理惑論》提到"今沙門被赤布，日一食，閉六情，自畢於世。"當時交州地區的僧侶已有僧規戒律，張津"好鬼神事"，可解讀他是個佛教徒。

3、"燒香"爲佛家禮儀，《安南志略》記載：士燮"出入鳴鐘磬，備具威儀，笳簫鼓吹，車騎滿道，胡人夾轂焚燒香者，常有數十。"印度自古即有燒香之法，這裡的胡人，是來自印度或西域其他國家的佛教徒或商人。《高僧傳·康僧會傳》載康僧會（？－280）："其先康居人，世居天竺，其父因商賈移居交趾。"商人往往是最早的文化使者。

## 從《牟子理惑論》看婆羅門

東漢末年牟子偕母避世交趾，約於漢獻帝初年（190－193）作《理惑論》，序載光熹元年（189）"靈帝崩後，天下擾亂，獨交州差安，北方異人，咸來在焉，多爲神仙辟穀長生之術。"

《神仙傳》載三國時交州刺史士燮得病，被以醫術與華佗、張仲景齊名的董奉所救。董奉"不食他物，唯啖脯棗，飲少酒。"辟穀常配合行氣，《神仙傳》載董奉以行氣、服术法授帛和。董奉是侯官（今福建閩侯）人，以交州而言，是來自北方的異人。

李養正先生認爲《理惑論》"是要排除道教長生之說及神仙方術，以爭奪信教羣眾。[22]他說"顯示漢魏（三國）之

---

22 李養正《佛道交涉史論要》47 頁，《從牟子理惑論看我國早期佛道關係》。

際，佛教、道教的消長情況，道教長生不老論與服氣辟穀之術，在一定程度上受到抑制。"[23]李養正的觀點並不正確。

道教一詞最早見於《墨子·非儒》"吏不治則亂，農事緩則貧。貧且亂，倍政之本，而儒者以爲道教，是賊天下之人者也。"《墨子·耕柱》"天下之所以生者，以先王之道教。今譽先王，是譽天下之所以生也。可譽而不譽，非仁也。"《墨子》中的"道教"是指堯、舜以及夏禹、殷湯、文王、武王等的道德教化而言，並不是神仙方術的宗教。

《理惑論》中的道教也是用來稱儒家，牟子說"孔子以五經爲道教，可拱而誦、履而行……不可以所習爲重，所希爲輕，惑於外類，失於中情。"很明顯"道教"指儒家的五經，漢魏之際所稱的"道教"是先王之道，與我們現在探討的道教不是一回事。

《後漢書·靈帝紀》載中平元年（184）"巴郡妖巫張修反，寇郡縣。"《後漢書·五行志》"中平元年二月，張角兄弟起兵冀州。"漢獻帝初平2年（191）益州牧劉焉授張修爲別部司馬，授張魯爲督義司馬，二張佔領漢中。初平3年（192）曹操收黃巾軍降卒三十餘萬，號爲青州兵，此後找不到太平道仍在流傳的有力材料。建安5年（200）劉焉死，劉璋繼位，張魯不再順其統治，襲殺張修，併吞其衆，獨佔漢中。撰寫《理惑論》時只有五斗米道與太平道，後世所認知的道教尚未形成。

德國漢學家衛禮賢 Wilhelm（1873—1930）在《皇家亞

---

23 同前註 52 頁。

洲文會北中國分會會刊》[24]第 14 期《論中國道教來源》："似乎可以表明，道教與佛教以前的婆羅門教可能具有某種共同的東西。許多婆羅門教的神似乎更容易爲道教（相對於佛教來說）所接受。甚至道家的重要觀念（即道和德）也可以在婆羅門與梵天中找到對應。因而我們敢說，佛教與道教的這種親緣關係由於此原因可能對於道教具有某些婆羅門教的影響。"

例如劉仲宇先生認爲《度人經》中有明顯的外來成分，以往的研究者常將之歸於佛教影響，實際並不確切。《度人經》的外來成分主要來自婆羅門教，如以大梵爲主神，宇宙經歷劫運的演化圖景，元始天尊開劫度人等等，都是直接來自婆羅門教，或是從中引伸、訛變而成的[25]。

《理惑論》崇佛、崇"道教"，斥神仙方術，顯示佛教傳入中國之同時，"外道"亦來到中國，而"外道"主要指婆羅門教，他們對方仙道的有影響。可以說，婆羅門教對中國文化的形成和發展曾起過作用。

牟子所說"惑於外類"，指佛教以外的教派。《理惑論》說："道有九十六種，至於尊大，莫尚佛道也。神仙之書，聽之則洋洋盈耳，求其效猶握風而捕影。"東晉・佛陀跋陀

---

24 1875 年 10 月 16 日，在滬英美傳教士裨治文、艾約瑟、偉烈亞力等發起成立上海文理協會，旨在研究中國及鄰近國家的歷史文化和自然狀況。次年 7 月 20 日，該會申請加入英國皇家亞洲文會（成立於 1823 年，總部在倫敦）獲准，遂成為其支會，改稱為"皇家亞洲文會北中國支會"，會址坐落于博物院路二十號。《皇家亞洲文會北中國支會雜誌》是支會的機關刊物。直到 1948 年終刊，是當時英語世界最重要的漢學雜誌之一，發文的學術品質很高。

25 劉仲宇《度人經與婆羅門思想》，學術季刊 1993 年第 3 期。

羅譯《佛說觀佛三昧海經》卷三"諸婆羅門所尊敬事九十五種神仙異術"，九十六種外道見於《老子化胡經》卷二[26]。

　　佛教稱外教或學說爲外道、外學、外類，在印度佛教是"九十六道"之一。梁武帝《舍道歸佛文》中說"道有九十六種，唯佛一道，是於正道，其餘九十五種名爲邪道。"《南本涅槃經》卷 10 云"世尊常說一切外學九十五種，皆趣惡道，聲聞弟子皆向正路。"（大正 12・668a）

　　東漢末月氏僧人支謙譯《法律三昧經》說："外諸小道五通禪者，學貴無爲，不解至要，避世安己，持想守一……存神道氣，養性求升，惡消福盛，思致五通，壽命久長，名曰仙人。行極於此，不知泥洹，其後福盡，生死不絕，是爲外道五通禪定。"《理惑論》把佛教之外的神仙之術，譏之爲握風捕影之事，是"大道之所不取，無爲之所不貴。"

　　東南亞各地都有鬼神信仰，宗教複雜而多樣化。婆羅門教是印度傳統宗教，也是印度歷史上影響最大的宗教。印度對中國文化或思想影響較大的是佛教，由於印度佛教中許多思想與婆羅門教有密切關係，一些內容最初來自婆羅門教。早期佛教許多基本教義，是在批判、改造和吸收婆羅門教思想的基礎上形成的[27]。

## 臨邑與婆羅門

　　漢魏以來交州是東西交通的門戶，也是漢文化與海上文

---

26　《中華道藏》08-189《老子化胡經》卷二。
27　姚衛群《婆羅門教》序。

化相遇的前沿。《梁書‧諸夷傳‧海南》："海南諸國大抵在交州南及西南大海洲上……其西與西域諸國接。漢元鼎中（前 116－前 111）遣伏波將軍路博德開百越，置日南郡，徼外諸國，自武帝以來皆朝貢。後漢桓帝世，大秦、天竺皆由此道遣使貢獻。"

《漢書‧平帝紀》："元始元年（公元 1），越裳氏重譯獻白雉一，黑雉二，詔使三公以薦宗廟。"顏師古注："譯謂傳言也。道路絕遠，風俗殊隔，故累譯而後乃通。"日南郡象林縣爲古越裳國，後稱林邑。西漢末年已透過重重翻譯，前來中國進貢。

東漢末年，日南郡象林縣占婆人區連自立爲王，建立印度化的林邑國（佔城國），頻犯交州。儘管如此，林邑與中國的交往依然頻繁，三國東吳的交州刺史呂岱曾"遣從事南宣國化，暨徼外扶南、林邑、堂明諸王，各遣使奉貢。"

臨邑（林邑）屬交州，又稱爲"占婆"，約在今越南南部順化等處，原係占族（Cham）根據地，西漢設爲日南郡的象林縣，稱爲象林邑，略去象，故稱林邑。"中國商舶泛海往來外藩者，皆聚於此，以積薪水，爲南方第一碼頭。[28]"林邑是交通的重要中繼站，爲中國與東南亞、印度、西亞的海上中轉貿易。商船往往在此逗留，然後"從占婆出發，水陸兼行"以達中國。

《大唐西域記》爲研究中國與印度、南海關係史的名著。書中共記 60 位求法高僧，其中 37 位就是取道南海的。其所

---

28　黎崱《安南志略》卷 1。

記南海交通路線，從廣州或交趾或占婆登舶，經昆侖、佛逝、訶陵、郎迦戍、裸人國抵達東印度耽摩立底；或到獅子國後泛舶北上到東印度，再轉赴中印度。

來自安息的安期生，就是先到達交趾，杜光庭《洞天福地嶽瀆名山記》七十二福地："安山，在交州，安期先生居處。"《東西洋考》卷 1 "安子山（今河內市東）在新安府東潮縣，一名象山，漢安期生得道處。宋‧李思聰《海嶽名山圖》以爲第四福地雲屯山，在（交阯）新安府雲屯縣（今越南廣寧省錦普港）大海中，兩山對峙，一水中通，蕃國商船多聚於此。"

桓帝延熹九年（166）大秦王安敦（羅馬皇帝奧勒留 Marcus Aurelius Antoninus 121−180）遣使者來中國，就是在交趾登陸的。黃武五年（226），大秦商人秦論從海道經交趾來到建業（今江蘇南京），謁見孫權，談及大秦風土民俗。《南史‧夷貊傳》載："孫權黃武五年，有大秦賈人秦論來到交趾。太守吳邈遣送詣權，權問論方土謠俗。"秦論於嘉禾年間（232−238）返回本國。

交阯在東漢時爲南方通商大口岸，爲羅馬與東方貿易的終點，其地位與敦煌相等，不過一在陸路、一在海路而已。從這裡由東京灣海道或取廣西陸道，與中國內地交通[29]。兩漢時交趾就與東西方各國接觸，受各種宗教文化的影響，是漢文化與外來文化接觸的前沿。這使得交趾在漢末動盪不安下，成爲我國南方學術文化的中心。

---

29　《中國佛教通史》第 1 卷，春秋社 1979 年版，第 54-59 頁。

　　胡適指出：“過去一般都認爲佛教傳入中國只有一條陸路，自西域傳來。其實另有一條海道，乃是由印度而錫蘭，由錫蘭而交趾，再由交趾而到廣西，再到長江流域。”法國漢學家伯希和《牟子考》也認爲：“二世紀時，交州南海之通道，亦得爲佛法輸入之所經。[30]”婆羅門以及印度以外地區的文化，也是隨海路而來。

　　據越南《大南禪苑傳燈輯錄》記：“交州一方道通天竺，佛法初來，江東未被，而贏又重創興寶刹二十餘所，度僧五百人……於時有比丘尼摩羅耆域、康僧會、支疆梁、牟博（即牟子）之屬在焉。”東漢末年，佛教在交州地區已有一定影響力，僅贏（交趾郡治所）一地就有佛寺二十餘，僧人五百。

　　林邑使用梵文[31]，顧炎武《天下郡國利病書》第2812冊記載：“日南象林蠻屢叛復降，區連竟據林邑，背違中國習俗文字，漸與婆羅門同，而佛書。”晉成帝咸康二年（336），林邑“遣使通表入貢於帝，其書皆胡字。[32]”胡字即梵文。

　　林邑從印度傳入婆羅門教，崇拜濕婆和毗濕奴等神，採種姓制度，實行古印度的政治體系，並以印度宗教神學作爲其理論體系。梵天（Brama）與濕婆（Siva）、毗濕奴（Vishnu）並稱爲婆羅門教與印度教之三大神，大約在3－5世紀，占婆就建有濕婆教神廟。

　　林邑受印度文化影響，《南史・夷貊傳上・林邑國》：

---

30　原發表於《通報》（ToungPao，1920），馮承鈞中譯文，見《北平圖書館館刊》六卷三號，後收入《西域南海史地考證譯叢》第五編，161頁，商務印書館重印本，1995。

31　《書史會要》卷8：林邑國文字與天竺則同。

32　《晉書》卷97《列傳》第67。

"人皆奉釋法，文字同於天竺，國王事尼乾道，鑄金銀人像
大十圍。"尼乾，梵語 nirgrantha 的省音譯。佛教所說的外
道之一，即裸形外道，印度耆那教派別之一，主張離一切繫
縛而修苦行。

據馬司帛洛考證，公元 2 世紀末，林邑的風俗、宗教、
文字、思想、政治、法律都一如印度[33]。因而交州僧人基本
上也通梵文，中土沙門以他們爲譯經助手或在此學習梵文，
外國沙門也可以在此學習漢語或以交州僧人爲通譯員，因此
許多佛教經典譯本都在交阯完成，在文化上具有橋樑的作用。

# 早期苦修的方士

焦先、扈累、石德林均是中國古代早期苦修的典型，這
爲我們了解早期佛教或婆羅門傳播中國，提供一定的線索。

《三國志》卷十一注引魚豢《魏略》記漢末隱士焦先：
先字孝然。中平末白波賊起[34]，時先年二十餘，與同郡侯武
陽相隨。武陽年小，有母，先與相扶接，避白波，東客揚州
取婦。建安初來西還，武陽詣大陽占戶，先留陝界。至十六
年，關中亂，先失家屬，獨竄河渚間，食草飲水，無衣履……
饑不苟食，寒不苟衣，結草以爲裳，科頭徒跣。每出，見婦
人則隱翳，須去乃出。自作一瓜牛廬，淨掃其中，營木爲床，
布草蓐其上。至天寒時，籌火以自炙，呻吟獨語。饑則出爲

---

33 馬司帛洛《占婆史》，中華書局，1956 年。
34 中平五年（188）黃巾將領郭泰統帥的"白波"軍攻占太原、河東，一直
　　延續到漢獻帝時。

人客作，飽食而已，不取其直。又出入道中，邂逅與人相遇，輒下道藏匿。或問其故，常言"草茅之人，與狐兔同群"。不肯妄語。

皇甫謐《高士傳‧焦先》：焦先……或言生漢末，及魏受禪，常結草爲廬於河之湄，獨止其中。冬夏袒不著衣，臥不設席，又無蓐，以身親土，其體垢汗，皆如泥滓。不行人間，或數日一食。行不由邪徑，目不與女子近視。口未嘗言，雖有警急不與人語。後野火燒其廬，先因露寢，遭冬雪大至，先袒臥不移，人以爲死，就視如故，後百餘歲卒。

《真誥‧甄命授》曰"斷穀入山當煮食白石"。《神仙傳‧焦先》："焦先……常食白石，以分與人，熟煮如芋食之。日日入山伐薪以施人，先自村頭一家起，周而復始。負薪以置人門外，人見之，鋪席與坐，爲設食，先便坐，亦不與人語。負薪來，如不見人，便私置於門間，便去。連年如此。

此外，《魏略》錄扈累事跡：（扈）累字伯重……初，累年四十餘，隨正方而學，人謂之得其術。有婦，無子。建安十六年（211），三輔亂，又隨正方南入漢中。漢中壞，正方入蜀，累與相失，隨徙民詣鄴，遭疾疫喪其婦。至黃初元年（220），又徙詣洛陽，遂不復娶婦。獨居道側，以甌磚爲障，施一廚床，食宿其中。盡日潛思，夜則仰視星宿，吟詠內書。人或問之，閉口不肯言。至嘉平中（249—253），年八九十，裁若四五十者。縣官以其孤老，給廩日五升。五升不足食，頗行傭作以裨糧，糧盡復出，人與不取。食不求美，衣弊緼，後一二年病亡。

《續後漢書》卷 73〈列傳〉第 77 載：扈累字伯重京兆

人，初平中（190－193）山東有青牛先生者字正方，客三輔，
曉星歷風角鳥情，常食青䔩、芫花（華）[35]，年如五六十者
人，或識之謂已百餘歲矣。時累年四十餘，從正方遊學，人
謂得正方之術，有婦無子，建安十六年（211）三輔大亂[36]，
又隨正方南入漢中，漢中爲曹操所敗，正方入蜀，累與相失，
隨徙民詣鄴，喪其婦子，丕初又徙雒陽[37]，遂不復娶，獨居
道側。

　　《三國志・魏志・胡昭傳》‘尺牘之跡，動見模楷焉’
裴松之注引《魏略》：“寒貧者，本姓石，字德林，安定人
也。建安初，客三輔，是時長安有宿儒欒文博者，門徒數千，
德林亦就學，始精《詩》、《書》。後好內事（方術之事），
於眾輩中最玄默（沉靜不語）。至十六年，關中亂，南入漢
中。初不治產業，不畜妻孥，常讀《老子》五千文及諸內書，
晝夜吟詠。到二十五年，漢中破，隨眾還長安，遂癡愚不復
識人。食不求味，冬夏常衣弊布連結衣。體如無所勝，目如
無所見。獨居窮巷小屋無親，里人與之衣食，不肯取。郡縣
以其鰥窮，給廩日五升，食不足，頗行乞，乞不取多。人問

---

35　芫華是用以殺三尸蟲，也就是現在所謂的蛔蟲。《史記・扁鵲倉公列傳》
　　“臣意飲以芫華一撮，即出蟯可數升，病已，三十日如故。”
36　曹植《送應氏》送別好友應場，作於建安十六年隨軍西征途經洛陽時。
　　詩中除二首，敘述友情外，描述東漢洛陽在戰亂後“垣牆皆頓擗，荊棘
　　上參天”的殘破荒涼景象以及詩人的內心激動，反映了漢末軍閥混戰所
　　造成的社會大破壞。詩中寫到“中野何蕭條，千裏無人煙。”同曹操《蒿
　　裡行》“白骨露於野，千裏無雞鳴。”描寫一致。
37　庚子：改元建康。曹操卒，子丕繼事。是年（220）丕代漢命於鄴，是謂
　　文帝。改國曰魏，元曰黃初。降帝爲山陽公，葬太祖曹操於西陵。自鄴
　　徙都洛陽。

其姓字，又不肯言，故因號之曰寒貧也。”

　　排比焦先、扈累和石德林史料，可歸納出幾個共同點：

　　一、不畜妻孥，或妻亡後不復娶；

　　二、自建小室，置一床，於中晝日潛思吟詠；或作一瓜
　　　　牛廬，

　　三、食不求味，衣不蔽體，奉行苦行；科頭徒跣；

　　四、不置產業，自甘貧賤；

　　五、行乞或爲人傭作以換取飯食；

　　六、不與人語。

　　七、好內事或吟詠內書。

　　這些行爲與印度苦行者的某些行爲暗合。苦行，梵文爲
“tapas”，梵文原意爲自我克制。《奧義書》雖然不認爲苦
行一定能解脫輪迴，但認爲欲認知自我者，苦行仍是有力的
助緣，是達到解脫或梵我同一的重要步驟。通過折磨肉體而
達到拋棄肉體的束縛，使靈魂得以解脫的目的。釋迦牟尼也
曾修苦行六年，但一無所得，最終放棄了苦行。

　　成書於三國孫吳初期的牟子《理惑論》提到：“今沙門
披赤布，日一食、閉六情，自畢於世。”行乞，本爲印度佛
教徒的戒律，所謂“比丘”即梵文 Bhiksu 的音譯，意譯爲“乞
士”。《魏書·釋老志》：“桑門爲息心，比丘爲行乞。”釋
迦牟尼創建佛教後，爲破除僧徒的驕慢貪心，不許積蓄財物，
故托缽行乞，一餐而已，多與不取；而且作爲供養，不予不
取，不送到手上也是不會吃的。不聚財物，以乞食爲生。獨
處小室，潛思吟詠，頗類佛徒誦經禪修。

　　出家沙門遊行乞食，如果有人布施衣服，就穿布施的衣

服，沒有人布施，就拾些殘布頭，縫綴一下纏在身上，以禦寒露。這是佛經裏說的"糞掃衣"，又稱"弊衲衣"。焦先"結草以爲裳"，石德林"衣弊布連結衣"正是傳統。

《魏略》謂焦先"科頭徒跣"。《舊唐書·西戎傳·天竺》："俗皆徒跣。"佛像多赤足。不戴冠帽，赤足，佛教經典常描述"披頭露髮，裸形徒跣。"《高僧傳·范材》："時有范材者，巴西閬中人，初爲沙門，賣卜於河東市。徒跣弊衣，冬夏一服。"《法苑珠林》卷四十五釋通達"冬夏一服，不避寒暑。"

焦先所居之瓜牛廬，裴松之《注》以爲"瓜"當作"蝸"，"先等作圓舍，形如蝸牛蔽，故謂之蝸牛廬"。扈累"施一廚床，食宿其中。"晉崔豹《古今注·魚蟲》："蝸牛……殼如小螺，熱則自懸於葉下。野人結圓舍，如蝸牛之殼，故曰蝸舍。"

石德林"讀《老子》五千文及諸內書"；扈累"吟詠內書"。佛教將自己的經典稱爲"內書"，而將其他一切經典，比如婆羅門教的經典、儒家的經典等都稱爲"外書"或"外道經書"。

扈累"從正方遊學，人謂得正方之術。"青牛先生即封君達，《後漢書·甘始傳》記載："甘始、東郭延年、封君達三人者，方士也……或飲小便，或自倒懸。"自倒懸是一種頭朝下倒掛的瑜珈術，佛經中記載有婆羅門外道修練"自倒懸"的苦行。

《佛說未曾有因緣經》卷下"我父所事，婆羅門師。精進智慧，修習苦行，爲求福故，不惜身命。或有投巖，五熱

炙身。或斷飲食，求生梵天。或大積薪，生自燒身。或有翹
腳，張口向日。或於高樹，以繩繫腳，而自倒懸。或臥刺棘，
抱石礁胸。有如是等種種苦行。”

　　西晉安息安法欽譯《阿育王傳》卷三 “見五百婆羅門，
或臥棘刺或臥灰土，或翹一腳或舉一手，或自倒懸，或五熱
炙身，臥棘刺上者。”

　　《方廣大莊嚴經》卷六 “聞世間智人修諸苦行。或不剪
爪。或有倒懸。或衣以樹皮。或自拔頭髮。或受牛鹿等禁。
或五熱炙身。修此苦因願求樂報。”

　　《大般若波羅蜜多經》卷第五百七十 “謂諸外道自稱能
修苦行第一⋯⋯或見菩薩屈一膝立；或見菩薩舉兩手立；或
見菩薩視日而立；或見菩薩五熱炙身；或見菩薩倒懸其身；
或見菩薩臥於棘刺⋯⋯現如是等種種苦行。”

　　瑜伽倒立，能快速有效地增加腦部血流量，保持大腦血
管神經和腦細胞的充分營養，增加腦血管的抗壓性和柔韌
性，從而使身體疲勞得到延緩和消除。能使人提高智力和反
應能力，延緩衰老增神提志，預防和治療各種長期直立和勞
累帶來的疾病，特別是腦血管疾病。

# 方仙道的內涵

　　方術一指特定的學說或技藝，《莊子·天下》"道術將爲天下裂"，試圖用"內聖外王"的"道術"來"包舉中國學術之全部"（梁啟超語）。所謂的"道術"，是指綜合諸子百家的學術體系，各學派思想則是構成"道術"的一方之術，即所謂的"方術"。又"惠施多方，其書五車。"成玄英疏"既多方術，書有五車。""天下之治方術者多矣，皆以其有爲不可加矣。"林希逸《沖虛至德真經鬳齋口義》卷8 說："方術，學術也。方術者，乃莊子指曲士（喻孤陋寡聞者）一察之道而言，如墨翟、宋鈃、惠施、公孫龍等所治之道是也。"

　　另指以服食、導引、行氣、房中爲內容的神仙方術，亦稱道藝、方伎、方技、道術，孫奕《履齋示兒編·文說·史體因革》說："後漢爲方術，魏爲方伎，晉藝術焉。"《抱朴子·論仙》說："若夫仙人，以藥物養生，以術數延命，使內疾不生，外患不入，雖久視不死，而舊身不改。"各種方術是爲達到不死所採用的方法。《真誥·道授》說"仙道之妙，皆有方也。能盡此道，便爲九宮真人，不但登仙而已。"所謂的"方"指長生不死的方術，"仙"指不死的神仙。

　　方術最早與醫術有關，《史記·扁鵲倉公列傳》載"扁鵲能生死人"。醫學是關乎死生的技術與知識，在醫學不發達的時代，生病依賴巫師求神，必致延誤。扁鵲"能生死人"，以醫藥爲人治病，故能不死，某些藥物能治好疾病，逐漸演變爲不死藥傳說。

《漢書・藝文志》"侍醫李柱國校方技。"顏師古注"醫藥之書。"醫書被稱爲"方書"，學醫叫"爲方"，治病有效稱"善爲方"，藥劑被稱爲"方劑"。《扁鵲倉公列傳》說扁鵲"出行游國中，問善爲方數者事之久矣，見事數師，悉受其要事，盡其方書意，及解論之。"方數（術）指醫術，古代醫術與方術同出一源，神仙家最初是由醫家而來。

戰國以前方士與術士含意不同，《六韜・王翼》"方士二人，主百藥，以治金瘡。""術士二人，主爲譎詐，依託鬼神，以惑眾心。"早期醫學稱方技，方士與醫藥有關；術士沿襲古代巫史之學，《漢書・藝文志》稱"數術者，皆明堂、羲和、史、卜之職也。"方術後來泛指天文（包括星占、風角）、醫學、神仙術、房中術、占卜、相術、遁甲、堪輿、讖緯、黃白等，從事這類活動的人是"通方之士"，簡稱方士，後來演化爲道士[1]。

《詩・大雅・大明》"厥德不回，以受方國。"鄭玄箋"方國，四方來附者。"殷商稱周圍少數民族爲"方"，如東北的肅慎，內蒙古東南部和山西北部的鬼方，西有犬戎、羌方，江漢平原有荊楚，荊楚以西爲群蠻，西南有巴、蜀，淮泗之間的淮夷、徐夷等。秦以後方國多指西域諸國，《晉

---

1 《漢書・王莽傳》有道士西門君惠，桓譚《新論》作方士，故道士即方士。

書‧佛圖澄傳》說"佛，方國之神，非諸華所應祠奉。漢代初傳其道，惟聽西域人得立寺都邑，以奉其神，漢人皆不出家。魏承漢制，亦循前軌。"

方諸爲四方諸國的簡稱，等同方隅，指邊疆或外國[2]。《後漢書‧西域傳論》云"漢世，張騫懷致遠之略，班超奮封侯之志，終能立功西遐，羈服外域。自兵威之所肅服，財賂之所懷誘，莫不獻方奇納愛質，露頂時行，東向而朝天子。"方奇爲四方奇器異物，"方物"爲藩屬國或外國使臣入朝所獻貢品。漢成帝時揚雄由從四方來到長安的孝廉、衛卒的口裡調查殊方異語，整理成《方言》。來自海外的長桑君傳扁鵲禁方書，故扁鵲善爲方（方劑）。

《洞冥記》[3]提到"天漢二年（前 99），（漢武帝）昇蒼龍閣，思仙術，召諸方士，言遠國遐方之事。"《周禮‧考工記‧梓人》"張五采之侯，則遠國屬。"賈公彥疏"夷狄爲遠國。"因此"方諸"[4]爲外邦諸國，方諸眞人爲外國眞

---

2　有關"方諸"及方諸山的初步考察，較早有神塚淑子《方諸青童君をめくつて —— 六朝上清派道教の一考察》。李豐楙《多面王母、王公與崑崙、東華聖境》以六朝上清經派爲主的方位神話考察，以及《以六朝上清經派爲主的方位神話考察》，李豐楙認爲蓬瀛、扶桑與方諸爲分別象徵不同階段的東方聖山。參閱李豐楙、劉苑如主編：《空間、地域與文化 —— 中國文化空間的書寫與闡釋》（臺北：中央研究所中國文哲研究所，2002 年），頁 42-132。

3　《四庫提要》疑舊題東漢郭憲《洞冥記》爲六朝人僞託，然乏實證，《洞冥記》記載東漢初西域諸國奇聞異事，即使後人託稱郭憲所著，亦有所本，此書對了解西域諸國極有參考價值。

4　方諸亦稱鑑諸、鑑燧。《周禮‧秋官‧司烜氏》"以鑑取明水於月。"鄭玄注"鑒，鏡屬，取水者，世謂之方諸。"《淮南子‧覽冥訓》"夫陽燧取火於日，方諸取露於月。"《抱朴子‧金丹》云"以承日月得液，如方諸之得水也，飲之不死。"

人[5]。又"方諸"本爲南海諸國進貢的大蛤，被用來承取露水，以求長生。方術則爲來自外國的養生、長生方法，方仙道可解釋爲方諸仙道。如果能接受以上的論述，再來看《真誥‧協昌期》就能理解了：

> 方諸正四方，故謂之方諸。一面長一千三百里，四面合五千二百里……草木多茂蔚，而華實多猗粲饒，不死草、甘泉水所在有之，飲食者不死……大方諸之西，小方諸上，多有奉佛道者，有浮圖，以金玉鏤之，或有高百丈者，數十層樓也。其上人盡孝順而不死，是食不死草所致也。皆服五星精，讀夏《歸藏經》，用之以飛行。[6]大方諸之東，小方諸上，多奇靈寶物，有白玉酒金漿汙，青君畜積天寶之器物盡在於此。亦多有仙人，食不死草，飲此酒漿，身作金玉色澤，常多吹九靈簫以自娛樂……大方諸宮青君常治處也。其上人皆天真高仙，太極公卿，諸司命所在也。有服日月芒法，雖已得道爲真，猶故服之。

《史記‧封禪書》："自威（齊威王）、宣（齊宣王）、燕昭使人入海求蓬萊、方丈、瀛洲。此三神山者，其傅（傳）在勃海中……蓋嘗有至者，諸僊人及不死之藥皆在焉。其物禽獸盡白，而黃金（白）銀爲宮闕。"勾勒出中原之外的海外仙山。《十洲記》受到《拾遺記》的影響，反映出當時流行的神仙思想，具體表現之一就是保留了很多兩漢比較樸素

---

5 《真誥‧協昌期》"外國呼日爲灈耀羅，方諸真人呼日爲圓羅曜。"
6 陶弘景註"按夏曰連山，殷曰歸藏，與此不同。依如三弟子，雖奉佛道，不作比丘形服，世人謂在家真菩薩耳。"說修"佛道"的婆羅門僧人，不著袈裟、不剃髮。

的芝草傳說與祖洲有不死之草。《十洲記‧祖洲》記"祖洲，在東海，上有不死之草……秦始皇時，大苑中多枉死者，有鳥銜此草以覆人面，於是起活……此祖洲不死草也。"

《上清外國放品青童內文》因襲海外仙山傳說："扶桑東又有祖洲，在東海之中，地方五百里，去岸七萬里。""有仙家數萬人，地無寒暑，時節溫和，多生神仙芝草，食之飛空而行……有不死之草，形似菰苗，長三四天，一名養神芝，其葉似菰，生不叢株，一株食之，飛升上清；已死之人，覆之則生"。《雲笈七籤》卷22"元洲，地方三千里，去南岸十萬里。上生五芝玄澗，澗水如蜜，飲之與天地同年。中有三萬仙家，悉飲此水，得仙不死。"這與《真誥‧協昌期》所描述的"方諸"一致。

《高僧傳》卷20《唐袁州陽岐山廣敷傳》說："昔小有真人能談空理。方諸山神仙建浮圖者信崇佛道，止不削染，號在家菩薩。"清虛小有真人是魏華純的傳經大神，也是方諸山神仙，被稱為在家菩薩。不瞭解《高僧傳》這段文字的根據，但可確定應與《真誥‧協昌期》有關。

上清派經典《太微靈書紫文上經》記述五老授方諸青童君吞服日氣之法。其法以日出之時，東向對日叩齒九通，默念日魂之名，存想日中流霞紫氣入我身中，向日吞霞咽氣四十五過，然後咽液、叩齒、禱祝，為存思食氣之法。

《真誥‧協昌期》記載大方諸宮青童有服日月芒法，是屬"方諸"的仙道，云："大方諸宮青君常治處也，其上人皆天真高仙，太極公卿，諸司命所在也。有服日月芒法，雖已得道爲真，猶故服之。"《正一法文修真旨要》[7]有前述《真誥‧協昌期》佚文：

　　大方諸宮青童君常治處，其上人皆天真高仙、太極仙公，上卿司命之所在也。有服日月光芒法，雖已得道爲真，猶故服之。直存心中，有日象大如錢，在心中赤色，有九芒從心中上出喉至齒間，即迴還胃中，如此良久，臨目存見，心中胃中分明訖，乃吐氣……常存日在心，月在泥丸中，畫服日芒。夜服月芒，服月芒法如服日法……南極夫人所告，行此法日在心，月在泥丸之道，爲省易得，旨須勤行，無令廢息，除身三尸百疾，千惡萬邪，是鍊魂制魄之道也。

　　《裴君傳》云："詣方諸東華大宮，見東海青童君。"《裴君傳》用五行紫文以除三尸"常用朔望之日，日中時，臨目南向。"服日月光芒法，除三尸百疾，是鍊魂制魄之道；原始佛教經典《中阿含經》卷 26〈優曇婆邏經〉記載外道"仰視日光。吸服日氣。"與《真誥‧協昌期》所描述的服日月芒法，有相似之處。上清派所尊奉的傳經大神青童君，不在中土。

　　"方諸國"指天竺婆羅門，或西域諸國。婆羅門僧人和婆羅門經典，於東漢末年已進入中國[8]。《天皇至道太清玉冊》有上述《真誥‧協昌期》的佚文"方諸國以生爲樂，死爲患也。[9]"《大般涅盤經》卷下云："諸行無常，是生滅法；生滅滅已，寂滅爲樂。"涅槃才能斷絕苦根，永遠擺脫輪迴，

---

7 《中華道藏》08-025-0327-0-1《正一法文修真旨要》。

8 劉仲宇《度人經與婆羅門思想》，《學術季刊》1993 年第 3 期。

9 《中華大道藏》28－736《天皇至道太清玉冊》。

以寂滅爲樂，必邏輯地導出以死爲樂。方仙道採取各種方法以求不死，與"方諸國以生爲樂"的精神一致。樂生與樂死，爲佛道間最大的差異（也是佛教與婆羅門外道不同之處）。

《老子想爾注》說："生，道之別體也。"生指生命、生長、生存、長生等意，都是"道"的表現形式。《太平經》強調"人居天地之間，人人得壹生，不得重生也。"指出"人最善者，莫若常欲樂生。""要當重生，生爲第一。"《三天內解經》說："長生者，道也；死壞者，非道也。死王乃不如生鼠，故聖人教化使民慈心于眾生，生可貴也。"

佛教認爲諸法之生起皆由因緣和合，緣會則生，緣散則滅。生是諸種條件的組合，死是諸種條件的解體。有生即有死，然死並非滅盡，乃待另一因緣之和合，而重新開始新生，如此輪迴不息。貪、嗔、癡爲煩惱根源，斷除煩惱可以解脫生死輪迴的束縛。

南朝顧歡《夷夏論》說佛教以生爲苦，追求泥洹（涅槃）、無生；道教以生爲樂，追求長生、不死；二者"器既殊用，教亦異施。""泥洹、仙化各是一術"；"仙化以變形爲上，泥洹（涅槃）以陶神爲先。變形者白首還緇，而未能無死；陶神者使塵惑日損，湛然常存。[10]"佛道是迥然相異的"二法"。因此，劉勰《滅惑論》云"佛法煉神，道教煉形。"

北周・道安《二教論》論佛道二教優劣差別說"道教雖仿照佛教四果、十地，講四果十仙，但又不能講出相應的修行因緣。"四果"爲佛教術語，指聲、聞、乘等修行的"聖

---

10　《南齊書・高逸傳・顧歡》。

果"。"十仙"指《楞嚴經》卷 8 中的十種仙人，批評仙人
"休止深山或大海島，絕於人境。斯亦輪迴，妄想流轉，不
修三昧，報盡還來散入諸趣。[11]"

　　堅固服餌，而不休息，食道圓成，名地行仙。堅固草木，
而不休息，藥道圓成，名飛行仙。堅固金石，而不休息，化
道圓成，名遊行仙。堅固動止，而不休息，氣清圓成，名空
行仙。堅固精液，而不休息，潤德圓成，名天行仙。堅固精
色，而不休息，吸粹圓成，名通行仙。堅固咒禁，而不休息，
術法圓成，名道行仙。堅固思念，而不休息，思憶圓成，名
照行仙。堅固交遘，而不休息，覺應圓成，名精行仙。堅固
變化，而不休息，覺性圓成，名絕行仙[12]。

　　藏密典籍《大幻化網導引法》傳寶瓶氣，注重修氣、修
脈、修明點，即三脈七輪之法，使海底輪的拙火（靈力、靈
熱）燃起，逐輪上升，最後達到頂輪，與明點相會，進入三
摩地（入定），流下甘露，滋潤身體，藉以治疾、健身、延
年。這些密法都是受婆羅門教或印度教的影響而發展起來
的。修習瑜珈時用氣息（風）的力量，引發背脊骨中潛藏的
力量或靈體（Kundari），由下而上直達頂端，打開脈結，獲

---

11 陳攖寧《辯楞嚴經十種仙》。
12 《大佛頂首楞嚴經正脈疏》卷 34 解釋：地行仙，食麻仁草木之實而存形
　長久。飛行仙，食松柏等，因草木輕，故體亦輕，飛行空中而不墜地。
　遊行仙，服丹砂能化骨使長壽而體固，且能化物，使賤爲貴，遊戲人間。
　空行仙，堅固津液，能履虛空。天行仙，鼓天池而飲神液、固精華，年
　久有成，則離人欲。通行仙，飲日月之精氣，功久遂有異見，而通物情。
　道行仙，以術法持身，延伅且固。照行仙，專注弗移，則如定發慧。精
　行仙，堅固交遘，此感彼應，吸彼之精氣以固己身。絕行仙，存想世界
　皆成變化，心如槁木。

得無盡智慧和成就[13]。

　　《裴君傳》有"男子守腎，固精煉氣，從夾脊溯上泥丸，號曰還元。"《漢武帝外傳》記載李少君授薊子訓《無常子大幻化之術》，不知是否即此導引法。陳攖寧《辯楞嚴經十種仙》一文中引用《楞嚴正脈》云："此悟通化理，能大幻化，如劉根、左慈之類，甚至移山倒水，妙絕一世者，故稱絕行仙也。"

　　《楞嚴經》開示修禪、耳根圓通、五蘊魔境等禪法要義，全稱《大佛頂如來密因修證了義諸菩薩萬行首楞嚴經》，又名《中印度那爛陀大道場經》，略稱《大佛頂經》。唐中宗時般剌密帝譯，屬於祕密部，收在《大正藏》第 19 冊。關於此經的譯者，有各種不同傳說，大多認爲譯者般剌蜜帝爲中印度人，居廣州制止道場，唐神龍元年（705）烏萇國沙門彌伽釋迦譯語，房融筆受，懷迪證譯。此經譯出後，就有真偽的爭執。

　　梁啟超認爲《楞嚴經》受道教的暗示，剽竊佛教的皮毛而成……佛經並沒有《楞嚴經》一類的話，可知《楞嚴經》是假書[14]。日本學者望月信亨與中國學者呂澄都曾從目錄版本到作者譯者的生平身世，以及佛教義理，行文風格等。指出其種種可疑之處，認定《楞嚴經》是偽經。龍延從語言文化的角度，論證此經確爲中國本土人士所撰[15]。

---

13 黃心川《印度哲學史》329 頁。
14 梁啟超《古書真偽及其年代》第二章〈偽書的種類及其作偽的來歷〉。
15 望月信亨《關於（大佛頂首楞嚴經）傳譯之研究》，載《世界佛學名著譯叢》之 27《佛典研究初編》，臺北華宇出版社 1988；呂澄《楞嚴百偽》，載《呂澄佛學論著選集》，齊魯書社，1991 年版；龍延《楞嚴經真偽考辨》，長春：《古籍整理研究學刊》2003 年第 3 期。

　　李富華認爲《楞嚴經》經過自唐代中葉至清朝初年一千多年，不知多少佛經目錄學家和學者的考察、鑒別之後，還是作爲佛教的重要典籍被收載在佛門最具權威的佛典全集大藏經中，這對於它的可靠性，或者說是真實性來說，應該是不成問題的。《楞嚴經》中的密教內容更接近於 5 世紀前後出現的密教典籍，因爲印度那爛陀寺創建于 5 世紀時的印度笈多王朝時代，而作爲印度佛教的中心寺院則是 5 世紀以後的事[16]。

　　論者以《楞嚴經》充斥神仙謬說，必爲僞書。該經秘密神咒，有類道教咒術。《洛陽伽藍記》卷 5 記載"（盤陀王）向烏場國學婆羅門咒，四年之中，盡得其術。"譯《楞嚴經》的彌伽釋迦爲烏萇國沙門，烏萇國梵名 Udyāna，英文 Uddiyana，又作烏長國、烏仗那國、烏纏國、烏場國、烏迪亞那，位於北印度健馱羅國北方，相當於今興都庫什山脈（Hindu kush）以南之丘陵地帶，今巴基斯坦之斯瓦特地區。又據《西域傳・摩揭它》本中天竺屬國，北瀕殑伽河。

　　烏場國所產硝石，長期以來爲中國煉丹家使用，請參閱本書《煉丹術來自西域》。烏萇國道人可能很早就知道服食丹砂，正是十種仙中的遊行仙，會煉金術、服丹砂、使賤爲貴。

　　十種仙是那爛陀寺對鄰近伊爛拏山五通仙人（或方諸仙道）的批判，觀其內容，可以發現與《清靈真人裴君傳》中的道法，具備《楞嚴經》"十種仙人"的特質，據此可以對方仙道有概括性認識。

---

16 李富華《關於楞嚴經的幾個問題》，《世界宗教研究》1996 年第 3 期。

　　阿富汗中部巴米揚（Bāmiyān）北面興都庫什山區，《史記》、《漢書》、《山海經》稱該地區爲大夏，自古爲連接印度、伊朗與中亞地區的交通要衝，絲路南道由蔥嶺西行，越興都庫什山至喀布爾後分兩路，一西行至赫拉特，與經蘭氏城而來的中道相會，再西行穿巴格達、大馬士革，抵地中海東岸西頓或貝魯特，由海路轉至羅馬。巴米揚是犍陀羅僧人、商人循絲綢之路通往中亞和中國的始發站，也是中亞、中國人進入印巴次大陸的最後一站。自大月支人建立的貴霜帝國興起到阿拉伯人入侵這段時期，佛教在當地十分盛行，曾繁榮一時。

　　《後漢書・西域傳》云：“摩竭提國（即摩揭陀）南亦天竺屬國也，其時皆屬月氏，月氏殺其王，而置將令統。其人俗修浮圖道，不殺生飲酒。”摩揭陀國那爛陀寺重視密教。大月支是遊牧民族，行蹤飄忽不定。《前漢書》卷 96《西域傳》說：“（大月氏）本居敦煌、祁連間。至冒頓單于殺月氏王，以其頭爲飲器。月氏乃遠去，過大宛，西擊大夏而臣之，都嬀水（即阿姆河、烏滸河）北爲王庭。”這件事發生約在西漢文帝至武帝時，大月氏在公元前 130 年遷入阿姆河流域，並征服大夏。張騫於前 128 年左右說月氏“臣畜大夏”；可能就在張騫歸國後不久，大月氏便跨過阿姆河滅亡了大夏，佔領了它的全部國土。

　　《水經註》卷 2 引竺法維說：“佛鉢在大月支國。起浮圖高三十丈，七層，鉢處第二層，金絡絡鎖懸鉢，鉢是青石。”巴米揚盆地長約 1.5 公里、高約 100 米的摩崖上，共鑿建了大約 750 個石窟，包括大大小小的佛龕窟、僧房窟、會堂窟，

形成一個大石窟群。有大立佛兩尊傍山而鑿，東大佛高 37
米，西大佛高 55 米，兩者相距不到 1 公里，爲世界現有最大
立佛[17]。可能就是《真誥·協昌期》描述高百丈的浮圖，巴
米揚石窟群顯示這裡曾是宗教信仰中心。

---

17 2001 年 2 月 26 日塔利班下令炸毀巴米揚大佛，遺骸身上的彈孔清晰可
見；兩座大佛的棧道牆壁中原本有不少鑲嵌佛像的壁龕，龕中的佛像不
翼而飛，洞穴中千年壁畫也慘遭破壞。

# 方術與幻術的省思

　　方術是方伎與數術的合稱，《後漢書・桓譚傳》"今諸巧慧小才伎數之人，增益圖書，矯稱讖記。"李賢注"伎謂方伎，醫方之家也。數謂數術，明堂、羲和、史、卜之官。"方術常被人附會，將災異視爲上天之譴告，是人間陰陽失序的結果。南朝梁劉勰《文心雕龍・正緯》"伎數之士，附以詭術。或說陰陽，或序災異。"古代的科學是由道家而不是儒家發展來的，儒家漠視自然科學技術，所謂"方術小技，俗儒恥之。"

　　有些方術涉及化學、物理學、心理學等內容，古人感知意識異於今人，往往將純物理現象，有意或無意的附會爲神蹟。方士通過修行的方法，使得心力、體力以及官能發生超常作用，有時與靈異鬼神無關。詭術或幻術利用人的無知，以欺詐的手法導誤，或將某些物理化學現象，理解爲超自然力量所造成。

　　例如《漢書・郊祀志》谷永上書漢成帝（前33至前7）言："世有僊人，服食不終之藥……與山石無極，黃冶變化，堅冰淖溺，化色五倉之術者，皆姦人惑眾，挾左道，懷詐僞，以欺罔世主。"顏師古注"堅冰淖溺"云："方士詐以藥石若陷冰丸，投之冰上，冰即消液，因假爲神仙道使然也。"

　　《後漢書・臧洪傳》記載黃巾羣起，青州刺史焦和"恐賊乘凍而過，命多作陷冰丸，以投于河，眾賊遂潰。"陷冰丸即《萬畢術》中說："削冰令圓，舉以向日，以艾承其影，則火生。"將冰削圓，製成如凸透鏡般球狀物，置於河面，對日聚焦，能使冰融解。

《後漢書・方術列傳》中提到任文公占術預報大雨[18]，這是他根據自然界的蛛絲馬跡占察未萌。許楊曉水脈，是一位通曉水利地質學的方士[19]。

《後漢書・方術列傳・華佗》："精於方藥"，"針灸不過數處"，發明"麻沸散"作為麻醉劑進行外科手術，發明"腸吻合"手術、蛔蟲驅除術、"五禽戲"導引術等等。

弗雷澤《金枝》說："巫術與科學在認識世界的概念上，兩者是相近的，都認定事件的演替是完全有規律和肯定的。""如果巫術能變為真實並卓有成效，就不再是巫術而是科學了。"方士對古代科學的發展曾作過貢獻，早期科學與方術不分，現代人追求科學，與古人學道求仙的心情有相似之處。

《列子・周穆王》云："西極之國有化人來，入水火，貫金石；反山川，移城邑；乘虛不墜，觸實不礙。千變萬化，不可窮極。"《列子》談到化人能"千變萬化"，給幻、化所下的定義是"窮數達變，因形移易者謂之化，謂之幻。"張湛注"稟生受有謂之形，俛仰變異謂之化。"同篇化人下注"化幻人也。"《史記・大宛列傳索隱》韋昭云"眩人，變化惑人也。"《漢書・張騫李廣利傳》師古注曰"眩，讀

---

18　《後漢書・方術傳上・任文公》："五月一日，當有大水，其變已至，不可防救，宜令吏人豫為其備。"

19　《後漢書・方術列傳》："汝南舊有鴻郤陂，成帝時，丞相翟方進奏毀敗之。建武中，太守鄧晨欲修復其功。聞楊曉水脈，召與議之……署楊為都水掾，使典其事。楊因高下形勢，起塘四百餘里，數年乃立。百姓得其便，累歲大稔。"

與幻同。即今吞刀吐火，值瓜種樹，屠人截馬之術皆是也，本從西域來。”眩人、幻人、化人，名稱不同而含義一致。

幻術亦指魔術，英文 Magic 通常指稱巫術、法術、魔幻、魔術，方士基於神仙信仰，毫不懷疑透過方術可追求不死成仙。魔術師則暗示誤導觀眾，用惑人的方法，達到虛幻不實的結論。肉眼的觀察能力有限，以敏捷的手法，或特殊的道具，將過程掩飾起來，掩蓋真相，造成觀眾視聽錯覺，信以為真，可達到娛樂或詐騙目的。

幻術是用眩惑人的手法，變化神異，展現神通以神其教，或竟逐榮勢，獲得名利。《抱朴子・勤求》指出：“世間自有奸偽圖錢之子，而竊道士之號者。”這些人“善為誆詐，以欺學者。”李零說：“古代道家往往以幻化之術為勸眾向道的手段，其中有些是魔術，有些是化學技術，並非所謂特異功能。[20]”從齊人少翁“招致”李夫人，欒大的“鬥棋”，可知方術、幻術常被人混淆。

《漢書・外戚傳》記李夫人死後武帝“思念李夫人不已，方士齊人少翁言能致其神。乃夜張燈燭，設帷帳，陳酒肉，而令上居他帳，遙望見好女如李夫人之貌，還幄坐而步，又不得就視，上愈益相思悲感，為作詩曰“是邪，非邪？立而望之，偏何姍姍其來遲！”齊人少翁以招致李夫人，拜為文成將軍，後以“帛書飯牛言神怪，事覺以罔上誅。[21]”

---

20　李零《中國方術考》（修訂本）341 頁。
21　《漢書・外戚傳》記方士齊人少翁，《拾遺記》作董仲君。《太平廣記》卷 71 引《拾遺記》“漢武帝嬖李夫人，及夫人死後帝欲見之，乃詔董仲君與之語曰：朕思李氏其可得見乎？仲君曰：可遠見而不可同於帷席。帝曰：一見足矣！可致之……潛英之石，其色青質輕如毛羽，寒盛則石

北宋高承認為少翁所作是影戲，影戲亦稱"影燈戲"，用紙或皮剪作人物形象，藉燈光投射於帷布上表演的戲劇。《事物紀原・博弈嬉戲・影戲》云"少翁夜為方帷，張燈燭。帝坐他帳，自帷中望見之，彷彿夫人像也，蓋不得就視之。由是世間有影戲。"方以智曾揭技倆"設燈於旁，燈鏡交輝，傳影於紙也。"

《史記・孝武本紀》稱欒大"嘗與文成將軍（李少翁）同師。"時（漢武）帝方憂決河，欒大詭稱"黃金可成，河決可塞，不死之藥可得，仙人可致"。於是"上使驗小方，鬥棋，棋自相觸擊。"

秦漢皇帝對方士都是有戒心的，《史記・封禪書》載"始皇"游碣石，考入海方士"。《集解》引服虔曰"疑詐，故考。""考校其虛實也。"《史記正義》卷 6 秦法"民之有方伎……試不驗，輒賜死。"武帝驗以"小方"就是一種考，結果欒大能使棋子"自相觸擊"，於是武帝拜欒大為五利將軍[22]。

鬥棋是一種使圍棋子自相觸擊的幻術，漢武帝時（前 140－前 37）淮南王劉安門客所編《萬畢術》說："取雞血雜磨鍼鐵杵，和磁石棋頭，置局上，即自相抵擊也。"明清之際

---

溫，夏盛則石冷，刻之為人像，神語不異真人，使此石像往則夫人至矣。此石人能譯人語，有聲無氣，故知神異傳也……即令工人依先圖刻作李夫人形，俄而成，置於輕紗幕中，宛若生時。"

22 《史記・封禪書》說："五利常夜祠其家，欲以下神。神未至而百鬼集矣，然頗能使之。其後裝治行，東入海求其師，既而不敢入海，之太山祠，上使人隨驗實無所見。"欒大不敢入海，在泰山轉一圈回來，被皇家的密探（間使）考實，最後落了個砍頭的下場。

方以智亦揭示欒大的伎倆"磁石拒棋者，取雞骨作針，磨鐵搗之，以和磁石，日塗其頭，曝乾之，置局上，即相擊不休。"

欒大的幻術連見多識廣的葛洪都信以爲真，《抱朴子・對俗》說"按漢書欒太初見武帝，試令鬥棋，棋自相觸。而後漢書又載魏尚能坐在立亡，張楷能興雲起霧，皆良史所記，信而有徵，而此術事，皆在神仙之部，其非妄作可知矣。"張衡《西京賦》描繪西漢時長安流行的幻術"奇幻倏忽，易貌分形；吞刀吐火，雲霧杳冥。""衝狹鸞濯，胸突銛鋒[23]"，"含利颬颬，化爲仙車[24]"，"畫地成川，流渭通涇"等。《抱朴子・對俗》提到的幻術達九百多種，有隱身術，入水不沉，踩刀不傷，變形易貌，呼喚禽獸等。說："數見人……隱形以淪於無象，易貌以成於異物，結巾投地而兔走，針綴丹帶而蛇行，瓜果結實於須臾，龍魚濩潚於盤盂。"現代魔術師也能"拔簪以攪酒，須臾簪都盡"，"杯化而爲雙燕"，"桎梏得解脫"。將手帕放入帽中，然後變出兔子，彩帶變蛇。

眩人、幻人、化人、幻師都是魔術師。漢武帝時安息曾以黎軒（亞歷山大城）善眩人獻於漢，《史記・大宛列傳》云："條枝（阿拉伯）在安息西數千里，臨西海……善眩。"《正義》引顏師古云："今吞刀、吐火、植瓜、種樹、屠人、截馬之術皆是也。"《文獻通考》332 卷說大秦"幻人能額上爲炎爐，手中作江湖，舉足而珠玉自墮，開口則旛眊亂出。"

---

23 薛綜注：鸞濯，以盤水置前，坐其後，踴身張手跳前，以足偶節蹢水，復卻坐，如鸞之浴也。
24 薛綜注：含利，獸名，性吐金言。初爲獸，後化爲仙人車，乃以驪馬駕之。

《後漢書・南夷傳》云東漢"永寧元年（120）西南夷撣國王遣使者詣闕，獻樂及幻人，能變化吐火，自支解，易牛馬頭。"所言幻術源於古羅馬，輾轉來到中國。

　　《神仙傳》記墨子年八十有二，發願棄世而從赤松子游，入周狄山"精思道法，想像神仙。"遇神人"授以素書、朱英丸方、道靈教戒、五行變化，凡二十五篇。"墨子"乃撰集其要，以爲《五行記》。《抱朴子・遐覽》說："《墨子五行記》五卷，劉君安未仙去時鈔取其要，以爲一卷，其法用藥用符，乃能令人飛行上下，隱淪無方。含笑即爲婦人，蹙面即爲老翁，踞地即爲小兒，執杖即成林木，種物即生瓜

果可食，畫地成河，撮壤成山，坐致行廚，興雲起火，無所
不作也。"

　　《墨子五行記》的變化之術似魔術。"含笑即爲婦人，
蹙面即爲老翁，踞地即爲小兒。"有如川劇變臉。"種物即
生瓜果可食。"《事物紀原·博弈嬉戲·生花》說："今京
城有生花種植以戲者……種瓜植樹，即生花之事也。蓋自漢
武時大宛所獻眩人始云。"《顏氏家訓》敘述"世有祝師及
諸幻術，猶能履火蹈刀，種瓜移井，倏忽之間，十變五化。"
《法苑珠林》卷 61 "弄幻之士，因時而作。植瓜種菜，立起
尋尺。"《洛陽伽藍記》記載景樂寺中雜技"剝驢投井，擲棗
種瓜，須臾之間，皆得食之。"

　　佛圖澄（232－348）本姓帛，9 歲出家於烏萇國，兩度
到罽賓（中東東北部，印度西北部）學法。永嘉六年（312）
大將郭黑略引見石勒，石勒問曰：佛道有何靈驗？"（佛圖）
澄知勒不達深理，正可以道術爲徵，因言：至道雖遠，亦可
以近事爲證。即取應器盛水燒香咒之，須臾生青蓮花，光色
曜目。勒由此信服。[25]"佛圖澄展現的是高級魔術，在那個
年代，法力高超才能令人信服。

　　後秦（383－417）鳩摩羅什能大口吞針，令人咋舌。這些
節目，迄今可見。再如《洛陽伽藍記》所記北魏時來中國的僧
人摩羅能咒枯枝生葉、咒人變爲驢子，簡直是大套魔術了。

　　幻術來自西域一帶，《文獻通考》卷 147 說："大抵散
樂雜技多幻術，皆出西域，始於善幻人，至中國後漢安帝時，

---

25　《高僧傳》卷 9。

自是歷代有之。"雜技魔術部分被方士作爲法術內容：

## （一）坐致行廚

　　行廚是調遣六丁六甲搬運飲食，《抱朴子・仙藥》說：
"上藥令人身安命延，體生毛羽，行廚立至。"裴玄仁能役
使六甲，《神仙傳・左慈》"尤明六甲，能役使鬼神，坐致行
廚。"《真誥・稽神樞》陶弘景注"李東……就鮑靚受六甲
陰陽行廚符。"《神仙傳・劉政》"坐致行廚，供數百人。"

　　《後漢書・方術傳》載"（曹）操出近郊，士大夫從者
百許人，慈乃爲齎酒一升，脯一斤，手自斟酌，百官莫不醉
飽。操怪之，使尋其故，行視諸罏悉亡其酒脯矣。"左慈能
使百官醉飽，《後漢書》的記載可能誇大了。

## （二）神行術

　　《高僧傳・佛陀耶舍傳》罽賓人佛陀耶舍，世事外道。
"取清水一缽，以藥投中，咒數十言，與弟子洗足。即便夜
發，比旦，行數百里。問弟子曰：何所覺耶？答曰：唯聞疾
風之響，眼中淚出耳。"

　　《耆域傳》"域既發，諸道人送至河南城。域徐行，追
者不及。"《神異下・山犍陀勒傳》"有人健行，欲隨勒觀
其遲疾，奔馳流汗，恒苦不及。勒令執袈裟角，唯聞厲風之
響，不復覺倦，須臾至寺。"《神異下・史宗傳》載道人令
一小兒送信與史宗，小兒云："道人令其提杖，飄然而去，
或聞足下有波浪耳。"

　　左慈也具有神行之本領《神仙傳・左慈》"著木屐，持

青竹杖，徐徐緩步行，常在馬前百步。著鞭策馬，操兵器逐之，終不能及。"《神仙傳·劉政》稱"能一日之中，行數千里。"《神仙傳·介象傳》介象書一符，以著竹杖中，令其人閉目騎杖，須臾到成都買薑。

## （三）祈雨術

《淮南子·墬形訓》說"土龍致雨"，高誘注"湯遭旱，作土龍，以象雲從龍，故致雨也"；王充《論衡·亂龍篇》云"設土龍以招雨，其意以雲龍相致。""類而求之，故設土龍。"《後漢書·禮儀》亦曰："其旱也，公卿官長以次行雩禮求雨。閉諸陽，衣皂，興土龍。"用泥土塑成龍的形狀以引來雨水，相沿成俗。

龍的信仰在西域、印度十分普及。西域、印度有關龍的傳說，可分兩種觀念，第一是興風起雨之龍，第二是海王藏寶之龍。王青先生判斷"興風起雨之龍主要盛行於西域以及印度西北這些以沙漠、高山地形為主的大陸地區，對於龍的想像主要集中在他能夠製造旱澇和其他惡劣天象這一功能上。[26]"換言之，與祈雨有關的龍信仰，來自西域。

請雨之法，古來即行於印度，竺法護譯《海龍王經》4卷。又《大唐西域記》迦畢試國條載，大雪山頂上有一池，於此請雨或祈晴，所求必應。西域傳入中土的雜技中，有一種舞龍之術。《後漢書·孝安帝紀》延平元年12月注"漢官典職曰：作九賓樂。舍利之獸從西方來，戲於庭，入前殿，

---

26 王青《西域地區的龍崇拜以及對中土文化的影響》，烏魯木齊《西域研究》2004年第2期。

激水化成比目魚，嗽水作霧，化成黃龍，長八丈，出水遨戲於庭，炫耀日光。"

《抱朴子》佚文載甘宗"云外國方士能神咒者，臨淵禹步吹氣，龍即浮出，初出乃長十數丈。方士更一吹之，一吹則龍輒一縮。至長數寸，乃掇取著壺中。壺中或有四五龍，以少水養之，以疏物塞壺口。國常患旱災。聞有旱處，輒齎龍往賣之，一龍直金數十斤。舉國會斂以顧之。直畢，乃發壺出一龍，著淵潭之中。因復禹步吹之，一吹一長，輒長數十丈，須臾而雲雨四集矣。[27]"

佛圖澄敕龍祈水，其法"燒安息香，咒願數百言，如此三日，水泫然微流。有一小龍長五六寸許，隨水來出……有頃，水大至，隍塹皆滿。"《高僧傳‧神異下》載"涉公者，西域人也……能以秘咒，咒下神龍。每旱，（苻）堅常請之咒龍，俄而龍下缽中，天輒大雨。"

西嶽公黃盧子的祈雨術也與壺、龍有關連，《神仙傳》"天下大旱時，能到淵中召龍出，催促，便升天，使作雨。"黃盧子的弟子施存"常懸一壺如五升器大，變化為天地，中有日月如世間，夜宿其內，自號壺天，人謂曰壺公。"《後漢書‧方術傳下》載費長房從壺公學仙，壺公與一竹杖使騎。長房乘杖，須臾到家。

## （四）馴獸術

馴獸術來自西域，《高僧傳》可以見到許多有關的記載。

---

27　王明《抱朴子內篇校釋》359頁。

《高僧傳·安清傳》安息國太子安世高"外國典籍及七曜五行醫方異術，乃至鳥獸之聲，無不綜達。"卷三《譯經下·求那跋摩傳》罽賓國求那跋摩"山本多虎災……或時值虎，以杖按頭，弄之而去。"《竺佛調傳》竺佛調"入石穴虎窟中宿，虎還共臥窟前。"卷九《神異上·耆域傳》天竺人耆域"見兩虎，虎弭耳掉尾。域以手摩其頭，虎下道而去。"

《後漢書·方術傳》說趙炳運氣咒虎之術"以氣禁人，人不起；虎伏地，低閉目，便可執縛。"《神仙傳·樊夫人傳》"（劉）綱與夫人入四明山，路值虎，以面向地，不敢仰視。夫人以繩縛虎牽歸，繫於床腳下。"

《抱朴子·登涉》有黃盧子"善氣禁之道，禁虎狼、百蟲皆不得動，飛鳥不得去。"《西嶽華山誌》云："白羊真人有禁山籙，及制虎豹狼熊符七十道行於世。"王暉是白羊公之弟子，"居華嶽熊牢嶺洞真觀，常種黃精於溪側，則虎為之耕，豹為之耘，出入亦乘虎豹，具鞦轡，行鞭策，如人乘馬無異。"此外陳寶熾白虎馴遶左右，導從往來。

## （五）繩　技

佛陀弟子央掘魔羅，嘗師事外道邪師，《央掘摩羅經》卷二央掘云"我亦不為負債之人，如申頭羅速往速反。"譯者注"申頭羅者，外國幻人，作飛人戲，令空中來去，往返至速。"張衡（78－139）《西京賦》"跳丸劍之揮霍，走索上而相逢。"《法苑珠林》卷61引崔鴻《十六國春秋·北涼錄》云："玄始十四年七月，西域貢吞刀、嚼火、秘幻奇伎……幢者旋幢，樹之攀緣以為戲。"高空懸掛鞦韆的空中飛人，及兩人走繩索，然後交相度過，是來自異國之伎藝。

## （六）隱身術

中外都有隱身術，《舊約》先知以利沙（Elisha）學會以利亞的各項魔術：能使戲罵他禿頭的頑童們，被兩隻熊吃掉；能用一句話命令河流停止；能使鐵浮於水面；能為人醫病；能在眾人之前潛形隱身。

《大摩里支菩薩經》卷3有口含藥丸而得隱身之法“復有成就法，用黑土、梟眼、老烏眼、玃狐眼、黑俱計羅烏眼、佛舍利少許，取囄日哩木內汁，就鬼宿直日同合為丸，亦觀想此藥如在日月火中，對摩里支菩薩前誦真言加持，即含口中而得隱身。人不能見，不能擒捉，不能禁制，不能劫盜，火不能燒，冤家不得其便，若志心持誦真言加持此藥，得隱身最妙。[28]”

鳩摩羅什翻譯的《龍樹菩薩傳》載“龍樹出身婆羅門世家，自幼天資奇悟，早年學識淵博，後與三個好友學成隱身法術，出入正宮，淫亂宮中美女達數百日之久。”龍樹嘗以七十種藥材研磨成藥，塗於眼、臉，乃得隱身。隋·闍那崛多譯《不空羂索咒經》說“若欲隱身，當取雌黃或石黛，擣令碎末精細羅之，在觀世音菩薩像前咒一千八遍，塗於眼上即得隱身，乃至騰空飛行。”

《抱朴子·遐覽》著錄《坐亡圖》、《立亡術》二書。《抱朴子·雜應》載隱淪之道“或以玉丸塗人身中；或以蛇足

---

28 《大摩里支菩薩經》卷三，大正 21·271b。

散；或懷離母之草，或折青龍之草。"《抱朴子·登涉》引《遁甲中經》"往山林中，當以左手取青龍上草，折半置逢星下，歷明堂入太陰中，禹步而行，三咒曰，諸皋，太陰將軍，獨聞曾孫王甲，勿開外人；使人見甲者，以爲束薪；不見甲者，以爲非人。則折所持之草置地上，左手取土以傅鼻人中，右手持草自蔽，左手著前，禹步而行，到六癸下，閉氣而住，人鬼不能見也。"

《神仙傳》記載費長房曾向介象學隱身術，葛洪認爲隱身變形之術"無益於年命之事，但在人間無故而爲此，則致詭怪之聲，不足妄行也。可以備兵亂危急，不得已而用之，可以免難也。"兵荒馬亂時面對災禍，靠法術以自保，東漢末年軍閥混戰，因此隱形術大行其道。若按隱形術要求採藥服食，長期修鍊，不待鍊成兵禍已至，所以有一些特殊的技法。

## （七）行霧之術

《抱朴子·雜應》談隱淪之道"神道有五，坐在立亡其數焉。然無益於年命之事，但在人閒無故而爲此，則致詭怪之聲，不足妄行也。可以備兵亂危急，不得已而用之，可以免難也。鄭君云服大隱符十日，欲隱則左轉，欲見則右回也。"葛洪說此法於兵荒馬亂時用之，可以免難。如同電影中日本忍者對敵時扔出煙幕彈，一轉身即隱藏不見。

《雲笈七籤》卷 77 封君達所傳螢火丸方"用螢火、鬼箭蒺藜各一兩，雄黃、雌黃各二兩，羊角二兩，鐵錘柄（入鐵處燒焦）一兩半，俱爲末。"內含有磷的螢火蟲，以燒焦的鐵錘柄，混合後點燃會產生黃色的火焰與濃煙，是最早的煙幕彈。

《後漢書・列傳》華山張楷"性好道術能作五里霧。"《太平廣記》卷 4 引杜光庭《仙傳拾遺》說張楷"有玉訣金匱之學，坐在立亡之道。"張楷興雲起霧、坐在立亡得以隱蔽的方法，可能也是煙幕彈。

《太平御覽》卷 871 引《許邁別傳》說："高平闔慶等皆就映受學，映日闔君可服氣以斷穀，彭君宜餌藥以益氣，慶等將去，映爲燒香以五色煙出，映亦自去莫知所在。"許邁是用煙霧以產生五色煙隱遁。

## （八）分身化形

分形能幻化出一個或幾個與自己相同的形體。《西遊記》傳神的描述分身術。孫悟空拔毫毛一把，在口中嚼碎了，噴將出去，叫聲變，變出千百個大聖，都使的是金箍棒，一身化作數身。

分身術疑出於西域，菩薩爲化導有緣的眾生，以方便力變化多身於十方以化度眾生，即謂爲分身。《高僧傳》卷 9《神異上・耆域傳》載：耆域臨行之前"數百人各請域中食，域皆許往。明旦五百舍皆有一域，始謂獨過，後相讎問，方知分身降焉。"《高僧傳》記載佛圖澄分身、飛行、放光、尸解等無所不能。

《神仙傳》載薊子訓能"二十三人所見皆同時，所服飾顏貌無異。"《博物志》卷 7"左慈能變形，幻人視聽。"《神仙傳》左慈的方術有縮地脈、坐致行廚、分身變形、六甲變化等。"戶中有一慈，戶外亦有一慈，不知孰是……使引出市殺之，須臾有七慈相似。"《抱朴子・雜應》就魏武帝桎梏左元放，得自然解脫之法。葛洪稱："左君之變化無方……用六甲變化，其真形不可得執也。"左慈能同時出現於數十處，葛洪引述鄭隱的話說是守玄一兼修明鏡。

《抱朴子・地真》：守玄一，並思其身，分爲三人，三人已見，又轉益之，可至數十人，皆如己身，隱之顯之，皆自有口訣，此所謂分形之道。左君及薊子訓、葛仙公，所以能一日至數十處，及有客座上，有一主人與客語，門中又有一主人迎客，而水側又有一主人投釣，賓不能別何者爲真主人也。師言守一兼修明鏡，其'鏡道'成，則能分形爲數十人，衣服面貌，皆如一也。

鏡道是分身法，《抱朴子・遐覽》著錄《明鏡經》，以明鏡進行修煉。《抱朴子・地真》說："守玄一，並思其身，分爲三人，三人已見，又轉益之，可至數十人，皆如己身。"以多面鏡子折射，可見各鏡面貌如一的影像，產生分形的幻覺。

## （九）入火不燒

西域很早就掌握入火不燒的技術，代表性產品火浣布戰國時即有記載，《列子・湯問》"周穆王大征西戎、西戎獻錕鋙之劍、火浣之布……火浣之布、浣之必投於火、布則火色、垢則布色，出火而振之、皓然凝乎雪。"用石棉纖維可製做防火衣物，沾污後經火燒即潔白如新，故稱火浣布。

《拾遺記》"燕昭王二年，海人乘霞舟以雕壺盛數斗膏以獻昭王。王坐通雲之堂，以龍膏爲燈光耀百里……燈以火浣布爲纏。"《藝文類聚》卷 80 引《抱朴子》佚文"吳世有姚光，有火術。吳主積荻千束，火焚荻了盡，光恬坐灰中，振衣而起。"龍膏"是鯨魚脂，以石棉纖維作為燈心。姚光的火術是穿著耐火材料作成的防護衣，赤松子能"入火自燒"可能也是如此。

北魏文成帝末年疏勒王"遣使送釋迦牟尼佛袈裟一，長二丈餘。帝以審是佛衣，應有靈異，遂燒之以驗虛實，置於猛火之上，經日不燃。"這件袈裟是用火浣布製成，便於炫耀佛法。

### （十）吐火之術

《法苑珠林》卷 61《咒術篇》說："太元十二年（387）道人外國來，能吞刀吐火吐珠玉金銀，自說其所受術師白衣非沙門也。[29]"林梅村認為東晉孝武帝太元十二年是目前所知摩尼教傳入中國的最早記錄[30]。白衣素服是摩尼教的特點之一，摩尼教徒尚白，《摩尼光佛教法儀略》言摩尼"串以素帔"，"其居白座"，規定摩尼教信徒的前四個等級"並素冠服"，即要穿白衣戴白帽；在高昌發現的摩尼教壁畫，所繪摩尼教僧侶即著白色冠服。

梁慧皎《高僧傳》云吳黃武三年（224）到武昌的天竺人維祇難"世奉異道以火祠為正。時有天竺沙門，習學小乘多行道術，經遠行逼暮，欲寄難家宿。難家既事異道，猜忌釋子，乃處之門外露地而宿。沙門夜密加咒術，令難家所事之

---

29　《太平御覽》卷 359 引東晉荀氏《靈鬼志》"泰元中，有道人從外國來，自說所受術師白衣，非沙門也。"

30　林梅村《英山畢昇碑與淮南摩尼教》，《漢唐西域與中國文明》，文物出版社，1998 年，393 頁。

火歘然變滅，於是舉家共出，稽請沙門入室供養，沙門還以咒術變火令生。"[31]

《魏略‧西戎傳》記述大秦"俗多奇幻，口中出火，自縛自解，跳十二丸，巧妙非常。"《搜神記》卷 2"晉永嘉中有天竺胡人，來渡江南，其人有術數……其吐火，先有藥在器中，取一片與黍餳合之，再三吹呼，已而張口，火滿口中，因就爇取以炊，則火也。"

火技的關鍵是《抱朴子‧遐覽》所說的"其法用藥"，火技分兩種：一是口含松香粉末，對著手中的火種噴吐，引起騰騰烈焰。也有用口含煤油噴成霧狀，這樣火柱才能散開，顯得很大。南陽漢畫館的"幻人吐火"畫像石圖像：頭戴尖頂冠，長鬍子，高鼻樑，服裝與漢服不同，顯然是洋人。他手中拿的不知何物，臉部前面有一道白光，像是從嘴裡吐出來的。據史書記載，吐火這種幻術來自古羅馬。

《神仙傳‧孫博》"治墨子之術，能使草木金石皆爲火光，照耀數十里中。亦能令身成火，口中吐火，指樹火生，葉即焦枯，更指之即復故……博以一赤丸子擲軍門，須臾火起燭天……復以一青丸子擲之，火即滅，屋舍百物如故不損。博每作火有所燒，他人以水灌之終不可滅，須臾自止之。"看完孫博的火技描述後，可以理解筆者認爲《墨子五行》的變化之術是魔術的道理。以現代觀之，用藥物玩火達到這樣

---

31 古代印度人"以火祠爲正"，未必就是火祆教徒。因爲上古的印度人和伊朗人，都是源自雅利安人，有著共同的崇拜；火祆教的《阿維斯陀經》和印度婆羅門教的《吠陀經》便有不少神名是相同的。對此，當代伊朗學的權威博伊（M‧Boyce）教授在她的《瑣羅亞斯德教史》的第二章《異教伊朗諸神》中，已詳加論述。

的境界，還是令人十分佩服。

## （十一）苦刑幻術

最早有關"斷身"的文獻是《漢書‧西域志》漢安帝時"天竺獻伎，能自斷手足，刳腹胃。"《北史‧西域傳‧悅般國》記載悅般國太武真君九年遣使朝獻，并送幻人，稱能割人喉脈令斷，擊人頭令骨陷，皆血出，或數升，或盈斗，以草藥內其口中，令嚼咽之，須臾血止，養瘡一月復常，又無痕瘢。世祖疑其虛，乃取死罪囚試之，皆驗。

《搜神記》卷 2 載晉永嘉中（307－312）有天竺胡人，來渡江南。其人有數術，能斷舌復續、吐火，所在人士聚觀。將斷時，先以舌吐示賓客。然後刀截，血流覆地。乃取置器中，傳以示人。視之，舌頭半舌猶在。既而還，取含繼之，坐有頃，坐人見舌則如故。

《後漢書‧方術傳》有華佗用"麻沸散"施行剖腹擴創、刮骨療毒、腦外科等手術，如果沒有良好的麻醉手段，是無法作這些手術，一般認為麻沸散是中國最早的麻醉藥，而麻沸散主要配方洋金花來自西域。

## （十二）穿牆術

《神仙傳‧欒巴》太守謂欒巴有神術可使見否？"（欒巴）即平坐卻入壁中去，冉冉如雲氣之狀，須臾失巴所在。"《後漢書‧方術傳》載曹操欲殺左慈"慈乃卻入壁中，霍然不知所在。"

《長尼迦耶‧沙門果經》描述外道神變通（iddhividha，

又譯如意通）"具有各種神通，由一身變成多身，又從多身變回一身；顯身或隱身；穿行牆壁、壁壘或山嶽，毫無阻礙。"《宋高僧傳》卷 2 難陀爲葱嶺北于闐人，自稱"得如幻三昧，嘗入水不濡，投火無灼，能變金石，化現無窮……有百姓供養數日僧不欲住閉關留之，僧因走入壁間。"

## （十三）傀儡戲

《拾遺記》載："燕昭王七年（前 305），沐胥之國來朝，則申毒國之一名也。有道術人，名尸羅，百三十歲，荷錫持瓶，云發其國五年乃至燕都。善銜惑之術，於其指端出浮屠十層，高三尺，乃諸天神仙，巧麗特絕，人皆長五六分，分列幢蓋鼓舞，繞塔而行，歌唱之音如真人矣。"

沐胥之國即申毒、身毒，漢以前沒有統一譯名。康保成曾論證所謂"諸天神仙"是"皆長五六分"的偶人，可以"繞塔而行，歌唱之音如真人"，當時被稱爲"銜幻之術"，其實是表演傀儡戲[32]。傀儡戲源於印度，《列子·湯問》的偃師木人之說，脫胎於梵典。[33]《列子》說周穆王西巡將還，未及中國，有偃師謁見，因此《西安府志》卷 37 稱偃師爲西域人。

## （十四）移形易貌

釋迦牟尼佛弟子須菩提尊者，傳說孫悟空半夜入室跟須

---

32 康保成《佛教與中國傀儡戲的發展》，南寧：《民族藝術》2003 年第 3 期。
33 董每戡《說"傀儡"補說》，《董每戡文集》第 313 頁。錢鍾書、董每戡、季羡林等先生都曾指出，《列子》此條乃襲自西晉竺法護所譯《生經》卷三，大船國王第二子名"工巧"，製作機關木偶。

菩提祖師學七十二變，廣大神通。《西遊記》二郎神與孫悟空鬥法，是眾多精彩場面之一。孫悟空使出全身解數，前後凡八變，麻雀兒、大鶿老、魚兒、水蛇、廟宇以及假二郎神，都被一一識破。

《後漢書・方伎傳》描寫費長房欲離家求道，顧慮家人因自己離去而傷心，仙翁就爲他做了一個替身，“乃斷一青竹，度與長房身齊，使懸之舍後，家人見之，即長房也。”這則紀錄對《西遊記》有明顯的影響，孫悟空在五莊觀挨打，就是用了替身的變化，只是不用青竹用柳樹而已。

《後漢書・方術傳》解奴辜“能變易物形，以誑幻人。”晉・張華《博物志》卷7“左慈能變形，幻人視聽。”《抱朴子・對俗》說：“余數見人……隱形以淪於無像，易貌以成於異物。”《抱朴子・雜應》“或可爲小兒，或可爲老翁，或可爲鳥，或可爲獸，或可爲草，或可爲木，或可爲六畜，或依木成木，或依石成石，依水成水，依火成火，此所謂移形易貌。”

川劇舞台上的變臉，能不露痕跡變形易貌（或衣）。變臉有大變、小變之分。大變臉是全臉都變，小變臉只變局部。變臉需要動作敏捷，不露痕跡。

## （十五）噴酒救火

1.《後漢書・方術傳》記載樊英“嘗有暴風從西方起。英謂學者曰：成都市火甚盛。因含水西向漱之，乃令記其日時。客後有從蜀都來，云：是日大火，有黑雲卒從東起，須臾大雨，火遂得滅。於是天下稱其術藝。”

2.《後漢書‧方術傳》東漢郭憲"從駕南郊，憲在位，忽回向東北，含酒三潠。執法奏為不敬。詔問其故。憲對曰：齊國失火，故以此厭之。後齊果上火災，與郊同日。"郭憲作誌怪小說《洞冥記》，是說故事的高手。失火地點成都改齊國，含水改為含酒，都是滅火。

3.《太平御覽》卷 29 引三國吳張勝《桂陽列仙傳》"成武丁正旦大會，以酒沃庭中，有司問其故，對曰臨武縣失火以酒救之遣騎果然。"關於成武丁的生活年代，《神仙傳》有記載，說他是東漢桂陽臨武烏里人，相傳在長沙曾遇到二白鶴仙人，贈藥二丸，告訴他服藥後可得地仙。成武丁服藥後，能解鳥獸語。臨武縣大火，武丁於桂陽府噀酒化為大雨滅之。

4.《神仙傳‧欒巴》"正旦大會，巴後到，有酒容，賜百官酒，又不飲，而西南向噀之，有司奏不敬。詔問巴，巴曰：臣適見成都市上火，臣故漱酒，為爾救之。乃發驛書問成都，已奏言：正旦食後失火，須臾有大雨三陣，從東北來，火乃止，雨著人皆作酒氣。"

5.《晉書‧藝術傳》載：佛圖澄嘗與季龍升中臺，澄忽驚曰：變！變！幽州當火災。乃取酒噀之，久而笑曰：救已得矣。季龍遣驗幽州，云爾日火從四門起，西南有黑雲來，驟雨滅之，雨亦頗有酒氣。

6.西漢平帝時（1－5）邵（召）信臣任南陽太守，為民興利，史稱"其治視民如子"。《太平御覽》卷 736 方術部引《邵氏家傳》"邵信臣為少府，南陽遭火燒數萬人。信臣時在丞相匡衡坐，心動含酒東向漱之，遭火處見雲西北來，冥晦大雨以滅火，雨中酒香。"《邵氏家傳》乃後人編造不可信。

　　7.成書於 1833 年的藏族史書《安多政教史》，寫三羅喇嘛進京"在一次宴席間，皇帝以自飲的御酒讓其飲用，大師接過酒後，連杯灑向空中，幾位仇視佛法的近臣乘機進讒言：無理至極。皇帝道：請轉告喇嘛，此次例外，日後決不可如此行事。上師回稟：比丘是不飲酒的，恰好陛下轄區發生火災，料想灑酒或許對滅火有所益。不久，報告至說某城堡失火，當無法撲滅烈火之時，突然烏雲密佈，降下散發酒味的暴雨、烈火頃刻熄滅。所說時間與喇嘛灑酒時間一致。"藏族傳統習俗，用手指蘸著酒，向天、向地、向人群彈了彈，表示敬天、敬地、敬神靈。三羅喇嘛按習俗灑酒被誤會，以滅火作爲解釋。

　　《後漢書‧方術傳》記載郭憲和樊英噴酒滅火，同佛圖澄的故事完全一樣。錢鍾書認爲《高僧傳》佛圖澄取酒滅火事，先見於葛洪《神仙傳》"欒巴"與"成仙公"，乃"道家自詡優爲之事"，"釋子知而豔羨，故言僧亦能辦，不容道士專美[34]"。袁枚《隨園隨筆‧古書所載不同》說："世傳欒巴噀酒水救火，而《後漢書‧方術傳》噀酒救火者樊英、郭憲，橫非欒巴也。"成武丁與欒巴救火的時間都是正月初一，《桂陽列仙傳》所編成武丁故事，亦有所本。噀酒救火故事發生的順序是：樊英→郭憲→成武丁→欒巴→佛圖澄→邵（召）信臣→三羅喇嘛

　　從"噀酒救火"可知有些方術是穿鑿附會，編纂出來

---

34 錢鍾書《管錐編》第 2 冊。

的；易貌或變形，類似"變臉"；"幻人吐火"用松香粉末或煤油；繞塔而行的傀儡、利用鏡子折射造成幻覺、運用石棉纖維用來防火、用煙幕隱遁、以藥劑止血止痛等。方術始終與幻術交雜在一起，長期被蒙上一層神秘的色彩。

漢代盛行"射覆"遊戲，覆器下置物，令猜何物。史載漢武帝親自主持下，許多術家都猜不中，東方朔卻能屢猜屢中，不能排除他有遙感透視能力的可能[35]。同樣的在漢武帝及眾人面前的檢驗下"鬥棋"，被發現以磁石作偽，必遭賜死，能使棋自相觸擊，是欒大的手法高明嗎？

古人認識侷限於經驗範圍內，不可知的部分屬神跡。現在看大衛魔術能將一架飛機變沒有，讚嘆之餘不會說是神跡。恩格斯在《自然辯證法》指"所謂神靈顯靈的現象不過是江湖術士所玩弄的魔術，要識破這些現象，僅靠自己的感覺經驗是不能解決問題的，必須靠理論思維去判斷。"

類似"坐致行廚"的現象，魔術師能從空盒子裡"變"出吃的、穿的、用的、花的，是依靠視覺錯誤，使得觀眾信以為真。《馬可福音》記述耶穌在向眾人佈道時，曾行神跡，以"五餅二魚"餵飽數千人，信仰者毫不疑惑。1870年召開第一次梵蒂崗宗教會議就宣佈"如果有人竟說神跡不能實現

---

35 《漢書·東方朔傳》"上嘗使諸數家射覆，置守宮盂下，皆不能中。朔自贊曰：臣嘗受《易》，請射之。乃別著布卦而對曰：臣以為龍又無角，謂之為蛇又有足，跂跂脈脈善緣壁，是非守宮即蜥蜴。上曰：善。賜帛十匹。時有幸倡郭舍人滑稽不窮，常侍左右。曰：朔狂幸中耳，非至數也。臣願令朔復射，朔中之，臣榜百，不能中，臣賜帛。廼覆樹上寄生，令朔射之……朔曰……著樹為寄生，盆下為竇藪。上令倡監榜舍人，舍人不勝痛呼。"

出來，或說它們永遠不能確切地知道，或說基督教的神聖起源不能通過神跡而得到合理證明，則把他咒逐。"

神跡正是一種證明，使信眾相信神的全能。"神跡的信仰，是宗教賴以立足的基石，否定奇跡或神跡，就是否定神具有超自然的力量，取消神的神性，最終導致對神和宗教本身的否定。"[36]宗教拿掉顯化、感應、神跡後就不再是宗教而成為倫理，故宗教極力維護對神跡的信仰，不容懷疑、不可實證。

## 方術中的辟穀食氣

辟穀亦稱卻穀、卻粒、斷穀、休糧、絕穀、絕粒等。辟又作闢，即避的意思，穀指五穀，辟穀是限制攝入米穀食物之意，通常不吃食物，或服用一些益氣補血、滋陰養陽的辟穀藥，通過服氣（一稱食氣），逐漸能達到不飲不食。但須兼作導引、服食、行氣功夫。

辟穀最早見《大戴禮記・易本命》記載"食水者善遊而能寒，食土者無心而不息，食木者多力而拂，食草者善走而愚，食桑者有絲而蛾，食肉者勇敢而悍，食穀者智慧而巧，食氣者神明而壽，不食者不死而神。"《黃庭內景經》云："百穀之實土地精，五味外美邪魔腥。臭亂神明胎氣零，那從反老得還嬰？三魂忽忽魄糜傾，何不食氣太和精，故能不死入黃寧。"人食五穀，會在腸中積結成糞，產生穢氣，影響成仙，是辟穀的理論。

---

36 呂大吉《宗教學通論》頁267。

　　《莊子‧逍遙遊》謂藐姑射山有神人"不食五穀，吸風引露。"《莊子‧刻意》云："吹呴呼吸，吐故納新，熊經鳥申，爲壽而已矣；此導引之士，養形之人，彭祖壽考者之所好也。"吸風即是服氣又名食氣，明確指出不食五穀而服氣可以長壽。

　　《史記‧留侯世家》記述張良導引辟穀"願棄人間事，欲從赤松子遊耳，乃學辟穀、道（導）引、輕身。"《仙傳拾遺》亦載張良"煉氣絕粒，輕身羽化"。《史記‧孝武本紀》"李少君亦以祠灶、穀道、卻老方見上。"裴駰集解引李奇曰："食穀道引。或曰辟穀不食之道。"

　　《後漢書‧方術傳》記載曹操召致的方士"郝孟節（即郤儉或又作郝儉）能含棗核，不食可至五年十年。又能結氣不息，身不動搖，狀若死人，可至百日半年。"曹植《辯道論》說："余嘗試郤儉，絕穀百日，躬與之寢處，行步起居自若也。"

　　《抱朴子‧雜應》記載石春每行氣爲人治病，輒不食，以須病者之愈，或百日，或一月乃食。吳景帝（258－264在位）聞之曰，此但不久，必當饑死也。乃召取鎖閉，令人備守之。春但求三二升水，如此一年餘，春顏色更鮮悅，氣力如故。

　　馬王堆帛書《卻穀食氣篇》記載辟穀的方法"卻穀者食石韋，朔日食質，日加一節，旬五而止；旬六始匡，日□一節，至晦而復質，與月進退。爲首重足輕體胗，則呴吹之。"要求"與月進退"，即自朔日起"石韋"日增其量，至月圓後逐日減少。

　　《本草綱目》說石韋生華陰山谷石上。馬王堆《五十二病方》有石韋用於治癃病（溺有餘瀝）的記載，表明其有利尿通淋的作用。《神農本草經》將其列爲中品草木藥，稱其"主勞熱邪氣，五癃閉不通，利小便水道。"服食石韋可以排除小便赤黃，達到安利五臟，便益精氣的目的。

　　王充《論衡‧道虛》"食氣者必謂吹呴呼吸，吐故納新也。"由於饑餓而渾身無力，頭重腳輕時，就吹呴呼吸，以恢復元氣。因此《卻穀食氣篇》兼具食氣、服食的特色。

　　《論衡‧道虛》批評辟穀"人之不食也，猶身之不衣也。衣以溫膚，食以充腹。膚溫腹飽，精神明盛。如饑而不飽，寒而不溫，則有凍餓之害矣。凍餓之人，安能久壽？且人之生也，以食爲氣，猶草木生以土爲氣矣。拔草木之根，使之離土，則枯而蚤死。閉人之口，使之不食，則餓而不壽矣。"王充否定辟穀食氣，是因爲他了解有限，現從幾個角度來分析辟穀：

## （一）節制飲食有利健康

　　辟穀的根據，是觀察冬眠的動物得來。有些動物在冬天之前會吃大量的食物，身體明顯的胖了起來，然後整個冬天處於睡眠狀態，靠以脂肪形式儲存的能量支撐。食物、陽光、水、空氣本來是人類生存的基本條件，然而營養過剩，多餘的脂肪造成肥胖，危害健康。辟穀時減少活動量，消耗所儲存脂肪，於一定時間內可以維持生命。

　　《抱朴子‧雜應》說："道書雖言欲得長生，腸中當清；欲得不死，腸中無滓；又云，食草者善走而愚，食肉者多力而悍，食穀者智而不壽，食氣者神明不死。此乃行氣者一家之偏說，不可便孤用也。」

葛洪認爲人吃五穀雜糧，積成宿糞，穢濁充塞，故不能長生。透過辟穀淨化身體，清潔腸胃，對治療某些疾病，有一定的作用。起碼「差少病痛，勝於食穀時。」葛洪例舉許多魏晉時行辟穀的方術，對此深信不疑「余數見斷穀人三年二年者多，皆身輕色好，堪風寒暑濕，大都無肥者耳。」

斷穀可以清潔腸胃，對治療某些疾病，有一定作用，葛洪不懷疑辟穀效果。只是反對單獨行使辟穀可以成仙的觀點，認爲單行辟穀可仙是「行氣家一家之偏說」。藉短暫絕食達到養生的方法，類似現代飢餓療法或稱斷食療法，節制飲食有益健康。

## （二）清貧藉以度日

《太平廣記》卷 11 說左慈能辟穀，曹操召之「閉一石室中使人守視，斷穀期年乃出之，顏色如故。」《博物志》有左元放（左慈）荒年法云：擇大豆粗細調勻必煮熟，按之令有光焰氣徹豆心內，先不食一日，以冷水頓服訖，其魚肉菜果不得復經，口渴即飲水，慎不可煖飲。初小困，十數日後體力壯健不復思食。

冷水使脾胃氣弱，食之不消化。煮熟的大豆不含纖維質，在胃腸蠕動緩慢，荒年法或辟穀方，對貧道而言，正如同《抱朴子‧雜應》說：「斷穀正可省肴（穀）糧之費，不能獨令人長生也。」「若遭世荒，隱竄山林，知此法者，則可以不餓死。」「先作美食極飽，乃服藥以養所食之物，令不消化，可辟三年。”

《想爾注》云：“俗人食穀，穀絕便死，仙士有穀食之，無則食氣。”是說一般人不吃飯就會餓死，學道之士，隱居深山窮谷，食物運輸不便，糧食常憂匱乏，行氣辟穀“雖不穀飽，亦以氣盈。”例如南宋褚志通隱修於華山大上方：

上方絕險，非恃鐵鐶，不得緣墜上下；將至其巔，下臨壑谷深數里，茫煙暮翳其中，非神完氣勁，鮮不視眩而魄震，君負食上下自給，如由室適奧，嬉然不爲艱。薄寒則上下負食益勤，爲禦冬備，一歲偶未集，冰雪塞山門，始服氣減食爲胎息，遠則數日一炊。明年山門開，弟子往哭求其屍，見步履話言不衰。[37]

《真誥·稽神樞》“霍山中有學道者鄧伯原王玄甫，受服青精石飯吞日丹景之法。”辟穀時所食之藥丸，有用青石脂、青粱米製之。《本草》：用青石脂三斤，青粱米一斗，水浸三日，搗爲丸，如李大，白湯送服一、二丸，可不饑。”《本草綱目·穀二·粱》引孟詵“青粱米可辟穀。以純苦酒浸三日，百蒸百曬，藏之。遠行，日一餐之，可度十日；若重餐之，四百九十日不饑也。”《淮南萬畢術》云：“八月榆檽，以美酒漬曝，同青粱米、紫莧實蒸熟爲末。每服三指撮，酒下，令人辟穀不飢。”

榆樹嫩葉可食，饑荒時常見以榆葉充饑的記載，《房縣誌》載“清乾隆四十三年（1778 年）秋大饑，無蕨可採，取竹米、灰菜籽、觀音土、榆皮悄食之。”觀音土（又稱白石

---

37 元·姚燧《太華真隱褚君傳》，陳垣《道家金石略》。

脂、高嶺土）與青石脂[38]是窮人青黃不接時的替代糧食。

修道者清貧，服食黃精以替代糧食，《靈寶黃精方》說：
“葛洪曾聞之於鄭君云：子服戊己壽不已，子服長生之精，
與天相傾。”所謂“服戊己壽不已”，戊己芝是黃精的別名，
李時珍《本草綱目》引《五符經》云“黃精獲天地之淳精，
故名爲戊己芝。”黃精一名救窮草，《本草拾遺》作救荒草。

《列仙傳》說隱居華山的修羊公“不食，時取黃精食
之。”有《修羊公贊》“枕石大華，餐茹黃精。”戴孟服白
朮、黃精，兼能種植；白羊公的弟子王暉，常種黃精於華山
溪側。《神仙傳》封君達於華山見魯女生，服黃精五十餘年[39]。

## （三）斷穀以去三尸

《論衡‧商蟲》說：“人腹中有三蟲。下地之澤，其蟲
曰蛭，蛭食人足，三蟲食腸。”吸血蛭在足部吸食血液，三
種寄生蟲則在腸中吸取營養。《雲笈七籤》卷 83 “學道修長
生者，若不先滅三尸九蟲，徒煩服藥斷穀，求長生不死，不
可得也。”又“人身並有三尸九蟲。人之生也，皆寄形於父
母胞胎五穀精氣，是以人腹中盡有尸蟲，爲人之大害。”九

---

38 《神仙傳‧王烈》記載“兩畔皆是青石，石中有一穴口，徑闊尺許，中
有青泥流出，如髓。烈取泥試丸之，須臾成石，如投熱蠟之狀，隨手堅
凝，氣如粳米飯，嚼之亦然。烈合數丸，如桃大，用攜少許歸。”

39 《本草綱目》云“黃精爲服食要藥，故《別錄》列於草部之首，仙家以
爲芝草之類，以其得坤土之精粹，故謂之黃精。”《靈寶五符》有靈寶
黃精方“黃精之草，太陽之精也。”《太上靈寶五符序》記述霍林仙人
傳授的各種草藥和藥方，其中黃精被稱爲“太陽之精”，服食令人好顏
色，返老還童。《本草綱目》“黃精一名野生薑，以其根嫩薑也。”黃
精長的像生薑，五芝中所稱的“薑”，並非今日菜市場可買的生薑。

蟲指伏蟲，長蟲（一名蛔蟲），白蟲，肉蟲，肺蟲，胃蟲，弱蟲，赤蟲，蟯蟲[40]。九蟲中的三蟲是蛔蟲、赤蟲、蟯蟲。身上各種寄生蟲，被視爲危害身體健康的元凶。

《紫陽真人內傳》說：「三蟲在內，令心煩滿，意志不開，所思不固，失食則飢，悲愁感動，精志不至，仍以飲食不節斷也。雖復穀斷，人體重滯，奄奄淡悶，所夢非真，顛倒翻錯，邪俗不除，皆由於蟲在其內，搖動五藏故也。」

《靈樞》說：「喜怒不適，食飲不節，寒溫不時，則寒汁流於腸中，流於腸中則蟲寒，蟲寒則積聚，守於下管，則腸胃充郭，衛氣不營，邪氣居之。人食則蟲上食，蟲上食則下管虛，下管虛則邪氣勝之，積聚以留，留則癰成，癰成則下管約。」

《列仙傳》朱璜「少病毒瘕，阮丘與七物藥，日服九丸，百日病下如肝脾者數升乃愈。」瘕指腹內結塊，聚散無常，痛無定處。腸中蛔蟲數量較多後纏結成團，形成蟲瘕，則阻塞腸道，以致氣幾鬱滯，消化不良，食慾不振，腹部疼痛，時作時止。朱璜吃打蟲藥後，打下數升的蛔蟲才痊癒，《列仙傳》中說他「服之而去三尸」。又《列仙傳・玄俗》云：

---

40　《孫真人備急千金要方》卷58：人腹中有尸蟲，此物與人俱生，而爲人大害。尸蟲之形，狀似大馬尾，或如薄筋，依脾而居，乃有頭尾，皆長三寸。又有九蟲，一曰伏蟲，長四分；二曰蛔蟲，長一尺；三曰白蟲，長一寸；四曰肉蟲，狀如爛杏；五曰肺蟲，狀如蠶；六曰胃蟲，狀如蝦蟆；七曰弱蟲，狀如瓜瓣；八曰赤蟲，狀如生肉；九曰蟯蟲，至細微，形如菜蟲狀。伏蟲，則群蟲之主也。蛔蟲貫心則殺人。白蟲相生，子孫轉多，其母轉大，長至四五丈，亦能殺人。肉蟲令人煩滿。肺蟲令人咳嗽。胃蟲令人嘔吐，胃逆喜噦。弱蟲又名膈蟲，令人多唾。赤蟲令人腸鳴。蟯蟲居胴腸之間，多則爲痔，劇則爲癩，因人瘡痍，即生諸癰。

"河間王病瘕，買藥（巴豆）服之，下蛇十餘頭。"服用巴豆後瀉下如蛇般蛔蟲，足以說明三尸指身上的寄生蟲。

蛔蟲喜溫，惡寒怕熱，性動好竄，善於鑽孔，喜扭結成團，故當人體脾胃功能失調，偏寒偏熱時，蛔蟲不安其位而妄動，引起腹痛等症狀。大量寄生時會堵塞腸道、膽管或胰管，造成劇烈疼痛，甚至使這些器官破裂，導致死亡。

《抱朴子・微旨》說："三尸之爲物，雖無形而實魂靈鬼神之屬也。欲使人早死，此尸當得作鬼，自放縱遊行，享人祭醊。是以每到庚申之日，輒上天白司命，道人所爲過失。"寄生蟲夜間爬出直腸外，在肛門周圍皮膚產卵，被誤以爲上天給司命真君打小報告。

三尸靠人所食的營養得以存留體中，古人認爲消滅三尸的方法，是讓三尸斷絕營養來源，辟穀不食。《雲笈七籤》卷 83 引《中山玉匱經服氣消三蟲訣》"三蟲由斯五穀也……令人耽五味，長貪欲，形老神衰，皮皺髮落。若不却粒絕味，禁嗜戒色，則尸蟲全而生，身必死。"

《三國志・魏志・華佗傳》說治療三蟲的方法"以漆葉青黏散。漆葉屑一斗，青黏十四兩，以是爲率，久服去三蟲，利五臟，輕體，使人頭不白。"《抱朴子・金丹》"神丹……服之三刀圭，三尸九蟲皆即消壞，百病皆愈也。"《太平御覽》卷 671 引《寶玄經》：芝英不擇日而修，合治三尸，伏疾服食一劑，則穀虫死，則三尸枯。若道士固食穀者，乃宜服也。穀虫既滅，使人食穀而無病，過飽而不傷。去尸虫之藥甚多，莫出於此。"

治療寄生蟲常用烏梅、苦楝根皮、使君子、榧子、檳榔、南瓜仁、鶴虱等，並配合瀉藥，以助蟲體排出體外。其中主要是鶴虱，據《本草綱目》卷 15 "鶴虱出波斯者爲勝，今上黨亦有，力勢薄于波斯者。恭曰：鶴虱生西戎，子似蓬蒿子而細，合莖葉用之……《唐本草》言鶴虱出西戎，《宋本草》言出波斯者。何哉？蓋當時人不知用之，惟西戎波斯始知入藥。"按《唐本草》爲唐代蘇敬等編於顯慶二年至四年（657－659）的《新修本草》，係以陶弘景《本草經集注》爲藍本。

### （四）服氣以除三尸

《清靈真人裴君傳》有用《五行紫文》以除三尸。"常用朔望之日，日中時，臨目南向。臨目者，當閉而不閉也。心存兩目中出青氣，心中出赤氣，臍中出黃氣。於是三氣相繞，合爲一氣，以貫一身。須臾，內外洞徹，如火光之狀，良久，乃叩齒十四通，咽液十四過畢。此煉形之道，除尸蟲之法也。"《清靈真人裴君傳》指此法爲除尸蟲之法，是道書中最早提出藉服氣可以除三尸。

劉根是裴君（裴玄仁）的弟子，《神仙傳·劉根》說："必欲長生，先去三尸，三尸去，即志意定，嗜欲除也……夢與惡人鬭爭，此乃尸與神相戰也。"服氣可使後天思慮之神（識神、妄想雜念）定靜，《清靜經》稱"常能遣其欲而心自靜，澄其心而神自清。"心無掛礙，自然不會作噩夢，所以真人"其寢不夢，其覺無憂"。正是人的"嗜欲"加速了生命的消亡。

陶弘景在《真誥》中提出"子不斷穀，則大洞未可得聞。"三尸是產生欲望的根源，是毒害人體的邪惡，辟穀即可清除三尸。清‧李文榮《仿寓意草》對三尸與心理的關係，有精闢的見解：

　　三尸，或稱三彭，上尸彭琚住泥丸宮，中尸彭質住膻中，下尸彭矯住臍下丹田。三尸喜人爲惡，不喜人爲善，修煉家必斬三尸而後得道。然能斬之者何人？修煉反成瘋魔，皆三尸爲之也。至於人之運用，總在一心，夜寐則神靜心藏，何反多夢？亦三尸爲之也。人有隱瞞之事不肯告人，而夢中反自說出者，三尸喜揭人之惡也。夫心爲君主之官，膽爲中正之官，如果心正膽壯，三尸亦可安靜。若心虛膽怯，疑懼環生，則三尸從中侮弄，病情愈出而愈奇，俗所謂疑心生暗鬼者實常有之，不必外來之鬼，大約即三尸耳。

　　《抱朴子‧微旨》云：“年命在孤虛之下，體有損傷之危，則三尸因其衰月危日，入絕命病鄉之時，招呼邪氣，妄延鬼魅，來作殃害。”這是說當人在生命的低潮時，心理素質脆弱，免疫力衰弱，就容易生病。

# 漢魏之際的科學家封衡

　　封君達是漢魏之際養生家、房中術家、科學家。史料見於《後漢書‧甘始傳》、《後漢書‧方術列傳》、《漢武帝內傳》、《神仙傳》、《五嶽真形圖法并序》、《仙苑編珠》、《樓觀先師傳碑》、《終南山說經臺歷代真仙碑記》、《高道傳》等，綜合如下：

　　封衡字君達，號封子、青牛師，隴西人。少好道，通老莊之學。修煉辟穀術。初服黃連、白朮，延年不饑。乃入烏鼠山[41]。遇仙人魯女生，授以還丹訣及《五嶽真形圖》，並具告節度[42]。又于山中服煉水銀……聞有病殆死者，識與不識，以腰間竹管中藥與服之，或爲下針，應手皆愈，世多得其效驗……有《容成養氣術》十二卷，《墨子隱形法》一篇，《靈寶衛生經》一卷，笥有煉成水銀霜、黃連屑等……以《五嶽真形》傳左元放，元放以傳葛孝先。

隋・蘇元朗《太清石壁記》記載"水銀霜法"升煉要訣中所用藥料爲水銀、鹽、朴硝、太陰玄精、敦煌礬石。指出"礬石有五種，有黃白青黑赤色者。但世人唯用黃、白礬二種，自外不堪多用。黃色但是燉煌出者皆好。"《本草綱目・石部》卷 11 礬石條中提到"礬石生河西山谷及隴西、武都、石門、採無時，能使鐵爲銅。"敦煌礬石是含 $CuSO_4$ 的黃礬，有將水銀、礬、鹽的混合物加熱昇華製輕粉（氯化亞汞）法。經模擬試驗，升煉所得的"水銀霜"是升汞，是現存古籍中製升汞的最早記錄。

西域自西漢即歸附漢朝，與中原關係密切。王莽代漢，匈奴趁機進佔西域。西域諸邦不堪匈奴凌虐，請求歸漢。《後漢書・班超傳》："往者匈奴獨擅西域，寇盜河西，永平之末，城門晝閉。"漢明帝時開始發動進擊匈奴的戰爭。《雲

---

41 鳥鼠山在甘肅省渭源縣西南 18 公里，一名青雀山，古羌居地。《書・禹貢》"鳥鼠共爲雌雄，同穴處此山，遂名山曰鳥鼠，渭水出焉。"《上清金真玉光八景飛經》說："南嶽松子，以陽朔之年（前 24－前 20），於太華山傳經於谷希子，令封一通於鳥鼠山中。"谷希子見於《裴君傳》，不知封衡與谷希子有否關係。

42 《漢武帝外傳》說："魯女生，長樂人，初餌胡麻，乃永絕穀。"餌胡麻之術源於裴玄仁。

笈七籤》卷 77 引《神仙感應篇》，述說劉子南於北界與虜戰，
其中一次的戰爭時使用〈螢火丸方〉的情形：

> 務成子[43]螢火丸，主辟疾病疫氣、百鬼虎狼、虺蛇蜂蠆
> 諸毒，及五兵白刃、賊盜凶害。昔漢冠軍將軍武威太守劉子
> 南，從道士尹公受得此方。永平十二年（69）於北界與虜戰，
> 敗績士卒略盡。子南被圍，矢下如雨，未至子南馬數尺，矢
> 輒墜地。虜以爲神，乃解去。子南以方教子弟，爲將皆未嘗
> 被傷也。漢末青牛道士封君達得之，以傳安定皇甫隆，隆以
> 傳魏武帝，乃稍有人得之。故一名冠軍丸，又名武威丸。用
> 螢火、鬼箭蒺藜各一兩，雄黃、雌黃各二兩，羊角二兩，鐵
> 錘柄（入鐵處燒焦）一兩半，俱爲末。以雞子黃作三角絳囊
> 盛五丸，帶於左臂上。從軍繫腰中，居家挂户，可辟盜賊[44]。

《抱朴子・雜應》有冠軍丸，《太平廣記》卷 14 說：“漢
末青牛道士封君達得螢火丸，以傳安定皇甫隆，隆授魏武帝，
乃稍傳於人間。一名冠軍丸，亦名武威丸，今載在《千金翼》
中。”

封衡得武威太守劉子南螢火丸，傳燉煌太守皇甫隆；皇
甫隆曾問封君達養性法，從地緣關係看是可信的。直得住意
的是，嘉平中（249－253）安定皇甫隆爲燉煌太守，封衡於

---

43 務成子爲古仙，如同赤松子一樣，許多人託稱爲務成子。漢王符《潛夫
論・贊學》“堯師務成，舜師紀後。”《呂氏春秋》載“務成子，堯師
也。”“舜學于務成子”。

44 《中華道藏》32-504-《黃帝太 — 八門逆順生死訣》五子元法中的冠軍
武威元亦即螢火丸方，內容則略有出入。晉代《肘後方》太乙流金散是
冠軍丸的變革：雄黃三兩，雌黃六兩，礬石、鬼箭羽各一兩半，羚羊角
二兩。上五味搗爲散，下篩，三角絳袋盛一兩，戴心前，並掛門戶上。
若逢大疫之年，以月旦（每月初一）青布裹一刀圭（約 1 克）中庭燒之。
瘟病人亦燒熏之。

魏明帝太和初（227）登真，時間上有些許落差，這是因爲皇甫隆長壽的關係[45]。《神仙傳・劉京》記載魏武帝時皇甫隆聞劉京有道，乃隨事之。關於封君達傳冠軍丸予皇甫隆，皇甫隆以傳魏武帝，是有可能的。

　　封衡是隴西人，隴西產硝石[46]，安定、武威、隴西都屬羌人生活圈，境內有胡巫的活動。羌人很早就懂得使用硝石，所以能製造類似煙幕彈的螢火丸。螢火丸的使用，是通過不斷觀察和多次實驗，代代相傳，總結經驗，逐漸完善，才獲得行之有效的方法。分析〈螢火丸方〉成分如下：

　　雄黃：《真元妙道要略》記載"有以硫黃、雄黃合硝石並蜜燒之，焰起燒手面及爐屋舍者。""硝石宜佐諸藥，多則敗藥，生者不可合三黃等燒，立見禍事。"三黃是指硫黃、雄黃和雌黃。經實驗，當硝石量小時，三物煉雄黃能得砒霜及單質砷；而當硝石量大時，猛火加熱，能發生爆炸。

　　鬼箭：鬼箭是在刺上塗敷毒藥，明・張自烈《正字通・竹部》"兵法，鬼箭即鐵蒺藜，稍小，用毒藥炒過，人足著此，即腫不能行，夜散要路，故名鬼箭。"《武經總要》載有毒藥煙毬、蒺藜火毬等產生有毒煙幕和燃燒作用的武器。

　　羊角：孫思邈《備急千金要方》卷76"燒羖羊角使煙出，蛇則去矣。"《本草綱目・集解》引《千金》云："入山佩武都雄黃、雌黃，或燒羊角煙，或筒盛蜈蚣，則蛇不敢近。"

---

45　《曹操集》第57頁〈與皇甫隆令〉，中華書局1959年版。曹操提到"聞卿（皇甫隆）年出百歲，而體力不衰，耳目聰明。"

46　《中華大道藏》18-271《金石簿五九數訣》記載"硝石本出益州羌武都（今甘肅武威）隴西，今烏長國者良。"

清・張璐《張氏醫通》卷 9 "入山辟眾蛇，乾薑、麝香、雄黃爲末，以小絳囊盛帶之，蛇螫以蜜和塗傷處，又常燒殺羊角使煙出即去，虎狼皆去，如無殺羊角，燒水羊角亦可。"

東漢應劭《風俗通》說："羌……主牧羊。故 '羌' 字從羊、人，因以爲號。" 這反映羌人最初主要從事畜牧業生產，因而得名。螢火丸用羌人生活容易取得的羊角，主要是爲了產生煙霧，在煙霧的掩蔽下 "子南被圍，矢下如雨，未至子南馬數尺，矢輒墜地。"

雞子黃：雞子黃即蛋黃，雞蛋含硫量相當高，蛋黃和蛋白中含有巰（氫硫）基，蛋黃中還含有硫脂類，長期存放會自發地放出硫化氫 $H_2S$，易燃，與空氣混合能形成爆炸性混合物，遇明火、高熱能引起燃燒爆炸。

螢火：《本草綱目》卷 41 引陶弘景云螢火 "是腐草及爛竹根所化，初時如蛹，腹下已有光，數日變而能飛。方術家捕置酒中令死，乃乾之。" 科學家曾對螢火蟲研究，發現蟲體內有螢光素酶，這種發光質（luciferin）含磷化學物質，在酶的催化下產生的磷化氫氣體物質，燃點很低。方士大量蒐集內含有磷的螢火蟲，以燒焦的鐵錘柄，混合後點燃會產生黃色的火焰與濃煙。

相傳黃帝與蚩尤戰於涿鹿之野 "蚩尤作大霧，兵士皆迷。" 是最早運用煙霧於戰場的紀錄，螢火丸則是最早的煙幕彈。

雲霧之術漢魏時已廣泛被運用，《許邁別傳》記載 "邁少名映，有道術。高平郗慶就映受業，慶方去，映爲燒香，皆五色煙出，映亦自去，莫知所在。" 術士用以宣揚神道，偷兒用以行竊，將師用以制敵。孔明草船借箭，就是在船上燃草起煙霧。隋代賀若弼曾以煙霧戰勝敵軍，宋代戰爭常用一種輕便煙球造成小面積煙幕。

明代成書的《誌》詳述五里霧、五色煙等煙火藥的配方。火藥的發明經歷漫長的過程，而螢火丸運用雄黃、雌黃和磷製成引火劑，是所知中國最早製造的煙火藥。直至唐麟德年間，經過婆羅門僧支法林指認並教導採集硝石後，中國本地的硝石才被大量的運用而普及。

張楷能行五里霧，裴優行霧作賊[47]、劉君安能興雲起火、劉政能噓水興雲，奮手起霧。《內篇‧遐覽》載《墨子五行記》“其法用藥用符，乃能令人飛行上下，隱淪無方。”正因爲隱形法是利用藥物，所以《抱朴子‧雜應》認爲隱身變形之術乃“無益於年命之事，但在人間無故而爲此，則致詭怪之聲，不足妄行也。可以備兵亂危急，不得已而用之，可以免難也。”東漢末年處於亂世，隨時可能面對災禍，只有藉術自保。若按隱形術要求採藥服食，長期修鍊，不待鍊成兵禍已至，所以行霧之術只是一種火技。

《抱朴子‧遐覽》言幻術“其變化之術，大者唯有《墨子五行記》，本有五卷，昔劉君安未僊去時，鈔取其要，以爲一卷[48]。封君達書笈有墨子隱形法，螢火丸方即爲隱形法，封君達所學與在嵩山的劉根有淵源；據裴鉶《傳奇‧封陟》唐寶歷中封君達的後裔封陟還住在少室。

從封衡侍者所攜藥笥中有鍊成的水銀霜，以及所傳螢火

---

47　《後漢書‧張楷傳》。
48　《太平御覽》卷857記載有《劉根墨子枕中記鈔》。

丸方來看，封衡可說是中國科學技術史上的先行者，他是甘肅隴西人，是絲路必經之處，因此有機會獲得運用火技的知識，這為軍隊所需，因而成為魏武帝所蓄養的方士。

弗雷澤《金枝》說：「巫術與科學在認識世界的概念上，兩者是相近的，都認定事件的演替是完全有規律和肯定的。」「如果巫術能變為真實並卓有成效，就不再是巫術而是科學了。」漢代方伎之術，雖多雜以迷信，其中卻含有科學性，《後漢書・華佗傳》說「漢世異術之士甚眾，雖云不經，而亦有不可誣。」方士對古代科學的發展曾作過貢獻。

## 封君達的房中養生

《後漢書・方術傳》載「甘始、東郭延年、封君達三人者，皆方士也。率能行容成御婦人術，愛嗇精氣。」《真誥・協昌期》有青牛道士口訣「暮臥，存日在額上，月在臍上，辟千鬼萬邪，致玉女來降，萬禍伏走，秘驗。」《裴君傳》有「裴君白日精思對日，存日中五帝君；夜則精思對月，存月中五夫人。」《雲笈七籤》卷 105「裴君乃先密受《太上鬱儀文》、《太上結璘章》二書，然後齋戒而得存日月之精爾。有仙名骨錄者，乃得見此二書，見之仙，為之者真。」即青牛道士口訣的存日月二景。

封君達號「青牛師」，精通氣法醫道，「聞有病危者，識與不識，便以腰間竹管藥與之，或下針，應手立愈。愛嗇精，不極視大言。」《醫心方》卷 28〈養陽〉節引《玉房秘訣》云：「青牛道士曰：數數易女則益多，一夕易十人以上

尤佳。常御一女，女精氣轉弱，不能大益人，亦使女瘦疲瘠
也。"即封君達的房中書佚文。封君達有弟子張皓、扈累、
皇甫隆等：

一、《終南山說經臺歷代真仙碑記》張皓字文明，汝南
人。年二十，以漢安永初二年（108）入道。乃遇封衡真人，
三試皆過，遂授空氣金胎之道、《青腰紫書金根上經》并神
丹半兩[49]。

二、《續後漢書》卷73〈列傳〉第77有段介紹封君達弟子
扈累，時間從初平到建安到黃初到嘉平，地點從三輔到漢中到
蜀到鄴到洛陽。充分描述修道者於亂世中顛沛流離的情況：

扈累字伯重京兆人，初平中（190—193）山東有青牛先
生者字正方，客三輔，曉星曆風角鳥情，常食青葙、芫花（華）
[50]，年如五六十者人，或識之謂已百餘歲矣。時累年四十餘，
從正方遊學，人謂得正方之術，有婦無子。建安十六年（211）
三輔大亂[51]，又隨正方南入漢中，漢中為曹操所敗，正方入

---

49　《三洞羣仙錄》卷12：張皓字文明，汝南人。東漢安帝永初中，嘗詔逸
　　人為道士，皓年二十歲與選。一日封衡召至，皓望風服膺，求啟未悟。
　　衡因觀其心，遣涉于深淵，則遇絞鯨迫之，而貌不變。誘之以色，試之
　　以財，而心不動。衡曰：可教也。於是付以《青要紫書金根上經》及神
　　丹半兩，而戒之曰：勤則得之，替則失之，皓俯伏受命，遂入赤城山
　　服丹行道。久之，耳能洞聽，目能徹視。常有學道者來訪，則或為白鶴，
　　或為飛雲，搏空遊虛，隱沒而莫之見。至魏明帝太和初登真。

50　芫華是用以殺三尸蟲，也就是現在所謂的蛔蟲。《史記·扁鵲倉公列傳》
　　"臣意飲以芫華一撮，即出蟯可數升，病已，三十日如故。"

51　曹植《送應氏》二首，送別好友應瑒，作於建安十六年隨軍西征途經洛
　　陽時。詩中除敘述友情外，描述東漢洛陽在戰亂後"垣牆皆頓擗，荊棘
　　上參天"的殘破荒涼景象以及詩人的內心激動，反映了漢末軍閥混戰所
　　造成的社會大破壞。詩中寫到"中野何蕭條，千里無人煙。"同曹操《蒿
　　裡行》"白骨露於野，千里無雞鳴。"描寫一致。

蜀，累與相失，隨徙民詣鄴，喪其婦子，丕初又徙雒陽[52]，遂不復娶，獨居道側。

三、皇甫隆曾問封君達養性法，“體欲常勞，食欲常少，勞無過極，少無過虛，去肥醲，節鹹酸，減思慮，損喜怒，除馳逐，慎房室。武帝行之有效。”[53]據此皇甫隆除螢火丸以外，還將封君達養性法，傳授給魏武帝曹操。

## 華佗的“麻沸散”

漢代醫卜星相都屬於方術範疇。《文心雕龍·書記》“方者，隅也。醫藥攻病，各有所主，專精一隅，故藥術稱方；術者，路也。算曆極數，見路乃明，九章積微，故以爲術。”《漢書·藝文志》把“醫經”列于《方技略》，與房中術並列。醫藥被視爲方術，醫書稱爲方書。

東漢名醫張仲景，在《傷寒雜病論》原序中指出：“當今居世之士，曾不留神醫藥，精究方術，上以療君親之疾，下以救貧賤之危，中以保身長全，以養其生。”因爲醫道與修煉原理相通，方士多懂醫藥。例如：

“神仙戴孟，武帝遣入北山採藥。”《神仙傳》載三國時交州刺史杜燮得病，被以醫術與華佗、張仲景齊名的董奉所救，後來帛和從董奉學道，“干吉初得惡疾，殆將不救，

---

52　庚子：改元建康。曹操卒，子丕繼事。是年（220）丕代漢命于鄴，是謂文帝。改國曰魏，元曰黃初。降帝爲山陽公，葬太祖曹操于西陵。自鄴徙都洛陽。

53　《中華道藏》23-646-陶弘景《養性延命錄》。

詣帛和求醫。"費長房"能醫療眾病"。封君達"聞有病危者，識與不識，便以腰間竹管藥與之，或下針，應手立愈。"薊子訓"從少君學治病作醫法，漸久見少君有不死之道，遂以弟子之禮事少君。"葛洪是醫藥學家，"洪傳元（鮑靚）業，兼綜練醫術。"陶弘景是著名的醫藥學家和煉丹家。

張華《博物志》卷 5 記述"魏武帝好養性法亦解方藥，招引四方之術士，如左元放，華佗之徒無不畢至。"華佗是東漢後期的著名醫學家。又名華勇，字元化。沛國譙（今安徽亳縣）人，以行醫聞名於世，《後漢書·方術傳》有華佗用"麻沸散"施行剖腹擴創、刮骨療毒、腦外科等手術，如果沒有良好的麻醉手段，是無法作這些外科手術。

一般認為麻沸散是華佗首先使用於外科手術，《列子·湯問》："魯公扈，趙齊嬰二人有疾，同請扁鵲求治……扁鵲遂飲二人毒酒，迷死三日，剖胸探心，易而置之。"這段記載麻醉手術的文獻，因《列子》被認為是張湛偽造而不為人重視。

陳寅恪《三國志曹沖華佗傳與佛教故事》一文，指出陳壽著《三國志》下筆嚴謹，著作中常將當時所流傳的印度故事混入，且雜糅得相當隱蔽，這為鑒別古史之真偽增加了困難。他認為華佗斷腸破腹，數日之後傷口即愈，從醫學的角度來說，在當時恐怕是很難達到這個水準的。

華佗的醫術與佛經《捺女耆域因緣經》所載神醫耆域的諸奇術相同，華佗的名字亦與天竺語有關。華佗本名華勇，華佗二字古音與 gada 相應。天竺語（梵語）阿伽陀 agada，意即為藥，省去 a 字即省卻"阿"字，猶如"阿羅漢"簡稱

"羅漢"。由於"當時民間比附印度神話故事，因稱爲華佗，實以藥神目之。"

日本松木明知則認爲華佗是波斯文 Xwadag 的諧音，其含意爲主或神。華佗不是人名，而是主君、閣下、先生的意思，引伸華佗的職業應是"精於醫術的先生"之意[54]。

松木明知的觀點也值得重視，異國的醫學，戰國以來已影響中國，例如安士高是安息國人，於東漢桓帝建和二年（148）經西域諸國而至洛陽，從事翻譯工作，至靈帝建寧三年（170）共二十餘年。《高僧傳》卷 1 說安士高通曉"七曜五行之象，風角雲物之占，推步盈縮，悉窮其變；兼洞曉醫術，妙善鍼脈，睹色知病，投藥必濟。"

清代張驥撰《後漢書華佗傳補注》載，麻沸散即羊躑躅三錢，茉莉花根一錢，當歸一兩，菖蒲三分合成。據日本外科學家華岡青州的考證，麻沸散的配製是洋金花一升，生草烏、全當歸、香白芷、川芎各四錢，炒南星一錢。筆者考證，麻沸散主要配方洋金花傳自西域。

洋金花（Datura Flower）是多年生草本植物，原產歐洲中南部及亞洲西部。葉子卵形，花暗紫色，結黑色漿果。根、葉均可入藥。李時珍謂"服之令人昏昏如醉，可作麻藥。"洋金花有許多異名：押不蘆、胡茄花、馬蘭花、風（楓）茄花、佛花、天茄彌陀花、洋大麻子花、關東大麻子花、虎茄花、羊驚花、羊躑躅、鬧羊花、顛茄、雜色也茄、蔓（曼）陀羅花、千葉蔓陀羅花、層台蔓陀羅花、悶陀羅草。

---

54 1980 年日本弘前大學醫學部麻醉教研室松木明知出版《麻醉》第 9 期，發表《麻醉科學史最新的知見 —— 漢之名醫華佗實爲波斯人》。

洋金花對中樞神經系統有抑制作用，注射或靜脈滴注洋金花總生物鹼後，會出現頭昏、眼重、肌體無力、嗜睡等現象，繼而進入麻醉狀態。服此即昏睡，亦不傷人。研成極細末，倒入裝有純 60 度糧食白酒 500ml 瓶中搖勻，用酒冲服可治療僵直性脊椎炎。

巴黎所藏明寫本《四夷館考》記載："回回在西域地，與天方國鄰，其先即嘿德那國，王謨罕驀德生而神靈，臣服西域諸國諸國，諸國尊爲別諳援爾，華言天使也⋯⋯其地⋯⋯亦有陰陽、星曆、醫藥、音樂諸技藝。"《方輿勝略》"嘿德那國有押不盧藥"。

阿拉伯地區很早就用野卜盧黑、押不蘆（盧），阿語稱 yabruh 或 abruh（波斯語 jabrūh），譯爲狼毒或曼陀羅花，具有催眠麻醉作用，供作麻醉劑[55]。阿拉伯醫生首先使用麻醉手術，綁紮大血管止血更是一大突破，比歐洲人早六百年[56]。

《北史・西域傳・悅般國》記載悅般國太武真君九年遣使朝獻，并送幻人，稱能割人喉脈令斷，擊人頭令骨陷，皆血出，或數升，或盈斗，以草藥內其口中，令嚼咽之，須臾血止，養瘡一月復常，又無痕瘢。世祖疑其虛，乃取死罪囚試之，皆驗。

《搜神記》卷 2 載"晉永嘉中（307－312）有天竺胡人，來渡江南。其人有數術，能斷舌復續、吐火。所在人士聚觀，將斷時，先以舌吐示賓客。然後刀截，血流覆地。乃取置器中，傳以示人。視之，舌頭半舌猶在。既而還，取含繼之，

---

55 宋峴・《回回方藥考釋》106－107。
56 周年《阿拉伯醫學在中國》，《阿拉伯世界》14-21，1985.3。

坐有頃，坐人見舌則如故，不知其實斷否。"

南宋周密云："漠北回回地方有草名押不蘆（洋金花）。土人以少許磨酒飲，即通身麻痹而死，加以刀斧亦不知，至三日後別以少藥投之即活蓋。古華佗能刳腸滌胃以治疾者，必用此藥也[57]。"

又說押不蘆可作百日丹"今之貪官污吏，贓過盈益，被人所訟，則服百日丹者，莫非用此。"貪官污吏被殺前服用麻醉藥，可以免除痛苦。陶宗儀也認爲"漠北有名押不蘆，食其汁立死，然以他藥解之即蘇，華佗洗腸胃攻疾，疑先服此也。[58]"割喉、斷舌、砍頭的麻醉藥是洋金花研製的。

又南宋趙汝適《諸蕃志》卷上"木蘭皮國（摩洛哥）自大食之陁盤地國發舟，正西涉海百餘日方至其國……産胡羊高數尺，尾大如扇，春剖腹取脂數十斤，再縫合而活。"方以智（1579－1671）其學博涉，擅長訓詁，《物理小識》、《脈考》、《古方解》中，大量引入西方的解剖生理學知識，在中國哲學史和科學史上享有崇高聲譽。對於胡羊剖腹縫合而活，也認爲"黙德那國有押不蘆藥……華佗之術出乎此"[59]。

印度的外科比中國發達，其早期醫典《妙聞集》[60]（約前5世紀）反映了古代印度外科醫學的發達程度。對脈絡、

---

57 周密《癸辛雜識》續集上。
58 陶宗儀《南村輟耕錄》卷九，
59 《通雅》卷41。
60 印度古代醫學經典《妙聞集》（Susruta-samhita），傳說妙聞曾在喜馬拉雅山的一所休養所裡從師學醫；他是印度學者檀梵多利的弟子。另據說妙聞只寫過一本叫《箭傷論》（Salyatantra）的原稿，到西元4世紀由哲學家兼醫藥學家龍樹補充修訂，後經多人注釋校對，最後在11世紀經闍迦般尼達陀注釋成爲現在的《妙聞集》最早注釋本。

穴位的描述，比《闍羅迦集》詳細，且認為脈絡中心在臍。所記外科手術有切除、切開、亂刺、穿刺、探針、異物拔除、刺絡和縫合 8 種。如果沒有良好的麻醉手段，手術不可能發展得如此繁多。這些外科手術經過西域或多或少的傳到中國。華佗麻沸散藥方，是一個溷雜了中亞、印度托缽僧的肢解術和麻醉術的方子。

# 秦漢方仙道的發展

司馬遷說秦始皇"東遊海上，行禮祠名山大川及八神，求仙人羨門之屬。始皇二十八年（前 219）"封禪望祭三川"。《集解》引張晏云"天高不可及，於泰山上立封禪而祭之，冀近神仙也。"同年"徐福（市）等上書，言海中有三神山，名曰蓬萊、方丈、瀛洲，仙人居之"。始皇"遣徐福發童男女數千人，入海求仙人。"以尋求不死之藥。又《史記・秦始皇本紀》說"悉召文學方術士甚眾，欲以興太平，方欲練以求奇藥。"

由於秦始皇的求仙活動，方士開始聚集到朝廷所在之處。《鹽鐵論》論及當時的情景"燕齊之士釋鋤耒，爭言神仙方士，於是趣（趨）咸陽者以千數，言仙人食金飲珠，然後壽與天地相保。"

漢武帝罷黜百家獨尊儒術，由於對不死的追求，提高了神仙方術的社會影響力，漢・劉歆《七略》中把神仙家列為諸子之一，可見一斑[1]。《洞冥記・序》云："武帝以欲窮神仙之事，故絕域遐方，貢其珍異奇物，及道術之人。"《後漢書・方術傳序》"漢自武帝頗好方術，天下懷協道藝之士，

---

1　劉歆總羣書為《七略》，有輯略、六藝略、諸子略、詩賦略、兵書略、術數略、方伎略。

莫不負策抵掌，順風而屆焉。"

　　漢武帝初期受到自燕齊一帶方士的影響，《漢書·郊祀志》"元鼎、元封之際，燕齊之間方士瞋目扼腕，言有神仙祭祀致福之術者以萬數。"《史記·武帝本紀》"齊人之上疏言神怪奇方者以萬數。"《漢書·郊祀志》記載當時"新垣平、齊人少翁、公孫卿、欒大等人，皆以仙人黃冶祭祠，事鬼使物，入海求神採藥貴幸，賞賜累千金。"《史記·封禪書》說：

　　齊人之上疏言神怪奇方者以萬數，然無驗者。乃益發船，令言海中神山者數千人求蓬萊神人。公孫卿持節，常先行，候名山。至東萊，言夜見一人長數丈。就之則不見，見其迹甚大類禽獸云。羣臣有言見一老父牽狗，言吾欲見鉅公也，已忽不見。上既見大迹未信，及羣臣又言老父則大以爲僊人也。宿留海上，與方士傳車，及間使求神僊人以千數。

　　《史記·封禪書》所言"怪迂阿諛苟合之徒自此興，不可勝數也。"即前述"言神怪奇方者"。由於"無驗者"，漢武帝越發增派船隻出海，尋找蓬萊神人。此外命公孫卿持節[2]"東使候神於太室"。《漢書·郊祀志》記公孫卿曾多次主持武帝甘泉宮及河南的候神（迎神）。公孫卿詭稱在緱氏城看到仙人跡，於是武帝親往視跡。

　　公孫卿"至東萊，言夜見一人長數丈。就之則不見，見

---

2　使臣奉命出行，必執符節以爲憑證。洛陽西漢卜千秋壁畫墓上，有尖髮、有羽的"持節方士"。《漢書·郊祀志》"天道將使，使衣羽衣""五利將軍（欒大）亦衣羽衣"，以後世的羽人、羽士、羽客和羽化等說法來看，羽衣當爲方士。

其迹甚大,類禽獸。"公孫卿所見大人,《山海經》"波谷山者,有大人之國。""肝榆之尸,在大人北。""大荒之中有大人之國",《山海經·海外東經》"大人國,在其北,爲人大,坐而削船。""龍伯國人,長三十丈,生萬八千歲而死。"《山海經》所言"大人之市""大人之國"在渤海中,所見"大人"是身材高大的外國人。僊人來自海上,所以在海上停留等待(宿留海上)。

《漢書·郊祀志下》:"公孫卿曰:'僊人可見,上往常遽,以故不見。今陛下可爲館如緱氏城,置脯棗,神人宜可致。且僊人好樓居。'於是上令長安則作飛廉、桂館,甘泉則作益壽、延壽館,使卿持節設具而候神人。"

漢武帝令"郡國各除道(修治通路),繕治宮觀名山神祠所,以望幸(神仙降臨)矣。"漢武帝在甘泉祭太一時,祭物"加醴棗脯之屬。"祭物用棗,是李少君說安期生食巨棗,大如瓜,所以,祭物中要放棗來致神。

漢成帝末年谷永在《諫成帝微行》描述"元鼎、元封之際(前116-前110),燕齊之間方士瞋目扼腕,言有神仙祭祀致福之術者以萬數。"《太平經》卷88《作來善宅法》記錄如下:

今四境之界外內,或去帝王萬萬里,或有善書,其文少不足,乃遠持往到京師;或有奇文殊方妙術,大儒穴處之士,義不遠萬里,往詣帝王,衒賣道德;或有黎庶幼弱老小,田家嬰兒婦女,胸心各有所懷,善字訣事,各有一兩十數,少少又不足,使人遠齎持往詣京師;或有四境夷狄隱人,胡貊之屬,其善人深知祕道者,雖知中國有大明道德之君,不能遠（疑有脫誤），故齎其奇文、善策、殊方往也。

　　大意是隱士、黎民百姓、有奇文殊方、異術或善辭訣事的人，都往京師獻與帝王。境外有道德、深知祕道者，知道中國的帝王喜好神仙方術，於是突破道路阻隔前來獻奇文、善策、殊方。來"獻方奇"的有沙門室利房，據隋·費長房《歷代三寶記》載"秦始皇二十六年（前 221），西域沙門室利房等十八人，齎佛經來咸陽，帝惡其異俗，以付獄。"沙門室利房來自西域，雖未標明印度，然室利防為印度人名Sribandhu 之譯音，其來自印度，可無疑問。

　　張維華先生認為，武帝伐大宛求取天馬與方士思想有密切的關係，他說："元鼎元封之際，武帝對於東海求仙之事，雖未至絕望地步，然已開始感覺失望……不得不求之於西方崑崙之西王母，以期失之於此而或得之於彼也。"[3]

　　《資治通鑒》漢武帝征和二年（前 91）說："是時，方士及諸神巫多聚京師，率皆左道惑眾，變幻無所不為。"西漢上至皇帝、達官顯貴，下及庶民百姓，大都相信巫術，這段時期，巫師與方士，並無差別。大量方士、巫覡活躍於咸陽、長安、華山一帶。

　　漢代淮南王劉安（約前 179－前 122）"服食求仙，遍禮方士。"《漢書·淮南厲王劉長傳》說淮南王劉安"招致賓客之士數千人，作《內書》21 篇，《外書》甚眾。劉安周圍方士曾著枕中《鴻寶》、《苑秘書》[4]、《淮南子》等書，言

---

3　張維華《漢史論集·漢武帝伐大宛與方士思想》。
4　《抱朴子·遐覽》錄《鴻寶經》一卷。《淮南子》說"初，（淮）安入朝，獻所作《內篇》，新出，上愛秘之"。《內篇》就是後來葛洪《神仙傳》所說的"言神仙黃白之事名為《鴻寶》者。"

神仙黃白之術。

劉向（前 77－前 6）少時讀枕中《鴻寶》、《苑秘書》，深信煉金成仙之術。《漢書·劉向傳》"更生（劉向）父德（亦少修黃老術），武帝時治淮南獄，得其書（匿藏枕中）。更生幼而讀誦，以爲奇，獻之，言黃金可成。[5]"因此"上（宣帝）復興神仙方術之事。"漢元帝（前 46）儒臣排擯方仙道，斥爲左道、奸人之術，《漢書·郊祀志》谷永曾上書漢成帝（前 33 至前 7）言"世有僊人，服食不終之藥……與山石無極，黃冶變化，堅冰淖溺，化色五倉之術者，皆姦人惑眾，挾左道，懷詐僞，以欺罔世主。"

谷永所謂"黃冶變化"，顏師古注引晉灼曰："黃者，鑄黃金也。道家言冶丹砂令變化，可鑄作黃金也。"《抱朴子·仙藥》引玉經"服金者壽如金，服玉者壽如玉也。"《抱朴子·金丹》"以此丹金爲盤椀，飲食其中，令人長生。"是以丹金爲食器。"化色五倉"據顏師古注引李奇云："思身中有五色，腹中有五倉神，五色存則不死，五倉存則不饑。"河上公《老子章句》說："人能養神則不死，神謂五藏之神，肝藏魂，肺藏魄，心藏神，腎藏精，脾藏志。五藏盡傷，則五神去矣。"五倉即五臟，五臟對應五色，屬內煉的範疇。換言之，這是正史最早所記載西漢方士內外丹修煉的情形。

---

5 《漢書》卷 36《劉向傳》"上（宣帝）復興神仙方術之事，而淮南有枕中《鴻寶》、《苑秘書》，書言神仙使鬼物爲金之術，及《鄒衍重道延命方》，世人莫見，而更生父德，武帝時治淮南獄，得其書。更生幼而讀誦，以爲奇，獻之，言黃金可成。"顏師古注"《鴻寶》、《苑秘書》，並道術篇名。藏在枕中，言常存錄之不漏泄也。"後泛指珍秘的書籍。劉向所藏的枕中《鴻寶》、《苑秘書》，現有茆泮林、葉德輝的輯佚本。

# 前期道教的開展

　　李養正先生認爲“從地理條件看，佛教初入中土，客僧多來自西域（原註：也有說從東南海上來），多只活動於洛陽與建業（南京）一帶，即使在這些地方，社會影響也很細微；道教主流一派，乃創立於西南巴蜀之峻山僻壤鵠鳴山，當時此地多夷人，盛行巫風，初入中土的佛教細微影響，哪能達到這裡？從東漢史料中，未見有佛教深入蜀地之跡象，張道陵亦未必知有所謂佛教之事，哪裡談得上受到刺激和啟發？”[6]李養正的觀點並不全面。

　　現今研究道教產生的時間、地點及代表人物等問題，大都採《三國志‧張魯傳》注引《典略》的記載。《典略》云東漢靈帝“熹平中（172－178），妖賊大起，三輔[7]有駱曜。光和中，東方有張角，漢中有張修。駱曜教民緬匿法，角爲太平道，修爲五斗米道。”三輔的駱曜與太平道、五斗米道同爲東漢末年三大宗教勢力。道教初期的主流不是位於邊陲

---

6　李養正《佛道交涉史論要》17頁。

7　漢武帝把三輔（京兆尹與左馮翊右扶風）、三河（以河內、河東、河南三郡爲三河，即今河南省洛陽市黃河南北一帶。）和弘農郡以外，分爲十三個監察區域，叫十三州部（冀、青、兗、徐、揚、荊、豫、益、涼、幽、並、交趾、朔方）《三輔黃圖》云：“武帝太初元年改內史爲京兆尹，以渭城以西屬右扶風，長安以東屬京兆尹，長陵以北屬左馮翊，以輔京師，謂之三輔。又置三輔，中輔理華陰，左輔理高陵，右輔治郡，兼三都尉，亦曰六輔。”長安以東爲京兆，長陵以北爲左馮翔，渭北以西爲右扶風。華陰屬三輔治所。《漢書‧武帝紀》元鼎三年漢武帝“徙函谷關於新安，以故關爲弘農縣”，於是弘農以西，或潼關以西地區爲關西或關右。

的鵠鳴山，兩漢時長安、洛陽是絲路起點，胡商雲集東都洛陽和西京長安，空前繁榮。張道陵是太學生，由洛陽入蜀，怎會不知有佛教。

《史記・秦始皇本紀》說秦始皇悉召文學方術士甚眾；《後漢書・方術傳序》"漢自武帝頗好方術，天下懷協道藝之士，莫不負策抵掌，順風而屆焉。" "光武尤信讖言，士之赴趣時宜者，皆騁馳穿鑿，爭談之也。"王莽做大司馬錄尚書事時，下令徵集天下通曉古今經文及天文、曆算、兵法、方術、本草的士人數千人到長安。曹植《辯道論》說"世有方士，吾王悉所招致。"從地緣關係上看，首都是政經文化中心，位於長安附近的華山，洛陽附近的嵩山，建業附近的茅山，是不同時期的道教重鎮。

元・謝應芳《辨惑編》卷4說"道家之術雜而多端，清淨、煉養、服食、符籙、經典科教。黃帝、老子、列御寇、莊周之書所言者，清淨無爲而已，而略及煉養之事，服食以下所不道也（黃老道）。至赤松子、魏伯陽之徒，則言煉養而不言清淨。盧生、李少君、欒大之徒，則言服食而不言煉養（方仙道）。張道陵、寇謙之之徒，則言符籙而俱不言煉養服食（巫覡道）。"[8]

巫覡道、黃老道、方仙道爲道教形成的三個重要因素，許地山認爲"巫覡道和方術預備了道教的實行方面，老莊哲學預備了道教的思想根據。"黃老思想爲道教哲學層面的主

---

8 明・胡應麟《少室山房筆叢》卷42《玉壺遐覽》引明王褘《青岩叢錄》"米巫祭酒之教亦有二焉：曰符籙也，曰科教也。此二者，今正一之教是已。"

要內容；受方仙道影響下的煉丹、服藥、房中等諸種養生術；以及受巫覡影響下的占卜、祈禳、畫符等活動，構成了道教實踐的層面。巫覡道與黃老道產生於中國本土，方仙道則有許多來自境外的因素。

南北朝《三天內解經》卷上描述道教的三因素"老君……因出三道，以教天民。中國陽氣純正，使奉無爲大道。外胡國八十一域，陰氣強盛，使奉佛道，禁誡甚嚴，以抑陰氣。楚越陰陽氣薄，使奉清約大道。""三道同根而異支者：無爲大道、清約大道、佛道，是太上老君之法，而敎化不同，大歸於真道。"

根據日本學者的研究，"三道"的概念在《三天內解經》之前的一些道經中就已經出現，但缺乏具體的表述[9]。《三天內解經》是最早對此予以清楚論證並將"三道"說作爲構築自身理論重要內容的道經之一。

"佛道"來自外胡國八十一域，《老子西昇化胡經·序說》老君以神力召諸胡王來聽法，八十一個國王皆有國名。後老君"南出至于烏場，遍歷五天，入摩竭國。我衣素服，手執空壺，置精舍中。立浮屠教，號清淨佛，令彼刹利、婆羅門等而奉事之，以求無上正真之道。"又云"過葱嶺，山中有深池，毒龍居止。五百商旅，宿於池濱，爲龍所害，竟不遺一。我遣其國渴叛陀王傳祝，與之就池行法，龍王恐怖，乃變爲人。謝過向王請移別住，不復於此更損人民。今後往

---

9　見劉屹《中古道教的三道說》，載《華林》第一期，中華書局，2001 年，頁 283-293。

來絕其傷害，次即南出至于烏場。"[10]

　　按北魏楊衒之《伽藍記》云：孝明帝正光元年（520）"燉煌人宋雲宅與惠生向西域取經……登蔥嶺山，復西行三日至鉢猛城，三日至不可依。山其處甚寒冬夏積雪，山中有池，毒龍居之。昔有商人止宿池側，值龍忿怒咒殺商人。盤陀王聞之，捨子向烏萇國學婆羅門咒，四年之中善得其術，還復王位，就池咒龍，龍變爲人，悔過向王。"《老子西昇化胡經》與《伽藍記》記載商人被龍所害，爲同一事件。

　　宋雲宅即宋雲，《北史》卷 97 載"熙平中（517）明帝遣王伏子統、宋雲、沙門法力等使西域訪求佛經，時有沙門惠生者亦與俱行。"今人劉永明考證魏孝明帝的使者宋雲爲龍興觀道士[11]。宋雲在北印度訪問期間，於烏底衍那（烏萇、烏場）國王面前演講老子《道德經》[12]。

　　《魏書・西域傳》載烏萇國"烏萇國在賒彌南，北有蔥嶺南，至天竺，婆羅門胡爲其上族。婆羅門多解天文吉凶之數，其王動則訪決焉。"無上正真之道應與婆羅門有關。玄奘《大唐西域記・印度總述》古印度四種姓"若夫族姓殊者，有四流焉：一曰婆羅門，淨行也……二曰剎帝利，王種也。

---

10　《中華道藏》08-187-《老子化胡經》（敦煌本）卷一。現存之敦煌本含　　有濃厚之摩尼教思想，爲唐代摩尼教傳入以後之著作，並非王浮所作之　　《老子化胡經》。

11　劉永明《盛唐時期敦煌的道觀問題》，蘭州《敦煌學輯刊》2006 年第 4　　期。又李正宇《敦煌地區古代祠廟寺觀簡志》及《敦煌學大辭典》的道　　觀條目注釋中，明確題爲唐代敦煌道觀的有六處，即靈圖觀、神泉觀、　　開元觀、龍興觀、沖虛觀、紫極宮。

12　參見 N. N. Bhattacharyya 著 History of the Tantric Religion 第 99 頁，新德　　里・印度，1987 年版。

舊曰剎利，略也。”宋・沈括《夢溪筆談・雜志一》“唯四夷則全以氏族為貴賤，如天竺以剎利、婆羅門二姓為貴種，自餘皆為庶姓，如毗舍、首陀是也。”

《三洞珠囊》卷 9《老子化西胡品》引鬼谷先生撰《文始先生無上真人關令內傳》，言老子“遂還東遊，幽演大道自然之氣為三法，第一曰太上無極大道，第二無上正真之道，第三太平清約之道。”“佛事無上正真之道。[13]”

印度的佛教與婆羅門初入中國，被視為方術之一種；“無為大道”代表黃老道，產生於北方中國之地；“清約大道”在南方的楚越。三道同是“太上老君之法，而教化不同，大歸於真道。”《三天內解經》顯示早期道教三道交錯相混的狀態。

佛教“阿耨多羅三藐三菩提”簡稱菩提心，指佛的無上覺智，譯為無上正真道。據《無量壽經》卷上載“有佛名世自在王如來應供等正覺。（中略）時有國王聞佛說法，心懷悅豫，尋發無上正真道意，棄國捐王，行作沙門，號曰法藏。”《菩薩本行經》卷上載閣那謝梨王為聞法，於身上燃千燈，以求無上正真之道。

《後漢書》卷 71《皇甫嵩傳》謂“初，巨鹿張角自稱大賢良師，奉事黃老道。畜養弟子，跪拜首過，符水咒說以療病，病者頗愈，百姓信向之。”張角奉事黃老道，以善道教化天下，創太平道。施舟人研究陸修靜《道門科略》認為所謂“神不飲食，師不受錢。”來源於太平道思想；主張“清

---

13 本書尚有關於無上正真之道的研究，請參閱府掾王珍即王真。

約大道"是太平道的一種別稱[14]。

　　五斗米道又稱米道、鬼道、米巫，《華陽國志·漢中志》：
"初平中（劉焉）以魯爲督義司馬，住漢中，斷谷道。魯既
至，行寬惠，以鬼道教立義舍，置義米義肉其中，行者取之，
量腹而已，不得過多，云鬼病之……學道未信者謂之鬼卒，
後乃爲祭酒。巴漢夷民多便之。其供道限出五斗米，故世謂
之米道。"《三國志·蜀志·劉焉傳》："張魯母始以鬼道，
又有少容。"

　　《後漢書·靈帝紀》中平元年"巴郡妖巫張修反，寇郡
縣。"李賢注引劉艾《紀》曰："時巴郡巫人張修療病，愈
者雇以米五斗，號爲五斗米師。"當時的人稱五斗米道的領
袖爲"巫"。《晉書·李特》云張魯"以鬼道教百姓，賨人
敬信，巫覡多往奉之。"張魯襲殺張修，奪其部眾"據漢中，
以鬼道教民，自號師君。"表明五斗米道與巫覡道的關係。

　　陶弘景《登真隱訣》載五斗米道上章時稱其道爲"太清
玄元上三天無極大道"，是所奉最尊者[15]，祭祀天地水三官，
具有巫覡特點，後來發展爲天師道。"無極大道"見於當時
南朝買地券，故太上無極大道即五斗米道。

　　關於張角與太平道、張修（後爲張魯）與五斗米道的情
況，史書多有記述。駱曜與張角、張修同爲東漢末年三個教
團的領袖，唯獨駱曜無資料可考，遂告闕如。從下表可對駱

---

14　施舟人《道教的清約》。
15　《三天內解經》卷上章本上於"太清玄元無上三天無極大道，太上老君，
　　太上丈人，天帝君，九老仙都君，九氣丈人，百千萬重道氣，千二百官
　　君，太清玉陛下。"

曜的教派屬性有所認識：

| 道教的三因素 | 巫覡道 | 黃老道 | 方仙道 |
|---|---|---|---|
| 典　　略 | 五斗米道<br>張　修 | 太平道<br>張　角 | 緬匿法<br>駱　曜 |
| 三天內解經 | 無爲大道<br>北方中國 | 清約大道<br>南方楚越 | 佛　道<br>外胡國八十一域 |
| 關令內傳 | 無極大道<br>五斗米道 | 清約大道<br>太平道 | 正真之道<br>佛　教 |

# 方仙道的神學基礎

　　讖緯是早期道教的神仙信仰基礎，湯一介《中國傳統文化中的儒道釋》指出："道教由神仙家演變而來，而雜以陰陽五行、讖緯迷信、巫術煉養等方術"。鍾肇鵬認爲"讖緯產生於道教之前，古代神仙方術爲讖緯所吸收，讖緯中的一些內容，又爲後來的道教所吸收。"[16]

　　道教神仙之說，源於讖緯、巫覡雜語。《說文》"讖，驗也。有徵驗之書。河、洛所出書曰讖。""緯"則相對於"經"而言，是附會經書的秘笈，又謂之秘經。有時以童謠[17]、歌謠形式流傳，以其有符驗，又叫"符讖"；以其是神靈的書，又叫"靈篇"。讖緯往往有圖，故又叫圖讖、圖籙、圖緯。

　　東漢時讖緯號爲內學、內書，尊爲秘經，《後漢書·方術傳序》"自是習爲內學，尚奇文，貴異數，不乏於時矣。"

---

16 鍾肇鵬《讖緯論略》205頁。
17 《論衡·訂鬼》：實巫之辭……童謠口自言，巫辭意自出。

李賢注“內學謂圖讖之書也，其事秘密，故稱內。”因此內書指方術及釋道諸書，釋道以外的書籍爲外書。內學爲讖緯、陰陽方術之學，是觀天道自然之變化而預決吉凶之術。《抱朴子‧勤求》“方策既山積於儒門，而內書亦軮掌於術家。”是說方術家擅長天文曆算。

“天垂象，示吉凶。”方士企圖從星象中找到社會變遷的跡象。馬王堆帛書《五星占》列出從秦始皇元年（前 246）到漢文帝三年（前 177）70 年間木星、土星和金星的位置，並描述三顆行星在這一會合周期內的動態。比《淮南子‧天文訓》早約 30 年，比《史記‧天官書》早約 90 年，數據更加精確，是現存最早的一部天文書。方士從觀星望氣發展出服日月星氣、存思日月星神、拜斗。

漢代許多學者明五經，也兼通河洛圖讖之術。例如景鸞“少隨師學經”，“能理齊詩、施氏易，兼受河洛圖緯。”任安“少遊太學，受孟氏易，兼通數經，又從同郡揚厚學圖讖”。樊英“少受業三輔，習京氏易，兼明五經，又善風角星算，河洛七緯，推步災異。”公沙穆“習韓詩、公羊春秋，尤銳思河洛推步之術。”

《後漢書‧方術傳序》“其流又有風角（以五音占四方之風而定吉凶）、遁甲、七政（以日月爲陽陰，五星爲五行）、元氣、六日七分（象數易學）、逢占、日者（占候卜筮）、挺專（折竹以卜吉凶）、須臾（以陰陽吉凶占卜）、孤虛之術（推算吉凶禍福），及望雲省氣（望氣以測吉凶禍福），推處祥妖，時亦有以效於事也。”《漢書‧藝術志》根據劉歆《七略‧術數略》，把方士的術數分爲六種：天文、曆譜、五行、蓍龜、雜占、形法。占家有五行家（以五行解釋人事和宇宙現象）、堪輿家（相地看風水）、建除家（觀天象占測吉凶禍福）、叢辰家（以五行生尅擇日）、曆家（以曆法考凶厄吉隆）、天人家（據星象來占卜人事凶吉）、太一家（行九宮法，以占災福治亂）。

堪輿在漢代歸於“形法”類。《漢書・藝文志》謂“形法者，大舉九州之勢以立城郭室舍形，人及六畜骨法之度數、器物之形容以求其聲氣貴賤吉凶。猶律有長短，而各征其聲。非有鬼神，數自然也。”以形諸於視覺的自然現象判凶吉。

《後漢書・張衡傳》“立言於前，有徵於後，故智者貴焉，謂之讖書……圖讖成于哀、平之際也。”“律曆、卦侯、九宮、風角，數有徵效，世莫肯學，而競稱不占之書。”李賢注“謂競稱讖書也。”不占之書指讖書，因此可知律曆、卦侯、九宮、風角等方術皆出於讖書。

皮錫瑞《經學歷史・經學極盛時代》中說：“緯與讖有別……圖讖本方士之書，與經義不相涉；漢儒益增秘緯，乃以讖文牽合經義。”“讖”早於“緯”，爲方士之書，與鄒衍的“機祥”之說一脈相承。“緯書”後起，是用“讖”文釋經，才形成緯書。“讖緯”雖爲兩名，但內容與本質卻是一致，且有前後相承之關係。陳槃《戰國秦漢間方士考略》說“蓋讖之出也先於緯。緯者對經而言。世主崇經，故方士之徒，移讖附經，於是乃有緯稱。”“蓋讖之出也先於緯，緯者對經而言。世主崇經，故方士之徒，移讖附經，於是乃有緯稱。[18]"

　　最早的讖言見於《史記・秦始皇本紀》的"錄圖書"，乃方士盧生所奏"亡秦者胡"。陳槃《讖緯溯原》認爲《錄圖書》即《錄圖》，引用《呂氏春秋・觀表》篇"人亦有徵，事與國皆有徵。聖人上知千歲，下知千歲，非意之也，蓋有自云也。《錄圖》幡簿，從此生矣。"此謂《錄圖》與盧生等之所謂《錄圖書》，同爲方士所托，讖是直接源於方士。

　　按《史記・秦始皇本紀》"三十六年，熒惑守心。有墜星下東郡，至地爲石，黔首或刻其石曰：始皇帝死而地分……秋，使者從關東夜過華陰平舒道，有人持璧遮使者曰：爲吾遺滈池君。因言曰：'今年祖龍死。'使者問其故，因忽不見。"《搜神記》卷4記載鄭客從關東來，將入函關，西至華陰，望見素車白馬，從華山上下。華山使托一牘書，致鎬池君所。朱彝尊《經義考》卷 298《說緯》云："明年祖龍死（指秦始皇），已爲讖緯兆其端矣。"

　　《史記・秦始皇本紀》說秦始皇"悉召文學方術士甚眾"。當時儒生往往以術士、方士的面目出現，二者身分難區別。所以《史記・淮南衡山列傳》載伍被語曰"殺術士，燔詩書。"《儒林列傳》亦說"秦之季世，坑術士。"《秦政記》"秦皇微點，獨在起阿房及以童男女三千人資徐福，諸巫食言，乃阬術士，以說百姓。"而《秦始皇本紀》所載的占夢博士及"博士爲《仙人詩》"者，都是兼通方術的儒生。三十五年，始皇坑儒生方士四百六十餘人於咸陽，方士

───────────

18 陳槃《戰國秦漢間方士考略》，《中央研究院歷史語言研究所集刊》17 本。

之怨恨藉讖語以抒發，這證明讖緯在華山地區源遠流長。

　　《漢書・天文志》記載漢高祖元年（前 206）"五星聚東井，以曆推之，從歲星也。此高皇帝受命之符，故客謂張耳曰：東井秦地，漢王入秦，五星從歲星聚，當以義取天下。"五星聚東井是指金、木、水、火、土（填）五星，同時運行到東井的位置，如連成一線，即稱五星連珠。占星家認爲星聚對應地上的變故，五星聚預示有革代易鼎之事。所謂五星從歲星聚，當以義取天下，實際是爲劉邦製造輿論。

　　《漢書・天文志》記載"五星聚東井"的事件，與隱居華山仙谷的占星家楊碩有關。楊氏在華陰是門閥大族，楊碩以下四世皆爲三公，數百年人才輩出，家族強大的政治力量令人側目。《陝西通志》記載"楊碩，字玄遠，交結名士，洞習天文，見五星聚東井，知秦將亡漢當興，生八子俱從高祖征伐，第八子喜擊殺項羽有功，封赤泉侯[19]，餘皆將軍，乃賜碩太史公。"[20]

　　漢世在儒者的參與下，非常重視讖緯祥瑞，楊震（51－124）是個代表人物。《通志》卷 110"楊震字伯起弘農華陰人也，八世祖喜，高帝時有功封赤泉侯。"楊碩第八子即楊喜。由於華陰在潼關西，當時楊震被稱爲"關西孔子。"隱居牛心谷（峪），講授羣書，學者如市，其谷多槐，故牛心谷又稱楊震槐市[21]。

---

19　《史記・項羽本紀》"王翳取其（項羽）頭……郎中騎楊喜、騎司馬呂馬童、郎中呂勝、楊武各得其一體。五人共會其體，皆是。"漢・蔡邕《司空楊秉碑》"楊喜佐命征伐，封赤泉侯。"
20　《陝西通志》卷 64；《無爲集・楊氏世譜序》。
21　"槐市"本指爲西漢時長安東南，太學附近買賣書的集市。《三輔黃圖》

　　《太尉楊震碑》載："至德通洞，天爵不應，貽我三魚，以章懿德。"是說有冠雀銜三條鱣魚飛集楊震講堂前，視爲吉兆。《朱子語類》卷 139 云："楊震輩皆尚讖緯"。東晉曹毗《志怪》有一則讖緯原見於楊震佚書《關輔古語》：

　　"漢武鑿昆明池，極深，悉是灰墨，無復土。舉朝不解。以問東方朔。朔曰：臣愚不足以知之，可試問西域胡人。帝以朔不知，難以移問。至後漢明帝時，外國道人入來洛陽，時有憶方朔言者，乃試以武帝時灰墨問之。胡人云：天地大劫將盡，則劫燒，此劫燒之餘。乃知朔言有旨。"

　　《後漢書・楊震傳》"王者心有所惟，意有所想，雖未形顏色，而五星以之推移，陰陽爲其變度。"說明楊震不僅擅長讖緯，對星占也內行，與洞習天文的祖先楊碩一脈相承。楊震的兒子楊秉"少傳父業，兼明京氏易，博通書傳。"

　　《後漢書・楊震傳》[22]述東漢王密爲感謝太守楊震栽培，夜送十斤黃金。楊震不受，王密說："夜深人靜，有誰知曉。"楊震正色道"天知、地知、我知、你知，怎可以說沒有人知曉？"要想人不知，除非己莫爲。人起善惡之心時，雖未現形，然天神已在上照臨，地神亦鑒察於下，即使於隱僻處作，旁人亦能知，而欲作善惡事時，人尚未知，自己已先知。楊震以"四知"拒受厚禮，是慎獨的典範，在歷史上傳爲佳話。

---

載"倉之北，爲槐市，列槐樹數百行爲隊，無牆屋，諸生朔望會此市，各持其郡所出貨物及經傳書記、笙磬樂器相與買賣。"

22　《後漢書・楊震傳》："當之郡，道經昌邑，故所舉荊州茂才王密爲昌邑令，謁見，至夜懷金十斤以遺震。震曰：'故人知君，君不知故人，何也？'密曰：'暮夜無知者。'震曰：'天知，神知，我知，子知。何謂無知！'密愧而出。"

東漢安帝（109）郎宗居華山下，服胡麻丸得道，其子郎顗「傳父業，晝研精義，夜占象度，學徒常數百人。」裴君受支子元《服胡麻法》，郎宗服胡麻有其淵源。

《太平御覽》卷916引《決疑注》「辛繕字公文，治春秋讖緯，隱居華陰，光武徵不至。時有大鳥，高五尺，雞首燕頷，蛇頸魚尾，五色備舉而多青，棲繕槐樹，旬時不去。」《說郛》卷59「辛繕字公文，少治春秋詩易，隱居宏農，華陰弟子受業者六百餘人，所居旁有白鹿，甚馴不畏人。」

華山方仙道素來重「內學」，秦末的楊碩洞習天文，王莽時甄尋偽造符命後隨方士逃往華山；辛繕治春秋、讖緯；隱邈華山牛心谷的楊震尚讖緯；居華山下的郎宗善「風角」，都是具有儒生身分的方士。魯女生隱於有讖緯傳統的華山，弟子封君達「曉星歷、風角、鳥情」；封君達的弟子「扈累晝日潛思，夜則仰視星宿，吟詠內書。」

漢光武帝中元元年（56）「宣布圖讖於天下」，定為功令的必讀書，「言五經者，皆憑讖緯說。」儒生為功名，都兼習讖緯，稱「七經緯」為「內學」，原來的經書反稱為「外學」。《天隱子注·後序》云：「東漢以來世之儒者，方以天文卦候為內學，而為天子公卿之所賓禮，甚則陷於鬼道。左慈啟之，葛元紹之，元之後則有鄭君，鄭君之後則有葛洪，葛洪之後則有陶弘景。洪與弘景本儒者，當天下多故，欲自縱於方外逸民之間。」

《史記·秦始皇紀》「始皇三十一年（前216）十二月，更名臘曰嘉平。」據南朝裴駰《集解》所引《太原真人茅盈內紀》，三茅君是秦末漢初時人，「盈曾祖父濛，於華山白日升天。其邑謠歌曰：神仙得者茅初成，駕龍上升入泰清，時下玄洲戲赤城，繼世而往在我盈，帝若學之臘嘉平。”

　　謠歌是讖緯的一種表現方式，民間常以歌謠反映民心，或表達政治希望。“盈”是茅濛曾孫茅盈，流傳歌謠時茅盈尚未出生，原本歌謠爲“神仙得者茅初成，帝若學之臘嘉平。”[23]後人以曾在華山修道的茅濛，編造“繼世而往在我盈”的神話，來突出茅盈。

　　《晉書·裴楷傳》“武帝初登阼，探策以卜世數多少。”蘇軾《東坡志林》“晉武帝探策，豈亦如讖也。”華山有以“探策”形式書於玉版的讖緯，例如慕容儁以永和八年（352）即位，爲考往知來而探策，《晉書·慕容儁》記載“初，石季龍使人探策於華山，得玉版，文曰‘歲在申酉，不絕如線。歲在壬子，真人乃見。’及此，燕人咸以爲俊之應也。燕人咸以爲慕容儁之應。”

　　漢朝讖緯書《孝經緯·援神契》謂“太華山上有仙屋，少室山上有靈藥。”《詩緯·含神霧》“太華之山，上有明星玉女，主持玉漿，服之神仙。”[24]《孔叢子·陳士義》[25]“（戰國時）魏王曰：吾聞道士登華山則長生不死，意亦願之。”

---

23　宋·吳曾《能改齋漫錄》卷4記載“余考史記秦本紀惠王十二年初臘及始皇本紀二十一年十二月更名臘曰嘉平。先是其邑歌曰：‘神仙得者茅初成，帝若學之臘嘉平。’父老具言此神仙之謠歌，勸帝求長生之術，於是有尋仙之志，因改臘曰嘉平。”

24　《後漢書·張衡傳》注引，另編郭璞註《西山經》云：“太華之山即西岳華陰山也。今在弘農華陰縣西南。削成而四方。今山形上大下小，峭峻也。其高五千仞，其廣十里。〈含神霧〉云仞八尺也，上有明星玉女持玉漿，得上服之即成仙。”

25　李學勤根據竹簡《家語》推定“《孔叢子》一書可以說是孔氏家學的學案。”黃懷信將《孔叢子》的年代推定爲東漢桓帝永康元年（167）至靈帝建寧元年（168）之間。

讖緯使華山成爲傳說中的神山，吸引無數方士前來。

　　東漢張昶《西嶽華山堂闕碑銘》說：“世宗又營集靈之宮於其下，想松喬之儔，是遊是憩。郡國方士，自遠而至者，充巖塞崖。鄉邑巫覡，宗祀乎其中者，盈谷溢谿。咸有浮飄之志，愉悅之色。[26]”世宗爲漢武帝劉徹（前 156－前 87）廟號，華山以東的黃神峪，彼時華山已有方士，且盈谷溢谿。

## 秦漢間的胡巫

　　巫覡道、方仙道、黃老道是道教的三個源頭，許地山認爲“巫覡道和方術預備了道教的實行方面，老莊哲學預備了道教的思想根據。到三張二葛（指張陵、張衡、張魯、葛玄、葛洪）出世，道教便建立成爲具體的宗教。”[27]湯一介指出“道教實由神仙家演變而來，而雜以陰陽五行、讖緯迷信、巫術煉養等方術。”[28]葛兆光則直言巫術“就是道教的正宗、嫡系。”[29]《後漢書·方術列傳》所列包含巫者、醫者、卜者、相者，因此以廣義來說，巫者可以列入方士行列。陳槃也因巫者與方士相類，而說“蓋凡巫恆與方士合也”[30]。

　　不能用現在巫婆神漢的概念來看待古代的巫，《國語·

---

26　《地理志·華陰縣》注：太華山集靈宮武帝起，世宗武帝廟號。《三輔記》曰：元封三年（前 108）起集靈宮。

27　許地山《道教史》上冊第 182 頁。

28　湯一介《中國傳統文化中的儒道釋》。

29　葛兆光《道教與中國文化》第 203 頁。

30　陳槃《戰國秦漢兼方士考論》，中央研究院歷史語言研究所集刊，17（1948），頁 31-32。

楚語》“古者民神不雜。民之精爽不攜貳者，而又能齊肅衷正，其智能上下比義（是古代百科全書式的人物），其聖能光遠宣朗，其明能光照之，其聰能聽徹之，如是則明神降之，在男曰覡，在女曰巫。”《論語・子路》：“人而無恒，不可以作巫醫。”成爲巫覡是很不容易的，其精神需要專一，且莊重敬慎、恒守其志、恒守其德，是智、聖、明、聰的人。

漢高祖時（前 201）置梁、晉、秦、荊、九天、河、南山等七巫，奉祀各地特有的鬼神。漢代北有胡巫，南有越巫[31]。武帝元封二年（前 109）平越後增設越巫，胡巫產生時間晚於七巫，早於越巫。

古代泛稱北方邊地與西域的民族爲“胡”，後來也泛指外國，包括廣闊西域的範圍。佛教來自外域，曾被稱爲“胡教”，佛被視爲胡神。宗密《盂蘭盆經疏》卷下“佛教初傳此方……稱佛寺爲祠，稱佛寺的主持僧人爲祠主。”玄奘《大唐西域記》中把婆羅門神廟都稱爲“天祠”，“婆羅門學四吠陀論，一曰壽，謂養生繕性；二曰祠，謂享祭祈禱，三曰平，謂禮儀、占卜、兵法、軍陣；四曰術，謂異能伎數，禁咒醫方。”胡巫即浮屠（佛圖）道人，可能是婆羅門徒。

《漢書・匈奴傳》記漢貳師將軍李廣利降匈奴，丁零王

---

31　“黃神越章”之“越”，其義應如《後漢書・方術傳下・徐登》中“又趙炳，字公阿，東陽人，能爲越方”之“越”。李賢注“越方，善禁咒也。”“方”即方術之義。《方術列傳》記徐登、趙炳二人爲人治病，“但行禁架，所療皆除”，李賢注“禁架即禁術也。”可見“越方”即禁咒之術。徐登爲閩人，閩又稱閩越；趙炳爲東陽人，李賢注東陽即唐時婺州，亦吳越地。“越方”應是以越地方術而得名。越地尚巫，素以禁咒之術著稱，越巫所施的禁咒之術，即稱“越方”。《抱朴子・至理》記氣禁云：“吳越有禁咒之法，甚有明驗，多氣耳。”

衛律妒忌他得寵，串通胡巫，裝神弄鬼，先單于發脾氣說：
"胡故時祠兵，常言得貳師以社，今何故不用"。單于遂"屠
貳師以祠。"出戰前殺牲祭祠土地，謂之"祠兵"。單于以
李廣利"祠兵"，貳師死前咒罵"我死必滅匈奴"。恰好匈
奴"連雨雪數月，畜產死，人民疫病，穀稼不熟，單于恐，
爲貳師立祠室。"祈求貳師不要作祟。

　　《抱朴子・至理》有"胡巫活絕氣之蘇武"，是指《漢
書・蘇武傳》所記"武引佩刀自刺，衛律驚，自抱持武，馳
召醫，鑿地爲坎，置熅火，覆武其上，蹈其背以出血，武氣
絕半日復息。""醫"即巫醫，"醫"最早的寫法是"毉"，
"毉"以巫術治病，故以"巫"爲字根。匈奴的胡巫，鑿地
爲穴，下置溫火，將蘇武臥放其上，然後用腳踩背，讓血流
出來。

　　《漢書・匈奴傳》記載，武帝征伐匈奴（前 92 至 89），
漢軍追至漠北的范夫人城，范夫人以詛咒巫術攔阻漢軍。范
夫人擅長"胡詛"之術，是會詛咒的"胡巫"。《漢書・西
域傳》載"匈奴使巫埋牛羊于所出諸道及水上以詛軍，單于
遺天子馬裘，常使巫祝之。"胡巫涉及軍事、醫療，還與"祠
祭"活動有關。

　　《史記・封禪書》云"九天巫，祠九天。"《史記索隱》
引《三輔故事》"胡巫事九天於神明臺。[32]《索隱》引《漢
宮闕疏》云："（神明臺）臺高五十丈，上有九宮，常置九
天道士百人也。"神明臺又稱九天臺，胡巫、道士都是專司祭

---

[32] 《淮南子》云：中央曰鈞天，東方曰蒼天，東北昊天，北方元天，西北
幽天，西方皓天，西南朱天，南方炎天，東南陽天，是爲九天。

祀九天的神職人員，可見當時的“胡巫”，具有重要的地位。

　　單于請求漢廷出兵，共同討伐北匈奴，《漢書‧匈奴傳下》云：“昌、猛與單于及大臣俱登匈奴諾水東山，刑白馬，單于以徑路刀、金留犁撓酒，以老上單于所破月氏王頭爲飲器者共飲血盟。”漢與匈奴訂盟時，宰殺白馬，用匈奴寶刀“徑路”、飯匕“留犁”攪酒，以月氏王頭爲飲器，歃飲血酒。頭骨是死者靈魂的居宅，佔有頭骨就佔有此人的靈魂。以仇敵頭骨歃飲血酒，是一種巫術行爲，藉此約束雙方堅守誓約。

　　清代訓詁學家王先謙（1842－1917）謂徑路爲休屠王名，死而爲神，遺有寶刀，故名。“徑路是休屠王名，沒而爲神，故匈奴祠而漢因之。”[33]休屠王受崇拜，大概是因爲他被昆邪王殺死，部眾降漢，匈奴人懼其作祟，故立祠而祀。《括地志》說“徑路神祠，在雍州雲陽縣西北九十里甘泉山下。本匈奴祭天處，秦奪其地，後徙休屠王右地。”“甘泉山在雍州雲陽縣西北九十里。《關中記》云：“甘泉宮在甘泉山上”，《三輔黃圖‧甘泉宮》“一日雲陽宮……始皇二十七年（前220）作甘泉宮及前殿。”

　　《史記‧匈奴列傳》載“漢使驃騎將軍（霍）去病將萬騎出隴西……破得休屠王祭天金人以歸，帝置之甘泉宮。”征和二年（前91），漢武帝養病甘泉宮“晝寢，夢木人數千，持杖擊上，上驚寤，因是體不平。”

　　漢武帝因爲病重而漢地“巫醫無所不致，不愈”，乃起

---

33　王先謙《漢書補注》地理志上‧左馮翊。

用胡巫。《漢書·郊祀志》"天子病鼎湖甚，巫醫無所不致，不愈。游水發根言上郡有巫，病而鬼神下之。上召置祠之甘泉。及病，使人問神君。神君言曰'天子無憂病。病少愈，強與我會甘泉。' 於是病癒，遂起，幸甘泉，病良已。" 從《漢書·郊祀志》可知當時胡巫活動的情形，而胡巫所問 "神君" 即金人。

《漢書·地理志上》記載，左馮翊雲陽有三處與西北外來文化有關的神祠，"雲陽有休屠、金人及徑路神祠三所。[34]" 這三所神祠都是來自西北的宗教文化的代表，《郊祀志》云 "雲陽有徑路神祠，徑路祠神祭休屠王也。" 顏師古注 "休屠，匈奴王號也。徑路神，本匈奴之祠也。" 金人則注有 "今之佛像是其遺發" ，神祠中有佛像，祭祠當由 "胡巫" 所主持。

《前漢書·江充傳》記載 "（江充奏）上疾祟在巫蠱。於是上以充爲使者，治巫蠱。充將胡巫掘地求偶人。" 其後又云："掘蠱於太子宮，得桐木人。" 宮廷內部的鬥爭，最終釀成反巫蠱運動。興起大獄，"死者數十人"。

---

34 《漢書·地理志上·左馮翊》顏師古注引應劭 "徑路，匈奴寶刀也。" 王先謙謂徑路爲休屠王名，死而爲神，遺有寶刀，故名。"《漢書·郊祀志下》"雲陽有徑路神祠，祭休屠王也。"顏師古注 "休屠，匈奴王號也。徑路神，本匈奴之祠也。" 此處金人有兩種可能，一是來自北方遊牧民族祭天的神像，以裴駰《集解》謂 "休屠有祭天金人，象祭天人也。" 來理解，應當屬於古代薩滿教的祭禮。另外可能是早期佛教的佛像。休屠王地處河西走廊武威，爲中西交通孔道，佛教從印度陸路傳至中國，當然是必經之地。河西地區是佛教流行最早的地區，至今仍保留著很多佛教遺跡。休屠王又是匈奴最西的一支，擊走月氏，控制了整個西域，佛教自然先在他們中流傳，金人成爲遊牧民族祭天的神像。

　　《漢書·西域傳下》載漢與匈奴在西域作戰"聞漢軍當來，匈奴使巫埋羊牛所出諸道及水上以詛軍。單于遺天子馬裘，常使巫祝之。縛馬者，詛軍事也。"巫蠱案埋偶人類同匈奴"埋羊牛"。長安地區盛行的"巫蠱"，是西域巫風的模擬。

　　《漢書·宣帝紀》載"曾孫雖在襁褓，猶坐收繫郡邸獄。"漢宣帝劉詢是漢武帝劉徹曾孫，戾太子（劉據）之孫。征和二年（前91）出生數月，逢巫蠱事件，劉據和他的父親太孫劉進均因此被殺，劉詢被關押於郡邸獄中。後遇大赦，得以恢復皇族身分。

　　葛洪《西京雜記》記載："宣帝被收繫郡邸獄，臂上猶帶史良娣（宣帝祖母，巫蠱事遭害）合彩婉轉絲繩，繫身毒國寶鏡一枚，大如八銖錢，舊傳此鏡（照）見妖魅，得配之者為天神所福，故宣帝從危獲濟，及即大位（前74－前49），每持此鏡，感咽移辰，常以琥珀笥盛之。"《洞冥記》載"望蟾閣十二丈，上有金鏡，廣四尺。元封中（前110－前103），有祇國獻此鏡，照見魑魅，不獲隱形。"

　　《抱朴子》云："道士以明鏡九寸懸於背，老魅不敢近。若有鳥獸邪物，照之，其本形皆現鏡中。"匈奴有祭祀天神的習俗[35]，胡巫則負責溝通天神。宣帝所佩身毒國寶鏡，能"為天神所福"，寶鏡無論是胡巫提供，或進貢而來，都說明道教佩鏡以避邪受西域習俗所影響。

　　厭勝最早的紀錄是《六韜》"武王伐殷，丁侯不朝，太

---

35　《後漢書·南匈奴傳》"常以正月、五月、九月戊日祭天神。"

公乃畫丁侯於策，三箭射之。丁侯病困，卜者占云：祟在周。恐懼，乃請舉國為臣。太公使人甲乙日拔丁侯著頭箭，丙丁日拔著口箭，戊己日拔著腹箭，丁侯病稍愈，四夷聞，各以來貢。"畫人像於策，以箭射之。發展為針刺偶人，埋之地下，可以害人。通過詛咒或者傷害木製偶像以傷害被施蠱者。

　　《論衡》"解除，謂解除必去凶。"偶人、桐木人、鉛人、金人，替代死者解除，承受殃咎。《赤松子章曆》卷 3 有"錫人五身，請為某上詣五方，代形易名。"卷 4 "以金人一軀，上詣北斗，拔命除死厄。""金人一軀，五色綵等前件物，將立心信，求拔除驛馬之厄，遷舉財祿，過免時災，永保元吉，得入生圖。"金人代形，其義蓋與俑相似。"秦始皇龐大的兵馬俑群就是厭勝巫術，為的是在地下抵禦六國進攻，讓始皇帝得以安息。"[36]

　　1980 年文物工作者在陝西扶風召陳西周宮室建築群遺址乙區發現兩件蚌雕人頭像，分別高 2.9、2.8 釐米，長臉、高鼻、深目、薄唇，是白種人的體質特徵。研究者認為他們來自先秦時期活動于周原西北或是中亞一帶的遊牧民族。編號為 80FCT45：6 的一件頭像其頂部刻有一個符號，這個符號在商代甲骨文、西周金文中是"巫"字。這兩件巫師頭像所在的召陳宮殿遺址屬於西周中晚期，是來自西北遊牧民族的巫師。

　　1967 年和 1972 年在甘肅靈台縣城西北白草坡發掘的九座西周成康時期的墓葬，其中 m1 出土一件"人頭鋬鉤戟"，報告稱戟上所刻"人頭濃眉巨目，披髮卷鬚，腮部有

---

36 臧振《蒙昧中的智慧》第 173 頁。

紋飾。"作者推測"鉤戟上的人頭像，則可能是鬼方、獫狁等族人的形象。"論者認爲這個頭像是"一位具有白種人體質特徵的遊牧民。"無論是鬼方、獫狁還是白種人，都是西北的遊牧民族。其身分雖沒有明顯標誌，但由"靈台"和墓主身分推測，這個"遊牧民"當與祭天禮地的宗教或巫術活動有關。從祭祀的角度看，胡巫已流入中原，漢代已完成由宮廷使用本土巫師過渡到用胡巫，這轉變屬文化上的融合[37]。

秦人生活的關隴尤其隴右，是多民族聚居區。《山海經·海內經》卷 18 載"伯夷父生西嶽，西嶽生先龍，先龍是始生氐羌，氐羌乞姓。伯夷父顓頊師，今氐羌（氐羌）其苗裔也。"氐羌爲西嶽之後，羌族以羊作爲圖騰，華山爲古羌居地[38]。楊姓是氐、羌民族的傳統大姓，所謂"楊氏出華陰"，可能與羌族有關。

春秋、戰國以來，氐羌、月氏、匈奴等大都有信天、祭天的風俗。如《史記》卷 110《匈奴傳》記載，匈奴人每年五月"大會蘢城，祭其先、天地、鬼神。"匈奴的最高統治者稱"撐犁孤塗單于"，"撐犁"意爲"天"，"孤塗"意

---

37 張懷通；張淑梅《周人天神信仰源自西北說補證》，河北師範大學學報 2001 年第 4 期。作者參考尹盛平：《西周蚌雕人頭像種族探索》，《文物》1986 年 1 期。林梅村：《開拓絲綢之路的先驅 —— 吐火羅人》，《文物》1989 年 1 期。饒宗頤：《歷史家對薩滿主義應重新作反思與檢討》，《釋中國》第三卷，上海文藝出版社 1998 年版。陳全方：《周原出土陶文研究》，《文物》1985 年 3 期。

38 《國語·晉語》、《史記·五帝本紀·正義》、《史記·補三皇本紀》、《太平御覽》等均載"炎帝姜姓，長於姜水。"姜水即羌水，羌水即渭河水。民族學家劉堯漢說天水"爲古羌戎所在地。渭水源出於天水地區渭源縣，東經天水縣入陝西境，爲古羌水，即古羌居地。"黃河中游以渭水爲中心，是仰韶文化系統的半坡氏族部落文化，中華文明的源頭文化之一。

爲"子"，"單于"意爲"廣大"，是敬天的一個表現。這是雲陽徑路神在《秦惠文王禱祠華山玉簡》中寫爲"刑法氏，其名曰陘。"的原因。

《漢書·匈奴傳》記載"匈奴人每年春、祭其先、天地、鬼神。匈奴單于每天兩拜，朝拜日之生，晚拜月。"《清靈真人裴君傳》"服五星之精，日月之華，晝服日光，夜服月華。""子欲爲真，當存日君。""子欲升天，當存月夫人。"裴玄仁的老師支子元是來自西域的少數民族，秦漢時與匈奴等少數民族相鄰，部族混雜，風習相染，祭祀與修煉難免受到匈奴風俗的影響。

秦惠文王（前354－前311），又稱秦惠王或秦惠文君，名駟[39]，秦孝公之子，未稱王前稱秦公駟。前338年秦孝公死，惠文王即位，前324年惠文王稱王。惠文王時楚攻秦，形勢危急，秦駟祭祀湫淵，用"吉玉瑄璧"求湫淵之神幫助挫敗楚之進攻[40]。並命人刻碑以"丕顯大神巫咸"名義盡數懷王之罪，以便興師討伐，後世稱"詛楚文"。朝那湫淵祠的特殊處，就是因爲秦惠王曾用"吉玉瑄璧"祭祀湫淵之神（河神）[41]。

---

39　《史記·秦本紀》司馬貞《索隱》載秦惠文王名駟，乃形近訛誤，當從玉版作駟。
40　郭沫若《詛楚文考釋》，《郭沫若全集·考古編》卷九頁二九一，科學出版社一九八二年版。
41　詛楚文，凡三曰巫湫、曰巫咸、曰亞馳，此三石碑宋時先後在不同的地方出土，明·董說《七國攷》卷九秦雜祀說"其詞則一。唯告於神者，隨號而異。"《類編長安志》卷10有《秦祀大沈久湫（河神）文》：治平二年（1065）耕者得秦遺碑於朝那湫傍，土人恬然不察，莫有道其詳者。熙寧元年秋，予（蔡挺）方帥兵平涼，聞之，因徙置郡廨。視其刻，

　　秦始皇二十八年封禪名山大川，被列入歲禱的大川有濟水、淮水、河水、江水、沔水、湫淵，朝那湫是法定祭祀之地。《史記・封禪書》追述秦時祠祀山水"自華以西，名山七，曰華山、薄山、嶽山、岐山、吳山、鴻冢、瀆山、蜀之岷山也。名川四，曰河祠臨晉、沔祠漢中、湫淵祠朝那、江水祠。"蘇林注"湫淵在安定朝那縣，方四十里，停水不流，冬夏不增不減，不生草木。"顏師古注"此水在涇州界……土俗抗旱，每于此求之，相傳雲龍之所居也。"西漢時朝那湫依然是國家祭祀的重要處。《漢書・地理志下》載"朝那，有端旬祠十五所，胡巫祝（或爲祀），又有湫淵祠。"

　　"朝那湫"位於六盤山下固原境內，絲綢之路穿越固原進入關中，是西域文化、北方草原遊牧文化與中原文化交融薈萃的重要區域。漢武帝時隴西、北地二郡分置天水、安定、武都三郡。元鼎三年（前 114），安定郡固原屬羌族生活圈，境內胡巫的活動，達到十五所神祠集中在一起的規模，應具有特殊意義。

## 華山的巫覡

　　華山在華州華陰縣界。華州按《禹貢》係雍州分野，自周宣王封母弟友於咸林，是爲鄭國。至秦武公十一年（前 687）

---

與今岐城所存"詛楚文"者無異，模畫特完，迺幸埋沒槁壞，不經摧剝使然。竊究秦俗本夷尚鬼，狃常勝，弱視諸侯，一旦見抵荊蠻，不勝其憤，以至矯鬼神，繁詛咒，雖涔池巫覡不遺恨哉……時歲次戊申十二月出吉，宋人蔡挺記。

以鄭爲縣。後始皇分天下爲三十六郡，以鄭隸內史。漢以鄭
隸京兆。西魏爲華州，歷隋屬京兆，至恭帝義寧元年（617）
一稱爲華州。唐武后垂拱二年（686）改爲太州。中宗神龍年，
復名華州。肅宗上元元年（674）更名鎮國軍，至上元二年（761）
復名太州。寶應元年（762）名華州。光化二年（899）復名
稱華州。宋更名爲鎮潼軍，華陰因名華陰縣。後或爲太華縣，
或爲晉陰縣，或爲寧泰縣，或爲仙掌縣[42]。

　　華山地區古代盛行巫術。《莊子·應帝王》“鄭有神巫
曰季咸，知人之死生存亡、禍福壽夭，期以歲月旬日，若神。”
《左傳》昭公十八年傳鄭火，“郊人助祝史除於國北，禳火
于玄冥、回祿，祈於四鄘。”《淮南子·時則》高誘注謂祝
融“一名黎，爲高辛氏火正，號爲祝融，死爲火神。”《漢
書·地理志下》“鄭國，今河南之新鄭，本高辛氏火正祝融
之虛（墟）也。”

　　《周禮·春官·女巫》“女巫，掌歲時祓除釁浴。”《史
記正義·鄭世家》引《韓詩外傳》說“鄭俗，二月桃花水出
時，會於溱洧上，以自祓。”《通典·州郡七》“有溱洧二
水，祝融之墟，黃帝都於有熊，亦在此也。”鄭國位於雙洎
河（古洧水）和黃水河（古溱水）交匯處。每當夏月水盛，
人們在溱水與洧水邊，沐浴洗濯，釁浴祓除不祥是由女巫主持。

　　秦惠文王（前354－前311），又稱秦惠王或秦惠文君，
名駟[43]，秦孝公之子，未稱王前稱秦公駟。惠文王時楚攻秦，

---

42王處一《西嶽華山誌》引《方域志》。
43《史記·秦本紀》司馬貞《索隱》載秦惠文王名駟，乃形近訛誤，當從玉
　版作駰。

形勢危急，秦駰祭祀湫淵，用"吉玉瑄璧"求湫淵之神幫助挫敗楚之進攻[44]。並命人刻碑以"丕顯大神巫咸"名義盡數懷王之罪，求湫淵之神幫助挫敗楚之進攻，後世稱"詛楚文"。

《秦惠文王禱祠華山玉簡》則是秦王駰因病向華山之神禱求消解之文[45]，爲近年出現的重要文物。此簡出土於華山地區，原藏私人手中，曾求售於幾家重要的博物館，最後爲上海博物館收購典藏。先後經李零、李學勤、曾憲通、楊澤生、蕭毅、李家浩、連劭名、王輝等先生考釋，以下釋文即以諸家考釋爲基礎，參合考訂而成：

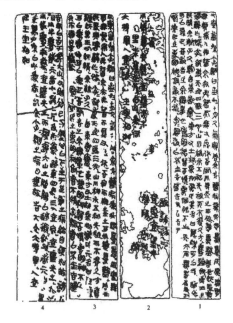

44 郭沫若《詛楚文考釋》。
45 連劭名《秦惠文王禱祠華山玉簡研究》，《中國歷史文物》2000 年第 01 期。

有秦曾孫小子駰曰：孟冬十月，厥氣（敗？）周（凋）。余身遭病，爲我戚憂。忡忡反側，無間無瘳。眾人弗智，余亦弗智，而靡有息（貞）休。吾窮而無奈之何，永懟憂盩。

周世既歿，典法蘚亡。惴惴小子，欲事天地，四極三光，山川神祇、五祀先祖，而不得厥方。犧豭既美，玉石既精。余毓子厥惑，西東若惷。東方有土，封爲刑法氏，其名曰陘，潔可以爲法，淨可以爲正。吾敢告之，余無罪也，使明神智吾情。若神明不得其行，而無罪宥刑，堅堅烝民之事明神，孰敢不精？

小子駰敢以介圭、吉璧、吉車以告于華大山。大山有賜，尚（倘）已吾腹心以至於足骭（？）之病，能自復如故，請□祠（？）用牛犧貳，其齒七，□□□及羊、豢，路車四馬，三入壹家，壹璧先之。□□用貳犧、羊、豢，壹璧先之，而覆（覆）華大山之陰陽，以□□咎，□咎□□，其□□裡，世萬子孫，以此爲尚。苟令小子駰之病日復，故（固）告大令大將軍，人壹□□，王室相如。

此文第一層，秦駰哀告自己遭病不愈，十分痛苦，不知根由，而求卜也不得吉兆，無可奈何，只有憂愁長歎。此先告明祝禱事由，以乞於神明。

第二層大意是，我本想用精美的犧牲玉帛事於天地山川群神和先祖等，以求福禳災，但終因周世的衰沒，法典的散亡，而不得其法，加上自己愚惑無知，更是不知所從。幸得有刑法氏潔淨堪爲法正，我敢於向他明告：我並無罪愆，希望神明瞭解實情。如果神明能赦去對無罪之人的責罰，則烝民百姓都將精誠事之。

　　關於刑法氏陘，目前尚有爭論，李家浩認爲"陘"爲一秦駰尊信的東方術士；李零認爲《繹史》卷 27 引《周春秋》說社主名恒，"恒"與"陘"讀音相近，杜伯封於社（在西安東北），在秦故地之東[46]。是否如兩位李先生所說，尚可研究。"陘"亦作"徑"[47]，陘，音刑[48]。此處指"徑路神"，《漢書·郊祀志下》"雲陽有徑路神祠，祭休屠王也。"顏師古注"休屠，匈奴王號也。徑路神，本匈奴之祠也。"

　　秦駰向"潔可以爲法，淨可以爲正。"的"徑路神"申告，透過徑路神祠內胡巫，得知遭病難愈的確鑿原因是華山作祟，所以才由"不知厥方"，改往華山進行禱祭。這可與平夜君受繇于元龜巫筮，而得知祟在大川有介相參，不過秦駰表述委婉含蓄。

　　最後是說，我現在用圭璧吉物來向華山之神禱告，如果您讓我的病康復如故，我將用犧牲、車馬、玉璧等重禮埋覆于華山之南北，來加以報答，而且子孫後代以此隆禮祠奉您，同時還將讓要吏們和王室以一定祭品奉獻您。特別說明自己所患爲"腹心以至於足骭（腳脛）之病"，並作出承諾，都可與平夜君禱文相印證。

　　先秦文物《秦惠文王禱祠華山玉版》以玉製作簡，以介圭、吉璧、吉車爲信物，所禱的神是華大山之神。李零與王

---

46　李零《中國方術續考》356 頁。

47　宋·程大昌《北邊備對·居庸關》"太行山南自河陽懷縣迤邐北出，直至燕北，無有間斷者也……皆陡峻不可登越，獨有八處粗通微徑，名之曰陘，居庸關也即其最北之第八陘也。"

48　《禮記·月令》孟夏之月"其祀灶，祭先肺"鄭玄注"設主于灶陘。"陸德明釋文"陘，音刑。"

輝曾論證華大山是特指太華山，認爲華大山之"大山"二字，展現出秦人心中，華山與東嶽泰（太）山具有同樣重要的地位[49]。《秦惠文王禱祠華山玉版》即是投龍簡的原始面貌。

　　《太上洞玄靈寶赤書玉訣妙經》投龍簡以朱書銀木簡上，青紙裹簡，青絲纏之，金龍負簡以投三河之淵。初用金鈕九隻，連簡沉之……讀簡文咒曰"元始五老，上帝高尊，十方至真，太華靈仙，赤文告命，無幽不聞，上御九天，請下玉文，日月五星，北斗七元，中告五嶽，四方靈山，下告河海，十二泉源，九府水帝，溟泠大神，今日上告，萬願開陳，請投玉簡，乞削罪名。[50]投龍簡需稟告"太華靈仙"，透露出與華山的淵源。

　　東漢張昶《西嶽華山堂闕碑銘》說"世宗又營集靈之宮於其下，想松喬之儔，是遊是憩。郡國方士，自遠而至者，充巖塞崖。鄉邑巫覡，宗祀乎其中者，盈谷溢谿。咸有浮飄之志，愉悅之色。"世宗爲漢武帝劉徹（前 156－前 87）廟號，《秦惠文王禱祠華山玉簡》的發現，說明漢武帝以前華山即有巫覡的活動。

---

49 李零《秦駰禱病玉版的研究》，《國學研究》第 6 卷，北京大學出版社，1999 年；王輝《秦曾孫駰告華大山明神文考釋》，《考古學報》2001 年第 2 期，總第 141 期。
50 《中華道藏》03-027-《太上洞玄靈寶赤書玉訣妙經》告水帝削除罪簡上法。

# 煉丹術的開展

　　古代中國、印度、希臘、阿拉伯都曾有煉金術，阿拉伯煉金術與中國煉丹術，均製作使人"長生不老"、又具有"點鐵成金"效能的"神丹"。阿拉伯煉金術士所追求的耶黎克色（elixir）或哲人石，與中國煉丹家所追求的"神丹"相同，都相信金屬可以互相轉化。由於紀錄阿拉伯煉金術出現很晚，這些相似之處被視爲是中國煉丹術西傳的證據。

　　印度著名化學家雷易（P. C. Ray）在《印度化學史》中稱"印度的煉丹術、煉金術絕大部分帶有密教的色彩或味道。[1]"印度存在著大量的煉丹術文獻，P.C.薄泰恰裏雅教授已編著出目錄，這其中重要的有《丹鼎寶身經》（Rasaratrakara）和《汞海》（Rasarnava）等等。

　　印度濕婆派也用水銀煉長生不老之藥，由濕婆派分出的水銀派（Rasesvara-darsana），教義中含有大量的煉金術內容，認爲水銀是濕婆神與其妃結合所產生的不老不死靈藥，服用水銀修瑜伽，生前可獲解脫。與道教丹鼎派類似，是以煉金術而使肉體不壞不死，健身養生爲目的。此派認爲水銀與雲母的配合，即是濕婆與女神威力的合一，能藉此種神化

---

1　引黃心川《道教與密教》，見 P.C. 雷易《印度化學史》頁 10 及緒論。加　爾各答，1956 年。

的精力而使服食的人不死，得大自在，飛行無礙，徹見宇宙原理，遠離一切苦厄，解脫一切繫縛，獲致永恆的幸福[2]。

　　美國丁韙良（W·A·P·Martin）的《中華古道》（The Lore of Cathay，1901）認爲中國煉丹術起源很早，後來傳到了阿拉伯，成爲近代化學的根源。美國詹森（O·S.J0hns0n）寫《中國煉丹術考》，介紹中國煉丹術所起的歷史作用，重申歐洲煉丹術由中國傳去的觀點[3]。法國化學家貝特洛（M·P·E·Brethelot）在《煉丹術的起源》（Les Origines de l'alchimie，1885）認爲中國煉丹術是從阿拉伯東傳的。

　　中國很早就使用黃金，商周已出現用黃金壓出花紋的金葉。《晏子春秋·諫下》描述"齊景公（前 547－490）爲履，黃金之綦，飾以組，連以珠。"湖北隨縣戰國曾侯乙墓中曾出土金盞、金勺、金盒及金彈簧。廣漢三星堆出土的金杖、金面罩、金虎、金魚、金璋、金葉飾等黃金器物。成都金沙遺址出土的金面具、金冠帶、太陽神鳥金箔飾、金箔蛙形飾、金喇叭形器、金盒等金飾器物，圖案詭異、風格奇特。

　　筆者曾以化學藥劑提純黃金爲業，並能打造簡單金銀首飾，作珠寶黃金買賣十餘年，以長期接觸貴金屬的經驗來觀察。三星堆 1 號祭祀坑以純金薄片捲成、142 厘米的金杖，與以金皮模壓而成的面罩和以金箔模壓成的虎形飾。春秋戰國時曾侯乙墓所出的 5 件金器中的金碗，高 10.7 厘米，重 2150 克的金器，顯示黃金加工技術已達到很高水平。

---

2 李亦園《新興宗教與傳統儀式·一個人類學的考察》，昆明：《思想戰線》1997 年 03 期。

3 O·S·Johns0n 著，黃素封譯：《中國煉丹術考》。

　　《管子‧國蓄》"珠玉爲上幣，黃金爲中幣，刀布爲下幣。"春秋戰國時期，貴金屬黃金作爲貨幣流通，當時以鎰（20兩）、斤（16兩）計。盛產黃金的楚國還出現銘文"郢爰"字樣的爰金，是中國是最早的黃金鑄幣。《管子‧山權數》說"民之能蓄育六畜者，署之黃金一斤，直石八石。""民之能樹荒者，署之黃金一斤，直石八石。"這些獎勵政策的實施，皆以黃金爲之。《戰國策》記載君主的賞賜或贈與黃金三百鎰或千鎰，貨幣單位以鎰計，說明黃金在當時爲重要的流通貨幣。

　　秦王朝建立後，廢除以前鑄造（包括貝幣）的各種地方貨幣，規定以黃金爲上幣，漢承秦制，定黃金爲一等幣，單位以斤計。西漢文帝時，造假黃金者甚多，《漢書‧景帝紀》"景帝中元六年（前144），定鑄錢、偽黃金棄市律。"應劭注"先時多作偽金……故定其律也。"三國魏人孟康註"民先時多作偽金，故其語曰：金可作，世可度。"

　　《抱朴子‧黃白》鄭隱云："真人作金，自欲餌服之致神仙，不以致富也。故經曰：金可作也，世可度也。銀亦可餌服，但不及金耳。余（葛洪）難曰：何不餌世間金銀而化作之？作之則非真，非真則詐偽也。鄭君答余曰，世間金銀皆善，然道士率皆貧，故諺云，無有肥仙人富道士也。師徒或十人或五人，亦安得金銀以供之乎？又不能遠行採取，故宜作也。"這是說三國以前，修道者煉金服食，雖然不以致富爲目的，但基於經濟需要，也藉"偽金"生活。

　　以黃金作爲貨幣，對純度與真假有一定要求，《周易參同契》記載："金入於猛火，色不奪精光。"純度不足的黃金，燒成液體冷卻後表面生成一層黑色氧化銅，而純金冷卻後的顏色精光透亮，是早期以火法鑑別真金和偽金（多爲銀、銅合金）的經驗。公元 60 年左右古羅馬博物學者老普林尼鑑定金的方法是"在一個泥罐中加一份金、兩份鹽、三份黃礬，再以兩份鹽和一份板岩粉的混合物覆蓋表面，然後放在炭火上熔燒，以判斷是否真金。"

黃金以游離狀態存在於自然界，分沙金和脈金（山金）兩種[4]。《韓非子·內儲說上》提到"荊南之地、麗水之中生金，人多竊採金。"早期採金大都"沙裡淘金"，天然黃金中總混有一些銀銅，又常有人以銀摻入黃金謀利，因此黃金與銀銅分離的提純，爲專門的技藝。中國古代曾利用黃礬－樹脂法、礬鹽法、硫黃法、硼砂法、礬硝法、礬硝鹽法來分離金和銀。

東漢狐剛子《出水金礦法》使金與銀、雜質分離，步驟是"用甘土作鍋，火燻使乾。用松木炭置鍋爐中，即下金礦（於）鍋中，即排囊火炊之。使即下鹽末，合攪，看熔盡，

---

4 東漢狐剛子《出金礦圖錄》，專述金銀礦的冶煉，已佚，現存唐人輯《黃帝九鼎神丹經訣》卷 9 部分收錄。這部著作中談到金銀的地質分布規律，指出金礦或在水中或在山上，把金分爲沙金和山金（脈金）兩類。關於沙金，"水中者其如片、棋子、棗豆、黍粟等狀。""水南北流，金在東畔。""入沙石土下三寸或七寸。""水東西流，金在南畔生。""入沙石土下五寸或九寸。"這些是"第一上金"，是質地較精良的金礦。關於山金，他指出"山中者其形皆圓。""山東西者，金在北陰中。""根脈向陽，入地九尺或九十尺，雜沙夾石而生，赤黃色，細膩滑重，折之不散破；以火消鎔，色白如銀。以藥攪合和，入八風爐淘石煉成之。""山南北者，金在西陰中生也。""帶水雜沙，挾石出而生，深淺如上也，入雜沙挾土下，根脈向陽，或七尺，形質如上……此謂第二金也，變白攪和，入八風爐，淘石煉如上。"是古代長期開採金礦的經驗總結，沒有煉丹術的神秘色彩。

以荊杖掠去惡物……盡瀉脂膜（模）中，出入打看，若散裂，即以鐵醋濾爲屑，和牛糞灰、鹽末等，分還用牛糞火中養之……更熔打，看若柔軟，即打成薄（箔）。用黃礬石、胡同律等，分和熔和泥塗金薄（箔）上，炭火燒之赤，即罷。更燒，如此四五遍，即成赤金。"[5]

　　單純依賴沙金或裸金不足以滿足市場需求，因此發明了鎏金的技術，鎏金產生於戰國時期興盛於兩漢[6]。鎏金俗稱火鍍金，原料是硫化汞（$HgS$），古稱丹砂、硃砂或辰砂，俗稱水銀，古希臘亞里士多德稱之爲"液銀"，戰國時已有採汞的礦業[7]。用水銀加熱分別熔解黃金和白銀，製成金泥（金汞齊）或銀泥（銀汞齊），塗於飾器物的表面，經過烘烤，汞蒸發而金固結於器物上。

　　《參同契》卷上說："金性不敗朽，故爲萬物寶，術士服食之，壽命得長久。"又《抱朴子・金丹》云："金丹之

---

5　趙匡華《自然科學史研究》，1985 年第 2 期。以上工藝中發生的化學過程是合理的。首先利用鹽（粗質鹽中含 Na2SO4、MgCl2）、牛糞灰（主要成分爲 K2CO3）起造渣作用，使石英砂成爲熔點較低的礦渣（即惡物）浮起，而與金銀分離。再將含銀的金箔用黃礬、胡同律裹住煅燒。在此過程中所發生的化學反應是:黃礬即硫酸鐵，煅燒過程即相當於乾餾硫酸鐵，可以分解出硫酸來。"胡同律"按《漢書》顏師古注解，即胡同淚，爲胡楊分泌的樹脂，在土中留存多年而成。硫酸與松香共煮，便會還原出硫黃來。因此黃礬與樹脂胡同律一起煅燒必然產生硫黃，硫黃則很快與金箔中的銀質相結合，生成色黑質脆的硫化銀，從金箔上剝落下來，實現了金與銀的分離。

6　漢代銅器上的鎏金、鎏銀和鑲嵌花飾技術相當發達，1968 年出土於河北省滿城縣陵山 2 號西漢墓出土的鎏金銅燈，原是信陽侯劉揭家之物，信陽侯國於景帝前元六年（西元前 151）"有罪國除"，燈歸竇太后（劉勝祖母）的長信宮使用，最後則爲 2 號墓墓主中山王后所有。

7　《史記・貨殖列傳》:巴寡婦清"其先得丹穴，而擅其利數世。"丹穴即汞礦。

爲物，燒之愈久，變化愈妙。黃金入火，百煉不銷，埋之畢天不朽。服此二物，煉入體內，故能令人不老不死。"通過煉丹可以"假外物以自堅固"。

《參同契》提到"火記六百篇，所趣等不殊。"《參同契闡幽・兩弦合體章》云"世傳古丹經有火記六百篇，魏公倣之，作《參同契》。"陳國符《石藥爾雅補與注》說"《通志略・諸子類・道家・外丹》著錄《金碧潛通入藥火鑑記》一卷崔元眞撰。疑《金碧潛通火記》乃《金碧潛通入藥火鑑記》之簡稱[8]。"丹砂提煉水銀、黃金提純、鎏金、這些知識的積累，促成煉丹術在西漢得以發展。以致到東漢時專述火候功用的火記，有六百篇之多。

## 來自境外的煉丹原料

《十洲記》云："若扶南林邑及五天竺國，朱砂狀如瓦礫。"《太清金液神丹經》卷下抱朴子序述："自扶南（湄公河沿岸）、頓遜（位於馬來半島），逮于林邑（越南中南部）、杜薄（緬甸）、無倫（在扶南西）五國之中，朱砂、琉黃、曾青、石精之所出，諸導仙服食之藥，長生所保之石實，無求不有，不能復縷其名也。稱丹砂如東漚之瓦石，履流丹若甄陶之灰壤，觸地比目，不可稱量。"[9]這是說煉丹所需原料在海外多如土石。

在大漠頂風跋涉的駝隊，於海洋破浪前行的商船，爲絲

---

8　陳國符《石藥爾雅補與注》，世界宗教研究 1981 年第 3 期。

9　　《中華道藏》18-13《太清金液神丹經》卷下。

綢備極艱辛來到中國。胡商是用什麼來支付或交換？要獲取
利潤，必須以成本低廉而中國人看重的貨品，東南亞產煉丹
所用藥物符合低成本的條件。

　　西方國家曾在非洲用不值錢的商品，騙取黑人的象牙、
寶石和珍珠，從印度與東南亞廉價收購珠寶、鴉片、米、糖
和絲、棉織品、香料，運往歐洲高價出售。其中以鴉片傾銷
中國，所獲用於支付絲綢、茶葉等貨款。又如十八世紀時外
商通過轉口貿易，曾用鴉片、火柴、紡織品等到台灣換走大
批的米、糖、樟腦、木材、煤和硫磺，獲取暴利。

　　《宋史·大食傳》載大食人獻香料、藥物于宋朝；陳垣
《元西域人華化考》謂"回回入中國者，多以賣藥爲業，其
俗至今尚存。"穆斯林藥物學的發達，煉丹所需原料多來自
西域，只有富貴的人才買得起，神仙不死的煉丹術，最初傳
入屬商業行爲。

　　唐·金陵子《龍虎還丹訣》記載"亦有從西國而來者，
雖流教於世，並無正方。縱有文字，皆指陰陽，托號而已。[10]"
韓吉紹先生已論證唐代已有國外傳來的煉丹術，所以到底是
中國傳往阿拉伯，還是波斯傳來中國尚可研究[11]。

　　中國和印度、希臘、阿拉伯先後企圖把賤金屬轉化爲黃
金，借助所謂神藥（西歐人稱爲哲人石）的點化作用，轉變
爲貴重的黃金或者白銀。煉金術又叫做黃白術，"黃"指黃
金，"白"指白銀。人造黃金和白銀稱爲"藥金"和"藥
銀"。南朝劉宋年間沈懷遠《南越志》記載"波斯國有天生

10　《中華道藏》18-570-《龍虎還丹訣》。
11　請參閱韓吉紹《道教煉丹術與中外文化交流》，中華書局 2015.5。

藥銀，用爲試藥指環。又燒朱粉甕下，多年沉積有銀，號杯鉛銀，光軟甚好，與波斯銀功力相似，只是難得。"《南越志》說明最遲東晉末年，中國已進口來自波斯國的藥銀。

《寶藏論》五種進口金，波斯紫磨金、東夷青金、林邑赤金、西戎金、占城金。波斯紫磨金被蘇元朗列爲五種藥金之首，孔融（153－208）《聖人優劣論》云"金之優者，名曰紫磨。"《釋氏要覽・勤懈・鑄像》："時波斯匿王聞優填王用香雕像，乃用紫磨黃金鑄佛形像。"是以漢代已有波斯進口的紫磨金。

唐元和三年（808）清虛子《鉛汞甲庚至寶集成》載藥金、藥銀品種，僅藥金達五種。唐・張九垓在《金石靈砂論》提到"上金有老聃流星金、黃帝樓鼎金、馬君紅金、陰君馬蹄金、狐剛子河車金、安期先生赤黃金、金婁先生還丹金[12]，劉安馬蹄金、茅君紫鉛金，東園公[13]上田青龍金、李少君黃煎泥金、范蠡紫丹金、徐君點化金，皆神仙藥化，與大造爭光。"

從名稱判讀，陰君馬蹄金（陰長生）、李少君黃煎泥金、安期先生赤黃金，都與從安息來華的安期生有關。劉安馬蹄金（劉根）、茅君紫鉛金、狐剛子河車金都與裴玄仁有關，而裴玄仁得自佛圖中道人支子元之道，意味煉金術是由外國傳來的。

《本草綱目》卷 8 引青霞子《寶藏論》[14]金有二十種，

---

12 《抱朴子・黃白》載金樓先生所從青林子受作黃金法。
13 東園公、綺里季、夏黃公、甪（音祿）里先生，四人爲商山四皓。
14 《通志・藝文略》諸子類道家外丹著錄青霞子《寶藏論》。《郡齋讀書後志》卷 2 著錄曰：青霞君作《寶藏論》三篇，著變煉金石之訣既詳。

五種真金，還丹金、麩金、山金、馬蹄金、毒金（即生金），十五種藥制成者水銀金、丹砂金、雄黃金、雌黃金、硫黃金、曾青金、石綠金、石膽金、母砂金、白錫金、黑鉛金、銅金、生鐵金、熟鐵金、鍮石金，被稱爲假金。

玄奘弟子窺基撰《成唯識論述記》卷一"鍮石之藥入於鎔銅⋯⋯藥入銅亦復如是，即是造金鍮石是也。藥於銅中安，變成金時，藥但入銅之空隙處⋯⋯藥入鎔銅，入其間隙，二極微不相入，雖居間隙，藥令銅極微變爲金者。"

明代曹昭《格古要論》說"鍮石乃自然銅之精者，爐甘石所煮煉者爲假⋯⋯真鍮出波斯，鍮石如金，火煉成紅色，不變黑。"美國學者勞費爾認爲鍮石即黃銅，爲銅與鋅的合金。鍮石本來泛指具金屬光澤的天然金黃色礦石，如黃銅礦、黃鐵礦（$CuFeS2$、$FeS2$）。因鍮銅顏色似金，所以古代煉丹家稱它爲"鍮石金"，是繼"雄黃金"後最重要的藥金[15]。

《隋書》卷 83 載"波斯⋯⋯多金、銀、鍮石、銅、鑌鐵、錫、朱砂、水銀⋯⋯隋煬帝遣雲騎尉李昱通波斯，尋遣使隨昱貢方物。[16]"孫思邈《太清丹經要訣》中有波斯用苦楝子添鍮法、素真用鍮要法，都是用波斯鍮。《黃帝九鼎神丹經訣》卷 19〈殺鍮石毒法〉說："取真波斯馬舌色上鍮，依此

15 趙匡華；張惠珍《中國古代煉丹術中諸藥金、藥銀的考釋與模擬試驗研究》，《自然科學史研究》1987 年第 2 期。

16 大業四年（608）煬帝曾派雲騎尉李昱出使波斯，侍御史韋節、司隸從事杜行滿出使罽賓（通指今克什米爾，但隋代一度指漕國，今阿富汗加茲尼；唐代一度指迦畢試，今阿富汗貝格拉姆）、摩揭陀國的王舍城（今印度比哈爾西南拉傑吉爾）、史國（今蘇聯烏茲別克沙赫里夏勃茲）、安國（今蘇聯烏茲別克布哈拉）等地。

上卷以鹽膠百煉鍮石令淨訖，銼之爲屑，其用煮蒸方法一與丹陽銅殺法無異也。" 應該承認波斯人對煉製鍮石很精通，而且遠早於中國。隨著鍮石的輸入，煉鍮技術隨之介紹到我國來。最初曾通過絲路貿易，以藥金充當黃金換取財物，隋以後中國的藥金製作品質優良，才開始由進口轉爲出口[17]。

張騫出使西域後，中亞、波斯、印度、阿拉伯出產，中原沒有或尚未發現的一些礦物、植物和香料傳來中國。煉丹的主要原料水銀和鉛以外爲五金八石三黃，五金爲金、銀、銅、鐵、錫；三黃爲硫磺、雄黃、雌黃；八石一般指朱砂、礬石、硝石、雲母、石英、石鐘乳、赤石脂、黃丹。境外的煉丹原料，被史書反覆提及，南北朝僧佑《廣弘明集》有"藥物出於戎夷，禁咒起于胡越"之說。

煉丹所用的戎鹽與胡粉（鹼式碳酸鉛）應該來自於戎夷。明李時珍《本草綱目‧石五‧戎鹽》引陶弘景云"今戎鹽，虜中甚有，從涼州來，亦從敦煌來。其形作塊片，或如雞鴨卵，或如菱米，色紫白，味不甚鹹。"

1972 年武威旱灘坡漢墓出土簡牘，內容涉及臨床醫學、藥物學、針灸學等。藥物學方面，列舉 100 多種植物、礦物藥，並詳盡記載這些藥物的製作、劑型及用藥方法等。其中礦物藥十六種，包括丹砂、消石、曾青、礬石、代赭、戎鹽，

---

17 《太平廣記》卷 400 引宋‧戴君孚《廣異記》，述成弼用赤銅造黃金"隋末有道者居太白山煉丹砂，合成大還丹，化赤銅爲黃金。有成弼者給侍之，持白刃殺道者，而得其丹。唐太宗召成弼，授以五品官，勅令以銅造黃金，凡數萬斤。所謂大唐金也。百煉益精。至今外國傳成弼金，以爲寶貨。"《仙鑒》卷 35 云："西域胡商專此伺買（王四郎藥金）"。是以唐代成弼藥金及王四郎藥金曾流傳西域。

礜石、雄黃等。反映了漢代武威地區礦物的情況。

《抱朴子・仙藥》云："雄黃當得武都山所出者，純而無雜，其赤如雞冠，光明㷂曄者，乃可用耳。"《陶隱居內傳》指出"營九轉丹，丹砂、雄黃最爲主領，於時後魏及宇文泰強盛，武都路梗，雄黃不可得。"《隋書・經笈志四》說梁武帝"令弘景試合神丹，竟不能就，乃言中原隔絕，藥物不精故也。"由於南北暌隔，處於南朝的陶弘景無法取得煉丹原料，在《登真隱訣》說"並須虜鹽、消石，爲難致也矣。"因此以"藥物不精"作爲煉丹失敗的理由，這說明直到南北朝時丹家都倚賴來自西域的原料，特別是來自波斯者。

硇砂（NH4Cl）乃高濃度鹵液所成的白色結晶顆粒，"硇"從"鹵"即源於此。據美國學者勞費爾考證，"硇砂"一詞應是源自波斯語的 nushādor。是一種硝石，因其色綠，又被稱爲綠礬，出產于波斯克爾曼省巴德溫山，是當地主要的納稅產品。

歐洲煉金術士發現硇砂，制出苛性鹼，廣泛使用了蒸餾法，並對無機物作了分類。一些煉金術士還熱衷於實驗，如研究鈣的多硫化合物溶液的製備過程。歐洲煉金術士大都是僧侶，德國的馬格納斯（1193－1280）是比較著名的一位，他除研究煉金術外，還從事占星術和幻術，著有《論煉金術》一書，記載明礬、鉛丹、砒石、苛性鹼、酒石等物質的變化；描述了蒸餾甑等設備。

所謂密陀僧係波斯語 murdasen 音譯，一種黃色氧化鉛，與黃丹同類。《唐本草》曰"密陀僧出波斯國，形似黃龍齒而堅重。"波斯克爾曼省的巴德溫山和德黑蘭北部的達莫萬德山皆盛產此礦。宋《圖經本草》記載"密陀僧，今嶺南、閩中銀鉛冶處亦有之。"直到宋代中國才有自煉的密陀僧。

　　《太清石壁記》記載黃礬是用於煉丹的輔助藥料；唐代《太古土兒經》則說"黃礬能染一切金石"，爲方士從事黃白術的點化藥劑。《丹方鑒源》說"黃礬舶上者好，瓜州者上，文會者次。西川於皂礬中揀黃者，將出不出，堪引得金線起者爲上。紫礬，波斯者，如紫石，能化銀爲金。"[18]

　　唐末李珣（約 855－930）是華化的波斯人後裔，人稱"李波斯"。以販賣香藥爲生，並著有《海藥本草》，介紹大食、波斯等地藥材云"波斯、大秦（在敘利亞）所出白礬，色白而瑩淨，內有棘束針紋，入丹灶家，功力逾于河西、石門者。"

　　黃礬又稱金線礬，"波斯又出金線，打破，內有金線文者爲上，多入燒煉家用。[19]"又說"綠鹽，波斯國在石上生。方家少見用也……以銅醋造者，不堪入藥，色亦不久。"勞費爾考證綠鹽即波斯語的 zangār，此詞有兩義：一是金屬銅上的銹，即銅青；二是一種綠色氯化銅礦石。銅青在中原地區用醋浸銅獲取，而綠鹽由波斯進口。

　　《金石簿五九數訣》列舉朱砂、雄黃、硝石等四十五種金石藥物之產地、形狀、性能，以及鑒別品質美惡之法。許多藥物來自西域，產自波斯者有雄黃、石硫黃、雞屎礬、天明砂、黃花石、不灰木、石鹽等，特別註明這些藥物出波斯國者爲上。

---

18　《中華道藏》18-281《丹方鑒源》。
19　《本草綱目》卷11。

　　高宗龍朔中（661－663）波斯爲大食所滅[20]，《金石簿五九數訣》不稱大食，說明唐高宗以前，在煉丹家眼中，產自中原的藥物品質無法與來自波斯的相媲美，寧願使用價格高的進口貨。《金石簿五九數訣》中記載：

- 雄黃出武都，色如雞冠，細膩紅潤者上。波斯國赤色者爲下。
- 石腦本出茅山四平，色亦多種，但取蒲州出者，其色如握雪者，即堪入用，波斯國者爲上。
- 絳礬出波斯國，形如碧琅璃，明淨者則爲上好，餘所出並不堪用。
- 雞屎礬出波斯國，形如雞屎，色亦帶青黃白，於此道中，深爲祕要。
- 硇石本出益州羌武都隴西，今烏長國者良。
- 天明砂（可能是硼砂）出波斯國，堪捍（焊）五金器物。
- 黃花石本有名無用，中有黃花石，出波斯國者上。江東北亭虔州者次，諸路有銅礦之處皆有，最下，不堪用。其形似銅礦質，有金星點，赤色，重燒有腥胭之黑，研水銀便上，波斯國生，即是真也。
- 不灰木出波斯國，是銀石之根，形如爛木，久燒無變，燒而無灰，色青似木，能制水銀。餘所出處，不堪所用。波斯者爲上。
- 石鹽出平州北奚界之中，形狀似黑雲母，光潤者爲

---

20 《新唐書・西域波斯傳》。

上。鹽州亦有，黑力稍軟，波斯國者爲上。

● 石硫黃出扶南林邑者名崑崙黃，光如瑠璃者上。波斯國亦堪所事用。

中國使用硫黃約始於西漢，《神農本草經》列爲中品，"能化金銀銅鐵奇物"。《抱朴子・塞難》"仙藥之上者丹砂，次則黃金……次則石硫黃。"《本草綱目》卷11記載"石硫黃（即硫磺）生崑崙國及波斯國西方明之境，顆塊瑩淨，不夾石者良。蜀中雅州（今四川雅安）亦出之，光膩甚好，功力不及舶上來者。"[21]

《參同契五相類祕要》配合同熙別名相類門第20，帛和君解："漢國鉛雖有華輕，不得純體，不同西國流沙鉛……流沙鉛爲三品丹金上仙第一真鉛也……化號名流沙鉛，此波斯鉛是也。"

南唐年間（937－958）獨孤滔所撰《丹方鑒源》是重要煉丹著作，論述藥物均簡明的條文，包括性質、反映和應用。何丙郁（Ho Peng Yoke）認爲《丹房鏡源》一書公元762年問世，唐獨孤滔加以改造，易名《丹方鑒源》，所引從西域輸入的藥物比較豐富，分類法似受到波斯煉金術家的影響。他撰寫的《道藏探索》（Explorations in Daoism）提及中西文化交流的問題。獨孤滔可能系出波斯，而活躍年代也在阿

---

21 李肇《唐國史補》載"南海舶，外國船也，每歲至安南、廣州。師子國舶最大，梯而上下數丈，皆積寶貨。"除師子國舶之外，當時前來廣州貿易的還有婆羅門（印度）舶、波斯舶、崑崙（東南亞）舶、大食國（阿拉伯）舶等。前來中國的波斯舶由波斯灣和阿拉伯海出發，經孟加拉灣、馬六甲海峽分別到達廣州、泉州、揚州、福州、杭州等沿海通商口岸。這些地方有很多"波斯胡店"，商人或船主把舶來之貨於"胡店"出售，這些貨物即"舶上來者"。

拉伯國家煉金術興盛時期。《丹方鑒源》所引從西域輸入的藥物比較豐富，分類法也許受到波斯煉金術家的影響[22]。

　　李少君與馬明（鳴）生傳承安期生不死之藥。《神仙傳》載李少君"求隨安期，奉給奴役使，任師事之。"《史記・孝武本紀》記載漢武帝時李少君"以祠灶、穀道、卻老方見上。""自謂七十，能使物卻老。"向漢武帝進言"祠灶則致物，致物而丹砂（即硫化汞）可化爲黃金，黃金成，以爲飲食器則益壽，益壽而海中蓬萊仙者可見，見之以封禪則不死。""於是天子始親祠竈（灶）……而事化丹砂諸藥齊（劑）爲黃金。"

　　祠灶（竈）並非祭祀灶神，灶是煉丹的爐灶，《史記・留侯世家》"太史公曰：學者多言無鬼神，然言有物。"《史記・封禪書》李少君"常自謂七十，能使物卻老。"《集解》引瓚曰"物，藥物也。""物"即《抱朴子・金丹》中的"神藥"。所謂祠灶則致物，祠灶是爲了煉丹。

　　陳國符《道藏源流考》論我國與西域長生藥術之關係時說"應細檢釋藏"，即感覺煉丹術與西域有關。《太清金液神丹經》卷下說扶南、西圖、大秦、月支、安息等二十餘國多出產丹砂仙藥，稱之爲"生丹之國"[23]。《華陽陶隱居內傳》

---

22　何丙郁《我研究道藏煉丹術文獻的回顧與反省》，《自然科學史研究》
　　2003 年第 2 期。英國劍橋李約瑟研究所榮休所長，澳大利亞格理斐大學
　　榮休教授，澳大利亞人文科學院院士，中國科學院自然科學史研究所名
　　譽研究員。李約瑟所著《中國科學技術史》第四卷第三分冊主要由何丙
　　郁起草，魯桂珍、席文合作。
23　陳國符《道藏源流考》上冊 90 頁。至遲《太清金液神丹經》在東晉或梁
　　代已問世，係據晉代外國地理志寫。饒宗頤《太清金液神丹經（卷下）
　　與南海地理》一文指出《太清金液神丹經》卷下"決不晚至宋、梁以後"，

卷中引《登真隱訣》佚文：“泰（太）清金液，此乃安期所傳。”煉丹藥物主要來自波斯，且認爲出波斯國者爲上，因爲祖師安期生來自安息，故習慣用波斯產原料煉丹。

# 現存最古的丹經

《抱朴子·金丹》記載：“昔左元放（左慈）於天柱山中精思，而神人授之金丹僊經。會漢末亂，不遑合作，而避地來渡江東，志欲投名山以修斯道。余從祖僊公（葛玄）又從元放受之。凡受《太清丹經》三卷，及《九鼎丹經》一卷，《金液丹經》一卷。余師鄭君（鄭隱）者，則余從祖僊公之弟子也，又於從祖受之。而家貧無用買藥。余親之灑掃，積久乃於馬迹山中立壇盟受之，并諸口訣之不書者。江東先無此書，出於左元放，元放以授余從祖，從祖以授鄭君，鄭君以授余，故他道士了無知者也。”《九鼎丹經》就是《黃帝九鼎神丹經》；《金液丹經》就是《太清金液神丹經》。

## （一）《黃帝九鼎神丹經》

《黃帝九鼎神丹經》簡稱《九丹訣》、《九丹法》，是現存最古的丹經。第一卷與《抱朴子·金丹》所引基本相同，故即《黃帝九鼎神丹經》。卷二以下據所引產藥地名，又謂葛洪、陶隱居（梁陶弘景）云云，乃唐人撰述。《黃帝九鼎

---

換句話說，此文成于四至六世紀之間。《太清金液神丹經（卷下）與南海地理》，見《選堂集林》、香港中華書局 1989 年版。《太清金液神丹經》可與《抱朴子》參照，爲研究早期煉丹術之重要資料。

神丹經》的命名，與黃帝不死、鼎湖昇天的傳說有關。

《漢書‧郊祀志上》記載元鼎元年（前 116）"汾陰巫錦爲民祠魏脽后土營旁[24]，見地如鈎狀，掊視得鼎。"鼎形"大異於眾鼎，文鏤無款識"，河東太守獻之武帝。群臣以"太帝興神鼎一"、"黃帝作寶鼎三"、"禹收九牧之金，鑄九鼎。"相賀，視汾陽鼎出爲大漢一統、天子"受命而帝"的天降祥瑞。《史記‧孝武本紀》"天子使使驗問巫錦得鼎無姦詐，乃以禮祠，迎鼎至甘泉。"

同年《史記‧封禪書》載方士公孫卿乘機向武帝進獻箚"言黃帝曾於朔旦冬至得寶鼎，後成仙登天。武帝乃召問卿，公孫卿言：受此書申公，申公已死。上曰：申公何人也？卿曰：申公，齊人。與安期生通，受黃帝言，無書，獨有此鼎書……封禪七十二王，唯黃帝得上泰山封。申公曰：漢主亦當上封，上封則能仙登天矣。"武帝歎道："嗟乎！吾誠得如黃帝，吾視去妻子如脫躧耳！"武帝得到鼎書，成仙有望，於是拜公孫卿爲郎，令其籌劃仿黃帝封禪之事，又改年號爲元鼎。

方士公孫卿藉已故的申公說："主亦當上封，上封則能仙登天矣。"《漢書‧楚元王傳》說楚元王"少時嘗與魯穆生、白生、申公俱受《詩》于浮丘伯，伯者孫卿門人也[25]……及秦焚書，各別去。"清‧趙翼《陔餘叢考‧安期生浮邱伯》說"世

---

24 師古註"汾脽本魏地之墳，故曰魏脽也，一曰脽丘。《水經注》云：汾陰城西北隅脽丘上有后土祠。《封禪書》曰始立后土祠於汾陰脽丘是也，一曰脽壇。"

25 孫卿子即荀卿，荀況。曾遊學齊國稷下，齊襄王時被奉爲最有聲望的學者，三次擔任祭酒。《史記‧孟子荀卿列傳》"荀卿，趙人"司馬貞索隱"名況。卿者，時人相尊而號爲卿也……後亦謂之孫卿子者，避漢宣帝諱改也。"

以安期生、浮邱伯皆爲列仙之徒"。按清人避孔子諱，改"丘"爲"邱"。《列仙傳》載"道士浮邱公接（王子喬）以上嵩高山三十餘年。"申公當是與安期生一派有關係的方士。

《黃帝九鼎神丹經訣》卷 1 說："黃帝受還丹至道於玄女，玄女者，天女也。黃帝合而服之，遂以登仙。"卷 2 說："還丹之九法也，蓋九天元道君《九方之上經》。上古真人王喬、赤松子、黃帝受之于玄女。玄女者，天女也……此《九丹經》本是王喬、赤松子、黃帝受于玄女，非餘小仙之所傳受也。"是方士藉黃帝鼎湖昇天的傳說，託名《黃帝九鼎神丹經》爲黃帝所傳。

又據《黃帝九鼎神丹經訣》卷 1"傳受之法，具以金人一枚重九兩，金魚一枚重三兩，投東流水爲誓，金人及魚皆出於受道者也。先齋沐浴，設一玄女座，於水上無人之地，燒香上白：欲以長生之道，用傳某甲，及以丹經著案上，置座在此，今欲受道。"

《抱朴子·黃白》云："凡作黃白，皆立太乙、玄女、老子座醮祭，如作九丹法，常燒五香，香不絕。"東流，指向東流入大海的江河，祖師來自海上，故以信物投東流水，並在水上設玄女座盟誓，祭拜玄女。

清·嚴可均（1762－1843）《全上古三代秦漢三國六朝文·全上古三代文》卷 16"玄女"條云"玄女未詳，或云天帝女，一云即西王母。"[26]《無上祕要》卷 7 引《道迹經》

---

26　《全上古三代秦漢三國六朝文》刊於 1925 年，《全上古三代文》卷十六"玄女"條收入王秋桂、李豐楙主編《中國民間信仰資料匯編》第一輯，第 30 冊 502 頁，學生書局 1989。

"安期先生謂太真王夫人曰：下官先日往九河口，見司陽君與西漢夫人，共遊見，問以陽九百六之期。"《集仙傳》載西王母之小女太真夫人見安期生時，安期生說："昔與夫人游安息國西海際，食棗異美，此間棗殊不及也。"

西王母別稱西漢夫人，託名葛洪所撰的《元始上真眾仙記》說："九光玄女號曰太真西王母，是西漢夫人。""西漢九光夫人始陰之氣，治西方。"《山海經‧大荒西經》"西海之南，流沙之濱，赤水之後，黑山之前，有大山，名曰崑崙之丘……有人戴勝、虎齒、有豹尾，穴處，名曰西王母。"

前述《史記‧封禪書》載"申公與安期生通，受黃帝言。"而有封禪之事與鼎湖昇天傳說。《韓非子‧說林上》有方士向荊王獻不死之藥的傳說。《史記‧封禪書》記載戰國時齊威王、宣王、燕昭王皆曾遣方士入海，探訪蓬萊島、三神山，求不死之藥。《史記‧孝武本紀》武帝"遣方士入海求蓬萊安期生之屬，而事化丹沙諸藥齊為黃金矣。"西漢初流傳西王母在安息西海（今波斯灣），西王母掌握不死之藥，是九丹法的祖神。

張道陵《太清經天師口訣》有段話"赤松子曰：汝善諦聽，今日授汝胡剛子說藥物分劑作之委要也。"鄭樵《通志‧藝文略》道家書目中有張道陵撰《剛子丹訣》一卷。《黃帝九鼎神丹經訣》卷 11 載"狐剛子伏水銀法"；《黃帝九鼎神丹經訣》卷三狐丘先生授葛仙公《萬金訣》等，及修仙法。《萬金訣》即《隋書，經籍志》葛仙公所撰《狐剛子萬金決》，據此胡剛子又作胡罡子，狐罡子，狐剛子、狐丘，早於東漢末張道陵。

　　唐初所輯《黃帝九鼎神丹經訣》卷 3 "狐丘先生授葛仙公曰：命屬仙星，名錄繼我，今故授汝《萬金訣》等及修仙法。"《萬金訣》即《狐子萬金訣》，《黃帝九鼎神丹經訣》卷 7 有 "以左元放所授狐剛子《七寶未央丸》"，狐剛子與左慈同一師門。

　　張陵在嵩山得到的《三皇內文》、《黃帝九鼎太清丹經》，與劉根有淵源。《漢天師世家》卷 2 云 "張道陵居鹿堂山，煉九轉神丹。居平蓋山，合九華大藥。" 據《真誥‧稽神樞》"趙廣信受師左君守玄中之道、內見五臟徹視法……多來都下市丹砂，作九華丹。" 張道陵所合九華大藥，即左慈與葛玄煉之九華丹。

　　《黃帝九鼎神丹經訣》卷 1 說玄女是九丹法之祖，云："黃帝受還丹至道於玄女……玄女告黃帝曰：凡欲長生而不得神丹金液，徒自苦耳。雖呼吸導引，吐故納新及服草木之藥，可得延年，但不免於死也。服神丹令人神仙度世，與天地相畢，與日月同光。俗人惜財，不合丹藥反信草木之藥，且草木藥埋之即朽，煮之即爛，燒之即焦，不能自生，焉能生人。" 這段話與《神仙傳‧劉根》文義一致。

　　《抱朴子‧黃白》云："余（葛洪）昔從鄭公受九丹及《金銀液經》。鄭隱曾 "與左君於盧江銅山[27]中試作，皆成。" "後慈以意告說仙公（葛玄），言當入霍山合九轉丹，遂乃仙去。"《抱朴子‧金丹》說葛玄從左慈得《太清丹經》三卷，及《九鼎丹經》一卷，《金液丹經》一卷。左慈之師李

---

27　《隋書‧地理志》盧江有三公山，與無爲州接界，黃銅山在盧江縣西二十里，亦名黃土山。

仲甫，李仲甫之師王真（珍），王珍之師劉根，劉根修道於嵩山石室。《神仙傳》稱左慈："得石室中《九丹金液經》。"《九鼎丹經》與《太清丹經》爲左慈、張陵所得，二者系出同門。

《黃帝九鼎神丹經訣》卷 9 狐剛子出水金鉚法"用甘土作鍋，火燻使乾，用松木炭置鍋爐中，即下金鉚堝中，即排囊火炊之使，即下鹽末合攪，看鎔盡，以荊杖掠去惡物，更下鹽末更攪。掠去惡物，盡瀉脂膜中，出入打看，若散裂，即以鐵醋濾爲屑，和牛糞灰鹽未等分，還用牛糞火中，養之還沙，取更鎔打，看若柔軟，即打使薄。"

印度學者雷易（P・C・Ray）《古代中世紀印度化學史》說印度化學史中談到有一種火法"金液丹"說"煆焙薄鐵片，金屬要塗以鹽類磨光粉，包括食鹽、硝石和硫酸鎂，並在牛糞餅的火內加熱。"[28]足證中國煉丹術與印度煉丹術曾經有過相互交流。

## （二）《太清金液神丹經》

陳國符以《太清金液神丹經》原文韻腳考證，出於西漢末、東漢初。《漢天師世家・序》云張陵"往嵩山石室，得《三皇內文》、《黃帝九鼎丹書》及《太清丹經》。"今本《太清金液神丹經》有張道陵序，故張天師亦係傳授環節。《太清金液神丹經》卷下葛洪記產丹砂之國云：

> 大秦國在古奴斯調西，可四萬餘里，地方三萬

---

28 孟乃昌；呂耀成；李小紅《中國煉丹術金液丹的模擬實驗研究》，《自然科學史研究》1985 年第 1 期。

里，最大國也。人士偉燦，角巾塞路，風俗如長安人。
此國是大道之所出，談虛說妙，脣理絕殊，非中國諸
人輩，作一云妄語也。道士比肩，有上古之風。不畜
奴婢，雖天王王婦猶躬耕籍田，親自拘桑織經。以道
使人，人以義觀。不用刑辟刀刃戮罰，人民溫睦，皆
多壽考。水土清凍，不寒不熱。士庶推讓，國無凶人，
斯道氣所陶，君子之奧丘，顯罪福之科教，令萬品奉
其化也，始於大秦……從海濟入大江七千餘里，乃到
其國[29]……昔中國人往扶南[30]，復從扶南乘船，船入
海，欲至古奴國，而風轉不得達，乃他去。晝夜帆行
不得息，經六十日乃到岸邊，不知何處也。上岸索人
而問之，云是大秦國……聞王國有奇貨珍寶，并欲請
乞玄黃，以光鄙邑也。"[31]

　　從中國前往大秦國的商人"請乞玄黃"，值得注意。玄
黃"乃汞與鉛之氧化物"，《黃帝九鼎神丹經》卷1云玄黃
煉製方法"取汞九斤，鉛一斤，合置土釜中，猛火之……水
銀與鉛精俱出，如黃金色……名曰玄黃。《陰真君金石五相
類》記載"波斯鉛如著水銀，於猛火中煉如金色。"隋開皇
時青霞子蘇元朗《寶藏論》云"鉛有數種：波斯鉛，堅白為
天下第一。"

---

29　《文選》顏延之《三月三日曲水詩序》"棧山航海，踰沙軼漠之貢，府
　　無虛月。"呂延濟注"言遠方之國，山作棧道，海濟舟航，踰度沙漠，
　　來貢土物。"
30　扶南領土包括今柬埔寨以及越南南部、泰國東南部一帶，鼎盛時達老撾
　　南部、泰國西部乃至馬來半島南端。
31　《中華道藏》18-13《太清金液神丹經》卷下。

　　《漢書・張騫傳》：“因益發使抵安息、奄蔡、犛軒、條支、身毒國。”顏師古注“自安息以下五國皆西域胡也。犛軒，即大秦國也。”犛軒爲羅馬帝國的亞歷山大城。始建於公元前332年馬其頓國王亞歷山大東侵埃及時，後成爲埃及托勒密朝的都城。

　　公元前3世紀初亞歷山大城建立了規模宏大的博物館和圖書館，各地學者慕名前來講學或從事研究工作，使亞歷山大成爲具有國際性的文化學術中心。公元前30年亞歷山大隨埃及並入羅馬帝國版圖後，經濟、文化仍有很大發展，並成爲在東方的基督教神學研究中心，也是希臘化文化傳播的中心。

　　亞歷山大城不僅雲集了世界一流的學者，而且創立了許多新的學說。如執教於亞歷山大的歐幾里德著述了《幾何學原理》，奠定古典幾何學的基礎。所以《太清金液神丹經》稱“此國是大道之所出，談玄說妙，脣理絕殊。”

　　南宋・謝守灝《混元聖紀》卷四葛洪丹序云：“洪少欲詣拂菻[32]，備聞海外諸國風境，說大秦國清淨奉道，人民淳和，王法甚正，見商賈者皆目曰周人。”葛洪丹序又見《太清金液神丹經》卷上“與大秦相似，人形胡而絕潔白，被服禮儀，父慈子孝，法度恭卑，坐不蹲踞，如此天竺不及也。”葛洪對大秦非常推崇，視如理想國。

　　史太安《公元二世紀道教的政治宗教運動》列舉古籍記載，說五斗米與太平道在組織方面的一些內容，也出現於大

---

32 古代拂菻指東羅馬帝國。《新唐書・西域傳・拂菻》“拂菻，古大秦也，居西拂菻，古大秦也，居西海上，一曰海西國。”

秦國的記述中[33]。例如：張角自稱"大賢良師"，向四方派出八名弟子，把國土分爲三十六"方"[34]。五斗米道也有三十六"土"的說法。這些內容也出現于對大秦國的描述中。大秦國被描述成"其王無常人，皆循立賢者。"[35]"其王都城分爲五城……王居中城，城置八臣以主四方。[36]"有八臣、三十六將等制度。又如，五斗米道中有從漢朝的"亭"發展而來的"義舍"[37]。一些古籍在對大秦國的描述中也有"十里一亭，三十里一置"。

　　《太清金液神丹經》卷中長生陰真人撰"太真夫人猶語馬君云：與安期相隨少久，其術可得而傳。"這是說西王母之女太真夫人告訴馬明生，安期生曉金液丹法，囑安期生傳授馬明生《九丹之道》，後明生隨師周遊青城、廬、潛凡二十年，乃受金液之方[38]。

---

33　法・R·A·史太安著、朱越利譯《西元 2 世紀政治的宗教的道教運動》，《國際漢學》第八輯，第 371-435 頁。大象出版社，2003 年 5 月第一版。

34　《國語・吳語》稱"萬人以爲方陣。"可知"方"乃古代的軍事編制。《後漢書・皇甫嵩傳》諸方一時俱起，皆著黃巾爲標幟，時人謂之黃巾。""（張角）遂置三十六方，方猶將軍號也。大方萬餘人，小方六七千，各立渠帥。"黃巾軍的建制是以"方"爲單位。

35　按《唐通典》云：大秦一名犁軒亦日拂練，去長安四萬里，其地平正，有四百餘城，小國役屬者數十，其人長大有類中國，其王無常，人皆簡立賢者。

36　《北史》卷 97：大秦國一名梨軒，都安都城，從條支西渡海曲一萬里，去代三萬九千四百里。其海滂出猶渤海也，而東西與渤海相望，蓋自然之理。地方六千里，居兩海之間。其地平正，人居星布，其都王城分爲五城，各方五里，周六十里，王居中城。城置八臣以主四方，而王城亦置八臣分主四城。若謀國事及四方有不決者，則四城之臣集議所，王自聽之然後施行。

37　漢制，百戶爲一里，十里一亭，十亭一鄉，每亭設公舍一間，供行人止息。

38　見《雲笈七籤》卷 98《太真夫人贈馬明生詩二首并序》。

　　《雲笈七籤》卷 106《陰真君傳》謂陰長生新野人，從馬明生，明生於青城山授以《太清金液神丹方》。陰君自敍云“漢延光元年（122）新野山北，予受仙君神丹要訣。”《太清金液神丹經》卷中云“故書（馬陰）二君神光見世之言，自漢靈以來（167－189），稱說故事，附於丹經。”是陰長生乃東漢安帝時人，所傳爲《太清金液神丹方》。

　　《太平廣記》卷八引《神仙傳》云“陰君裂黃素，寫丹經。一通封一文石之函，置嵩高山。一通黃櫨之簡，漆書之，封以青玉之函，置太華山。一通黃金之簡，刻而書之，封以白銀之函置蜀綏山。一封縑書，合爲十篇，付弟子，使世世當有所傳付。”

　　《太平御覽》卷三十九引《列仙傳》“馬明生從安期先生，受金液神丹方，乃入華陰山中合神丹昇天。”《方輿彙編・華山部》“馬明生從安期先生受金液神丹方，乃入華陰山合金液神丹，不樂昇天但服半劑爲地仙。”華山仙人韓眾授劉根《神方五篇》，其中有九轉還丹、太乙金液；《神仙傳》提到陰長生所傳丹經置於嵩高山、太華山、蜀綏山，這表明《太清神丹經》與此三處有所淵源。

　　《抱朴子・金丹》載陰長生其人有才思“善著詩及丹經贊並序”。《神仙傳・陰長生》稱“著書九篇”。《太清金液神丹經》卷上載“《太清金液神丹經》文本上古書不可解，陰君作漢字顯出。[39]”原始的《神丹經》是外文所寫，由陰長生翻譯爲漢字。

---

39　《中華道藏》18-006-《太清金液神丹經》。

　　《黃帝九鼎神丹經訣》卷 13：“故昔漢朝有李少君者，乃數百歲人也。不聞有他能，唯以丹砂合諸丹藥爲金，以金爲器，以器盛食，以食資身，漸漬腸胃，霑洽營衛，藉其堅貞以注壽。事漢武帝不盡情實，乃以祠竈左道之事奏進，不以丹金正訣之義聞徵，卒以化去，武帝思之。故知唯有黃帝九鼎之道，太一丹金之妙，令人不老不死，可謂大善乎。”

　　《史記‧封禪書》：“（李）少君言上（漢武帝）曰：“臣常遊海上，見安期生。安期生吃巨棗，大如瓜。”《史記‧孝武本紀》：“是時而李少君亦以祠灶、穀道、卻老方見上。”《抱朴子‧論仙》“董仲舒所撰《李少君家傳》云：少君有不死之方。”《神仙傳‧李少君》謂“李少君於安期先生得神丹爐火之方。”

　　《神仙傳》卷 4 載，張陵得《九鼎丹經》以傳弟子王長、趙昇。《漢天師世家》說：張陵“訪西仙源，得制命五嶽，檄召萬靈及神虎秘文於壁魯洞。復往嵩山石室，得《三皇內文》、《黃帝九鼎丹書》及《太清丹經》。”張陵所得《九鼎丹經》以及《太清丹經》就是來自嵩山。

　　馬明生從安期生受《太清金液神丹方》，馬明生又授陰長生《太清金液神丹經》。西漢末東漢初出世的《太清金液神丹經》與《黃帝九鼎神丹經訣》，都源於安期生，而安期生是來自安息的方士，意味煉丹術傳自海外。

## 烏長國的硝石

　　烏仗那梵名 uḍḍiyā na 或 oḍiyā na，oddiyā na，udnvā

naka 漢文音譯爲烏場、鄔萇、烏萇、烏長、烏孫場、烏茶、
鄔茶、鄔堅、烏長那、鄔仗那、烏仗因、烏填那、烏填曩、
越底延、奧提耶那、鬱地引那、鬱地延那、烏底亞那、烏迪
亞那、烏耆延那、烏儞也曩國。

《太平寰宇記》卷 183：“烏萇國一名烏仗那，百姓殷
實……尤攻禁咒之術，篤信佛法。”《西域記》卷 3：“烏
仗那以禁咒爲藝業。”《魏書・西域傳》載烏萇國“烏萇國
在賒彌南，北有蔥嶺南，至天竺，婆羅門胡爲其上族。婆羅
門多解天文吉凶之數，其王動則訪決焉。”《洛陽伽藍記》
謂：“（盤陀王）向烏場國學婆羅門咒，四年之中，盡得其
術。”《新唐書・西域傳》說：“婆羅門……信盟誓，傳禁
咒，能致龍起雲雨。”

犍陀羅（又作乾陀羅）是古印度 16 大國之一，[40]包含罽
賓（Kasmiva）與烏仗那在內的區域，烏仗那位於犍陀羅北
部，臨斯瓦特（蘇瓦托、蘇瓦特、Swāt）河，爲北天竺。從
印度陸路前往中國，先到烏仗那，然後經罽賓，越蔥嶺到中
國，這條道路當時稱罽賓烏弋山離道[41]。反之，從罽賓南行
至印度河上游，沿河南下可達河口處 Barbaricon 的海港，即
今巴基斯坦的卡拉奇。

---

40　《洛陽伽藍記》卷五載乾陀羅國“土地亦與烏場國相似，本名業波羅國，
　　爲嚈噠所滅，遂立敕懃爲王。治國以來，已經二世。立性兇暴，多行殺
　　戮，不信佛法，好祀鬼神。”這表明烏場國是所謂的婆羅門外道。

41　罽賓即今阿富汗首都喀布爾，今阿富汗首都和最大城市，地處東西方陸
　　上通商要道上，古代即爲重要貿易中心，是西亞通南亞次大陸的門戶。
　　據《後漢書・西域傳》漢與罽賓交通是從位於“西域南道”上的皮山西南
　　行，經烏秅（chá）和印度河上游吉爾吉特（Gilgit）一帶的懸度（Darel），
　　到達罽賓，路途雖險，但距離較近。從此再西南行，便達烏弋山離。

　　烏仗那與罽賓盛行大乘佛教，烏仗那爲北印度大乘佛教中心。大乘佛教的一部分派別與婆羅門教的某些教義相結合，形成密教。公元一千年被伊斯蘭軍入侵前，烏仗那受到印度教和濕婆教的影響，爲怛特羅教（Tantrika）發源地，爲怛特羅四大聖地之一，藏傳佛教寧瑪派即屬怛特羅密宗。圖吉在烏仗那進行考古學發掘，發現許多有關怛特羅佛教（密教）之古跡。

　　古印度的名醫妙聞[42]曾描述雖粗糙不完備但卻實用的方法，用來製備金屬鹽類。此法稱爲阿葉師訶利蒂（ayaskriti），意即影響金屬的作用。很有名的金屬氯化物形式的“金液”，可能是以這樣的方式得到的。”[43]孟乃昌先生認爲中國煉丹術與印度煉丹術曾經有過相互交流，但印度化學史事件的確切時期難於確定。

　　中國雖早已使用硝石，但不知本國有生產，漢以前來自西戎，後來採用印度進口貨，直到唐初才從印度人那裡學會開採硝石，據《金石簿五九數訣》硝石條記載：

硝石本出益州羌武都隴西，今烏長國者良。近唐麟德年（664）甲子歲，有中人（中天竺）婆羅門支法林，負梵甲來此翻譯，請往五臺山巡禮，行至汾州（山西）靈石縣，問云：此大有硝石，何不採用。當時有趙如珪、杜法亮等一十二人，

---

42 Susruta，活動於西元 200 年，印度外科的鼻祖，音譯名是蘇斯拉他，妙聞是中國古代的譯名。據說妙聞只寫過一本叫《箭傷論》（Salyatantra），公元 4 世紀由龍樹補充修訂，經多人註釋校對，最後在 11 世紀經闍迦般尼達陀註釋成爲現在的《妙聞集》最早註釋本。

43 孟乃昌；呂耀成；李小紅《中國煉丹術“金液”丹的模擬實驗研究》，《自然科學史研究》1985 年第 1 期。

隨梵僧共採，試用全不堪，不如烏長者。又行至澤州（今晉城），見山茂秀。又云：此亦有硝石，豈能還不堪用。故將漢僧靈悟共採之，得而燒之，紫烟烽烟。曰：此之靈藥，能變五金，眾石得之，盡變成水。校量與烏長，今方知澤州者堪用。金頻試鍊，實表其靈。若比烏長國，乃澤州者稍軟。

宋代蘇頌的《圖經本草》也說"今西涼夏國及河東（山西）、陝西近邊州郡亦有之（硇砂）。西戎來者，顆塊光明，大者如拳，重三五兩，小者如指面，入藥最良。"直到婆羅門支法林以後，中國始知山西、陝西附近有硝石。孫思邈在《千金翼方》記載：

黃消石出龍窟，其狀有三種，一者黃消石，二者青消石，三者白消石，其形如鹽雪體，濡燒之融似曲鱔，見鹽爲水，消石真者燒鍊皆融，真僞可知，三種消石，黃者爲上，青者爲中，白者爲下，用之殺蟲皆不如黃者最良，黃消石立殺人身中橫蟲，去蟲至速，除大風大強藥，青消石者至神大藥，出在烏場國石孔中自然流出，氣至惡大臭。

龍窟所在之處，在北印度那揭羅曷國（Nagarahāra），或譯迦羅那，《佛國記》譯爲那竭，《伽藍記》譯爲那伽羅訶，《高僧傳·佛馱跋陀羅傳》爲那可梨城，《西域記》爲那揭羅曷，《宋史·天竺傳》爲曩俄羅賀羅，其故址即今阿富汗南加哈爾省首府賈拉拉巴德（Jelālābād）及其周近地區，沙費德嶺（Shafed-koh）的北麓。是絲路進入印度的必經要道，自古即有甚多商人、巡禮僧等，往來其間。此地自紀元前後至十三世紀間，文化隆盛。《大唐西域記》記載有天祠五所，異道百餘人，那揭羅曷國條與烏仗那國條都有降伏毒龍的神話。

《老子西昇化胡經‧序說》云老君“過蔥嶺，山中有深池，毒龍居止。五百商旅，宿於池濱，爲龍所害，竟不遺一。我遺其國渴叛陀王傳祝，與之就池行法，龍王恐怖，乃變爲人。謝過向王請移別住，不復於此更損人民。今後往來絕其傷害，次即南出至于烏場。”這段話可理解爲商旅夜宿火山附近，被帶有二氧化硫的氣體窒息而死。

蘇元朗《太清石壁記》卷下引《岐婆論》云“硝石本出烏場國，其氣臭，飛鳥聞其氣（二氧化硫），則不敢上過。直爾單服之，則能使人身內所有蟲，其藥入口，立化爲水。又鍊一切金石服之者，皆可長生。”

《唐會要》卷51提到“總章元年（668）東天竺烏茶國長年婆羅門盧伽逸多，受詔合金丹。”《舊唐書‧郝處俊傳》提到唐太宗曾服用婆羅門僧那羅邇娑寐的舊方長生藥，不治而死，所云“舊方”說明烏場國早有以礦物製作長生藥的方法，烏場國不僅產消石，也有合藥的煉丹術。

《楞嚴經》十種仙有“藥道圓成，名飛行仙。”《大佛頂首楞嚴經正脈疏》卷34解釋“遊行仙，服丹砂能化骨使長壽而體固，且能化物，使賤爲貴，遊戲人間。”

鳩摩羅什譯於姚秦弘始四年（402）至七年（405）的龍樹《大智度論》，保存有當時流傳於北印度的民間傳說，爲研究古印度文化的重要資料。卷16“藥草、呪術，能令銅變爲金。”卷18“工巧之人，以藥力故，能令銀變爲金，金變爲銀。”卷32“譬如神通人，能變瓦石皆使爲金……如大冶鼓石，然後得金。”卷47“石汁一斤，能變千斤銅爲金。”

玄奘《大唐西域記》卷10載"龍猛菩薩（即龍樹菩薩）以神妙藥，滴諸大石，竝變爲金。"

《大方廣佛華嚴經》由慧遠的弟子支法領從于闐得來，於東晉義熙十四年（418）在揚州道場寺請馱跋陀羅譯出。卷59云"譬如一兩阿羅娑藥，變千兩銅，以爲真金，於彼藥分，無所損減。"卷78云"如有藥汁，名訶宅迦，人或得之，以其一兩變千兩銅，悉成真金，非千兩銅能變此藥。"又云"譬如有人，服延齡藥，長得充健，不老不瘦。"

法藏（643－712）《華嚴經探玄記》卷20盡法界品"阿羅娑藥者具云呵吒迦阿羅娑，此云金光汁藥呵吒迦，云金光明阿羅娑，云汁藥出於山中井內，諸龍守護，若有得飲皆成仙人。"唐貞觀間（627－649）玄應撰《一切經音義》卷第23"藥汁名訶宅迦，此云金色水，甚可於九轉還丹之力也。"阿羅娑藥、訶羅沙藥、訶宅迦藥又作呵吒迦，梵語 kāṭaka。全稱呵吒迦阿羅娑（梵 kāṭaka-rasa），意譯金色水或金光汁藥，傳說爲鍍金之材料，或指不老之藥。

宋·俞琰《席上腐談》卷下說："嘗閱《華嚴經》第78卷，有藥汁名訶宅迦，人或得之，以其一兩變十兩銅啚成真金……予嘗以胆礬少許擦刀頭皆金也，意者訶宅迦其胆礬之謂乎？至大辛亥鑄錢時，予在饒州曾見一膽水化鐵成銅，但饒州之胆銅坑所出故成銅，蒲州之胆出金坑，必能化銅鐵成金。《華嚴》所謂訶宅迦今人不識之耳，佛語必不妄也。"

古代煉丹家一般使用石膽（即膽礬），主成分爲 $CuSO_4 \cdot 5H_2O$。《抱朴子·黃白》中說"以曾青塗鐵，鐵赤色如銅。"曾青，即膽礬，能溶于水。用曾青塗鐵，就是鐵和溶解的硫酸銅起作用而生成銅。《神農本草經》提到石胆、空青"能化鐵爲銅"，因此很受方士們所推崇，而加以利用和神化，說"煉餌服之，不老；久服增壽神仙"，而且"能化鐵爲銅成金銀"。

現存成書較早的丹經，如《九轉流珠神仙九丹經》、《三十六水法》中都曾用石膽。但約到了唐代，石膽才又有"膽礬"的名稱，這可能是因爲方士們鑒於石膽"磨鐵作銅色"，因此把它也列爲黃白術中的"染色劑"，於是就賦予它以"礬"的稱謂。膽礬、膽子礬名稱最早出現於《太古土兌經》之書，其中說"夫變銅以色染之"，並把石膽列爲"染藥術"中的一種點化藥劑。

黃心川引印度學者雷易（P. C. Ray）《古代中世紀印度化學史》說："印度泰米爾文文獻記載，南印度密教的 18 位成就者中有兩位是中國人，泰米爾名字叫博迦爾（Bogar）和普里巴尼（Pulipani），他們於公元 3 世紀時去印度傳播道教禁咒、醫術和煉丹術等，博迦爾曾帶弟子回中國學習，學成又回到印度。"[44]這段文字可能翻譯有問題，需要重新檢視原文。

日本桑山正進考查"從東漢到三國，也就是公元 3 世紀前半期之前，沒有從中國去西域求法的僧侶，全是西方的僧侶到中國來。而且，在這些僧侶中，據稱是來自安息、康居、月支和來自龜茲的有 12 人，天竺的僧侶有 7 人[45]。

44 黃心川《道教與密教》臺北：中華佛學學報，1999。
45 日本京都大學桑山正進著；徐朝龍譯《與巴米揚大佛的建立有關的兩條路線》，《文博》1991 年第 2 期。

　　《高僧傳》載三國時魏甘露五年（260），朱士行從雍州
渡流沙到于闐，後以八十歲病死西域，是第一個西行求法的
漢人。東晉咸安年間（371－372），僧純前往拘夷國（龜茲
國）求戒本。隆安年間（397－401），法顯、智嚴、寶雲等
十餘人赴印度求取戒律。去時取道流沙、蔥嶺，費時六年始
告抵達。停留印度六年，歸途又費時三年。十餘人中有二人
橫死於北印度，一人留在中印度華子城，其餘在前往印度的
路上就已分散，而經海路回國時只存法顯一人。前往印度艱
難情況，由此可窺。

　　印度來華曾將醫術帶進中國，《隋書‧經籍誌》中醫書
譯本就有 12 種，收錄龍樹菩薩藥方、婆羅門諸仙藥方等。《高
僧傳》記載安世高、竺法曠、耆域等咒術高明。所謂兩位中
國人於公元 3 世紀時去印度傳播道教禁咒、醫術和煉丹術，
可能性極小。

　　北魏寇謙之（365－448）太平真君年間“宣吾新科，清
整道教，除去三張（張陵、張衡、張魯）偽法。南朝宋明帝
時（465－471），則有陸修靜“祖述三張，弘衍二葛（葛玄、
葛洪）”。公元 3 世紀時不可能有中國人去印度傳播道教。

## 西域的香料

　　中國與西域的商貿路線，陸路（絲綢之路），透過駱駝
商隊穿越西域沙漠綠洲；海路，經波斯灣穿過印度洋和馬六
甲海峽抵廣州。海上貿易的大宗物質是香料，因此，史學界
把海路稱為“香料之路”（亦稱陶瓷之路或海上絲綢之路）。

　　香的英語寫作 incense，《簡明不列顛百科全書》載：古埃及人從阿拉伯和索馬里沿海地區引進香料樹，把香當作宗教儀式中的重要用品。巴比倫人在祈禱和占卜時往往焚香。公元前三世紀，蓋爾哈人從事商隊貿易，從阿拉伯半島南部購買香料，經陸路或經水路將貨物運至塞留西亞（巴比倫舊址）。以色列人在被擄往巴比倫（前 586－前 538）以前引進了香，到了西元前 5 世紀，一些祭壇專供奉香之用。

　　《三國志・吳書・士燮傳》說：“燮兄弟並為列郡，雄長一州，偏在萬里，威尊至上，出入鳴鐘磬，備具威儀，笳簫鼓吹，車騎滿道，胡人夾轂焚燒香者常數十。”這些焚香的胡人當來自印度。印度以氣候酷熱，時人皆塗香去除身上之垢臭。據《大智度論》卷 30 載，天寒時多行燒香，塗香則通於寒時、熱時。其後，以燒香用於迎請、供養佛菩薩之行事中。

　　燒香禮神始於漢武帝，《魏書・釋老志》載“漢武帝元狩中（前 122－前 117），遣霍去病討匈奴，至皋蘭，過居延，斬首大獲。渾邪王殺休屠王，將其眾五萬來降。獲其金人，帝以為大神，列於甘泉宮。金人率長丈餘，不祭祀，但燒香禮拜而已，上（漢武帝）使依其國俗祀之。”香或馨字在《左傳》中出現時，是指獻祭食品和酒通常散發出來的香味。《魏書・釋老志》中說“不祭祀”，燒香禮拜的風俗，並非漢地原本所有。

　　武帝曾遣使至安息國（今伊朗境內），《香乘》卷 2 引《漢書》稱“安息國去洛陽二萬五千里，北至康居，其香乃樹皮膠，燒之通神明，辟眾惡。”燒香通神辟邪的外國風俗，傳來中國後，成爲道教齋醮焚香是儀式中的重要部分。“舉行齋醮法事，開壇必先燒香，儀式中的讀經行道、齋戒禮誦、講說祈告、朝真役將，都要拈香、焚香。齋醮法壇的拈香箚神，是通真達靈的媒介之物，可以使香氣上達天界宮闕，迎請上界的神靈仙真下降。”[46]

《要修科儀戒律鈔》引《登真隱訣》稱“香者，天真用茲以通感；地祇緣斯以達言，是以祈念存注，必燒之於左右，特以此煙能照玄達意。”願望可藉著繚繞的煙氣，上達於三境十天，下徹於九幽五道。劉向《熏爐銘》記載“嘉此正器，嶄巖若山，上貫太華。承以銅盤，中有蘭綺。朱火青煙，蔚術四塞。”證明漢代已有焚燒香料發出香味的習俗，用西域進口的香料製作成宗教禮拜用香，可能傳自印度[47]。

齋醮用香規定“醮壇焚百和香、降真香等，不得燒檀香、安息香、乳香。”燒香爲供養佛的方法之一，《金光明最勝王經》卷 64 天王護國品云“應取諸香，所謂安息、旃檀、龍腦、蘇合、多揭羅、薰陸（乳香），皆須等分和合一處。手執香爐，燒香供養。”（大正 16・430c）

漢・許慎《說文解字》釋沐“濯髮也”；釋浴“淋身也。”以香藥進行沐浴，是常態與非常態的區別，從日常生活，轉換作爲祭神、行道進入神聖前的準備。《抱朴子・金丹》說“合丹當……先齋百日，沐浴五香，致加精潔。”《三洞道士居山修煉科・建志學道養神求仙所忌品》“夫建志學道，

---

46 張澤洪《論道教齋醮焚香的象徵意義》，成都：中華文化論壇 2001 年第 1 期。

47 參閱《中國科技技術史》第五卷第二分冊 132－141 頁。

養神求仙，常當沐浴，致靈氣王女降，不沐浴者，神氣不來。"

《雲笈七籤》卷 41 沐浴云："凡齋戒沐浴皆當盥汰五香湯，五香湯用蘭香、荊花、零陵香、青木香、白檀五物……此湯辟惡除不祥氣降神靈……柏葉能降真仙，桃皮能辟邪氣，白芷能去三尸，零陵能集靈聖，青木香能消穢召真。"

"不以香水洗沐則魂魄奔落，爲他鬼所拘錄"；"此湯辟惡，除不祥氣，降神靈，用之以沐，並治頭風。"

張萬福《傳授三洞經戒法籙略說》五香表示"撒五薰之氣，降五方之靈。"五香湯用蘭香、零陵香、青木香、松香、沈香，或用安息香、零陵香、霍香、沈香、熏陸香。湯中加入白芷、柏葉、白茅、竹葉、桃皮這類藥草，均含有揮發性物質，能反射性的調節冠脈血流，改善心肌的血液供應，具有作用快，效果好的特點。

《拾遺記》孫亮的四位寵姬"合四氣香，殊方異國所出。凡經踐躡宴息之處，香氣沾衣，歷年彌盛，百浣不歇，因名曰百濯香。"《真誥·運象》"神女及侍者，顏容瑩朗，鮮徹如玉，五香馥芬，如燒香嬰氣者也。"陶弘景註云"香嬰者，嬰香也，出外國。"[48]孫亮的寵姬與《真誥》中神女，身上香味來自異國。

《上清道寶經》云"天竺國人曰：五香之草，辟惡氣，檢魂魄，制鬼物，致靈真。此香多生滄浪之東[49]，東方神人

---

48 《陳氏香譜》卷二載嬰香配製法爲"沉水香三兩，丁香四錢，治甲香一錢各末之，龍腦七錢研，麝香三錢去皮毛研，栴檀香半兩。相和令勻，入煉白蜜六兩去沫，入馬牙硝半兩綿濾過，極冷乃和諸香令稍硬，丸如梧子大，置之甆盒，密封窨半月後用。"

49 滄浪洲傳說中的海島名。唐蘇鶚《杜陽雜編》卷下："大業元年，爲過

各爲青木香。人燒青木、薰陸、安息膠於寢室，以開通五濁之臭，地上魔邪之氣直上衝天四十里。此香之煙，破濁氣之穢臭，開邪魔之霧。天人玉女，太一帝君，隨香氣中來，憩子之面目。上學之士服日月皇華、金精飛根。黃氣之道，以立春日清朝煮白芷、桃皮、青木，以東向沐浴[50]。"以上可知五香沐浴是來自天竺國人所傳。《靈寶無量度人上經大法》卷3有具體作五香湯的方法：

五香之湯以白芷、青木香、沉香、白檀香、甘松香，各以二十四銖，治下篩用，東流長泉一石，煎數沸，先當解衣，燒香，於左就座，存日光華五色交錯，入於五香湯中。存五方五色仙童五人，玉女五人，燒香散華，執巾執水左右。即以杓攪水三十二下，臨水咒曰：五香玄泉，日月華英。澡鍊身形，去濁留清。尸塵滅落，臟腑光明。穢氣蕩除，胎劫散根。策空乘虛，飛入上清。咒畢，叩齒三十二通，先取飲一器，溫涼自適。次以別器沐浴。

霍香即多摩羅跋香樹梵語 tamālapatra、tamālapattra、tamāla，屬樟科灌木，學名 Cinnamomum nitidum。《慧琳音義》卷3云"多摩羅，亦梵語，香名也，唐云霍香。"[51]《南州異物志》云"藿香出產於南印度、錫蘭等海邊國。"《唐史》云"頓遜國（今泰國西南部）出藿香。"

---

海使判官，遇風浪壞船，黑霧四合，同濟者皆不救，而藏幾獨爲破木所載，殆經半月，忽達于洲島間，洲人問其從來，藏幾具以事對。洲人曰：此乃滄浪洲，去中國已數萬里。"
50 《中華道藏》28-494《上清道寶經》卷一墨錄中篇。《雲笈七籤》卷41沐浴，云出自《太丹隱書洞真玄經》，內容一樣，但無"天竺國人曰"。
51 《大正》54·324b。

　　蕙草香又名熏草、零陵香、燕草，俗名佩蘭。酈道元《水經注・資水》"零陵郡，都梁縣西有小山，山上有淳水，既清且淺，其中悉生蘭草……俗謂蘭爲都梁。"宋・王觀國《學林・五木香》"鬱金香、蘇合香、都梁香……皆蠻所產，非中國物也。"蔡絛《鐵圍山叢談》卷 6 "零陵香草……在嶺南，初不大香；一持出嶺北，則氣頓馨烈。"沈括《夢溪補筆談・藥議》"零陵香，本名蕙，古之蘭蕙，又名薰草。"

　　據《本草綱目》青木香又名木香、蜜香、五木香、南木香。陶弘景注"青木香……今多從外國舶上來，乃云出大秦國。"《周書・異域傳》波斯國"出白象、師子……及薰六（陸）、鬱金、蘇合、青木等香。《北史・波斯傳》"波斯國土地平正，出青木香……漢時罽賓國也多青木香。"

　　沈香梵語 agaru，aguru，kālāguru，kṛṣṇāgaru。音譯阿伽嚧、阿伽樓、阿竭流、惡揭嚕。亦作沉香，又名伽南香或奇南香。產於印度、波斯、暹羅、交趾及廣東南部、海南島等地。

　　《本草綱目》熏陸香一名馬尾香，一名天澤香，一名摩勒香，一名多伽羅香。梵語 kundura 或 kunduruka。晉・嵇含《南方草木狀・熏陸香》"薰陸香，出大秦，在海邊，有大樹，枝葉正如古松，生於沙中。盛夏，樹膠流出沙上，方採之。"其脂汁滴如乳頭，故亦稱乳香、乳頭香。《諸蕃志》記載"乳香一名薰陸香，出大食之麻羅拔（即 Makhrah 馬赫拉）、施曷（即 al-Shihr 席赫爾）、奴發（即 Zufar 佐法爾）三國深山窮谷中。"是阿拉伯半島南部的哈達拉毛地區的特產，哈達拉毛的港口席赫爾外銷，熏陸是 Shihr 的音譯，熏陸香意即"熏陸產的香"，迄今印度與伊朗仍常燒之以清淨室內。

安息香最初由安息國商人傳入，故名。段成式《西陽雜俎》云"安息香樹出波斯國，呼爲辟邪樹。"梵語 guggula，音譯求求羅、掘具羅、竇具攞、拙貝羅、求羅、局崛羅，又作乾陀囉樹香。多產於印度、蘇門答臘、暹羅、波斯等地。

《晉書‧藝術傳‧佛圖澄》："（佛圖澄）迺與弟子法首等數人至故泉源上，坐繩床，燒安息香，咒願數百言。"李時珍《本草綱目》卷 34 "安息香乃外番入貢之物，香而不燥，竄而不烈。燒之去鬼來神，令人神清。服之辟邪除惡，令人條暢，能通心腹諸邪氣，辟惡蠱毒，理霍亂，止卒然心痛嘔逆，治婦人爲邪祟所憑，夜與鬼交，燒煙熏丹田穴，永斷。"

《長阿含經》卷 3 記載釋迦牟尼涅槃前，囑弟子阿難"汝若葬我，先以香湯洗浴，用新劫貝周遍纏身。"香湯指有香氣之湯水，是調和諸種香而煎成之湯水，用於洗淨身體。《浴佛功德經》說"若浴像時，應以牛頭旃檀、白檀、紫檀、沈水、薰陸、鬱金香、龍腦香、零陵、藿香等於淨石上，磨作香泥，用爲香水，置淨器中。於清淨處以好土作壇，或方或圓，隨時大小，上置浴床，中安佛像，灌以香湯，淨潔洗沐。"（大正 16‧800b）

唐‧慧沼《金光明最勝王經》卷 7 大辯才天女品云依此經洗法"諸惡爲障難者悉令除滅"，洗浴之法列舉三十二味香藥，其中有安息香（竇具攞）、藿香（鉢怛羅）、青木（矩瑟他）、沈香（惡揭嚕）、栴檀（栴檀娜）、零婆香（多揭羅）等。

祭祀前，須齋戒數日，沐浴更衣，以保持身心的潔淨，以表達崇敬。《孟子‧離婁》"齋戒沐浴，則可以祀上帝。"《禮記‧曲禮》"齋戒以告鬼神"。《墨子‧天志》"天子有疾病禍祟，必齋戒沐浴，潔爲酒醴漿盛，以祭祀天鬼，則天能除去之。"

古代風俗，農曆三月三日，由女巫主持祭祀，祭祀時人們在水邊薰香草沐浴，以求去災求福，祓除邪氣。《周禮‧春官‧女巫》"女巫，掌歲時祓除釁浴。"鄭玄注"釁浴，謂以香薰草藥沐浴。"《說文解字》釋"祓"爲"除惡祭也"。《漢書‧外戚傳》記"帝祓霸上"。《續漢書‧禮儀志上》記"是月（三月）上巳，官民皆絜於東流水上，日洗濯祓除宿垢疢爲大絜。"

蘭草能避不祥，故以蘭湯潔齋祭祀。《大戴禮記‧夏小正》"五月……蓄蘭爲沐浴也。"《楚辭‧九歌‧雲中君》"浴蘭湯兮沐芳，華采衣兮若英。"王逸注"靈巫先浴蘭湯，沐香芷，衣五彩衣，飾以杜若之英，以自潔清也。"浴蘭湯沐香芷，是祭祀儀式的一部分。

古人將五月五日視作毒蟲猖獗、疾疫流行的惡月惡日，於端午採澤蘭煎湯沐浴，以逐疫袪病。南朝梁宗懍《荊楚歲時記》"五月五日，謂之浴蘭節。"芷與蘭均爲香草，《香譜》卷上"蘭香，一名水香，生大吳池澤。葉似蘭，尖長有岐，花紅白色而香。煮水浴以治風。"近世所謂蘭花非古之蘭草，《神農本草經》中云"蘭草味辛平，主利水道，殺蟲毒，辟不祥。久服益氣輕身，不老，通神明。一名水香，生地澤。"

　　近人研究，白芷全株草含有多量的揮發性油，在體外對
大腸桿菌、宋氏和弗氏痢疾桿菌、變形桿菌、傷寒和副傷寒
桿菌、綠膿桿菌、霍亂弧菌、某些革蘭陽性細菌及人型結核
桿菌等有不同程度的抑制作用。“這是白芷所以能夠芳香，
所以能夠辟邪、去三尸蟲的秘密所在。”

　　東漢永平年以前有《沐書》擇日沐浴，《論衡・譏日》
云“《沐書》謂子日沐令人愛，使醜如嫫母，能得愛乎？卯
日沐令人白頭，若十五女子，能白髮乎？”《雲笈七籤》卷
87諸真要略“常於正月十日、二月八日、三月六日、四月四
日、五月一日、六月十七日、七月二十七日、八月三日、九
月二十日、十月十八日、十一月十五日、十二月十三日者，
此日皆天帝遊東井之日也，是以行道輒當於此日沐浴蘭湯，
使身意清淨。”

　　齋戒沐浴習俗，如丁煌先生所言：“沐浴本是人類的潔
身行為，也就是洗髮澡身，意義和動機均單純。殷周以下，
沐浴與巫教祭禮儀俗相匯融，使得沐浴的意義、內容、觀念
和行為，愈趨複雜化。”然而丁煌認為“學者有謂道教的沐
浴宗教觀念與儀式，乃習自於釋氏之徒，事實未必盡然。”[52]

　　事物發展的規律總是由粗糙而趨精細，由簡單而趨複
雜。道教儀式亦經歷了由簡而繁，由繁而簡的歷史進程，最
終形成制度。從先秦祭祀的沐浴蘭湯以逐疫袪病，到賦予沐
浴五香湯，能“降真仙、辟邪氣、去三尸、集靈聖、消穢召
真”，並有咒語配合，就是由簡單而複雜的過程。

---

52 丁煌《道教的“沐浴”探究》，收錄鄭志明主編《道教文化的精華》，
　　嘉義：南華大學宗教文化研究中心，2000，頁453-470。

　　阿拉伯國家通過進貢方式，向中國輸入藥物，其中以乳香、木香、龍涎香一類的香藥居多，當藥商至中國各地販售時，阿拉伯藥物製劑技術也傳入中國[53]。道教沐浴所用五香湯香料多來自境外，讓我們有理由認爲異國香藥之初度入華，其妙用經商人宣傳，而後被漢人接受。從香料產地的探索，可知道教的沐浴宗教觀念與儀式，不一定與釋氏有關，伴隨海上與絲路貿易而來的異國香料，對於沐浴儀式確有影響。

---

53 李經緯《中外醫學交流史》。

# 傳道的途徑

　　華陰縣西南的華山爲五嶽之一，海拔 2200 公尺，廣 10 里，屬秦嶺東段。華山以"山頂有千葉蓮花[1]"而得名，《水經注》說"遠而望之若華（花）狀"。一說"西方爲華山，少陰用事，萬物生華，故曰華。"[2]又因其西有少華山，亦稱太華山。

　　《書・禹貢》"終南、惇物，至于鳥鼠。"《孔傳》"三山名，言相望。"孔穎達疏"《地理志》云：扶風武功縣有太一山，古文以爲終南；垂山，古文以爲惇物，皆在縣東。"《水經注・禹貢山水澤地所在》"華山爲西嶽，在弘農華陰縣西南，古文之惇物山也。"古以終南、華山爲惇物，此二山皆在扶風武功縣之東。

　　地處關中東部的華陰縣，屬三輔治所，三輔指京兆尹、左馮翊、右扶風。長安以東爲京兆，長陵以北爲左馮翊，渭北以西爲右扶風。華陰"南對華山，北臨涇渭，東屆黃河，西達長安，山川之勝，甲於關中。自秦漢唐以來，名賢輩出。"

　　華山在潼關之北，潼關爲洛陽、長安間重要關口，是陝西、山西、河南三省要衝，故有"潼關固則全秦固"之說。

---

1 《華山記》。
2 《白虎通義》。

渭水橫貫陝西中部，至潼關入黃河。黃河通過山西、陝西、河南、山東，再入海。幾條大支流渭河、伊洛河，汾河、沁河等都在潼關上下游匯入黃河。洛陽則地處"天下之中"，水陸交通四通八達。古代關中和江淮之間的交通，特別是由長安經渭水入黃河至洛陽、再由洛陽經汴梁至揚州的水運交通十分發達。

　　距離華山玉泉院兩公里甕峪有條商洛徑道，位於竹峪和仙峪之間，沿甕峪的通道是歷史上通往陝南漢中（天師道的大本營）、安康、商洛地區的交通要道，州官赴任、商賈經商多從此出入。戴孟與陳搏就是經由商洛古道往返華山、武當山。上世紀 50 年代末，修築華金公路後，這條山路逐漸廢棄。

　　商洛徑道自古爲戰略重地，歷朝山口派有軍隊駐紮[3]。《通志驛傳考》說："由洛南縣北二十五里曰齊家鋪，又三十里楊氏城鋪，又二十里板廟河鋪，又二十里度黃龍山至華陰縣甕岔鋪，即甕谷路矣。"[4]《陝西通志》卷 13 說："甕谷商洛徑道，舊有防兵……甕谷爲商洛徑道，道甚險惡，明知縣王時雍修治之。入谷五十里曰甕嶺，東轉爲華陽川，即古華陽藪。"

　　東漢建都洛陽，方士活躍京城一帶，政治文化中心的移

---

3　洪承疇曾率總兵曹文詔，由河南閔鄉（今靈寶西北）繞過潼關，進入華陰，取山路至雒南、商州，直擣賊巢（李自成根據地），即是走此道。八年抗戰日本軍隊未能進潼關，一旦日軍在風陵渡登岸，進潼關後一面到西北、蘭州，一面可經此到陝南包圍四川重慶，將改變整個抗戰的形勢，足見此地的重要性。

4　甕谷今稱仙峪，在華山旁山谷中，距離玉泉院東約二公里，已開發爲風景區，譽爲"藏在華山腳下的維納斯"。

轉，使得靠近洛陽的嵩山成爲道學中心。“魏武帝好養性法，亦解方藥，招引四方之術士，如左慈，華佗之徒，無不畢至。”嵩山在洛陽東南，透過洛陽、長安之間的驛路聯繫華山與嵩山。嵩山和華山並稱爲“嵩華”，許多高道往來其間。

《中國道教》第四卷認爲“道教何時進入嵩山，已難確考。西晉鮑靚或許爲道士入嵩之較早者。至北朝，先後有寇謙之、趙靜通、韋節、潘彌望等住嵩山修道。”其實裴玄仁的弟子劉安之（劉根）早於王莽時隱居嵩山，裴玄仁曾與別駕劉安之於嵩山附近的陽洛山石室修道。《後漢書・方術列傳下》云：“劉根者潁川人（嵩高山在潁川嵩高縣），隱居嵩山中，能令人見鬼。”

《三皇文》能劾召鬼神，《雲笈七籤》卷 6 “鮑靚於晉惠帝永康年中，於嵩山劉君石室清齋思道，忽有刻石《三皇天文》出於石壁。靚以絹四百尺告玄而受，後授葛洪。”此劉君即劉根。《漢天師世家・序》云張陵“訪西仙源，獲制命五嶽、攝召萬靈及神虎秘文于壁魯洞。俄往嵩山石室，得《三皇內文》、《黃帝九鼎丹書》及《太清丹經》。”楊羲、葛氏、陸修靜都傳《三皇內文》，正因爲同一道源頭。

《太極葛仙公傳》[5]說“仙公嘗告思遠等日：吾昔從左元放所受《太清》等丹經，今悉以付汝，然上天禁重，勿傳非人也。若有志心之士，宜依四極明科盟跪授之……又以仙藥各一丸并流明七曜，紫丸之丹與令服之，既服丹即神怡體輕，不復飢渴，乃謂玄沖等日：子等當還嵩山齋三年，復往王屋

5 《中華道藏》46-009-《太極葛仙公傳》。

山精思大法也……嵩高諸真當復教子矣。"上述記載又見《混元聖紀》卷 7："仙公曰……子應登嵩高，彼山諸真，後五年復當傳子祕訣，成子道矣"；《歷世真仙體道通鑑》卷 23："子當登嵩高，到彼見諸真，當復教子矣。"

葛玄臨終交代弟子"當還嵩山齋三年，復往王屋山精思大法……嵩高諸真當復教子矣。"說明嵩山與王屋山在葛玄心中的地位重大，直到三國赤烏（238－251）年間，這裡可能還有左慈師門中的高道。又唐馮贄《記事珠》"嵩高山下有石室名謨觴，內有仙書無數，方回讀書於內，玉女進以飲食。"《列仙傳‧方回》也說明嵩山石室於漢代藏書甚豐。

通過史料可以知道《五嶽真形圖》、《三皇文》、《黃帝九鼎丹書》及《太清丹經》都與華山的裴玄仁有關。道人支子元於咸陽城南佛圖中曲室傳裴玄仁的道法，經由華山傳到嵩山，張陵得之入蜀開創五斗米道，左慈、鮑靚、魏華存傳江南，形成葛氏道、上清派。

## 華山的黃老道

《史記‧孝武本記》載"黃帝時萬諸侯，而神靈之封居七千。天下名山八，而三在蠻夷，五在中國。中國華山、首山[6]、太室、泰山、東萊[7]，此五山黃帝之所常遊與神會。黃

---

6 《書‧禹貢》壺口雷首。《疏》在河東蒲坂縣南，一名首山。《左傳》宣二年，宣子田於首山，即此。《史記‧伯夷列傳》記伯夷、叔齊隱居于首陽山。《史記集解》馬融曰："首陽山在河東蒲阪華山之北。"蒲阪故城，在今山西省永濟縣南。《竹書紀年》為中國最早的編年體史書，亦稱《汲塚紀年》、《汲塚古文》或《汲塚書》。卷上有云："率舜等升首山，遵（觀）河渚，有五老遊焉，蓋五星之精也。"

帝且戰且學僊，患百姓非其道，乃斷斬非鬼神者，百餘歲然後得與神通。”

《漢書・郊祀志上》載元鼎元年（前 116）“汾陰巫錦爲民祠魏脽后土營旁[8]，見地如鈎狀，掊視得鼎。”鼎形“大異於眾鼎，文鏤無款識”，河東太守獻之武帝。群臣以“太帝興神鼎一”、“黃帝作寶鼎三”、“禹收九牧之金，鑄九鼎。”相賀，視汾陽鼎出爲大漢一統、天子“受命而帝”的天降祥瑞。《史記・孝武本紀》“天子使使驗問巫錦得鼎無姦詐，乃以禮祠，迎鼎至甘泉。”

寶鼎獻于武帝，武帝甚歡喜，《史記・封禪書》記載方士公孫卿乘機向武帝進獻箚書，言黃帝曾於朔旦冬至得寶鼎，後成仙登天。武帝乃召問卿，公孫卿言“受此書申公，申公已死。上曰：申公何人也？卿曰：“申公，齊人。與安期生通，受黃帝言，無書，獨有此鼎書。”“申公曰：漢主亦當上封，上封則能仙登天矣。”“黃帝采首山銅，鑄鼎于荊山下。鼎既成，有龍垂胡髯下迎黃帝。黃帝上騎，群臣後宮從上者七十餘人，龍乃上去。餘小臣不得上，乃悉持龍髯，龍髯拔，墮，墮黃帝之弓。百姓仰望黃帝既上天，乃抱其弓與胡髯號，故後世因名其處曰鼎湖。”由於鼎湖升天早已流傳，漢武帝得到鼎書，成仙有望。於是拜公孫卿爲郎，令其籌畫仿黃帝封禪之事，又改年號爲元鼎。

---

7 《史記・孝武本紀》“公孫卿言見神人東萊山，若云見天子。”“天子於是幸緱氏城”“遂至東萊。”而有齊地神仙說。

8 師古註“汾脽本魏地之墳，故曰魏脽也，一曰脽丘。《水經注》云汾陰城西北隅脽丘上有后土祠。《封禪書》曰始立后土祠於汾陰脽丘是也，一曰脽壇。”

鼎湖在靈寶縣，與華山同屬弘農郡。漢弘農郡弘農縣即陝郡靈寶縣界，《漢書‧武帝紀》元鼎三年漢武帝"徙函谷關於新安，以故關爲弘農縣。"《前漢‧地理志註》"武帝元鼎四年置弘農郡。"

司馬遷（前 145 或前 135－？）家學淵源，《史記‧太史公自序》載司馬遷的父親司馬談"習道論于黃子"。所謂"黃子"，《集解》徐廣注說"《儒林傳》曰黃生，好黃老之術。[9]"司馬遷年輕時外出遊歷，足跡遍及黃河、長江流域，考察各地習俗，蒐集民間傳說史料。《漢書‧司馬遷傳》說他"網羅天下放失舊聞"。《史記‧五帝本紀》載司馬遷云：

> 學者多稱五帝，尚矣。然《尚書》獨載堯以來；而百家言黃帝，其文不雅馴，薦紳[10]先生難言之……余嘗西至空峒，北過涿鹿，東漸於海，南浮江淮矣，至長老皆各往往稱黃帝、堯、舜之處，風教固殊焉，總之不離古文者近是。

武帝元鼎四年，方士公孫卿利用汾陽出土大鼎，託稱已死的申公與神仙安期生有交情，得到黃帝留下來的"黃帝言"和"鼎書"，後來只剩下"鼎書"，他把鼎書獻給了武帝，杜撰"黃帝得寶鼎宛朐"，"黃帝採首山銅，鑄鼎於荊山下。"和黃帝得道騎龍上天等故事。司馬遷考察得此事，大約覺得"其文不雅馴"，也"難言之"，乃"擇其言尤雅者"，寫入《史記》。《史記‧孝武本紀》："中國華山、

---

9　黃生曾爲司馬談師，《史記‧儒林傳》記載他在漢景帝時與儒林博士轅固生爲湯武是否受命的問題進行過激烈的爭辯，堅決反對儒生的觀點。可見，司馬遷的父親以及黃生，都是道家的學者。

10　薦紳爲古代高級官吏的裝束，亦指有官職或做過官的人。

首山、太室、泰山、東萊，此五山黃帝之所常遊，與神會。"
漢武帝時華山已與黃帝神話聯繫。

《史記・樂毅列傳》記載"樂臣（巨）公學黃帝、老子，
其本師號曰河上丈人，不知其所出。河上丈人教安期生，安
期生教毛翁公，毛翁公教樂瑕公，樂瑕公教樂臣公，樂臣公
教蓋公，蓋公教于齊高密、膠西，爲曹相國師。"本書曾論
證安期生爲來自安息的術士，當然不會有河上丈人教安期生
之事，也沒有黃帝留下來的"黃帝言"和"鼎書"。

晁公武《郡齋讀書志》卷 3 認爲《河上公注》"其書頗
言吐故納新，按摩導引之術，近神仙家也。"《河上公注》
以神仙家來注釋《老子》，依附《老子》"長生久視"之道，
與黃帝"且戰且學仙"而形成的思想，即是湯用彤所稱"黃
老之術"。方士把黃老之學與神仙長生、鬼神祭禱、讖緯符
籙等方術雜糅一起。

最早把老子列爲神仙的是劉向，《列仙傳》稱老子"好
養精氣，貴接而不施"是懂得養生術的真人。"貴接而不施"
爲房中話語，房中以節慾吝氣，還精補腦爲指導思想，《清
靈真人裴君傳》有還神補腦不死之道。

《列仙傳》記上古三代秦漢之神仙，起於赤松，終於玄
俗，在老子之前有赤松子、寧封子、馬師皇、赤將子輿、黃
帝、偓佺、容成公、方回等。記載老子如下：

老子姓李名耳，字伯陽，陳人也。生於殷，時爲周柱下
史。好養精氣，貴接而不施。轉爲守藏史。積八十餘年。史
記云"二百餘年，時稱爲隱君子。"謚曰聃。仲尼至周見老
子，知其聖人，乃師之。後周德衰，乃乘青牛車去，入大秦，

過西關。關令尹喜待而迎之，知真人也，乃強使著書，作《道德經》上下二卷。

《列仙傳》老子以後載關令尹"老子亦知其奇，爲著書授之。後與老子俱遊流沙化胡，服苣勝實，莫知其所終。"南宋志磐所撰《佛祖統紀》謂《列仙傳》原本無"化胡"二字，此二字爲後之道士所加[11]。如果志磐所說屬實，則《列仙傳》原本爲"關令尹喜者周大夫也，善內學，常服精華……後與老子俱遊流沙，服苣勝實，莫知其所終。[12]"

《神農本草經》"胡麻，一名巨勝。"《抱朴子·仙藥》"巨勝一名胡麻，餌服之不老，耐風濕補衰老也。"胡麻又稱芝麻，宋·寇宗奭《本草衍義》"以其種來自大宛[13]，故名胡麻。"李時珍《本草綱目·穀一·胡麻》集解引陶弘景曰"胡麻，八穀之中，惟此爲良。純黑者名巨勝，巨者大也。本生大宛，故名胡麻。又以莖方者爲巨勝，圓者爲胡麻。"《參同契》"巨勝尚延年，還丹可入口。"爲修煉長生必服之物。

尹喜常服"精華"，精華即蜜蜂"採百花之精華而成者"。《清靈真人裴君傳》附浮圖中道人支子元授裴君《服

---

11 志磐《佛祖統紀》卷 40 云："《史記·老子傳》注引《列仙傳》云尹喜、老子俱之流沙，莫知所終。今刊行《列仙傳》乃於流沙下增化胡二字，一謬也。"後文又於《列仙傳》下注云"古本無化胡字。"意此二字爲道士所增改。

12 《太平御覽》卷 509：老子爲著書，因與老子俱之流沙西，服巨勝實，莫知所終。《太平御覽》卷 989：《列仙傳》曰關令尹喜與老子俱之流沙西，服鉅勝實，莫知所終。

13 大宛位於帕米爾西麓，錫爾河上、中游，當今蘇聯費爾干納盆地。史料記載張騫曾到達大宛（即今之中亞費爾干納）、大月氏（即今之阿富汗北部）、大夏（即今之阿姆河南）、康居（即今之中亞撒馬爾罕）等國，並從大月氏經安息（即今之伊朗）直抵大秦（即今之羅馬）。

苓法》與《服胡麻法》，均需配合蜜煎煮。《列仙傳》老
子神話的產生正與古代華山方士有關。

漢武帝"罷黜百家、獨尊儒術"後，黃老之學漸漸與神
仙方術、陰陽五行學說相結合，由治國經世的治術轉與神仙
家合流，方士則神化黃帝，將黃帝、老子一起奉祀，將之仙
化和神化。

湯用彤指出"道家者流早由獨任清虛之教，而與神仙方
術混同。陰陽五行，神仙方技，既均託名于黃帝。而其後方
仙道，更益以老子。於是黃老之學，遂成爲黃老之術。降及
東漢，老子尤爲道家方士所推崇。長生久視之術，祠祀辟穀
之方，均言出於老子。周之史官，擢升而爲教主。"[14]黃老
之學向黃老道術演變的軌跡，正是由道家到道教演進的關鍵
環節，是治道教史須先要搞清楚的問題。

本書《前期道教的開展》曾討論巫覡道、黃老道、方仙
道爲道教形成的三個重要因素。《列仙傳》云老子過西關入大
秦，西周建都於洛陽，是說老子由洛陽方向前往咸陽，可確定
的是出函谷關必經華山。秦以前華山是巫覡傳統，漢武帝以後
黃帝與老子的傳說，在地緣上跟華山產生了聯繫；西漢末年裴
玄仁在華山修道，如此巫覡道、黃老道和方仙道合流於華山。

## 漢代華山的書院

漢武帝元朔五年（前 124），設五經博士，弟子員 50 人，

---

14 《湯用彤全集》第 5 卷，第 41－42 頁。

興太學"以養天下之士",爲西漢置太學之始。西漢太學在長安西北七里,王莽作宰衡時"爲學者築舍萬區,作市常滿倉,制度甚盛"。東漢建武五年(29)光武帝劉秀在洛陽城東南的開陽門外興建太學,明帝劉莊曾到太學行禮講經。

　　順帝永建元年(126)對太學進行重修和擴建,太學生多至三萬人。當時私人講學較官學更具影響力,大師授徒多至萬人,例如蔡玄的門徒常有千人,前後著錄的有一萬六千人。學者在地方上影響很大,師生形成龐大的社會勢力。兩漢時的華山已形成學術中心,除張楷以外還有:

　　《後漢書·獨行傳·劉茂》:劉茂字子衛,太原晉陽人也。少孤,獨與母居,家貧,以筋力致養孝,行著於鄉里。及長能習禮,教授常數百人。哀帝時(前32-前2)察孝廉,再遷五原屬國侯,遭母憂去官,服竟後爲沮陽令,會王莽篡位,茂棄官避世,於弘農山中教授。建武二年(26)歸爲郡門下掾。

　　東漢楊震(51-124)潼關西華陰人,好學博覽,時稱"關西孔子。"隱居牛心峪,講授羣書,學者如市,其谷多槐,故稱楊震槐市。《隸釋‧太尉楊震碑》"至德通洞,天爵不應,貽我三魚,以章懿德。"是說有冠雀銜三條鱣魚飛集楊震講堂前,視爲吉兆。漢世在陰陽五行之學的盛行下和儒者的參與下,是一個非常重視讖緯祥瑞的朝代。《朱子語類》卷 139 云"楊震輩皆尚讖緯"。

　　東漢安帝(109)郎宗居華山下,服胡麻丸得道,其子郎顗"傳父業,晝研精義,夜占象度,學徒常數百人。"裴君受支子元《服胡麻法》,郎宗服麻有其淵源。郎宗所善之"風角",是以風占卜吉凶的術數,根據風向、風力、風速、風色及起風的時間等,來預測人事吉凶福禍。《後漢書‧張衡傳》"律曆、卦侯、九宮、風角,數有徵效,世莫肯學,而競稱不占之書。"李賢注"謂競稱讖書也。"不占之書指讖書,因此可知律曆、卦侯、九宮、風角等方術皆出於讖書。

　　古代書院,依山而建,林壑幽美,成爲文人墨客尋訪古跡,發思古之情的名勝。劉茂、楊震、郎宗、張楷等以華山作爲學術基地,著述、授徒、創立學派,學術思想在華山地區傳播、發揚,深深地影響了華山道教的形成。直到明嘉靖末,還有太華書院在青柯坪,康熙年間華山下有雲臺書院。

# 華山隱者

　　《雲笈七籤》卷 27《洞天福地》天地宮府圖:"十大洞天者,處大地名山之間,是上天遣群仙統治之所。"神仙之"仙",本指長生仙去,也指人在山上,即歸隱於山,避世離俗，以養全生者。《抱朴子》“古之道士，合作神藥，必入名山。”“凡爲道合藥，及避亂隱居者，莫不入山。”據說洞天福地乃眾仙所居，方士都於此修煉，最後得道成仙。山不在高，有仙則名，洞天福地是因有高道隱跡其中而得名。

許慎《說文解字》說：“隱，蔽也。”《廣韻・隱韻》中說：“隱，藏也。”《爾雅・釋古》說：“隱，微也。”遯，古字爲遯，最早出現在《周易・遯》中，是六十四卦中第三十三卦，卦象爲“下有山”。”據高亨解釋“《象傳》以天比朝廷，以山比賢人，以天下有山比朝廷之下有賢人，賢人不在朝廷之上，而在朝廷之下，乃退隱於野，是以卦名遯。”《易・序卦》和《易・雜卦》也都把“遯”解釋爲退和隱。

潛龍爲隱士的象徵，無道則隱，有道則至。位在潛龍時要“遯世而無悶”，不求表現，不求人知，默默無聞，而不煩悶，快活樂觀，毫不動搖。非不可用，而是自我不用，通過“無爲”達到“無不爲”，所以隱逸思想是積極有爲的。經歷世變後，隱遯以思索問題的根本，循本才能求末。

當條件尚不成熟時，隱而不出，積蓄力量，要耐得住寂默，韜光以待時。“飛遯，無不利。”隱遯避世，與世無爭，處於謙退的位置上，能避免危險、災難（無咎無譽）。合乎正道的退隱，“嘉遯貞吉，以正志也。”合乎時宜的隱遯，“不事王侯，高尚其事”，“士大夫踽跡全生，見幾遠害。或厲操幽棲，高情避世，是曰嘉遯。”[15]

“隱”有隱於塵世，不求聞達，在塵出塵，隱以求其高

---

15 湯用彤《漢魏兩晉南北朝佛教史》第七章。

志。有隱於山林，朝游五湖邊，暮宿青山內，頑石當枕頭，青天作被蓋。是一種異於世俗價值之生活方式。不論"隱於塵世"抑或"隱於山林"，辟地山林，高身全節，都是爲了實現人生理想。

《後漢書‧方術傳下‧費長房》與《神仙傳》載：東漢費長房為市掾時，市中有老翁賣藥，懸一壺於肆頭，市罷，跳入壺中。長房見之，知非常人。次日復詣翁，翁與俱入壺中，唯見玉堂嚴麗，旨酒甘肴盈衍其中，共飲畢而出。

《水經注‧汝水》載："昔費長房爲市吏，見王壺公懸壺於市，長房從之，因而自遠，同入此壺，隱淪仙路。"《西嶽華山志》稱"壺公石室，在嶽之西北孤峰上，壺公者，莫知姓名，常懸空壺於座上，日入之後，輒跳入壺中。費長房從之學，今住此石室中。"後以"壺天"謂仙境。

道家思想在向道教神學衍化過程中，神仙方士，黃老道和方仙道，有道之士、修道之人，道家學者、隱士逸人，和道士、道人等概念名稱，難以嚴格區別。實際上，許多隱居修道的幽逸之人與神仙方術之人，一起構成早期道教的骨幹，是後來道教團體中之所謂道士的前驅人物。

華山距離西安與洛陽都不遠，往來方便，很自然地吸引了不少文人士子在此流連、隱居。如伯山甫"入華山中"；李仲甫"入西嶽山"，華山古來高道迭出。劉向《列仙傳》載，在華山修道成仙者就有赤將子輿、仇生、平常生、修羊公、毛女、赤斧、呼子先、稷邱公等人。

## （一）避秦隱遁

《雲笈七籤》卷 104 "茅濛，字初成，深識玄遠，察覽興亡，知周之衰，不仕諸侯，乃師於北郭北阿鬼谷先生，遂隱遁華山。" 按《太原真人茅盈內紀》：高祖濛字初成，一字本初，周衰不仕諸侯，師於北郭北阿鬼谷先生，長往華山，道成乘龍白日升天。

## （二）貪生得生

南朝梁江淹《雲山贊・陰長生》"陰君惜靈骨，珪璧詎爲寶。日夜明山側，果得金丹道。" 胡之驥彙注 "《神仙傳》：陰長生，從馬明生受金液神丹，乃入華陰山合金液，不樂升天，但服半劑爲地仙。" 高尚素志，不事王侯。貪生得生，亦又何求。

## （三）徵命不至

巖穴無隱意味天下有道，要下詔徵至隱居深藏者，則 "聖人賢者出，其隱士來爲臣。"[16]詔徵或官府辟召，對被徵辟的人不具有強制力，是一種禮請，可以應聘，也可託辭不就。"繕治春秋、讖緯，隱居華陰，光武徵不至。" "辛繕字公文，少治春秋詩易，隱居弘農華陰，弟子受業者六百餘人，所居旁有白鹿，甚馴不畏人。"[17]

---

16 《太平經》丙部卷 42〈九天消先王災法〉。
17 《説郛》卷 59 下。

## （四）不營世務

《高士傳》載"高恢字伯達，京兆人，少治《老子》，恬虛不營世務，與梁鴻善，隱於華陰山。及鴻東遊，思恢作詩。二人遂不復相見。恢亦高抗，終身不仕。"梁鴻字伯鸞，扶風平陵（今陝西咸陽市西北）人。東漢初曾入太學受業，學畢，在上林苑牧豬。漢章帝時（76－88），梁鴻因看望好友高恢，經過京城，作《五噫歌》諷世。

五噫之歌曰："陟彼北芒兮，噫！顧覽帝京兮，噫！宮室崔嵬兮，噫！人之劬勞兮，噫！遼遼未央兮，噫！"全詩五句，句末均有‘噫’字。感歎皇宮崔嵬堂皇，百姓窮困勞苦。諷刺章帝勞民傷財，患害不盡。章帝聞知，不悅，下詔搜捕。於是改姓運期，攜妻兒逃往華山。所以魏、晉之際趙至《與嵇茂齊書》說他"登岳長謠""以嘉遯之舉，猶懷戀恨"。

## （五）恥以占事

《後漢書》載郎宗：理京房易，善星算風角六日七分，能望氣，占候吉凶，常賣卜自奉，安帝征對策，為諸儒表，後拜吳令。時卒有暴風，宗占知京師當有大火，記識日月，遣人參候，果如其言。諸公聞而表上，以博士征之，宗恥以占驗見知，征書到，夜懸印綬於縣庭而遁去，遂終身不仕。子凱字稚元，傳父業研精，學徒常數百人。

《真誥》"郎宗字仲綏，北海安丘人，少仕宦，為吳縣令，學精道術，占候風氣。後一旦有暴風經窗間，占知京師大火燒大夏門，遣人往參，果爾。諸公聞之以博士徵宗，宗恥以占事，就夜解印綬，負笈遯去，居華山下，服胡麻丸得道。"

## （六）保全人格

張楷字公超，授長陵縣令不就，隱於華山。學者隨之，所居成市。後華陰山南遂有公超市。漢安元年（142）順帝詔徵，張楷隱避如故。《華陽國志》："張霸字伯饒，諡曰文父，成都人也。聘士張楷，字公超。"《張霸傳》："張楷五府連辟，舉賢良方正不就。"

聘士指不應朝廷以禮徵聘的隱士，東漢因應災異而有選拔人才措施，如賢良方正、直言極諫人士，集思廣益，有助救災決策，其中包括有道術、明習陰陽度機者。在官僚體系下，很難保全自己的人格與尊嚴，故張楷被舉賢良方正不就。

《清靈真人裴君傳》載裴玄仁"時年四十五，帝累征召，一不應命。逼之不已，君乃北游到陽浴山，以避人間之網羅也。遂入石室北洞中，學道精思，無所不至。"

## （七）入山避難

毛玉姜為秦始皇宮女，秦壞，流亡入山避難。《列仙傳》"毛女，字玉姜，秦始皇宮人也。見國祚流亡，遂負琴入華山北峰上隱居，服松栢葉，飲泉水，體生綠毛。"[18]《文選》張衡《思玄賦》"載太華之玉女兮，召洛浦之虙妃。"劉良

---

18　《太平御覽》卷 953 引《異苑》曰"漢末大亂，宮人小黃門上墓樹上避兵，食松栢實，遂不復飢，舉體生毛，長尺許，亂離既平，魏武聞而收養，還食穀米，齒落頭白。"秦宮人毛女與漢宮人小黃門於亂世都食松栢體生毛，是同一母題的衍化。

注"玉女,太華神女。"玉女即毛女。

## (八) 亂世修身

綏和元年(前 8)王莽攬政,迫令董賢自殺,拔擢王舜、王邑、甄豐、甄邯、平晏、劉歆等親信,樹為黨羽,竭力誅滅異己。《後漢書·逸民傳·序》,稱"王莽篡位,士之蘊藉義憤深矣。是時裂冠毀冕,相攜持而去之者,蓋不可勝數。"

梁·任昉《述異記》卷下載"漢末王莽秉政,南陽公主避亂奔入此峯學道,後得昇仙。"《太平廣記》卷五九引《集仙錄》"漢南陽公主嬪王咸[19],屬王莽秉政(綏和間,前 1—前 8)公主夙慕空虛崇尚至道,每追文景之為理世,又知武帝之世。累降神仙謂咸曰:國危世亂非女子可以扶持,但當自保恬和退身,修道稍遠囂競必可延生,若碌碌隨時進退,恐不可免於支離之苦,奔迫之患也。咸曰甿俛世祿,未從其言。公主遂於華山結廬,棲止歲餘,精思苦切,真靈感應,遂捨廬室而去。"

## (九) 安貧樂道

《晉書·儒林傳·董景道》"董景道字文博,弘農人,少好學,千里追師所在,惟晝夜誦讀,略不與人交通,明《春秋三傳》、《京氏易》、《馬氏尚書》、《韓詩》,皆精究

---

19 《漢書·鮑宣傳》:"博士弟子濟南王咸舉幡太學下,曰:欲救鮑司隸者會此下。"西漢哀帝時鮑宣為諫大夫、司隸,為人耿直,以揭露外戚和宦官的醜惡面目,獲罪下獄。王咸就太學豎長幡,號召救鮑司隸,集於幡下,聚集太學生千餘,方得免其一死。

大義。著《禮通論》非駁諸儒，演廣鄭旨。永平中（58－75），知天下將亂，隱於商洛山，衣木葉，食樹果，彈琴歌笑以自娛，毒蟲猛獸皆循繞其傍。"

商洛為商縣和上洛縣之合稱，漢初"四皓"曾隱居於此。商洛山北為華嶽。《漢書・張良傳》"顧上有所不能致者四人"唐顏師古注"四人，謂園公、綺里季、夏黃公、甪里先生，所謂商山四皓也。"商山四皓是因為漢高祖劉邦"輕士善罵"，瞧不起知識份子而"逃匿山中，義不為漢臣。"董景安貧樂道，保節全貞，與商山四皓同一時期隱於商洛山。

## （十）避世嘉遯

郭文，字文舉，河內軹人也。少愛山水，尚嘉遯。年三十，每游山林，彌旬忘反。父母終，服畢，不娶，辭家遊名山，歷華陰之崖，以觀石室之石函（案：《洞霄圖志》卷五云即神虎內真紫元丹章）。永嘉五年入餘杭大辟山中，時猛獸為暴，文獨宿十餘年，卒無患害。晉建興二年（311）餘杭令顧揚與葛洪曾一同造訪，葛洪曾為作傳，讚頌其美。著《金雄詩》、《金雌記》。後人於其所住床席下得之，次第尋看，讖緯相似，乃傳於世。

## （十一）藏器待時

王猛（325－375）字景略，於魏郡。出身貧寒，隱居華山。博學好讀兵書。東晉大將桓溫進兵關中，王猛往謁，捫虱而談天下形勢"公不遠數千里，深入寇境，長安咫尺而不渡灞水，百姓未見公心故也，所以不至。"指出桓溫北伐只想提高個人威望，並無收復關隴失地的雄心。拒絕桓溫之聘。符堅初鎮關中，將有大志，聞華山王猛名，遣呂婆樓招之，一見便若平生，語及廢興大事，與符同契，若元德之遇孔明。符堅即位，任中書侍郎，官至丞相、中書監、尚書令，封清河郡侯，爲符堅主要的輔佐。

## （十二）隱其名姓

現存《通玄真經》12卷對道人之隱多所闡發，《道原》篇說：“真人者，知大己而小天下，貴治身而賤治人，不以物滑和，不以慾亂情。隱其名姓，有道則隱，無道則見。”無名無姓無是無非，惟恐閑名落人耳，早期華山修道者多不以真名示人，他們隱居深山，游於方外，師徒間傳授道術，甚至不見於道教史。例如赤將子輿、仇生、平常生、修羊公、毛女、赤斧、呼子先、稷邱公等。

《華嶽志》記載戴孟隱姓埋名於華山“燕公石室在三公山，漢明帝時有燕子微隱此。”戴孟本姓燕，名濟，字仲微，得道後改姓名。《真誥・稽神樞》云“養生者皆隱其名字，藏其所生之時，故易姓爲戴。”所以戴孟在華山時期叫燕濟，得道後前往武當山改名爲戴孟。

《無上祕要》卷83“西嶽公黃盧子，姓葛，名越”《抱朴子・仙藥》：“黃盧子、尋木華、玄液華，此三芝有得而服之，皆令人壽千歲。”葛越爲人治病，又以靈芝“黃盧子”爲號，說明他亦擅服食。“葛越”是用草木纖維織成的葛布，因此葛越不是黃盧子的本名。

有修羊公隱華山石室中修道。華山有另一位叫白羊公的，修羊公可能是白羊公之誤寫。南朝梁任昉《述異記》：
"燕千年生胡髯。" "羊一名胡髯郎，又名青鳥。" 白羊公
可能是留有如白羊鬍鬚者。

## （十三）辭朝歸隱

陳摶隱居山中，並非與世隔絕；生活在唐末五代長期動
亂之中，不求仕進，卻關心國家的安危。陳摶《辭朝歸隱華
山》詩云：十年蹤跡走紅塵，回首青山入夢頻；紫陌縱榮爭
及睡，朱門雖貴不如貧。愁聞劍戟扶危主，悶聽笙歌聒醉人；
攜取舊書歸舊隱，野花啼鳥一般春。

## （十四）坐守西北

民國二十六年（1937）七月二日，筆者祖父涵靜老人李
玉階（極初）1937年蘆溝橋事變前，偕祖母過純華率子（子
弋、子堅、子達、子繼），隱修華山大上方玉皇洞九年，於
白雲深處讀書養氣，祈禱靜坐。研究華山時知道十大洞天中
的西玄洞就在大上方，裴玄仁曾與祖父相距二千年同在一個空間，諸多巧合令人驚嘆。

# 嵩山石室藏經

　　嵩山在河南府登封縣北十里，古名外方山，亦名崧高山、嵩高山、崇高山、崇山、外方山。其山二尖峰，左曰太室，右曰少室，嵩其總名。《史記‧封禪書》："秦始皇二十八年禪少室"註"崧高山有大室，少室二山，以山有石室，故名。"《漢書‧郊祀志》武帝"禮登中嶽太室……乃令祠官加增太室祠，禁毋伐其山石，以山下戶凡三百封崇高，為之奉邑。"顏師古注"崇，古崇字耳。以崇奉嵩高之山，故謂之崇高奉邑。"《漢書‧地理志‧潁川郡》服虔釋"嵩高"："武帝置，以奉太室山，是為中嶽，古人以為方外山也。"

　　太室石室：《列仙傳》曰太室山中有"邗疏者，煮石髓而服之，謂之石鐘乳。往來入太室山中，有臥石床枕焉。"少室石室：《嵩高山記》"少室山大巖中有一石室，云有自然經書，自然飲食，室前有一石柱象承露盤，上有石脂滴滴流下，服之一合，壽與天地同畢。"

　　東吳初年，左慈自洛陽至江東，傳授葛玄（164－244）。《吳太極左仙公葛公之碑》說"吳初左元放自洛而來，授公白虎七變、爐火九丹，於是五通具足，化遁無方。"後來李參與王玄沖訪道鶴鳴、雲臺、嵩山、少室間，聽說葛玄道行高深，前往東吳拜師求道[20]。據《正統道藏》洞玄部譜錄類

---

20　《中華道藏》46-009-《太極葛仙公傳》引《葛仙公別傳》云："于時李參蜀郡人，及王玄沖訪道鶴鳴雲臺嵩山少室間，聞吳有仙人葛公，往師焉。"

《太極葛仙公傳》[21]：

> “仙公嘗告思遠等曰：吾昔從左元放所受《太清》等丹
> 經，今悉以付汝……又以仙藥各一丸并流明七曜紫丸之丹與
> 令服之，既服丹即神怡體輕不復飢渴，乃謂玄沖等曰：子等
> 當還嵩山齋三年，復往王屋山精思大法也……嵩高諸真當復
> 教子矣。”

葛玄臨終交代門下前往嵩山、王屋山，告知“嵩高諸真
當復教子”，說明嵩山與王屋山在葛玄心中的地位，直到三
國赤烏（238－251）年間，嵩山少室一帶還有左慈師門中的
高道，因此會推薦李參與王玄沖去尋葛玄學道。

鄭隱太安元年（302）率入室弟子隱居霍山，行前可能把
“嵩高諸真”告訴葛洪，所以在石冰之亂事平後，葛洪“投
戈釋甲，徑詣洛陽，欲廣尋異書。”由於“八王”亂起（305）
路途阻隔“半道而還，每自歎恨。”直到近五十歲時還念念
不忘，他在《抱朴子·自敘》說：“今將遂本志，委桑梓，
適嵩嶽，以尋方平、梁公（梁鴻）之軌。”

《後漢書·蔡倫傳》記載：“自古書契多編以竹簡，其
用縑帛者謂之為紙，縑貴而簡重，並不便於人。”書寫於竹
簡，有誤則用刀削去重寫。最後用皮繩編綴，捲成一捆。竹
簡笨重不便攜帶，特別是收藏越多，越需適當地點安置，否

---

21 據劉師培《讀道藏記》考證青元觀譚嗣先《太極葛仙公傳》，此傳本屬
　舊籍而重加編次，“此書出自元代，與《隋》、《唐志》所錄《仙公傳》
　名同實異。”南宋謝守灝所撰編的《混元聖紀》卷之七：仙公曰：子心
　存我，我即可見，不必依戀。子應登嵩高，彼山諸真後五年復當傳子祕
　訣，成子道矣。《歷世真仙體道通鑑》卷23：子當登嵩高，到彼見諸真，
　當復教子矣。

則易遭火燒水淹，因此有"藏諸名山"之說。又怕道經失傳，因此鼓勵後人抄寫經書，藏於名山洞府以俟有緣。

據孫毓修《中國雕刻源流考》"秦漢以還，寖之抄錄，槧墨之功，簡約輕省，視漆簡爲已便矣；然繕寫難成，故非藍台、石室或侯王之家，不能藏書，自有印刷，文明之化，乃曰孟廣。"先秦收藏文獻的處所有策府、天府、盟府以及室、周室、藏室等稱呼，所謂藏之名山。

例如《黃帝陰符經疏‧序》"每年七月七日寫一本，藏名山石岩中，得加算。"杜光庭《神仙感遇傳》載李筌好神仙之道，至嵩山虎口岩，得《黃帝陰符》本，緘以玉匣。題云："大魏真君元年（440）七月七日，上清道士寇謙之藏諸名山，用傳同好。"寇謙之玉匣藏經源於道教傳統於名山收藏道經。金匱石室爲藏書之處。《史記》說："僕誠以著此書，藏諸名山，傳之其人。"晉葛洪《抱朴子‧自序》"余所著……雖不足以藏名山石室，且欲緘之金匱，以示識者。"《一切道經音義妙門由起》引《遁甲開山圖》說"名山石室藏道經有 32 所，其 19 室有經 1695831 卷。"

杜光庭《東西女學洞記》記載長安富平縣北定陵後通關鄉，入谷二十里，有二洞，其中西女學洞"龕內有道經數萬卷，皆置於柏木板床之上。其大順年中（890－891）富平奉道人姓徐第七，曾於洞內取養生經出外傳寫，卻送山洞中。"這是圖書館的寫真，藏經借閱後必須歸還。

唐‧馮贄《記事珠》云"嵩高山下有石室名謨觴，內有仙書無數，方回讀書於內，玉女進以飲食。"劉向《列仙傳‧方回》也證明嵩山石室於漢代藏書甚豐。直到三國期間，嵩山石室都是藏經處。所謂“石室藏經”是把經藏置於石室，莫高窟藏經洞即爲此做法。石室不僅是圖書館，也是隱居修煉之處，魯女生、蔡邕、鮑靚、張陵、寇謙之等人都在此進修過。華山與嵩山是當時的修道聖地，所以寇謙之從華山移居嵩山。

裴玄仁年少時，晝夜不寐，精思讀經；劉根曾舉孝廉；戴孟漢武帝時爲殿中將軍；府掾王珍爲低階官吏；施存，孔子弟子三千人數；費長房爲市吏；薊子訓常閑居讀《易》，爲文皆有意義；李翼師真人王探，得道仙去，以道傳河上公，授《道德》五千文，深究谷神玄牝之旨；封君達通《老》、《莊》學，凡圖籍傳記無不習誦；封君達的弟子屬累，晝日潛思，夜則仰視星宿，詠內書；左慈明五經，通星氣；介象學通五經，博覽百家之言，能屬文；鮑靚學通經史；李東常爲許家奏章往來；葛玄十三歲學通古今，凡經傳子史，靡不賅覽；鄭隱本大儒士。正因爲古華山與嵩山方士多知識份子，才有形成“石室藏經”的條件。

## 張道陵與嵩山

《靈寶玉鑑》卷 1：“神虎玄冥玉札者，其法甚祕。札中乃運北斗玉諱，請降瑤光，洞照幽夜，三界十方，無所不攝。其文乃西山劉真人諱根，得於太乙玉女之親授。真人仙去之日，祕以石匣，藏之龍虎壁魯洞中，世所罕傳。”

明·宋濂《文憲集》卷 7《漢天師世家·序》中云道陵：“棄官隱洛陽北邙山，修煉形之術，章帝以博士徵不赴，和

帝即位召爲太傅封冀侯亦不就。乃杖策遊淮，入鄱陽上龍虎
山合九天神丹，訪西仙源，獲制命五嶽，攝召萬靈，及神虎
秘文於璧魯洞，俄往嵩山石室得黃帝九鼎丹書，及道既成，
聞巴蜀沴氣爲人災，銳意入蜀，初居陽平山遷鶴鳴山。"[22]

"璧魯洞，亦名西源洞，在貴溪縣南八十里，又名西源
洞。[23]" 疑西仙源本指華山西玄洞天，《裴君傳》中記載太
極四真人曾授裴玄仁神虎符，《神仙拾遺·郭文》記載郭文
舉歷華陰山石室中得石函，即《神虎內真紫元丹章》。

《裴君傳》中太極四真人曾授裴玄仁神虎符，"日君授
裴君以《揮神》之章，《九有》之符。"《神虎隱文》與《神
虎玉經》同卷，《揮神》爲《神虎隱文》中揮神之詩，郭文
在華陰山石室中所得石函，可能爲裴君門人所留。張道陵所
得之神虎秘文，應該是神虎符。

《三洞珠囊》卷 5 引《道學傳》云"張天師棄家學道，
負經而行，入嵩高山石室，隱齋九年，周流五嶽，精思積感，
真降道成，號曰天師。"《漢天師世家》卷之二載"涉河洛
入蜀山。"《歷世真仙體道通鑑》卷 18 載張陵謂王長：

　　五嶽多仙子，三蜀足名山，吾將能偕遊乎？遂與北入嵩
山崖嶺石居數年，精思感徹，有繡衣使者告曰：中峰石室藏
《三皇內文》、《黃帝九鼎太清丹經》，得而修之者，昇天
也。真人感其言，乃齋戒七日，入其室……即掘其地取之，
果得丹書，進而受之。於是遍訪名山，以尋道修真。後聞四
川風情古樸，人民易於教化，遂入四川。

---

22 《江西通志》卷 104〈仙釋〉，明宋濂《文憲集》卷七〈漢天師世家序〉。
23 婁近垣輯《龍虎山志》卷二，《藏外道書》第 19 冊，第 440 頁。

　　卿希泰先生依據北周武帝宇文邕時候所纂的《無上秘要》
"在京兆郡界"。《受籙次第法信儀》"在京兆府長安縣"。
認爲《歷世真仙體道通鑒》和《漢天師世家》等道書中，出
現張陵曾在龍虎山煉丹的傳說，是一種缺乏文獻根據的說
法，不足爲信[24]。杜光庭《洞天福地嶽瀆名山記》北邙化，
屬東都城北。南北朝較早的道書是認定在京兆地區；晚唐時
的道書則認爲是在洛陽城北。除北邙治外，其餘 23 治則均在
當時的巴蜀境內，爲什麼僅僅一個北邙治單獨處於那樣遠
呢？認爲"杜光庭記載（東都）似有可疑。"

　　河南省龍門石窟研究所名譽所長溫玉成與卿希泰先生的
觀點不同"北邙治遠在洛陽北邙山；或云張魯降曹（215）後
移至此地；或云張道陵多次活動於洛陽，北邙治早已有之。"[25]

　　《道藏》收有幾部東漢時五斗米道的經書，其中《太上
三五正一盟威籙》，陳國符考證這是東漢末年張道陵創教時
的道經，稱"北邙治右察氣祭酒，屬土，在洛京洛陽縣。"此
外約出於南北朝後期《玄都律文》是早期天師道重要的戒律，
稱天師張道陵"於洛陽靖，天師隨神仙西遷蜀郡赤城。"[26]

　　東漢建武五年（29），光武帝在洛陽城東南興建太學，
漢明帝劉莊還到太學行禮講經。順帝永建元年（126）對太學
進行重修和擴建，費一年時間，用工徒十一萬二千人，建成
兩百四十房，一千八百五十室。所招學生稱之爲太學生，其

24 卿希泰《道教在巴蜀初探》，社會科學研究（成都）2004 年第 5 期。
25 溫玉成《用仙佛模式論說錢樹老君》，新疆師範大學學報（哲社版）2006
　　年第 1 期。
26 《中華道藏》08-618-《玄都律文》。

後，太學生人數多至三萬人。

漢代大儒往往自立精舍、精廬，開門授徒。太學生可向著名經師學習，遊學風氣很盛，往往千里求師學藝。皇甫謐《高士傳》稱姜肱"習學五經兼明星緯，弟子自遠方至者三千餘人，聲重於時。"《後漢書‧姜肱傳》云"盜聞而感悔，後乃就精廬，求見徵君。"李賢注"精廬即精舍也。"宋‧王觀國《學林新編》曰"精舍本為儒士設，至晉孝武立精舍以居沙門，亦謂之精舍，非有儒釋之別也。"

張陵在洛陽太學求學期間，完全有可能接觸有關外國的知識，得到啟發，從而到蜀地施展他的政治抱負；張陵入嵩山石室"隱齋"，所得《黃帝九鼎太清丹經》，即來自安息的安期生[27]。

嵩山位於河南登封縣北五、六公里之處，西漢定為五嶽之中嶽。北瞰黃河、洛水，南臨潁水、箕山，東接五代京都汴梁，西連九朝古都洛陽，素有"汴洛兩京、畿內名山"之稱。嵩山石室於漢代藏書甚豐，西晉文學家潘嶽（247－300）著《關中記》云"嵩高山石室十餘孔，有石床、池水、食飲之具，道士多遊之可以避世。"

據《後漢書‧方術列傳》魯女生於嵩高山，一女子出《五嶽真形圖》與之。《漢武帝外傳》稱：三天太上侍宮曾在嵩山以《五嶽真形圖》傳漢末方士魯女生，魯傳薊子訓，薊傳封君達，封傳左慈，左傳葛玄。鮑靚以晉元康二年（292），於嵩山劉君石室得《三皇天文》。劉根於漢孝成皇帝綏和二

---

27　參閱本書《張道陵與嵩山的淵源》以及《中西文化的相遇與相容》。

年（－7）舉孝廉，隨裴玄仁學道後，在嵩山石室傳道。

章太炎在《檢論》卷三《黃巾道士緣起說》說："今云黃巾道士，起于張陵、張魯之倫，其奸令、祭酒，雖主習老子五千言，本非虛無貴勝之道，而亦不事神仙，但爲禁治解劾而已。斯乃古之巫師，其術近出墨翟。""漢晉後道士，皆其流也。"章太炎說道教的方術與墨翟有關，而在嵩山學道的劉根曾託名墨子著《枕中五行記》[28]。認爲"張道陵之術與劉根近似，必有所受之也。[29]"

《神仙傳》載張道陵"本太學書生，博通《五經》，晚乃歎曰：此無益於年命，遂學長生之道。"張道陵入嵩山石室"隱齋"，當在他離開太學後，出任巴郡江州令之前，接觸過劉根的攝鬼之法神虎秘文，得《三皇內文》、《黃帝九鼎太清丹經》。然後在順帝時（141）客蜀，學道鶴鳴山中，造作符書。古靈寶經《太上洞玄靈寶五符序》卷下有云：

鍾山真人告夏禹有言：（張）陵昔聞之於東海小童說，云但抱靈寶符，入水赴淵，則北帝開路，蛟龍衛從，水精震怖，長生久視，永享天柞。執符入火，則陽光珍聆，南帝激電，助我驅穢，佩符登山，山精迸走。中黃大帝，與我爲輔……太上真人之辭東海小童，使陵佩符而護之矣……子長受霍林仙人口訣，似韓眾矣……陵徐而思之，其師名韓眾類。

《太上說南斗六司延壽度人妙經序》題云"道陵先於中嶽已獲得黃帝九鼎丹書，後始在鶴鳴山隱居，遂備藥物，乃

---

28 《抱朴子·遐覽》言幻術"其變化之術，大者唯有《墨子五行記》，本有五卷，昔劉君安未僊去時，鈔取其要，以爲一卷。

29 章太炎《國學講演錄》：諸子略說。

依其方法，修鍊三年，丹成，未敢服之。"《神仙傳》中說張道陵"精思煉志，忽有天人下……或自稱柱下史，或稱東海小童[30]，乃授陵以新出正一盟威之道。"《神仙傳》有如同韓眾般的神人傳道給在嵩山修道的劉根。

　　《太平廣記》卷81引《拾遺記》："漢惠帝時天下太平，干戈偃息，遠國殊鄉重譯來貢。時有道士韓稚者，終之裔也[31]，越海而來，云是東海神君之使，聞聖德洽于區宇，故悅服而來庭。"《藝文類聚》"今本館作宮祠，韓惠帝時，有道士韓稚越海而來，云是東海神使，退莫知其所之，帝使諸方士立仙壇於長安城北，名曰祠韓館。"韓稚是韓終之"裔"，上述《五符序》說張陵"其師名韓眾類。""類"與"裔"是同一表述，韓稚越海而來，韓眾也是來自海外。

　　小林正美進一步發現五斗米道相信正一盟威之道是"太上真人"授予張陵的，黃赤房中術也是正一盟威之道之一種，五斗米道的基本教法在於擊退惡鬼的咒鬼法，並向鬼神上章請禱。黃赤房中術是無關鬼神的長生法，與崇尚還精補腦、行氣導引的葛氏道教法相吻合[32]。他認為："天師道認為自家的源流不僅是五斗米道，而且還信奉上清派和葛氏道的道書所說的教理和仙術，將其吸納入天師道的教理和仙術中。"[33]

　　小林正美推測："西晉末年由中原向江南移居的僑民中

---

30 東海小童是漢魏南方道教中的仙人。《抱朴子》卷17《東海小童符》即有東海小童後成為傳授上清經的重要仙真。《真誥》卷1有東海小童，並且具體解釋說是上相青童君。
31 據王逸注《楚辭·遠遊》："羨韓眾之得一"句，"韓眾"亦作"韓終"。《登真隱訣》云：東海勞盛山北陰之室，有霍林仙人韓眾，撰服御之方也。
32 小林正美著；王皓月譯《中國的道教》29頁，齊魯書社2010.1。
33 同上11頁。

的五斗米道信徒，和江南的葛氏道接觸以後，葛氏道的房中術才被五斗米道所吸收。"不論上清派或寇謙之都將黃赤房中術看做是張陵的教法。事實上張陵在作太學生期間，前往嵩山訪道，得《三皇內文》、《黃帝九鼎太清丹經》，接觸過"嵩高諸真"，《神仙傳》記載張道陵者學長生之道，五斗米道與葛氏道的仙術都源於嵩山。

不僅如此，改革舊天師道、五斗米道，建立北天師道的寇謙之，曾與成公興同隱華山，後來寇謙之於晉安帝元興元年（402），移居嵩山，可能與"古華山派"有關，寇謙之與張道陵有許多相似之處。《雲笈七籤》卷 6 引《玉緯》稱"漢末有天師張道陵精思西山，太上親降。漢安元年（142）授以三天正法，命爲天師。又授《正一科術要道法文》。"在嵩山的寇謙之也自稱太上老君賜他《雲中音誦新科之誡》20卷，授以天師之位。

道教法師拔度亡魂，先之以神虎追攝，次之以神旛攝召，引領亡魂並赴法壇。"混元玉簡有迴骸起死度人之道。"爲何以"神虎"追攝，"假神虎攝召者，蓋寅爲鬼門，其屬則虎，以其方屬攝召者。""行持之士，若不得玉簡，則亡魂不能聚其魂魄，卒難超度。""三部追魂使者符乃昔西山真人劉根遇太一玉女授之，功成，遺龍虎山壁魯洞中。"[34]"毛公壇劉天師，召攝亡魂之祖師，總領仙籍。"[35]反映出靈寶派繼承劉根的追攝鬼魂之法。

王承文先生認爲上清派和靈寶派都是東晉後期從天師道

---

34　《中華道藏》34-235《上清靈寶大法》卷 36〈混元玉簡〉。

35　《中華道藏》40-453《靈寶領教濟度金書》卷 260。

中分化出來的上層道派。與上清派相比，早期靈寶派更多地
保持了漢魏天師道的傳統。北周‧釋道安《二教論》有"靈寶
創自張陵，吳赤烏之年始出；上清肇自葛玄，宋齊之間乃出。"
與道安同時代的甄鸞和唐初法琳、釋道世都有同樣的論點。
佛教學者所指稱的 "靈寶" 是特指那批在六朝道教發展史上
具有深遠影響的早期靈寶經典。而佛教學者將其直接歸於天
師道的開創者張道陵，則從一個重要方面反映了靈寶經與漢
魏天師道極爲深厚的淵源關係[36]。

王承文認爲早在葛洪之師即生活在三國吳和西晉時的鄭
思遠之時，江南的葛氏道中即已開始融攝漢魏天師道教法
[37]。對此論點筆者不敢苟同，如果鄭思遠重視天師道教法，
何以《太極葛仙公傳》中"仙公嘗告思遠等曰：吾昔從左元
放所受《太清》等丹經，今悉以付汝……乃謂玄沖等曰：子
等當還嵩山齋三年，復往王屋山精思大法也……嵩高諸真當
復教子矣。"[38]直到三國赤烏（238－251）年間，嵩山還有
左慈師門中的高道。

---

36 王承文《早期靈寶經與漢魏天師道 —— 以敦煌本《靈寶經目》注錄的靈
　　寶經爲中心》，《敦煌研究》1999 年第 3 期。
37 同前註。
38 據劉師培《讀道藏記》考證青元觀譚嗣先《太極葛仙公傳》，此傳本屬
　　舊籍而重加編次，"此書出自元代，與《隋》、《唐志》所錄《仙公傳》
　　名同實異。"疑其書乃從《葛君內傳》演變而來，流傳於南宋至元朝初
　　年。《太極葛仙公傳》引《別傳》云：仙公嘗告思遠等曰：吾昔從左元
　　放所受《太清》等丹經，今悉以付汝，然上天禁重勿傳非人也。若有志
　　心之士宜依四極明科盟跪授之。其諸品符錄洞真洞玄洞神真經等，是太
　　極真人徐來勒授我。此乃上方禁文，自有飛仙守衛，吾昇舉之後可傳諸
　　名山洞臺，勿閉天道也。又以仙藥各一丸並流明七曜紫丸之丹與令服之，
　　既服丹即神怡體輕不復飢渴，乃謂玄沖等曰：子等當還嵩山齋三年，復
　　往王屋山精思大法也。玄沖等請留侍，曰：子心但存我我即可見，不必
　　依戀也。嵩高諸真當復教子矣。

# 赤松子與赤將子

　　赤松子亦稱赤誦子，是秦漢間流傳的一位仙人，各家所載，互有異同。《楚辭·遠遊》："聞赤松之清塵兮，願承風乎遺則。"《韓非子·解老》"赤松得之，與天地統。"《漢書·古今人表》："赤松子，帝嚳師。"《淮南子·齊俗訓》："今夫王喬、赤誦子，吹嘔呼吸，吐故內新，遺形去智，抱素反真，以遊玄眇，上通雲天。"高誘注："赤誦子，上谷人（今河北懷來縣東南）也，病癘入山，導引輕舉。"

　　《列仙傳》說："赤將子輿（輿又作蠠）者，黃帝時人也，不食五穀而噉百草華（花），至堯時爲木工[1]，能隨風雨上下。時時於市門中賣繳，亦謂之繳父。""赤松子者，神農時雨師。服水玉以教神農，能入火自燒。至崑崙山上，常止西王母石室中。隨風雨上下。炎帝少女追之，亦得仙俱去。至高辛時復爲雨師，今之雨師本是焉。"雖然赤松子與赤將子輿有許多同質性，劉向視爲不同的兩位仙人，分別有傳。

　　《列仙傳》描述赤松子與赤將子輿皆有所本，或意有所指。例如：赤松子爲雨師，是主持祈雨、止雨的巫師。通過焚巫、曝巫來祈雨古籍中屢見，故赤松子有入火自燒、隨風

---

1　木工是古代官名。《禮記·曲禮下》"天子之六工：曰土工、金工、石工、木工、獸工、草工，典制六材。"

雨上下的記載。

《上清握中訣》有赤將子鍊形法云：“夜臨目向火，口吸取火光，咽之無數，存覺身匝體，洞然如火，良久乃止。三年行之，能入火坐。”鍊形三年能入火坐，陶弘景是把“能入火自燒”的赤松子與赤將子視爲同一人。

《裴君傳》赤將子輿傳支子元五行紫文“心存兩目中出青氣，心中出赤氣，臍中出黃氣。於是三氣相繞，合爲一氣，以貫一身……此煉形之道，除尸蟲之法也。”《無上祕要》卷 84“赤將子(輿)，黃帝時人，授西嶽公禁山符，又服火法。”五行紫文煉形之道與《上清握中訣》赤將子鍊形法一致。

《列仙傳》說赤將子輿噉百草華（花），“百草華”是指採百花之精華而成的蜜。《雲笈七籤》卷 74“卉醴華英者，蜜也。”裴君受支子元《服茯苓法》及《服胡麻法》有以胡麻、茯苓漬蜜中。

《抱朴子·仙藥》說：“赤松子以玄蟲血漬玉爲水而服之，故能乘煙上下也。”據王志堅《表異錄·蟲魚》：“玄蟲，蟬也。”李時珍謂：“治皮膚瘡瘍風熱，當用蟬蛻；治臟腑經絡，當用蟬身。”《圖經衍義本草》陶弘景云：“玉雖曰性平，而服玉者亦多發熱，如寒食散狀。”服玉會發熱，故赤松子以蟬血浸玉以退熱。

《山海經·南山經》：“堂庭之山多棪木，多白猿，多水玉，多黃金。”郭璞注：“水玉，今水精也。”水玉是石英、水晶的古稱。南朝梁庾信《玉帳山銘》說：“煮石初爛，燒丹欲成。”即是指仙人煮石而食，與道士“燒丹”一脈相承。“燒丹”的根源在以石（玉）爲長生藥的信仰，所謂瓊

漿玉液、神仙玉漿、玉膏、玉脂、玉醴、玉屑等都是不死藥
的代名詞。

　　《神仙傳》云"李仲甫少學道於王君，服水丹有效，兼
行遁甲能隱形。"《茅山志》卷5"李仲甫恒服水玉有效，能
步斗隱形，晝夜行三綱六紀之法。"王君即王珍（王真），《神
仙傳》劉根傳王珍行三綱六紀之法，赤將子輿傳道法予支子
元，支子元爲裴玄仁之師。赤松子與李仲甫皆服水玉，則：
赤將子輿→支子元→裴玄仁→劉根→王珍（王真）→李仲甫

# 皇初平與赤松子

　　關於皇初平是赤松子，《神仙傳・皇初平》有金華山牧
羊兒皇初平，初平改字赤松子，初起改字魯班，服松脂、茯
苓，以及白石皆變羊的紀錄。宋・倪守約《金華赤松山志》
載："丹溪皇氏，婺（今金華）之隱姓也。皇氏顯於東晉，
上祖皆隱德不仕。明帝太寧三年(325)四月八日皇氏生長子，
諱初起，是爲大皇君。成帝咸和三年（328）八月十三日生次
子，諱初平，是爲小皇君。"

　　明代胡應麟爲金華山人，對皇初平白石變羊的傳說非常
熟悉，因此自號石羊生，他認爲皇初平兄弟皆襲古仙名：

　　神仙家名號相類者最易混淆，赤松子本黃帝時雨師，吾
邑黃初平得道後慕古松，因易此名，世遂以初平爲赤松子。
劉孝標博洽冠世，亦以金華赤松子爲雨師，蓋止據《列仙傳》
言之，而《神仙傳》或未覩也。葛稚川當晉過江時與孝標相
去不遠，唐前書無刻本，所撰《神仙傳》或未行於時，故孝

標未及覩⋯⋯又初平兄初起後亦改名魯般，蓋兄弟皆襲古神仙名。"[2]"《神仙傳》所稱黃初平叱石成羊事舊矣，迺劉氏《山棲志》則以赤松爲雨師，何也？夫雨師本《列仙傳》炎帝時赤松，非黃氏弟兄明甚！[3]

金華山常與華山混淆，如《歷世真仙體道通鑒》卷 21 載"路大安於晉惠帝永康二年（301）至太安元年（304）間居於華山，以混元籙傳之丁義，以混元經傳之郭璞，以混元法（一說混元六天如意道法）傳之許旌陽，以混元針灸傳之妙通朱仙。"六天一詞常見天師道、上清、葛氏道諸派經典，酆都山六天魔鬼加害人民的傳說，東晉初中期在江南一帶盛行，並爲民所懼。六天之治、六天故氣主要是指邪鬼、巫覡舊法。路大安傳六天如意大法，意味與江南"巫覡舊法"的淵源，所居華山非陝西華山，而是坐落于古婺州的金華山。

據南朝梁劉孝標《金華山栖志序》"左元放稱此山云：可免洪水五兵，可合神丹九轉。"西方屬金，金華山寓意西嶽華山。《太上洞玄靈寶五符序》云"古有黃初平者，正服此藥（茯苓），方成真人。"[4]皇初平服茯苓，《清靈真人裴君傳》有裴君受支子元服茯苓法。

古仙赤松子名氣大，漢成帝時（前32－前7）甘忠託稱《太平經》源於赤松子，造作《天官曆》及《包玄太平經》12 卷，說"漢家逢天地之大終，當更受命於天。天帝使真人

---

2 明・胡應麟《少室山房筆叢》卷 28〈玉壺遐覽〉三。
3 《少室山房集》卷 83〈赤松藁序今名華陽〉。
4 《中華道藏》04-007-《太上洞玄靈寶五符序》云"取松脂、茯苓各十二斤，以水漬茯苓、松脂七日，朝陽去水。以醇酒二斗，與茯苓合餌之，以曝令乾，月食一斤。欲不食，因鍊松脂，去苦龘，以火溫之，納茯苓中治合，和以白蜜，三物合服之。"

赤松子下，教我此道。”漢‧荀悅《前漢紀》卷 28 “《太平經》者，成帝時齊人甘忠詐造，云天帝使真人赤松子教我此道。”荀悅認爲甘忠所稱的赤松子傳道是詐造。

由於對傳說中仙人赤松子的仰慕，所謂從赤松子遊，並非真的與赤松子學道，是表達追求神仙境界。例如《神仙傳‧墨子》“墨子年八十有二，乃歎曰：世事已可知，榮位非常保，將委流俗以從赤松子遊耳。”《史記‧留侯世家》張良“願棄人間事，欲從赤松子遊耳，乃學辟穀、導引、輕身。”《漢天師世家‧序四》因此記載張陵爲張良後代“漢天師道陵者，留文成侯苗裔也。文成侯授書黃石，辟穀而倡赤松遊，所爲濬道教之源，蓋有其自。”甚至有假藉赤松子之名造作《赤松子章曆》、《赤松子中戒經》等道經。

漢延熹四年（161）弘農太守孫璆建《西嶽華山碑》曰：“武帝巡狩五嶽立宮其下，宮曰集靈宮，殿曰存僊殿，門曰望僊門。”桓譚《仙賦》序載“余少時爲中郎，從孝成帝（前 32－前 6）出祠甘泉，河東見郊，先置華陰集靈宮，宮在華山下，武帝所造，欲以懷集仙者王喬、赤松子，故名殿爲存仙。”[5]可見漢武帝時赤松子的傳說即與華山有關。

## 來自西域的赤君

浮圖道人、胡巫、天竺道人[6]、浮屠方士、外國方士、胡

---

5　《四庫全書‧御定歷代賦彙》卷 105。
6　《南齊書‧扶南傳》：永明二年（484）闍邪跋摩遣天竺道人釋那伽仙，上表稱臣。

僧等都是隨著絲路而來的外國人。西域胡人[7]抵達漢地初期以長安、洛陽爲中心，從秦始皇到漢武帝這段時期，神仙方術盛行於長安一帶，對來華的方士、外國道人提供了很好的活動環境[8]。

　　湯用彤對佛教入華、永平求法的傳說以及《四十二章經》考證，認爲佛教東漸首先經由西域之大月氏、康居、安息諸國，其交通多由陸路[9]。自西域來的胡人，中國人根據他們的國名而安上姓氏，安息國姓安，大月氏（音支）姓支，天竺（印度）姓竺，康居國姓康，龜茲白姓（亦作帛），疏勒裴姓，他們的弟子也都隨師姓。

　　《上清眾經諸眾聖秘》卷5《太上大道君傳》記載："甲子之旬，壬申癸酉之年，當有一人，先出於赤城江陽之山、東南之野。一人者，道士也，當披七色法衣，從六人，執仗器，皆是仙童也。其一仙童安法曇，其二侍童支安香，其三侍童干智道，其四侍童康獻師，其五侍童帛上越，其六侍童竺石賓。"太上大道君爲上清眾真之尊，他披七色法衣，六位仙童都來自西域。

---

7　西域之名有廣狹兩義，狹義專指蔥嶺以東而言，本文使用其廣義，即凡通過狹義西域所能到達的地區，包括亞洲中、西部、印度半島、歐洲東部和非洲北部在內。

8　外國道人的記載見於東漢楊震《關輔古語》，又載於《搜神記》卷13、《三輔黃圖》、《幽明錄》、《高僧傳》卷1《竺法蘭傳》：漢武鑿昆明池，極深，悉是灰墨，無復土。舉朝不解。以問東方朔。朔曰"臣愚不足以知之，可試問西域胡人。"至後漢明帝時（58－75），外國道人入來洛陽，時有憶方朔言者，乃試以武帝時灰墨問之。胡人云"天地大劫將盡，則劫燒，此劫燒之餘。"乃知朔言有旨。

9　湯用彤《漢魏兩晉南北朝佛教史》，北京：北京大學出版社，1997。

　　《雲笈七籤》卷 9 三洞經教部“晉興寧三年乙丑歲七月一日，桐柏真人授道士許遠遊，言……九月一日、七月一日、四月八日，當有道士著七色法衣，手持九曲策杖，或在靈壇之所，或在人間告乞，或詠經詩，或作狂歌。子若見之，勤請其道，必授子《神虎上符》。此南嶽真人，太上常使其時下在人間，察視學者之心也。”[10]著七色法衣，持九曲策杖者是南嶽真人，前述他有六位來自西域的仙童，南嶽真人加上六位仙童即是七聖。

　　《真誥・運象》云：“裴君從者持青髦之節，一童帶繡囊。”“《寶神經》是裴清靈錦囊中書，侍者常所帶者也。裴昔從紫微夫人授此書也，吾亦有，俱如此，寫西宮中定本。問西宮所在？答云：是玄圃北壇西瑤之上台也[11]。天真珍文盡藏於此中。”裴真人言：“此書與隱書同輩事，要而即可得用。一名《七玄隱書》。”

　　《七玄隱書》又云《七聖玄紀》，《真誥・稽神樞》說：“《七聖玄紀》中云，赤君下教，變跡作沙門，與六弟子俱顯名姓者也。”又云：“在元氣爲元君，在元宮爲元帥，在南辰爲南極老人，在太虛爲太虛真人，在南嶽爲赤松子。”

　　佛教經典常有類似“變跡作沙門”的表述，如《大方廣

---

10　《上清太上元始耀光金虎鳳文章寶經》以及《洞真太上金篇虎符真文經》也有這段記載。

11　玄圃爲傳說中崑崙山頂的神仙居處。《淮南子》曰：懸圃在崑崙閶闔之中。‘玄’與‘懸’古字通。北魏酈道元《水經注・河水一》“崑崙之山三級：下曰樊桐，一名板松；二曰玄圃，一名閬風；三曰層城，一名天庭。是爲太帝之居。”《登真隱訣》卷 3 仙房品“玄真白龜臺，《明堂玄真經》在其中。”

十輪經》卷一"地藏菩薩作沙門像，現神通力之所變化。"
《佛說不空羂索陀羅尼儀軌經》卷上"觀世音菩薩自變現身
作沙門相，善權導引將詣佛剎。"

　　"沙門"的梵文是 sramana，意思是"宗教修行者、修
煉者"，其詞根 sram，意思是"努力、精進"。在吠陀文獻
中這一術語只出現了兩次；一次在《廣林奧義》（iv.3.22）
中，它與宗教苦行修煉者（tapasa，來源於 tap，意思是"熱
力"）並列，顯示沙門與苦行者都屬於遊方行乞者階層。婆
羅門的遊方行乞者被稱爲苦行者，從來不用"沙門"一詞
[12]。《七聖玄紀》中的赤君是來自天竺的修行者。

　　《真誥·甄命授》陶弘景註"此後云我之所師南嶽赤松
子，又房中之事，惟裴君少時受行耳。"陶弘景根據當時所
見資料云裴玄仁"所師南嶽赤松子"。《真靈位業圖》也說：
"左聖南極南嶽真人左仙公太虛真人赤松子，黃老君弟子，
裴君師。"

　　據《真誥·甄命授》"黃老爲太虛真人南嶽赤君之師。
裴既師赤君，所以崇其本始，而陳其德位也。"《真誥》認
爲赤君爲裴玄仁之師，《清靈真人裴君傳》中裴玄仁之師爲
佛圖中道人支子元，而支子元之師爲蔣先生（赤將子）。蔣
先生以所出"赤城"爲姓，有時變跡作沙門，披七色法衣。
隨侍弟子六人，都是西域人有胡姓。

　　《裴君傳》載裴玄仁"於四月八日，與馮翊趙康子、上
黨皓季成共載詣佛圖道人。"這一天恰好是《雲笈七籤》卷

<hr>

12 李建欣《佛教在印度興起的思想文化背景·沙門思潮論》，世界宗教研
　　究 2007 年第 3 期。

9 三洞經教部所說南嶽真人來到人間察視學者的日子，赤將子輿（即南嶽真人）曾以《神訣》五首授佛圖道人支子元。《裴君傳》載太極四真人授裴君神虎符即是《神虎上符》。

　　據《無上祕要》卷 83 得鬼官道人名品"仙伯辛彥雲，胡姓安，名法曇，赤君弟子；石仙公王遙有（甫），胡姓竺名石賓，赤君弟子。"同書卷 84〈得太清道人名品〉載"叔度，胡姓康名獻，師赤君。"來自"赤城"的"赤君"，即《清靈真人裴君傳》中的南嶽真人赤松子，也是赤將子蔣先生。"蔣"拆寫爲"艸將"，可能誤認爲是"赤將"，赤將子即蔣子。佛圖中道人支子元，可能是赤君六位侍童中的支安香。《無上秘要》卷 83"得鬼官道人名品"記載有"支子元，作道人，裴君小時師。"支子元是來華胡人，故被定位爲"鬼官"。

　　赤君弟子竺石賓，漢名爲王遙，《真靈位業圖》說："左仙公王遙，赤君弟子。"[13]《陝西通志》卷 8"華嶽之東有王刁洞，爲仙人王遙與刁自然登仙處。"《神仙傳‧王遙》"王遙者，字伯遼，鄱陽人也。有妻無子，頗能治病，病無不愈者。亦不祭祀，不用符水針藥。其行治病，但以八尺布帊（帕），敷坐於地，不飲不食，須臾病癒，使起去。其有邪魅作禍者，遙畫地作獄，因召呼之，皆見其形，入在獄中。或孤狸鼉蛇之類，乃斬而燔燒之，病者即愈。"王遙能召邪魅，裴玄仁的弟子劉根亦能召鬼。

---

13　《無上祕要》得鬼官道人："仙伯辛彥雲，胡姓安，名法曇，赤君弟子；石仙公王遙，有胡姓竺，名石賓，赤君弟子。"石仙公爲"左仙公"之誤寫。

　　漢代以後透過絲綢之路，引進西域月支（今新疆伊犁河上游一帶）以及大夏（Bactria，今阿富汗北部）、波斯（今伊朗）、天竺（今印度）、大秦（古羅馬帝國）等國的地毯織造技術。明·沈德符《野獲編·外國·西域記》“地鋪氈毯，君臣上下，男女相聚，皆席地趺坐。”王遙喜歡“以八尺布帊，敷坐於地”，是來自西域的習慣。

　　又據《太極葛仙公傳》“玄沖等長跪曰：竊聞有七聖披七色法服，而二聖高仙或在終南、赤城、嵩山，不審何經所載，可得聞一否？仙公曰：高仙是南極真人與南極侍郎也，所謂十方神仙化形是正真也。”赤君爲印度婆羅門徒，七聖即赤君與六弟子，活動於終南（華山終南同處秦嶺一脈）、赤城、嵩山一帶，赤君又稱南極老人、太虛真人、赤松子、南極真人、南嶽真人。

　　《清靈真人裴君傳》附佛圖中道人支子元授裴君《服胡麻法》云：“蔣先生於黃金黿祖山中授支公也。”《抱朴子·金丹》說可以精思合作藥之山，皆有正神在，列舉華山等二十餘山，其中有黃金山、黿祖山。胡麻本產於印度，佛圖中道人支子元是月氏人後裔，“黃金山”不能在中土尋找。

　　依《大唐西域記》卷 10 載：“伊爛拏鉢伐多國（梵Iraṇa-parvata）爲中印度古國，又作伊爛拏國，譯爲黃金山國，位於摩揭陀國東方，殑伽河（恒河）南岸。此國周三千餘里，其大都城北臨殑伽河，有伽藍十餘所，僧徒四千餘人，多習小乘正量部法。釋尊往昔曾居住此國，爲諸天人廣說妙法。”[14]

---

14　請參閱《方仙道的內涵》關於阿富汗巴米揚的記載。

　　《大唐西域記》卷 10 云"瞻波國，周四千餘里，國大都城北背殑伽河（恒河），周四十餘里，土地沃潤，稼穡滋盛，氣序溫暑，風俗淳質，伽藍數十所，多有傾毀，僧徒二百餘人，習小乘教，天祠（婆羅門教）二十餘所，異道雜居。"

　　殑伽河南有拘蘇摩補羅城，據《大唐西域記》卷 8 摩揭陀國條載，中印度摩揭陀國之舊都城，稱爲拘蘇摩補羅，關於此國《西域記》載（大正 51·893c）：邪正二道信者相半。伽藍百餘所，僧徒萬餘人，大小二乘兼功習學，天祠二百餘所，異道數千餘人。《大唐西域記》記載"初有婆羅門，高才博學，門人數千，傳以授業。"

　　殑伽河旁有伊爛拏山，古今仙聖繼踵棲神，古來五通仙常居。《大唐西域記》載，伊爛拏山含吐煙霞，蔽虧日月，爲一火山，今其附近僅有溫泉湧出，而不見噴火。《大唐西域記·曲女城》"時仙人居殑伽河側，棲神入定，經數萬歲，形如枯木。"

　　據《慧苑音義》卷下載："昔有一五通仙人，名俱陳，常爲人說護淨經及養生法，此後學徒皆以師名及法爲其姓氏，人眾漸廣，即於其處建立城郭，故舉國人皆姓俱陳那（諧音支），城亦名俱陳那。"五通仙人擅養生法，"黃金鼉祖山"可理解爲位於"黃金山"的祖山（祖庭）。五通仙人的養生法，可以從《楞嚴經》十種仙人觀察。

## 持九節杖的赤君

　　道書記載南嶽真人（赤君）持九曲策杖，《神仙傳》中赤君弟子王遙以九節杖負篋。《三國志》卷 8《張魯傳》注引《典略》"太平道者，師持九節杖爲符祝。"九節杖即有九節的竹杖（拄杖），陳寅恪在《天師道與濱海地域之關係》據《真誥》說："竹者爲北機上精"，認爲竹曾被天師道視爲靈物，太平道以九節杖爲法器，值得進一步探索。

　　《雲笈七籤》卷 48 "神杖用九節向陽竹"，《太平御覽》卷 675 引《赤書玉訣上經》"取靈山向陽竹，今長丈有七節（按：當爲九節），作神杖，使長上下通直。甘竹乃佳，印以元始之章，動息坐起，恆以自隨，有五帝真符吏輔翼上真。"《茅君傳》曰："太素真人把八景飛杖，九色之節，出入上清。三天玉童頭連三角黃巾，手把九節金杖。"

　　九節杖亦稱策杖。《洞玄靈寶道學科儀》稱："凡是道學，當知九節杖，輔老救危，各有名字，不可不知。"九節各以星爲名，順序爲太皇星、熒惑星、角星、衡星、張星、營室星、鎮星、東井星、拘星等。規定"年四十以下師，未受經法，謂之無爵，不得杖。"《上清靈寶大法》載"以杖指天，天神設禮；以杖指地，地祇侍迎；指東北方，萬鬼束形。"

　　漢建元二年至元朔三年（前 139－前 126），張騫出使西域期間，曾在大夏見到從印度販運去的蜀布、邛竹杖。大夏在中國西北地區，大致在今新疆和田一帶，屬東伊朗人種。《竹譜》："筇竹，高節實中，狀若人，剖爲杖。出南廣邛都縣。"《老學庵筆記》載："筇竹杖，蜀中無之，乃出徼外蠻峒。蠻人持至瀘敍間賣之，一杖才四五錢，以堅潤細瘦九節而直者爲上品。"

　　敦煌文獻《佛圖澄所化經》"化爲壹老公，手提九節杖，而便自謂：吾是佛圖澄，故來語汝罪福。"《法苑珠林・集神州三寶感通錄》記載"佛圖澄西域人，形貌似百歲者……策杖軍中，預定吉凶。"手提九節杖的長者，同《法苑珠林》中佛圖澄的形象吻合。王遙以九節杖擔篋，是來自西域的風俗。

## 赤松子的導引行氣

　　導引一詞，始見於《莊子・刻意》"吹呴呼吸，吐故納新，熊經鳥伸，爲壽而已矣；此導引之士，養形之人，彭祖壽考者之所好也。"導引結合了運動肢體、調息呼吸、按摩，可使氣血循環通暢。

　　《史記・扁鵲倉公列傳》"醫有俞跗，治病不以湯液醴灑，鑱石撟引，案扤（抏），一撥見病之應。"司馬貞索隱："撟引謂爲按摩之法，夭撟引身，如熊顧鳥伸也。""扤，音玩。亦謂按摩而玩弄身體使調也。"《黃帝內經素問・血氣形誌》記載"經絡不通，病生於不仁，治之以按摩。"

　　1973 年長沙馬王堆三號漢墓出土帛書《五十二病方》中有《按摩醫癰病方》，爲現存最早的按摩醫方。馬王堆出土的《導引圖》，繪有導引 40 餘式。"吐故納新"指行氣，行氣亦稱煉氣、食氣、服氣，以呼吸吐納爲主，而輔以導引、按摩的養生內修方法。行氣（包括導引）初見於戰國，與房中術、服食同爲當時方術流派。《莊子，刻意》云"吹呴呼吸，吐故納新。熊經鳥伸，爲壽而已矣。"其後秦漢史籍，時有記載。

　　漢代醫家已廣泛採用按摩術，又名按蹻、按蹺、扶形、推拿，是用手捏摩皮膚肌肉，通過姿勢調節、呼吸鍛煉、身心鬆弛、意念的集中和運用、有節律的動作等鍛煉方法，以促進血液循環，調整神經功能和人體機制。《漢書·藝文志》著錄《黃帝岐伯按摩》十卷，現已失傳。

　　《淮南子·泰族》“王喬、赤松去塵埃之間，離群慝之紛，吸陰陽之和，食天地之精，呼而出故，吸而入新，喋虛輕舉，乘雲遊霧，可謂養性矣。”赤松子是行吐納導引的神仙家，通過導引而吐出穢氣，吸進新氣。

　　西漢桓譚《仙賦》序曰：王喬赤松，呼則出故，翕則納新。夭矯經引，積氣關元。精神周洽，鬲塞流通，乘凌虛無，洞達幽明，諸物皆見。玉女在旁，仙道既成，神靈攸迎，乃騁駕青龍，赤騰為歷，躇玄厲之擢崒，有似乎鸞鳳之翔飛，集於膠葛之宇，泰山之臺，吸（汲）玉液，食華芝，漱玉漿[15]，飲金醪，出宇宙，與雲浮，洒輕霧，濟傾崖。

　　《抱朴子·微旨》“明吐納之道者，則曰唯行氣可以延年矣；知屈伸之法者，則曰唯導引可以難老矣。”《抱朴子·雜應》“聰耳之道……能龍導虎引，熊經龜咽，燕飛蛇屈鳥伸，天俛地仰，令赤黃之景，不去洞房，猿據兔驚，千二百至，則聰不損也。”記錄龍導、虎引、熊經、龜咽、燕飛、蛇屈、鳥伸、猿踞、兔驚等九種導引術名稱。

　　孫思邈《備急千金要方》指出“人欲勞其形，百病不能

---

15　《詩緯·含神霧》“太華之山，上有明星玉女，主持玉漿，服之神仙。”晉郭璞《山海經圖贊·太華山》“華嶽靈峻，削成四方，爰有神女，是挹玉漿。”

成。”“須知調身按摩，搖動肢節，導引行氣……不得安於其處，以致壅滯，故流水不腐，戶樞不蠹，義在斯矣。”該書介紹“老子按摩法”和“天竺國按摩法”，並說“此是婆羅門法”，具體操作方法如下：

兩手相捉紐捩，如洗手法。兩手淺相叉，翻覆向胸。兩手相捉共按脛，左右同；以手如挽五石力弓，左右同。兩手相重按脛，徐徐捩身，左右同。作拳向前築，左右同。作拳卻頓，此是開胸，左右同。如拓石法，左右同。以手反捶背上，左右同。兩手據地，縮身曲脊，向上三舉。兩手抱頭，宛轉脛上，此是抽脅。大坐斜身偏歎如排山，左右同。大坐伸兩腳，即以一腳向前虛掣，左右同。兩手拒地回顧，此是虎視法，左右同。立地反拗身三舉。兩手急相叉，以腳踏手中，左右同。起立以腳前後虛踏，左右同。大坐伸兩腳，用當相手勾所申腳，著膝中，以手按之，左右同。右十八勢老人日別能依此三遍者，一月後百病除，行及奔馬，補益延年，能食，眼明輕健，不復疲乏。

婆羅門導引法介紹印度的瑜伽功法[16]，是研究中印功夫

---

16 《中華道藏》23-064-《攝生纂錄》婆羅門導引法：第一龍引：以兩手向上拓，兼似挽弓勢，右左同。又叉手相捉頭上過。第二龜引：峻坐，兩足如八字，以手拓膝，行搖動，又左顧右顧。第三麟盤：側外，屈手承頭，將近床腳，屈向上，傍髀展上，腳向前拗。左右同。第四虎視：兩手據床，拔身向背後視。左右同。第五鶴舉：起立，徐徐返拗引頸，左右挽。第六鸞趨：起立，以腳徐徐前踏，又握固，以手前策。第七鴛翔：以手向背上相捉，低身，徐徐宛轉。第八熊奮：迅以兩手相叉，翻覆向胸臆，抱膝頭上，宛轉。第九寒松空雪：大坐，手據膝，漸低頭，左右搖動，徐徐迴轉。第十冬柏凌風：兩手據床，或低或舉，左右引，細拔迴旋。第十一仙人排天：大坐，斜身偏倚，兩手據床，如排天。左右同。第十二鳳凰鼓翅：兩手交捶膊并連臂，返捶背上連腰腳，各三數度。爲之細拔迴旋，但取使快爲上，不得過度，更至疲頓。

交流史的彌足珍貴史料。在佛教興起之前的婆羅門教中，就盛行“瑜伽”修煉方式，以一種系統、複雜、高難度的身體姿勢，配之以相應的呼吸，以達到身心的統一。

婆羅門引導法十二導引有些名稱與《訶陀瑜伽燈明》所列極爲相似。如“龍引”與“蛇功”（我國古代把梵文中的蛇譯爲龍，這裡所指的蛇是眼鏡蛇）“龜引”與“龜功”（kurmakasana）、“仙人排天功”與“仙人功”或“成就者功”（siddhasana、“鳳凰鼓翅功”與“孔雀功”（mayurasana）、“鶴舉”與“鸛功”、“寒松提雪”與“蓮花功”（padmasana）等。

孫思邈《千金方》所載天竺國按摩法、老子按摩法的動作與《易筋經》相似，長沙馬王堆漢墓出土的帛畫《導引圖》，繪有 44 個導引人物圖像。湖北江陵張家山 247 號墓出土漢簡《引書》，其中的導引術已相當完備。經分解這些姿勢，發現《易筋經》的基本動作可在《導引圖》上找到原型。

《易筋經》的起源說法不一，有認爲達摩所創。清代凌廷堪在《校禮堂文集·與程麗仲書》中認爲，易筋經是天台紫凝道人假託達摩之名所作。明朝天啟四年（1624）紫凝道人跋《易筋經義》，稱此書傳自“淄黃兩家”。可知《易筋經》的創編，乃是綜合佛道兩家導引法而來。

李約瑟認爲瑜珈可能是源於道教[17]。事實上瑜珈的起源可以追溯印度河文明，迄今至少有五千年歷史；瑜珈的體系化，要歸功於公元一世紀鉢顛闍利所編撰的《瑜伽經》。

---

17 《中國之科學與文明》第三冊《中國科學思想史》（下）第 15 章“佛家思想”。

　　黃心川先生認爲天竺按摩法和婆羅門引導法，與印度保存的訶陀瑜伽術總匯的《訶陀瑜伽燈明》相比較，可以看出，一定程度上借鑒於印度的瑜伽術或受到佛教瑜伽的影響[18]。

　　導引是以自力引動肢體所作的俯仰屈伸運動，常和行氣、按摩等相配合，以鍛煉形體的養生術，與現代的柔軟體操相近似。《後漢書・方術傳下・華佗》"古之仙者爲導引之事，熊經鴟顧，引挽腰體，動諸關節，以求難老。"[19]導引行氣時的動作據《抱朴子》載："或伸屈，或俯仰，或行臥，或倚立，或躑躅，或徐步，或吟或息，皆導引也。"曹操招致的方士甘始善導引行氣，在他的影響下，曹營"眾人無不鴟視狼顧，呼吸吐納。"

　　《後漢書・方術傳》說甘始能行瑜珈術般"自倒懸"，能行容成御婦人術。曹植《辯道論》說"甘始本師姓韓，字世雄，嘗與師於南海作金，前後數四投數萬斤金於海。又言諸梁時西域胡來獻香罽腰帶割玉刀，時悔不取也。又言車師之西國，兒生擘背出脾，欲其食少而弩行（長於行走）也。"《仙苑編珠》卷中說甘始入王屋山仙去，王屋山與嵩山距離洛陽不遠，位於絲路旁，所學方術來自西域也不奇怪。

18　黃心川《瑜伽哲學述評 ── 兼論瑜伽與我國佛教、道教、武術、民間氣功等關係》，世界宗教研究 1986 年第 4 期。
19　熊經，若熊之攀枝自懸，其身傴佝。鴟顧，身不動而迴顧。

張家山漢墓出土的《引書》討論古代導引術，"吹呴呼吸，吐故納新，熊經鳥伸。爲壽而已矣。此導引之士，養形之人，彭祖壽考者之所好也。"《黃帝內經·素問》云"吹呴呼吸，吐故納新，熊經鳥伸，導引按蹻，所以調其氣也，平氣定息，掘固凝想，神宮內視，五臟照徹，所以守其氣也。"

司馬承禎《服氣精義論·導引論》云"夫肢體關節本資於動用，經脈榮衛實理於宣通，今既閒居，乃無運役事，須導引以致和暢，戶樞不蠹，其義信然。"現代人終日端坐電腦前，最易生病，一般人徒知久立、久行之傷人，而不知久臥、久坐尤傷人。所以《抱朴子·雜應》說："行氣不懈，朝夕導引，以宣動榮衛，使無輟閡。"

《雲笈七籤》卷 32 詳載導引方法："清旦未起，啄齒二七，閉目握固，漱漏唾三咽氣，尋閉而不息，自極。" "一曰精，二曰唾，三曰淚，四曰涕，五曰汗，六曰溺，皆所以損人也……人能終日不涕唾，隨有漱漏，咽之，若恆含棗核咽之，令人愛氣生津液，此大要也。”“摩手令熱，以摩面，從上至下，去邪氣，令人面上有光彩。又法，摩手令熱，摩身體，從上至下，名曰乾浴，令人勝風寒、時氣熱、頭痛，百病皆除。夜欲臥時，常以兩手揩摩身體，名曰乾浴，辟風邪。”諸如此類者很多。

劉安在《淮南子·齊俗訓》記載“今夫王喬、赤松子吹呴呼吸，吐故納新，遺形去智，抱素反真。”《史記·留侯世家》說張良“欲從赤松子遊，乃學辟穀，導引輕身。”《後漢書·逸民列傳》矯慎“少好黃老，隱遯山谷，因穴爲室，仰慕松、喬導引之術。”王喬、赤松子都是行吐納導引的神仙家。《雲笈七籤》卷 34 有赤松子導引術：

導引除百病，延年益壽。朝起布席東向爲之，息極乃止。不能息極，五通止。此自當日日習之，久久知益。常以兩手叉頭上，挽至地，五嚙五息，止脹氣。又側臥，左肘肘地，極，以左手掩腦，復以右手肘肘地，極，掩右手腦，五息止，引筋骨。以兩手據右膝上，至腰胯，起頭，五息止，引腰氣。右手據腰左膝、右手極上引，復以左手據腰右膝，左手極上引，皆五息止，引心腹氣。左手據腰，右手極上引，復以右手據腰，左手極上引，五息止，引腹中氣。叉手胸脅前，左右搖頭不息，自極止，引面耳，邪氣不復得入。兩手支腰下，左右自搖，自極止，通血脉。兩手相叉，極左右，引肩中氣。兩手相叉，反於頭上，左右自調，引肺、肝中氣。兩手叉胸前，左右極，引除皮膚中煩氣。兩手相叉，左右舉肩，引皮膚氣。正立，左右搖兩脛，引腳氣[20]。

《攝生纂錄》有赤松子坐引法：長跪，兩手向前。各分開，以指向外。次長跪，兩手叉腰。次復長跪，右手曳後去，左手叉腹前。次復緩形長跪，左右手更曳向前，更從叉腰。次復長跪，伸兩手著背後。次復平坐，以膝相張，兩足向外，兩手叉腰。能常爲此法，令人耳目聰明，延年益壽，百病不生。爲此法訖，當立以手摩身令遍（按：收功）。

《真誥・協昌期》有清靈真人說《寶神經》云："求道要先令目清耳聰，爲事主也。且耳目是尋真之梯級，綜靈之門戶，得失繫之而立，存亡須之而辦也。"《真誥》編纂凌亂，令目清耳聰的具體操作法於《上清握中訣》卷下以及《上清修身要事經》太上黃素道士自按摩頭面法記載：

以手按兩眉後小穴中三九過，又以手心及指摩目下顴上，又以手旋耳行三十過，次以手逆乘額三九過，口傍嚥液，多少無數也。如此常行，耳目清明，於人中密爲之，勿語其狀。次以兩手乘頭四面，順髮就髻，唯多也，於是頭血流散，風濕不凝。都畢，以手按目四眥二九過，覺令見光分明，是檢眼神之道，常爲之，得見百靈。

《雲笈七籤卷》47引《太上寶神經》曰：每日早起，至雞鳴時，平坐，東向，或春夏東南、秋冬西北，任所宜。先以兩手摩拭面目；次將兩手第二、第三指，於眼下橫手摩三七遍，次將左手中指，從眉逆拓上至髮際，三七遍，此名爲手朝三元；次將兩手二指三指，各摩眼後顳中，三七遍，此

---

20 《中華道藏》23-041《太清導引養生經》有〈赤松子導引法〉與此大致相同，可以參考比對。

名爲真人榮瑩府；又將左手第二第三指入鼻孔中，摩三七過，
名爲開山源；又將兩手抒耳。畢叩齒三十六。

　　《寶神經》中的自按摩頭面法爲導引，據唐慧琳《一切
經音義》卷 18"凡人自摩自捏，申縮手足，除勞去煩，名爲
導引。若使別人握搦身體，或摩或捏，即名按摩也。"《神
仙傳・劉根》云："凡修仙道，要在服藥，藥有上下，仙有
數品。不知房中之事，及行氣導引並神藥者，亦不能仙也。"
劉根重視導引功夫。

# 方士的傳承

　　古代師師相傳，不許無師自通。《太上太霄琅書》說：
"真仙登聖，非師不成。心不可師，師心必敗。"《太上玄
一真人經》云："爲學無師，則道不成，八景、龍輿焉可得
乘？太極、玉闕焉可得登？"《太平經》云："凡學者，迺
須得明師，不得明師，失路矣。故師師相傳，迺堅於金石，
不以師傳之，名爲妄作，則致凶邪矣。" "賢聖皆事師迺能
成，無有師，道不而獨自生也。"[1]

　　《抱朴子・勤求》說："道家之所至秘而重者，莫過乎
長生之方也。故血盟乃傳。"《抱朴子・明本》："登壇歃
血，乃傳口訣，苟非其人，雖裂地連城，金璧滿堂，不妄以
示之。"《黃庭內景經・沐浴》說"授者曰師，受者盟，雲
錦鳳羅金紐纏，以代割髮肌膚全，攜手登山歃液丹，金書玉
景乃可宣。"《黃庭內景經・序》"結盟立誓，期以勿泄。
古者盟用玄雲之錦九十尺，金簡鳳文之羅四十尺，金鈕九雙，
以代割髮歃血勿泄之約。"

　　"登名山，師受經。"即所謂"攜手登山歃液丹"，歃
液丹即歃血爲盟，是在高山上舉行盟誓祭儀。從文獻和考古

---

1　《太平經》卷 71 真道九首得失文訣。

發掘來看，盟誓祭儀在高高的祭臺上舉行。這源於高處乃最接近神靈之處，容易跟神靈溝通的遠古思維。

《淮南子・齊俗訓》記載古代盟誓的方法 "胡人彈骨，越人契（指削或割）臂，中國歃血。" 彈骨爲胡人盟約之法，置酒於人頭骨中，互飲以示信守。如《漢書・匈奴傳下》云 "以老上單于所破月氏王頭爲飲器者，共飲血盟。" "飲以相詛" ，喝人頭酒以爲誓，如有背盟，有如此人被殺後，頭爲飲器。

據《說文・血部》"血" 字之源，即在 "祭所薦牲血也"。甲骨文 "血" 的寫法正是血滴入皿器之狀。歃血有兩種解釋：一是飲血，首先屠宰犧牲，取血滴於器皿，然後盟誓者飲之。象徵不遵守誓言，將如同這些動物的下場。另一種是用手指蘸血塗於口。佐藤廣治提出盟誓中用手指蘸血塗在口唇邊的做法來源於 "釁禮" ，目的是 "將口神聖化" ，盟誓中的承諾有 "不可虛言" 之意[2]。

關於飲血的象徵意義，日本學者解釋：基於血是生命之本的觀念，作爲人類而言，最基本的社會關係是親族關係。親族關係的基礎是血緣關係，結盟起誓的各方共飲同一種血，人爲地製造出一種擬定的親族關係來象徵性地表示將同心一體地遵守共同的誓約。

西方學者則從報復的角度，來解釋這種現象。E.O.James 認爲盟誓中普遍採用飲血的做法，可以解釋是爲了對違背誓言者實行報復。他闡述到：每一個盟約的結締者當他飲血以

---

2　佐藤廣治《釁と盟詛のとに就いて》630 頁，高瀬博士還曆記念支那學論叢，弘文堂書房，昭和 3（1928）。

後，"他的身體裡就流進了一種大家所共有的物質。這種物質的共有，不僅表示了同盟者之間互相的同化狀態，也強調了因爲身體裡同一物質的存在，他們的利益或利害關係也已經成爲一體。同時還可以預防互相的背叛。"[3]盟誓中的"歃血"行爲，是對違約者進行制裁的象徵。

"削髮以代犧牲"，可以追溯到商代，成湯立國後，久旱不雨，巫占必須以人獻祭，成湯"齋戒、剪髮、斷爪，以己爲牲，禱於桑林之社。"結果"言未已而大雨至"。頭髮是身體的代名詞，具有與生命等同的意義。把頭髮獻給神，如同把生命獻給神一樣具有誠意。

由於"身體髮膚，受之父母，不敢毀傷。"後來以信物代替。《無上祕要》卷 34 說："凡受九真玄經者，皆先歃血累壇，剪髮立盟，爲不宣不洩之信誓，後聖以歃血犯生氣之傷，剪髮違膚毀之犯，謹以黃金代刺血之信，青柔之帛三十二尺當割髮之約。"金玉具有不腐不爛的性質，象徵信守盟約。

師父接受弟子信物不得私用。《赤松子章曆》說："章信之物，施散貧窮，宜行陰德，不可師全用之。十分爲計，師可費入者，三分而已。"《太真玉帝四極明科經》說"凡傳上清靈寶經，受弟子信物，三分散之。一分投於山棲，以恤窮乏之士；一分供己法服；一分以爲弟子七祖立功。"

誓文內容首先是"序"，陳述盟誓舉行的時間、參盟人以及事情的原委。然後是"盟約"，即宣誓做某事或不做某事等具體內容。最後是自我詛咒如果違負誓言願遭禍害，並

---

3 這段材料援引呂靜《中國古代盟誓功能性原理的考察 —— 以盟誓祭儀儀式的討論爲中心》，《史林》2006 年第 1 期。

請三官五嶽四瀆諸神靈對誓言的執行進行監督。如《雲笈七籤》卷 11《上清黃庭內景經》"結盟立誓，期以勿泄……違盟負約，七祖受考於暘谷河源，身爲下鬼，考於風刀。"

《混元聖紀》記載葛玄於天台山立壇，授釋道微、竺法蘭《五嶽真形圖》，又以《太上金丹經》、《靈寶自然五稱寶曜文》、《三皇內文大有妙經》、《天師旨教金書玉字》等，告盟仙官，各令佩身。《雲笈七籤》卷 106《陰真君傳》馬明生"將（陰）長生入青城山中，煮黃土爲金以示之，立壇歃血。即日，以太清金液神丹授之。"

葛玄沖舉前告訴鄭隱"吾昔從左元放（左慈）所受太清等丹經，今悉付汝。然上天禁重，勿傳非人也。若有志心之士，宜依四極明科，盟跪授之。"[4]《四極明科經》就是盟科，記述師徒關係。葛洪師事鄭隱，也曾於馬跡山中立壇，盟受口訣。《靈寶五符序》從請神到送神，有完整設醮盟誓儀[5]。

《太真玉帝四極明科經》卷 3 云："盟上金五兩，五色錦繒各五十尺，香一斤，金鈕三雙，師弟子對齋九十日，北向告盟而傳。"一般傳道在供奉歷代祖師神位前舉行儀式，告盟而傳是盟天而傳，在高山上舉行盟誓時只能面對虛空，向在天上的神靈、祖師稟告。

例如《雲笈七籤》卷 6 三洞品格："晉時鮑靚學道於嵩高，以惠帝永康二年於劉君石室清齋，忽有《三皇文》刊石成字，乃依經以四百尺絹告玄而受。"《抱朴子·遐覽》說："帛仲理者，於山中得之，自立壇委絹，常畫一本而去也。"

---

4　《中華道藏》46-009-《太極葛仙公傳》。
5　《中華道藏》04-077-《太上洞玄靈寶五符序》卷下。

又《真誥·翼真檢》"楊書《靈寶五符》一卷，本在句容葛粲間。泰始某年，葛以示陸先生……（陸修靜）因以絹物與葛請取，甚加隱閉。"

隨便傳道法會遭受天罰，《清靈真人裴君傳》說："羣仙立盟爲約，不得妄宣，泄則滅門。"《抱朴子·勤求》說"道家之所至秘而重者，莫過乎長生之方也，故歃血誓盟乃傳。""不盟而付，師與得者，同被左右二官所考。""無信而度經，謂之越天道；無盟而傳經，謂之洩天寶。"[6]

盟誓確定師徒關係，特定的道法由師父傳給弟子，初期傳授時多口口相傳，不立文字。經由秘傳，特定的功法僅限於少數人間傳授。修煉方法，對外嚴格保密的傳度制約，使傳播受到一定的限制。

《真誥·稽神樞》說："養生者皆隱其名字，藏其所生之時。"奉行道法不只一人時，形成傳授法脈。隨時間久遠，造成傳說紛歧。限於材料，出現傳承不明、無法考證師承者，在比較所習道法後，可以發現彼此的關係：

| 裴玄仁 | 八節日謝罪 | 五行紫文除尸蟲法 | 飛步隱行役使六甲 | 服二景飛華上奔日月 | | | 服胡麻、茯苓法 |
|---|---|---|---|---|---|---|---|
| 劉根 | 謝過上名 | 九轉還丹、太乙金液 | 三綱六紀墨子五行 | | | | 服黃精 |
| 燕濟 | | | 石景金光符（主隱遯） | 玉佩金璫經 | | 太微黃書 | 服白朮、黃精、雲母、雄黃、丹砂 |

---

6 《太真玉帝四極明科經》，卷5太玄都中宮女青律文。

| | | | | | | | |
|---|---|---|---|---|---|---|---|
| 黃盧子、西嶽公 | 禁虎豹之術役御虎豹之術禁山符 | 禁氣召龍服火法 | 遁變化景之法 | | 三皇內文 | | |
| 白羊公 | 禁山籙制豹狼熊符 | 玄白之道 | 變化隱形 | | | 補導之術 | 服黃精 |
| 王暉 | 虎爲之耕，豹爲之耘；出入亦乘虎豹。 | | 尸解 | | | | 餌黃精蒼朮 |
| 施存壺公 | 役御虎豹之術 | 大丹之道 | 遁變化景之法玉斧軍火符 | | 三皇內文 | | |
| 費長房 | | | 杖解 | | 室所得與今三皇文小異 | | |
| 西城王君弘農王君王珍 | 太真玉帝四極明科經上清天關三圖經 | 服水丹守一行氣存神 | 三綱六紀三九素語玉精真訣存思法上清太微帝君步天綱飛地紀金簡玉字上經 | 玉佩金璫纏璇之經玉珮金璫太極金書上清玉佩金璫、二景璇璣之道 | 《上清大智慧消魔之真經》此三皇之鳳章，太極之內文，眾靈之隱諱 | 洞真金房度命綠字迴年三華寶曜內真上經 | 太霄琅書瓊文帝章經蒸丹餌朮法 |
| 李仲甫 | | 水玉得服玉法服水丹 | 白虎七變七變神法行遁甲能隱形步斗隱形三綱六紀 | | | | |
| 茅盈 | | | | 玉佩金璫纏璇經玉珮金璫之道與太極玄真經 | | | 採取山朮而餌服 |

| | | | | | | | |
|---|---|---|---|---|---|---|---|
| 薊子訓 | | | | | 五嶽真形圖 | 行洞房白元 | 服尤 |
| 左慈 | | 九丹金液經九丹液偓經金丹仙經九華丹 | 七變法六甲神術召六甲，坐致行廚 | | 五嶽真形圖 | | |
| 魯女生 | | 還丹訣 | | | 寶文祕要五嶽真形圖《五嶽圖》與《王母文》 | | 餌胡麻及尤 |
| 封君達 | | 有煉成水銀霜,還丹訣服鍊水銀 | 靈寶衛生經墨子隱形法 | 青牛道士口訣有存日月二景 | 五嶽真形圖 | 施用節度容成養氣術 | 服黃連（黃連屚）白尤 |
| 張皓 | | 九丹訣 | | | 三皇文 | | |
| 葛玄 | 白虎七變 | 練氣保形爐火九丹太清丹經、九鼎丹經、金液丹經、九華丹 | 治病劾鬼秘法，三元真一妙經委衣在床尸解 | | 三皇天文、五嶽真形圖 | | 餌尤 |
| 鄭隱 | 正一法文、《洞玄五符》 | 《金銀液經》太清金液神丹 | 化遁無方 | | 三皇內文五嶽真形圖 | 寶精行炁 | 服戊己（黃精的別名） |
| 葛洪 | 正一法文靈寶五符經 | 九丹及太清金液神丹經 | 枕中五行記 | | 三皇內文 | | 服尤、黃精、禹餘糧丸 |
| 鮑靚 | 師左元放受中部法及 | | 六甲陰陽行廚符劍解 | | 三皇天文；五嶽劾召之要 | 敦尚房中之事 | |
| 李東 | | | 六甲陰陽行廚符 | | | | |
| 許邁 | 受中部法 | | 六甲陰陽行廚符 | | 三皇天文 | | |
| 介琰 | | 玄白之術玄白之要 | 變化隱形 | 食日精法 | | | |
| 杜契 | | 玄白術 | 遁形隱身 | | | | |

| 杜廣平 | | | | | | |
|---|---|---|---|---|---|---|
| 孫寒華 | | 玄白之道 | | | | |
| 趙廣信 | | 守玄中之道<br>九華丹 | | | | |
| 介象 | 乘虎之符<br>善氣禁 | 得還丹經<br>一首 | 蔽形之術 | | | |
| 張陵 | 神虎秘文 | 黃帝九鼎<br>丹書<br>九華大藥 | 太清丹經 | | 三皇內文、<br>制命五嶽檄 | |
| 帛和 | | 行氣 | | | 三皇文<br>五圖 | 服朮 |
| 尹澄 | | 九丹訣 | | | 三皇文 | |
| 褚伯玉 | 西嶽公禁山<br>符、制虎符 | | | | | |
| 楊羲 | 中黃制虎豹<br>符；靈寶五<br>符 | 思泥丸絳<br>宮、鍊魂制<br>魄、滅三尸<br>之法。 | 劍解 | 西城王<br>君教服<br>日月之<br>精 | | |

# 古華山傳承表

　　陳國符先生一九八三年二月十七日，在澳大利亞堪培拉講學，引用道經傳授表討論時，羅惠敏教授詢及表中何故無華山傳布？陳國符將此問題寫於表末，擬予增補，惜終未及補入。

　　筆者曾依據《玉谿子丹經指要》卷首《混元仙派圖》作《混元仙派研究》[7]，發現陳摶生於唐懿宗咸通十二年（871），後唐長興中（930－33）進士，後周初（948－51）居華山雲臺觀。元·張輅《太華希夷志》中有一位麻衣道友，與陳摶

---

7　李顯光《混元仙派研究》中國社科出版社 2007 年 11 月出版。

往來密切。《仙鑑‧鍾離簡》載"鍾離簡與弟權，俱入華山三峰得道"；《仙鑑‧呂嵒傳》"呂洞賓因游華山遇鍾離子傳授延命之術"；《宋史‧陳摶傳》"陳堯咨謁摶，有髽髻道人先在坐，堯咨私問摶，摶曰鍾離子"；宋‧文同《丹淵集》載陳摶曾隨何昌一學鎖鼻術；陳摶《題化書後序》載譚峭居終南山時，陳摶與之為師友；《宋史‧陳摶傳》稱"關西逸人呂洞賓有劍術，年百餘歲，步履輕捷，頃刻數百里，數來摶齋中"；《仙鑑‧劉玄英》載劉海蟾陶真於泰華之間，遁迹於終南之下；《仙鑑‧張無夢》稱張無夢"入華山與种放、劉海蟾結方外友，事陳希夷先生"。後來以陳摶為核心，發展出鍾呂丹道派。

　　清初劉獻廷（1648－1695）《廣陽雜記》載："華陽道派有二，一太華，一王刁也。太華宗陳希夷，王刁宗邱長春。"白雲觀收藏的《諸真宗派總簿》載有老華山派與華山派，以陳摶為祖的老華山派，以郝大通為祖的華山派。因此兩千年前曾隱修於華山裴玄仁師徒，不仿稱之為古華山派。

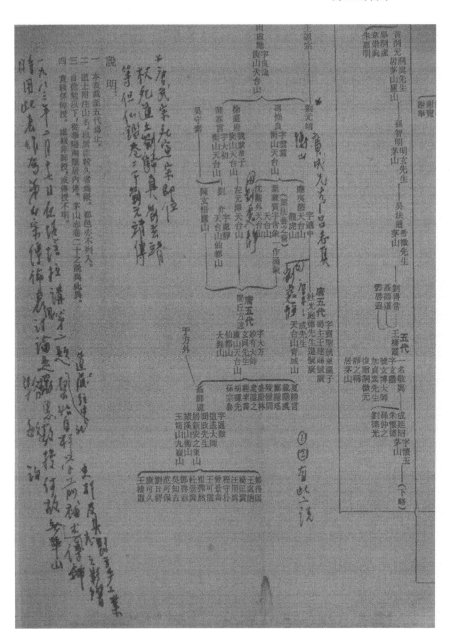

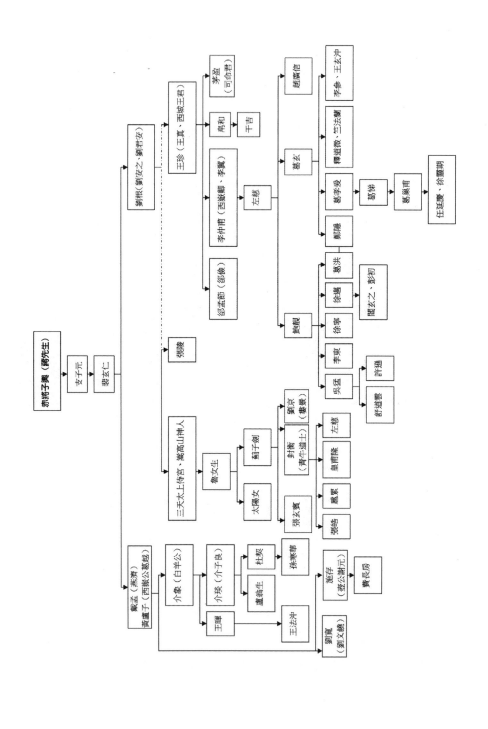

# 仙真傳記

　　"內傳"為道教內傳說神話故事，寫作形式始盛於東晉，陳國符先生考證上清經派仙真傳記有：《玄洲上卿蘇君傳》、《紫陽真人內傳》、《茅三君傳》、《清虛王君傳》、《南真傳》、《漢武帝內傳》、《清靈真人裴君傳》，上述仙傳以神人感遇與經典啟示為核心。

## （一）《玄洲上卿蘇君傳》

　　陶弘景《真誥》卷 10 記《玄洲上卿蘇君傳》，"即周紫陽所撰，故受此訣是告長史也。"《紫陽真人內傳》稱"紫陽真人本姓周，諱義山，字季通，汝陰人也。漢丞相周勃七世之孫[1]。祖父玄，元鳳元年（前 80）為青州刺史。父祕，為范陽令，時君始生焉。"據此，周季通約為西漢末年人。

　　《紫陽真人內傳》末有"晉隆安三年（399）太歲己亥正月七日甲子書畢"的記載。該書實為早期上清派華僑虛構而成。陶弘景在《登真隱訣》中注明《玄洲上卿蘇君傳》"此真經未行於世"，因此該經出世大致應在公元 500 年到 570年，即《登真隱訣》和《無上秘要》編成之間。

　　《玄洲上卿蘇君傳》謂蘇林"師華山仙人仇先生。仇先

---

[1] 西漢文帝即位後，周勃（？－前 169）為右丞相，文帝曾詢問全國一歲決獄和錢穀出入的數目，他無言以對。文帝很不滿意，周勃只好稱病辭職，由陳平專為丞相。不久，陳平死，周勃復為丞相。歲餘，又被罷免，遣歸封國。

生者,湯王時木匠也,服胎食之法,還神守魂之事,大得其益。"《列仙傳》"仇生赤,當殷湯時爲木正[2],常食松脂[3],在尸鄉[4]北山上,自作石室。"華山多"石室"與"松脂",仇先生可能即是仇生赤。又《列仙傳》"赤松子輿者,黃帝時唻百草花,不食穀,至堯時爲木工。"《裴君傳》南嶽真人赤松子傳華山裴玄仁道法。赤松子與仇先生(仇生赤)這兩位《列仙傳》中的古仙,有許多同質性。

周紫陽撰的《太上洞房內經註》載"昔蘇子玄者,外國人也,善行三一,爲中嶽仙人。"《玄洲上卿蘇君傳》稱蘇林濮陽曲水人,《紫陽真人內傳》稱"中嶽仙人蘇林,字子玄也。本衛人,靈公(靈帝)末年生。"衛本在今河南淇縣,後遷至今河南濮陽。《洞房內經註》卻稱蘇子玄是外國人,"外國"與"衛國"諧音。《雲笈七籤》卷 106《紫陽真人周君內傳》稱"中嶽仙人須林,字子玄也。本衛人。""須林"是外語,譯音爲"蘇"。

《太上洞房內經註》序云"是以八素以真思爲上首,祕言以九真爲內經,神法以精思爲至深……昔蘇子玄者,外國

---

2 木正:此有二義。一、按古代傳說,金、木、水、火、土正,爲五行之官,死後都爲神。二、木正爲春官,其神稱"句芒"。

3 《太上靈寶五符序》〈真人長生去三尸延年反白之方〉:宜服丹光真華之母,宜食浮水玄雲之髓,此自然能生,千歲一變,百歲一化,先變後化,天不復害,神鬼無奈何,故可服也,故得生也。丹光之母者,松脂也。《三洞群仙錄》卷九:唐末道士鄭遨,聞華山五鬣松脂淪,入地千歲化爲藥,能去三尸,因徙華陰求之,至碧雲洞隱居。

4 尸鄉又名西亳,在今河南偃師縣西南之新蔡鎮。田橫不願稱臣於漢,自刎於此,後指隱者之所居。如《列仙傳・祝雞翁》"祝雞翁居尸鄉北山下養雞","仇生赤在尸鄉北山自作石室"。

人也，善行三一，爲中嶽仙人。"《真誥·運象》"師授以方諸《洞房》、步綱之道，《八素》、《九真》以漸修行。"《八素》、《九真》來自方諸，方諸在中國境外（請參閱本書《方仙道的內涵》），蘇子玄者確實爲外國人。

## （二）《茅三君傳》

《雲笈七籤》卷百零四有《太元真人東嶽上卿司命真君傳》，署"弟子中候仙人李道字安林撰"。陳國符先生據《真誥》卷八、九、十一諸注考證，認定此傳即晉代所出之《茅三君傳》。據《真誥》卷八注："李中候，名遵，即撰《茅三君》者"，其作者當爲李遵。

《真誥》卷十一："昔年十餘歲時，述虛閑耆宿有見語茅山上故昔有仙人，乃有市處，早已徙去。後見包公（鮑靚）問動靜……唯說中仙君一人字，不言有兄弟三人，不分別長少，不道司命君尊遠別治東宮。未見傳（《茅三君傳》）乃知高卑有差降，班次有等級耳。輒敬承誨命，於此而改。（原注：答書時已是蒙示傳記，是辛丑年初矣。）據此，《茅三君傳》乃增益父老傳說而成。據卷十一注考證，該傳似又"出自長史（許謐），故亦于晉代出世。"

## （四）《清虛真人王君內傳》

《雲笈七籤》卷106有《清虛真人王君內傳》，弟子南嶽夫人魏華存撰。《真誥·翼真檢》載"楊書《王君傳》一卷，本在句容葛永真（粲）間中，又在王文清家，後屬茅山道士。[5]" 陸修靜曾從句容葛粲處得楊羲手書《靈寶五符》，敷述施行，傳弟子孫遊嶽。葛永真疑為葛粲，則《王君傳》為楊羲所書。

## （四）《紫陽真人周君內傳》

《雲笈七籤》卷106《紫陽真人周君內傳》傳記末有"晉隆安三年（399）太歲己亥正月七日甲子書畢"。明·王世貞《弇州續稿》卷158論《周紫陽傳》說："紫陽真人周季通事尤偉奇……季通為漢宣時人（前91－前48）也，夫其傳季通自成耶？抑為弟子所撰耶？使季通自成之，不當泄漏，乃爾使出弟子撰，豈能一一親證？若是竊謂紫陽，此傳及黃帝漢武王子登等篇，於事非不無而為，攻神仙之學，所藻飾更使人有蛇足之歎。"陳國符《道藏源流考》考證，此傳乃華僑所撰，托之周紫陽耳。

華僑事蹟見《真誥》卷20"華僑者，晉陵冠族，世事俗禱。僑初頗通神鬼，常夢共同饗醊。每爾，輒靜寢不覺，醒則醉吐狼藉。俗神恒使其舉才用人，前後十數。若有稽速，便坐之為讁。僑忿患，遂入道。於鬼事得息，漸漸真仙來遊。"因此，《紫陽真人內傳》乃華僑降神扶乩所作。

《紫陽真人內傳》云涓子剖魚腹得"金闕帝君守三元真一之法"。涓子剖魚得法模型源於《史記·陳涉世家》"卜

---

5 《真誥·稽神樞》："齊初，乃敕句容人王文清，仍此主館，號為崇玄。"卷十一陶弘景注曰：齊初，上清道士王文清在大茅山下建崇元館，二十年內，"遠近男女互來依約，周流數裏，廨舍十餘坊。而學上道者（指修上清經籙者）甚寡，不過修靈寶齋及章符而已。"

者知其指意曰，足下事皆成，有功。然足下卜之鬼乎？陳勝
吳廣喜，念鬼曰：「此教我先威眾耳。」乃丹書帛曰「陳勝
王」，置人所罾魚腹中。卒買魚烹食，得魚腹中書，固以怪
之矣。又間令吳廣之次所旁叢祠中，夜篝火，狐鳴呼曰：「大
楚興，陳勝王」。卒皆夜驚恐。旦日，卒中往往語，皆指目
陳勝。」

把丹書置於魚腹和在叢祠中鳴呼，是利用鬼神作讖語，
以動員民眾起事。《紫陽真人內傳》的作者華僑，仿陳勝吳
廣作魚腹中書，製造「金闕帝君守三元真一之法」的神秘性
和權威。

### （五）《清靈真人裴君傳》

《清靈真人裴君傳》是裴玄仁的弟子鄧雲子所撰，記述
具體功法，以及裴玄仁的學道過程與師承，通篇體現長生久
視、神仙不死思想，其內容與《神仙傳》、《抱朴子》、《真
誥》等早期道經相互呼應，與一般「內傳」截然不同，因此
特別值得重視。

《清靈真人裴君傳》載裴君「將雲子（即鄧雲子）去，
乃登太華山，入西洞玄石室。」《雲笈七籤》卷 105 鄧雲子
撰《清靈真人裴君傳》，「靈」有時誤作「虛」，《舊唐志·
史部》雜傳類有《清虛真君內傳》1 卷，鄭子雲撰。《新唐
志》子部神仙類，有鄭雲千《清虛真人裴君內傳》1 卷。《雲
笈七籤》卷 105 有《清靈真人裴君傳》，弟子鄧雲子撰。鄭
子雲、鄭雲千、鄧雲山，皆「鄧雲子」之誤。

《真誥·運象篇》載「欲以《裴真人本末》示郗（郗）

者可矣，其必克諧，不善誘之心亦內彰也。裴亦何人哉？"
陶弘景註云："郤即愔也，小名方回。《裴真人本末》即《清
靈傳》是也。有謝過及七經之士，故令示之。"《清靈真人
裴君傳》中有八節謝過，東晉造作《真誥》時，江南流傳的
《裴真人本末》，就是《清靈真人裴君傳》。

# 《清靈眞人裴君傳》中的裴玄仁

　　陳國符認爲《清靈真人裴君傳》出世在梁代以後，隋代以前[1]。如該傳出世年代晚，或後人僞託虛構，本書所論成空，因此需要說明。《清靈真人裴君傳》記載：

　　裴君，字玄仁，右扶風夏陽人也，以漢孝文帝二年始生。年十二，詣咸陽城南佛圖中道人支子元，傳云已年一百七十歲，所修秘術爲仙人蔣先生於黃金龜祖山中所授。支子元授以真訣五首，按而行之，五年得見日月之精，五星降房。

　　年二十三，本郡所命爲功曹，君不應命。尋又州辟主簿，轉別駕，舉秀才，詣長安拜博士高第，轉尚書，選曹郎、御史中丞、散騎常侍、侍中。出爲北軍中候，以伐匈奴有功，封瀗陽侯，後遷冀州刺史。

　　別駕劉安之時年四十五，初迎君爲主簿，後轉別駕，亦知仙道。飲食黃精，積二十餘年，身輕，面有華光，數與君俱齋靜室中。君於是乃求解去官，自稱篤疾，棄官委家，逃游名山，尋此微妙，別駕劉安之從焉。君時年四十五，帝累征召，一不應命。逼之不已，君乃北游到陽浴（洛）山，入石室北洞中，學道精思，劉安之不能久處山中，時復出於人間。

---

1　《道藏源流考》上冊 12 頁。

　　君後將鄧雲子去，登太華山入西洞玄石室。[2]積二十二年，見五老人來詣，君乞請神訣，乃出神芝見賜。服此神芝讀神經。十旬[3]之間，視見萬里之外，日步千里，能隱能彰，役使鬼神，乃游行天下。積十一年道成，乃詣太微宮，受書爲清靈真人，治清靈宮。

　　依據《清靈真人裴君傳》推算，裴玄仁生於漢孝文帝二年（前 177），十二歲時，佛圖中道人支子元傳其道，二十三歲景帝時舉秀才，武帝時年四十五，游到陽洛山，入石室北洞中，後攜鄧雲子去太華山入西洞玄石室；武帝元封年間能隱能彰，役使鬼神，漢武帝天漢年間（前 100－前 96）道成。

　　裴玄仁曾爲北軍中候，漢代未央宮在京城西南，其衛兵稱南軍，衛士多由三輔（京兆、馮翊、扶風）以外各郡國選調；長樂宮在京城東面偏北，其衛兵稱北軍，士卒多由三輔選調。北軍實力超過南軍，爲護衛和穩定京城秩序的重要力量，平時守衛京師，由皇帝派員監領，戰時以一部或全部隨將軍出征。

　　東漢時沿襲西漢而略有裁併，將北軍八校合爲五營，置北軍中候監領。北軍士卒多三輔選調，武帝時北軍八校，和帝時北軍五校。武帝元狩初（前 122）命霍去病、衛青北伐匈奴，二十餘年。裴玄仁參與北伐匈奴，以和帝時可能性較大。

　　裴玄仁“家奉佛道”，袁宏《後漢紀》說：“浮屠者，

---

2　《方輿彙編》華山部彙考一：近嶽西北峰爲毛女峰、爲壺公石室、爲太極總仙洞、爲洞元石室、爲肥蟲穴。《大清一統志》卷189：壺公石室在嶽西北孤峯上，相近又有洞元石室，四圍懸絕，穴在嶽北峰下。

3　十日爲一旬。

佛也，西域天竺有佛道焉。"東漢末年《牟子理惑論》說"道者九十六種，至於尊大，莫尚佛道也。"湯用彤《漢魏兩晉南北朝佛教史》專闢"佛道"一章，從教理、修道行為等方面論述佛教初來與道術的調和，當世人士不過知其為夷狄之法，且視為道術支流[4]。佛教在漢代為道術之一種，"佛教附屬為道術之一種，被稱為佛道。"

秦漢之際月支部族遊牧於敦煌、祁連之間，公元前 177 年至前 176 年，遭到匈奴的攻擊，大部分西遷到今新疆西部伊黎河流域，稱為大月支；少數沒有西遷，進入祁連山與羌人雜居，稱為小月支。漢武帝時張騫通西域，大月氏國人隨來中國，他們的後代居中國就用部族名中的"支"字為姓，以其音與"氏"字讀音同。《裴君傳》稱"佛圖中道人[5]支子元者，亦頗知道。"支子元即為古西域月氏人後裔。

裴氏漢以來為三晉望族，但裴姓本是疏勒的國姓，乃西域諸姓之一，裴玄仁有可能為胡族。右扶風在咸陽縣東，故裴君於"咸陽城南佛圖中曲室密房"得支子元其道。佛圖與浮圖、浮屠、不得、休屠同為佛陀（梵语 Buddha）的另一音譯。《魏書·釋老志》"浮屠，正號曰佛陀，佛陀與浮圖聲相近，皆西方言，其來轉為二音，華言譯之謂淨覺。"

---

4　《湯用彤全集》第 1 卷，第 43-44 頁。
5　陳原《社會語言學》13.4：浮圖梵文作 Buddha，不同時期不同經書譯作浮屠、沒馱、勃馱、浮圖、佛圖、佛陀，最後簡化而成佛，佛圖中道人即僧人。《季羨林論印度文化》47 頁，認為《四十二章經》與永平求法有關"浮屠這一名詞的形成，一定就在這個時候。"指出"在中印文化交流的初期，兩國不完全是直接來往，使用吐火羅語的這個部族曾在中間起過橋樑作用。"

　　古代泛稱北方邊地與西域的民族為“胡”，後來也泛指外國。佛教來自外域，曾被稱為胡教，佛被看成胡神。浮屠（佛圖）道人與梵僧指佛教徒，胡僧是佛教之外的異教徒，例如婆羅門僧人。西域的蕃客、胡商在從事商務活動時，可能同時具有胡僧、胡道人的身分[6]。

　　《魏書·釋老志》記載：“漢武帝元狩中（前 122－前117），遣霍去病討匈奴，至皋蘭，過居延，斬首大獲。昆邪王殺休屠王，將其眾五萬來降。獲其金人，帝以為大神，列於甘泉宮。金人率長丈餘，不祭祀，但燒香禮拜而已。此則佛道流通之漸也。及開西域，遣張騫使大夏還，傳其旁有身毒國，一名天竺，始聞有浮屠之教。”此後，隨中西交往的日益發達，佛教逐步輸入中土內部。

　　《真誥·協昌期》陶弘景注：“長安中似久已有佛，裴君即是其事。”《裴君傳》稱裴君與趙康子、皓季成共詣佛圖，後來裴君於“咸陽城南佛圖中曲室密房”得支子元其道，意味當時咸陽城內已有佛教寺塔。

　　“佛圖”也是寺塔的別名。《廣弘明集》卷 2 云：“浮圖，或言佛陀，聲相轉也。譯云淨覺，言滅穢成明道為聖悟也。”另外，《佛說十二遊經》云：“為佛作精舍，作十二佛圖寺、七十二講堂、三千六百間屋、五百樓閣。”《大智

---

6 《搜神後記》與東晉《靈鬼志》記載“石虎時（295－349）有胡道人驅驢作估於外國深山中行，有一絕澗窈然無底，行者恃山為道，魚貫相連。忽有惡鬼牽之下入澗中，胡人急性便大嗔恚，尋跡澗中，並祝誓呼諸鬼神下。遠忽然出一平地城，門外有一鬼，大鑞項腳着大鐵桎，鬼見道人便乞食曰：得食當與汝。既至門，乃是鬼王所治，前見王，道人便自說驅驢載物為鬼所奪，尋跡至此，須臾即得其驢，載物如故。”

度論》卷 11 云：“阿輸伽王一日作八萬佛圖。”又云：“或焚燒山野及諸聚落佛圖、精舍。”所說即指寺塔。

塔起源於印度，中國古代據梵文 stupa 和巴利文 thupo 音譯爲“窣堵波”和“塔婆”，簡稱塔，也稱爲佛圖、浮屠、浮圖等。“窣堵波”的原意是“墳”或“宗廟”。釋迦牟尼逝世後，弟子築墳分藏他的舍利，以爲紀念，窣堵波遂成爲佛教建築的一種形式。早期印度塔的形式是一個半圓覆缽形的大土塚，塚頂立一豎杆及圓盤。這種建築形式進入中國後，就與古代高層樓閣式建築相結合，形成了具有中國風格的樓閣式古塔。

《裴君傳》稱“佛圖中道人支子元”，西漢出現道人、道士名，道人最初與方士同義[7]。《漢書·京房傳》和《五行志》記西漢京房易法云“道人始去，寒，湧水爲災。”“道人始去茲謂傷。”諸家注皆云道人即“有道術之人”。道士之稱大約在西漢末年出現，此時期道士、方士並用。

如《漢書·王莽傳》說“王涉素養道士西門君惠，惠好天文讖記，爲涉言星孛掃宮室，劉氏當復興。”《漢書·王莽傳》記載甄尋僞造符命而被追緝，“尋隨方士入華山，歲餘捕得。”

安世高譯《佛說舍利弗悔過經》云：“不孝父母，不孝于師，不敬於善友，不敬于善沙門道人，不敬長老。”又支

---

7 關於道士、道人的考據請參考鍾少異《道士、道人考》，（京）中國史研究 1995 年第 1 期。佛教曾稱道教徒爲道士，自稱爲道人。宗密《盂蘭盆經疏》卷下“佛教初傳此方，呼僧爲道士。”稱僧人爲“道人”。《南齊書·顧歡傳》“道士與道人戰儒墨，道人與道士辨是非。”道人、道士分指佛教和道教徒。

婁迦讖譯《般舟三昧經》卷上"若沙門道人，多所教授。"
兩例均以沙門道人連用，沙門是音譯，道人是義翻，所指實
一。印度沙門或婆羅門在佛教看來屬外道，仙人一般是婆羅
門家族出身，沙門並不要求是婆羅門出身。兩者所傳的教義
也是對立的，後來，兩者互相轉化。沙門有廟宇住，有帝王
供養，婆羅門往往遊行教化，《裴君傳》佛圖中道人是住寺
塔的沙門。

　　《真誥・稽神樞》稱："裴真人（玄仁）有弟子三十四
人，其十八人學佛道，餘者學仙道。""周真人有十五人弟
子，四人解佛法。""桐柏（王子喬）有二十五人，弟子八
人學佛。"陶弘景註釋時略舉知名者，裴真人北牖弟子劉顯
梓、辛仲甫、趙子常；周真人入室弟於王瑋達、李建道、泉
法堅；桐柏入室弟子于弘智、竺法靈，鄭文成，陳元子。陶
弘景認為"辛、泉、于、竺，皆似胡姓，當是學佛弟子。"
裴玄仁學道於佛圖中道人支子元，弟子學佛道與仙道者都
有，說明早期道教佛道與仙道兼修相融的事實。

　　《裴君傳》云裴君治清靈宮。"西玄山下洞臺中有此書，
刻以玉簡，書以金字。"《西嶽華山誌》云裴元仁"委官棄
家，登太華山入洞元（玄）石室中，積二十三年。""西嶽
洞玄石室在頂之西北峰上四絕，昔清虛真人裴君入此室精思
至道。"《無上祕要》卷 22"清靈宮在西玄山，真人裴君所
居。"《洞淵集》云西玄山"在華州，不可到處。"《記纂
淵海》卷 86"第四西玄山高二千七百丈，洞周回一千里名三
玄極真之天，即裴真人所理，係華州入西番界。"《十大洞
天記》"第四西玄（元）洞，三玄極真天，廣二千里，裴君

所理。"

　　按《方輿彙編》華山部"上方爲西元（玄）門，爲西元（玄）洞，爲極真洞天。"《陝西通志》卷 8 "上方攀鑶盡處，有石罅號西元門，此唐金仙公主駕鶴昇仙處，門則元宗（唐玄宗）覓金仙而鑿者也。"莎蘿坪東對爲小上方，又上爲大上方，大上方在白雲峰下，十大洞天中的西玄洞所在之處，即是裴元仁所居之處。

　　《西嶽華山誌》記載：西嶽洞玄石室在頂之西北峰上四絕，昔清虛真人裴君入此室精思至道，積二十三年矣。降五靈玄老之所，其石室東西有二門，初入才容身側，入至室中，周迴五六丈，東門上接雲霞，西門下臨地中，有石道像高二尺，戴三景扶晨之冠，石衣文如九色雜羅之文。像多古錢，其錢多腳，一頭多孔，一面有文云"大布，大篆。"

"大布"是北周武帝建德三年（574）鑄造的錢幣。銅質，圓形方孔，篆書"五行大布"四字。《西嶽華山志》謂上方白雲宮、中方太清宮、下方雲臺宮，皆因羽人焦道廣（周武帝時人）興建。這尊石刻道像可能是當時立的。

《真靈位業圖》稱裴玄仁爲"裴元仁"，鄭樵《通志》稱"裴元人"，玄仁與玄人諧音，有道術的人稱"玄人"，如《周氏冥通記》稱陶弘景的弟子爲"玄人周子良"，故裴玄仁並非本名。裴君曾作冀州刺史又稱裴冀州。《真誥》稱裴玄仁爲鬱絕真人裴玄人、清靈真人、裴真人、清靈、裴君、君。《真誥》有部分爲扶乩降筆，例如《裴君說一年中得道》章注"清靈疏出"，清靈真人乃下降之真仙。[8]判讀時需要將真實的裴玄仁與降神的仙真清靈真人區隔。

《真誥·協昌期》有清靈真人說《寶神經》，道經中《寶神經》或《神寶經》是同一經典，全名爲《清靈真人說寶神經》，是根據佚文《裴君內傳》編寫[9]。《真誥·協昌期》陶弘景云"眾真雜說"批評"唯是一片鈔耳"。由於《真誥》下降華僑的仙真是紫陽真人與清靈真人，因此陶弘景認爲有

---

8　《真誥·翼真檢》：華僑者，晉陵冠族，世事俗禱。僑初頗通神鬼，常夢共同饗醊……積年，乃夜半形見。裴清靈、周紫陽至，皆使通傳旨意于長史。
9　《三洞珠囊》卷 5 引《裴君內傳》，成書較晚，內容爲《裴君傳》所不見。"尋藥之與存思，雖致道同津、而關源異緒。服藥所以保形，形康則神安；存思所以安神，神通則形保。二理乃成相資，而有優劣之品。今慮神漏而形棄，是存思之爲優，未見形去而神留，服藥所以爲劣。其有偏用能通者，亦同臻道岸，而未若兼善。使藥與思交用，形與神相入，則指薪日續，遊刃無阻，生涯自然而立，死地何從而來也。"言"藥與思交用"，指服藥以存想配合之，存思與服藥相輔而行。"形與神相入"指身心互相爲用，已有性命雙修內涵。

參考舊書的嫌疑。

　　周子良入道時陶弘景曾授予《西嶽公禁虎豹符》，《真靈位業圖》云"黃盧子西嶽公，姓葛，禁氣召龍。"黃盧子隱於華山黃神谷，說明在陶弘景之前已流傳有關裴君的書籍，且陶弘景非常熟悉古華山的道法。

　　《真誥‧稽神樞》載東漢安帝（109）郎宗居華山下，服胡麻丸得道，《後漢書》載郎宗恥以占驗見知，夜懸印綬於庭而遯去，子郎顗"傳父業，研精，學徒常數百人。"雖不能證明郎宗與裴玄仁有傳承關係，《清靈真人裴君傳》有《服胡麻法》卻是不爭的事實。

　　早期《清靈真人裴君傳》只在少數人間傳閱，例如葛洪於《抱朴子‧遐覽》中說他隨鄭隱學道時"弟子五十餘人，唯余見受金丹之經、及《三皇內文》、《枕中五行記》，其餘人乃有不得一觀此書之首題者矣。"因此流傳社會的年代雖晚，卻可能早已存在。

　　大定二十三年（1183）劉大用《西嶽華山誌‧序》稱王子淵（處一）"取舊藏《華山記》一通，慮有闕遺，更閱本郡《圖經》及劉向《列仙》等傳，有載華山事者，悉採拾而附益之……所出仙人，則清虛裴君、白羊公、黃初平十六真人。"王子淵獨具慧眼將裴君視爲華山仙人中第一位。裴玄仁等人曾真實存在，並非虛構的神人。

## 裴君所習道功

　　嚴君平（前53－18）在《道德指歸論》出生入死篇中說：

"貪生利壽，唯恐不得，強藏心意，閉塞耳目，導引翔步，動握百節，吐故納新，吹煦呼吸，被服五星，飲食日月，形神並作，未嘗休息，此治身之有爲也。"嚴君平是鄙薄以方術養生的，上述文字顯示當時方士修煉的內涵，這些內涵在《清靈眞人裴君傳》均有所體現。

## （一）服五方氣

《裴君傳》"常於密室，以夜半後生氣之時，服挹五方之氣……叩齒九通，咽液三十過。畢，存想五星。" "心存兩目中出青氣，心中出赤氣，臍中出黃氣。於是三氣相繞，合爲一氣……乃叩齒十四通，咽液十四過。" "旦視日初出之時，臨目閉氣十息，因又咽日光十過，當存令日光霞，使入口中，即而吞之。" "日夕視月，臨目閉氣九息，因又咽月光九過。當存月光，使入口中，即而吞之。"

"生氣之時，服挹五方之氣"，"存想五星"，即《抱朴子·至理》所謂行氣，"夫行氣當以生氣之時，勿以死氣之時也。故曰仙人服六氣，此之謂也。一日一夜有十二時，其從半夜以至日中六時爲生氣，從日中至夜半六時爲死氣，死氣之時，行氣無益也。"

《無上秘要》引《道跡經》佚文"常以雞鳴、平旦眠坐任意，叩齒九通……服食晨暉，飲以朝華（或月華）。以舌舐接上脣之外，取津而咽液三十過……雲牙者，五老之精氣，太極之霞煙。故採暉景之鋒以充六液之和，洞微冥感，萬神來降，幽映相求，不唱而應……採五晨之散暉，服六醴之霞漿……味三華於皓齒，取飲液於脣鋒。內錬六府，開聰徹明。

呼吸天元，魂魄練形。"[10]

　　行氣又稱食五芽氣，或服雲牙，"芽"字亦作"牙"，與舌舐齒取津液有關。《登真隱訣》云"服雲牙，可絕穀去尸也。""服雲牙，可修真一之道，守元嚥液。若似饑，當食麵物，以漸遺穀卻粒，不得一日頓棄，所謂損之又損之，以致於無爲也。"服雲牙時叩齒嚥液，藉似嚼嚥的動作，滿足想吃食物的欲望，故"得甘露芝液，無饑不復食。"[11]

　　上清經有《服四極雲牙上方》，凡服氣，皆先行五牙，以通五臟。《雲笈七籤》卷 4《上清經述》說王褒入華陰山"感太極真人西梁子降授餌飯方并服雲牙法。"顯現上清道法與華山有所淵源。

## （二）思存五星，以體象五靈

　　《裴君傳》五靈之神光服氣之法："於靜室祝時，亦先存五靈在體中使備，然後服氣爾。""思存五星，以體象五靈。存之法：常於密室，以夜半後生氣之時，服挹五方之氣。於寢床上平坐，向月建所在，先叩齒九通，咽液三十過。畢，存想五星，使北方辰星在頭上，東方歲星在左，西方太白星在右，南方熒惑星在膝中間，中央鎮星在心中。"

　　《神仙傳》裴君的隨駕劉根後來教王珍"坐三綱六紀"，王珍（真）的弟子李仲甫能步斗隱形，晝夜行三綱六紀之法[12]。三綱六紀與"存五星之法"有關，據《洞真上清

---

10　《中華道藏》28-238-《無上秘要》卷 76《咽雲牙品》。

11　《三洞珠囊》卷三服食品。

12　《茅山志》卷 5"李翼，字仲甫者，京兆人也。與司命君俱事西城王君，

太微帝君步天綱飛地紀金簡玉字上經》云："春步七星，名曰步三綱。夏步七星，名曰躡六紀。"[13] "直畫連星之界分，曰綱也。" "未登綱時，先存五星精在五藏中也。"[14] "兩足俱上丹元星，以左手拊心，以右手指北極星，閉氣三息，叩齒三通，嚥液三過，名曰躡紀。"

《真誥·運象篇》云："南真哀矜，去春使經師授以方諸《洞房》、《步綱》之道，八素九真，以漸修行。"南真指南嶽真人赤君，即裴玄仁的祖師赤將子。"服五星之精，日月之華，晝服日光，夜服月華。"《清靈真人裴君傳》中"道人支子元受蔣先生入室精思、存五靈之神光、服氣之法。" "於靜室祝時，亦先存五靈在體中使備，然後服氣爾。" "思存五星，以體象五靈。存之法：常於密室，以夜半後生氣之時，服挹五方之氣。"

《真誥·協昌期》說"大方諸之西，小方諸上，多有奉佛道者，有浮圖以金玉鏤之，或有高百丈者，數十層樓也。其上人盡孝順而不死，是食不死草所致也。皆服五星精。"《裴君傳》"思存五星，以體象五靈"，與《真誥》描述小方諸上奉佛道者服五星精的方法一致。

《真誥·稽神樞》云："傳禮和桓帝（147－167）外甥，侍中傳建女也，北地人，其家奉佛精進。女常旦夕灑掃佛前，勤勤祝誓，心願仙化，神靈鑒其心，亦得來此，久處易遷，

---

仲甫爲入室弟子，司命君爲北牖弟子，但仲甫所受業異，恆服水玉，有效，能步斗隱形，晝夜行三綱六紀之法。"《仙苑編珠》說"李仲甫，豐邑中陽人也。學道於弘農王君，得服玉法，行遁甲、隱形、步斗術。"

13 《中華道藏》01-218-《洞真上清太微帝君步天綱飛地紀金簡玉字上經》。

14 《中華道藏》01-212。

今始得爲含真臺主也。常服五星氣以得道。"

　　《雲笈七籤》卷 115 載傅禮和是北地人，常服五星氣（一云五星精）。北地在河套地區，爲多民族居住地。傅禮和家奉佛，卻"心願仙化"，民間佛道沒有嚴格的區別，但說明早期少數民族已知服五星氣。

　　《裴君傳》五氣入五臟之法，其具體操作方法與《太上洞玄靈寶赤書玉訣妙經》中的〈元始靈寶五帝真文玉訣〉以及《道跡經》佚文《咽雲牙品》一致，存思五臟神爲上清派所繼承，並成爲該派的主要修煉方術。

### （三）採陰益陽，行長生之道

　　《裴君傳》云"甲子上旬，直開除之日爲始，以生氣之時[15]，夜半之後，勿以大醉大飽，身體不精，皆生疾病也。當精思遠念，於是男女可行長生之道。其法要秘，非賢勿傳，使男女並取生氣，含養精血，此非外法，專採陰益陽也。"

　　"還神補腦，使我合會，煉胎守寶。祝畢，男子守腎，固精煉氣，從夾脊溯上泥丸，號曰還元。女子守心，養神煉火，不動，以兩乳氣下腎，夾脊上行，亦到泥丸，號曰化真……長生住世不死之道也。"

　　葛洪所著《抱朴子·釋滯》云："房中之法十餘家，或以補救傷損，或以攻治眾病，或以採陰益陽，或以增年延壽，其大要在於還精補腦一事耳。""欲求神仙，唯當得其至要。

---

15 《抱朴子·釋滯》：夫行氣當以生氣之時，勿以死氣之時也。故曰仙人服六氣，此之謂也。一日一夜有十二時，其從半夜以至日中六時爲生氣（即子時至午時），從日中至夜半六時爲死氣，死氣之時，行氣無益也。

至要者在於寶精行氣，服一大藥便足，亦不用多也。”《抱朴子·微旨》“善其術者，則能走馬以補腦。”寶精行氣與還精補腦是房中術的核心內容。《裴君傳》提出“固精煉氣，夾脊溯上泥丸”的修鍊方法，證明任脈的發現與房中術有關。

　　道書中對還精補腦有許多描述[16]，唐代孫思邈《備急千金要方·房中補益》說：“凡欲施泄者，當閉口張目，閉氣握固兩手，左右上下縮鼻取氣，又縮下部及吸腹，小偃背脊，急以左手中兩指抑屏翳穴，長吐氣並啄齒千遍，則精上補腦，使人長生。若精妄出，則損神也。”

　　密宗中有雙身、大印、大圓滿，不得師承，難窺門徑。陳建民[17]《曲肱齋全集補遺》載類似還精補腦方法[18]，有人認為密宗雙身法實來源於道家房中術。然而《裴君傳》提出“固精煉氣，夾脊溯上泥丸”的修鍊方法，證明任脈的發現與房

16　《雲笈七籤》卷64“偃其脊兼展腳根，則命門自閉……古道者相傳云：欲得不老，運精補腦。”《西山群仙會真記》卷3“凡欲施瀉者，當閉口、張目、閉氣、握固兩手，左右上下縮鼻取氣，又縮下部及腹，小偃脊背，急以左手中兩指抑餞抑屏翳穴，長吐氣，並啄齒千遍。則精上補腦，使人長生。”王重陽《金關玉鎖訣》：白牛去時，緊扣玄關，牢鎮四門。急用先人釣魚之法，又用三島手印，指黃河逆流。不行七返三島之法，便行肘後搬精補腦之法。

17　陳建民先生民國十八年皈依大虛大師，深研淨土五經、十論。民國廿二年蒙大敬法師傳授多傑尊者所編密海法藏百零八法，而習黃教。廿三年蒙諾那上師傳授紅教無上密宗，並侍師閉關黃龍寺，廿四年蒙太虛法師電囑赴重慶漢藏教理苑教授國文，遇川中諸大喇嘛，受紅教、白教、薩迦教重要無上密宗之灌頂，並於是年冬閉關峨嵋山金頂寺一月。民國廿八年，赴西康學法兼閉關，曾受印度傳入西藏五百尊法總灌頂，譯經六百萬言閉關雪山經年，三十五年因黃衡秋老居士之邀赴印度，於印度噶林邦閉關近三十年之久。著有《曲肱齋叢書》。

18　陳建民《曲肱齋全集補遺》558、566、571、576、584頁，2003年湖南攸縣佛協內部流通版。

中術有關。

　　《裴君傳》忌大醉大飽行房，爲後世房中術所遵行。《養性延命錄·御女損益》云"交接尤禁醉飽"；元代李鵬飛《三元延壽參贊書》在"欲有所忌"中指出忌飲食過度、大醉入房、忿怒中盡力房事、遠行疲乏入房等，認爲醉飽時不宜於房事[19]。明·洪基《攝生總要》"至於交戰，勿令大醉大飽。"

　　《養性延命錄》有劉君安（劉根）所云："食生吐死，可以長存。謂鼻納氣爲生，口吐氣爲死也。凡人不能服氣。從朝至暮，常習不息，徐而舒之。常令鼻納口吐，所謂吐故納新也。"[20]通過吐故可汲取天地之清氣（生氣），呼出體內穢濁之氣（死氣），達到調暢氣機的養生效果，能保健養生，還有助於祛病防疾。

　　《醫方類聚·房中補益》引《彭祖經》說："當以半夜之後，令生氣時，數數咽唾，兼飲玉漿。數咽氣，以心中數數，令耳不容聞，恐有誤亂，兼以手下籌（手搓臍下），能至千，則去仙不遠矣。人但閉氣，習交接之時，恒以鼻多納氣，微吐氣，則自然益也。"是源於《裴君傳》還精補腦、補益身心的方法。

　　《裴君傳》使用"泥丸"一詞，此外提出"存念三元中神""三元，泥丸、絳宮、丹田三神。"三元，這個觀點影響了《黃庭內景經·隱影》"三神之樂由隱居，倏欻遊遨無遺憂。"梁丘子注"三神，三丹田之神也。"

　　《真誥·運象》云："解束之道，修反行之法，服玉液，

---

19　《中華道藏》23-737《三元延壽參贊書》。
20　《中華道藏》23-650《養性延命錄》服氣療病篇第四。

朝腦精，二三年中，面有光華，還顏反少，極爲成道。"順行生人逆返成仙，存想氣從夾脊上腦後，入頂門，而散於四肢百脈的房中煉養術，就是《裴君傳》中所言從夾脊溯上泥丸"還神補腦"。這明確指出修煉過程，起於會陰沿督脈路徑而上，通三關（尾閭、夾脊、玉枕）以至於泥丸，初具小周天煉精化氣的雛型。

泥丸在頭頂中，又名百會穴，《道藏輯要・仙佛合宗語錄》說"上丹田者，仙云泥丸，佛云泥洹。"泥洹即涅槃，爲梵語音譯，法國馬伯樂（Henri Maspero）認爲這個術語是梵文涅槃（nirvāna）的中文轉寫[21]。荷・高羅佩（Robert Hans van Gulik 1910－1967）肯定馬伯樂的看法，在密教中這個穴位也叫涅槃輪，而且正是在這個穴位上，才能達到涅槃的極樂境界[22]。

高羅佩《中國古代房內考》說"中國的房中秘術和印度的房中秘術，兩個體系之間肯定存在某種歷史聯繫。"[23]又說"在中國方面，我們對可靠的歷史材料進行過清理，因爲所有有關文獻都可以相當精確地確定期寫作時間，但在印度方面卻留有許多不確定的地方，許多現代學者對基本文獻的斷代往往可相差幾個世紀。"[24]

高羅佩認爲房中術是從中國傳到印度的，"中國的房中術從紀元初就存在，到七世紀才在印度立定腳跟。"[25]他雖

---

21　參看 H.Maspero 的代表作 Le Taoisme（Musee Guimet，Paris 1950）p.93。
22　高羅佩《中國古代房內考》中譯本第 332 頁。
23　《中國古代房內考》第 191 頁。
24　《中國古代房內考》第 332 頁。
25　參見《中國古代房內考》第 337 頁。李零《中國古代房內考》420 頁附

注意到《裴君傳》從夾脊溯上泥丸這段文字[26]，但未察覺《裴君傳》中佛圖道人支子元的長生內術（即房中術），是印度仙人赤將子輿經由絲路傳到中國的[27]。

### （四）用《五行紫文》以除三尸

　　《裴君傳》用《五行紫文》以除三尸，即《無上祕要》卷84赤將子所傳"服火法"，又稱"玄白之道"或"玄白之術"，守玄白法、存玄白法、胎精中景玄白法、胎精中景黑白內法、胎精中景玄白內法。守玄白是早期道教的行氣法。

　　《真誥》卷10"守玄白之道"在《無上祕要》卷41內容如下"青靈真人曰守玄白之道，常坐臥任意存泥丸中有黑氣，存心中有白氣，存臍中有黃氣，俱生如雲以覆身，因變成大火，又燒身通洞內外如一，早行或達於午，使人長生不死。"

　　《登真隱訣》卷中云："一名胎精中景玄白內法，常旦旦坐臥任意，存泥丸中有黑氣，存心中有白氣，存臍中有黃氣，三氣俱生，如雲覆身，因變成火，火又燒身，身通洞徹，內外如一。"比較《道藏》中與守玄白有關典籍，可以確定玄白之術出於《五行紫文》，是《裴君傳》在不同時期的文本，反映了裴玄仁師徒的傳承活動。

---

錄五《高羅佩與馬王堆房中書》對此條資料持保守態度，認為"高羅佩的假說是基於年代學的比較，即印度祕教經典的年代都比較晚，不早於唐代，而中國房中書的年代卻早得多，可上溯於漢。這一假說現在仍無法證實，但高氏指出中國的房中術應有獨立起源，確不可易。"

26　《中國古代房內考》第190頁。

27　李零認為早期印度房中術傳入中國的路線，罽賓、龜茲、鄯善、于闐的絲路也許更值得注意。參見《中國古代房內考》附錄七李零《曇無讖密教房中術考》439頁。

| 太上混元真錄 | 存三一之法，先存當兩眉間……又思白氣如車輪，大以自覆。次思赤氣覆白氣……洞房中有白氣大如雞子，光如月照所在。凡次上法常當晝夜存之，故曰：子欲長生，三一當明……氣變爲精，精變爲神，神化爲嬰兒。嬰兒上爲真人，真人然後爲赤子，此真一也……常行氣愛精，則三田保赤子存，此其要道也。 |
|---|---|
| 靈寶畢法 | 〈朝元煉氣〉第八 "春煉肝青氣出，夏煉心赤氣出，秋煉肺白氣出，冬煉腎黑氣出。兌卦時起火，以至黃氣成光，默觀萬道，周匝圍身。"〈內觀〉第九 "午時前微以升身起火煉氣，午後微以斂身聚火燒丹……當想遍天地之間皆是炎炎之火，畢清涼，了無一物。" |
| 胎精中記經 | 元父化爲青氣，玄母化爲黃氣，青氣從泥丸中下，黃氣從命門中上，二氣合會絳宮中，二氣混黃，更相纏繞，須臾，青氣化爲嬰兒，黃氣化爲鳳凰，鳳凰口衡九丹流精保命之符，以哺嬰兒之口，嬰兒受符畢，化爲圓日，還出頭上，鳳凰化爲月景，還下命門之中，日月二光遙相映照，洞達一身。 |
| 《雲笈七籤》卷 53〈雜祕要訣法〉存玄白法 | 胎精中景黑白內法：常以旦旦坐臥任意，存泥丸中有黑氣、存心中有白氣、存臍中有黃氣，三氣俱生，如雲以覆身。初存氣如小豆，漸大衝天，三氣纏繞身，共成一混。因變成火，火又燒身，通明洞徹，內外如一。內通外徹，支體共火一色。旦行之，至日中乃止。 |
| 《上清握中訣》卷中〈守玄白法〉 | 常平旦坐臥任意，存泥丸中有黑氣，心中有白氣，臍中有黃氣，三氣俱出如小豆，漸大纏繞，合共成一以覆身，因變成火，火又燒身，使內外洞徹如一，旦行至日中乃止，於是服氣一百二十過都畢。（云此杜廣平所受介琰胎精中景黑白內法，卻辟葛害，長主不死。先禁房室，及一切肉，五辛味，行之三十年，遁形隱身，日行五百里） |
| 《孫真人備急千金要方》卷 81〈存三守一〉 | 每清旦，面東跌坐，候氛息調勻，瞑目三叩齒，呵氛一口向艮方去，慎勿令耳聞呵聲。此吐故也。次左手壓右手，握固，舌拄上腭，凝神息氣，又九叩齒，舉左手於面前，剔巳午未訣……存三色雲氛並真人合爲一，如曦輪之狀。以鼻一吸之，隨嚥直入臍下二寸四分下丹田中。又存心絳宮中丹田內，又存兩眉間，卻入三寸上丹田，常如日輪在三丹田內，光氛綿綿默默，若存若亡。覺倦則起，叩齒，以舌拄上腭，閉氛良久，自覺華池津液滿口，灌溉導引，復以兩手摩面而起……此守一存三之道，久久行之，則得形神俱妙，與道合真矣。 |

| 《真誥・協昌期》 | 常旦旦坐臥任意，存泥丸中有黑氣，存心中有白氣，存臍中有黃氣，三氣俱生，如雲氣覆身，因變成火，火又繞身，身通洞徹，內外如一。旦行，至向中乃止。於是服氣一百二十，都畢。道正如此，使人長生不死，辟却萬害。尤禁六畜肉、五辛之味[28]。當別寢處靜思，尤忌房室，房室即死。初存出氣如小豆，漸大衝天，三焑纏煙繞身，共同成一混，忽生火在三煙之內，又合景以煉一身，一身之裏，五藏照徹。此亦要道也……行之三十年，匿身隱形，日行五百里。一名此道爲"胎精中景玄白法"也。 |
|---|---|
| 《登真隱訣》卷中 | 玄白之術，一名胎精中景玄白內法。常旦旦坐臥任意，存泥丸中有黑氣，存心中有白氣，存臍中有黃氣，此三處猶謂三宮中也，亦是三一之別道，但氣色爲異耳。三氣俱生，如雲以覆身，各從其初處出，如小豆，乃漸大，以覆冠一身耳。因變成火，火又繞身……身通洞徹，內外如一。火與氣俱燒鍊身，表裏照徹也。旦行至向中乃止……道正如此，使人長生不死，辟卻萬害。所謂知白守黑，欲死不得；知黑守白，萬邪消卻。白黑即向三色之氣，所謂玄白也。 |
| 《三洞羣仙錄》卷13 | 陳世京守玄白之道，常旦旦坐外，任意存泥丸黑氣、心中白氣、臍中黃氣，三氣俱生，如雲以覆其身，因變成火，火燒於身，洞徹內外。如此旦日一行之，服氣二十過，畢乃止。所謂知白守黑，欲死不得，知黑守白，萬邪消卻。世京後得仙。 |
| 《道法會元》卷173 | 青靈真人守玄白之道：守玄白之道坐臥任意，存泥丸中有黑焑，心中有白焑，臍中有黃焑，如絲漸漸，如雲以覆身，因變成大火燒身，通洞內外如一，自早行次達於午，便使人長生，犯色立死。 |
| 《道法會元》卷171 | 玄白之道，頓漸有二，精符一妙，功無毫屋。且玄一虛室生白之道，乃知白守黑，求死不得，是也。上道守玄白之法，是知白見黑，忘形坐守者，是也。 |
| 《太上靈寶淨明飛仙度人經法》洞界章第五〈存思法〉 | 每日早晨入靖，吞淨明寶籙了，取黍一米一百二十粒，入室靜坐。存泥丸中有青焑，心中有白焑，臍中有黃一焑。三焑俱生，如雲覆身。因變成一大火燒身，身色洞徹內外，良久乃止。於是以黍米就服焑，以鼻引青焑，一百二十行嚥之止，次以水吞米。 |

---

28 六畜指馬、牛、羊、雞、狗、豬。五辛指蔥、蒜、韭、蓼蒿、芥五種辛味的蔬菜。

又《裴君傳》云：常用朔望之日，日中時，臨目南向。臨目者，當閉而不閉也。心存兩目中出青氣，心中出赤氣，臍中出黃氣。於是三氣相繞，合為一氣，以貫一身。須臾，內外洞徹，如火光之狀，良久，乃叩齒十四通，咽液十四過畢。此煉形之道，除尸蟲之法也。久而行之，體有五香之氣，目明耳聰，長生不死[29]。

《裴君傳》守玄白會產生火光，如雲以覆身，類似瑜伽拙火定，拙火定中也會顯現煙霧、陽焰、螢火、燈焰、無雲青天相。流傳甚廣的藏傳佛教密教典籍《大乘要道密集》載有修煉方法與守玄白類似：

拙火燃起後，先觀想它遍滿臍輪，漸漸上升至全身，繼觀其火如電光灼照，從毛孔中外放，滌淨自身中脈、氣、明點的不淨垢障，並照觸宇宙，令一切眾生皆得利樂，復收回於臍下。若進而以寶瓶氣鼓動拙火，令其循中脈上升，熔化頂輪白菩提，從頂、喉、心依次降下至於臍輪。

## （五）八節日陳乞己罪

健康的心理與免疫力有一定的關係，《道德經》云："聖

---

29 相傳為鍾離權授呂洞賓的《靈寶畢法》繼承"古華山派"的修煉法，〈內觀〉第九：擇福地置室，跪禮焚香，正坐盤膝，散髮披衣，握固存神，冥心閉目。午時前微以升身起火煉氣，午後微以斂身聚火燒丹。不拘晝夜，神清氣和，自然喜坐。坐中或聞聲莫聽，見境勿認，物境自散。若認物境，轉加魔軍不退，急急前以身微斂，斂而伸腰，後以胸微偃，偃不伸腰，少待前後火起，高升其身勿動，名曰焚身。火起魔軍自散於軀外，陰邪不入於殼中，如此三兩次已。當想遍天地之間皆是炎炎之火，畢，清涼了無一物。

人之治，虛其心，實其腹，弱其志，強其骨……挫其銳，解其紛。和其光，同其塵。＂＂解其紛＂的＂紛＂字，陳景元說＂紛，河上公作忿，曰結恨也。＂透過省懺與寬恕，可解脫心理上的包袱，鬱悶的情緒正是致病原因。

《裴君傳》有藉宗教儀式淨化心靈的方法＂八節之日存思，陳己立身已來罪過多少之數，輸誠自狀以上，希天皇諸真開寫之祐，剋身歸善，以求長生神仙者也。＂＂密自陳己立身已來犯罪多少之狀，乞得赦貰，從今自後改往修來之言，言之必使信，誓於丹心，盟於天地，不敢復犯惡之行也。＂又云＂八節日夜半日中，謝七世祖父母及身中罪過，罪過自除也。＂＂陳己立身已來犯罪多少之狀，乞得赦貰、從今自後改往修來。＂《裴君傳》＂陰德致神仙之道＂，即《神仙傳》劉根教王珍＂謝過上名之法＂。

八節乞罪後來發展為懺悔過錯的＂八節齋＂，＂凡八節之日，是上天八會大慶之日也。其日諸天大聖尊神，上會靈寶玄都、玉京上宮，朝慶天真，奉戒持齋，游行誦經。此日修齋持戒，宗奉天文者，皆為五帝所舉，書名玉曆。＂[30]＂謝玄祖及己身黑簿之罪。＂[31]

元・徐善政《太極祭煉內法・序》＂太極祭煉法者，葛仙公祭鬼之法也。＂鄭思肖《太極祭煉內法》說＂每年三元、五臘[32]，謂之八解脫日[33]、八節。庚申甲子一年之間二十八會，

---

30 《雲笈七籤》卷 37〈八節齋〉。
31 《中華道藏》44-038-《北極真武普慈度世法懺》卷 5 八節齋。
32 五臘日，天臘 1 月 1 日，地臘 5 月 5 日，道德臘 7 月 7 日，民歲臘 10 月
　　1 日，王侯臘 12 月。《要修科儀戒律鈔》＂此五臘吉日，奉道之家則依
　　此祭先人，先須上章啟請先人，然後設祭，孝子之道也＂。

祭鍊幽冥所不可缺。"《神仙傳·葛玄》靈寶齋六法中有"三元自謝犯戒之罪,八節謝七祖及己身,請福謝罪。"都繼承《清靈真人裴君傳》中的方術。

## (六)存日月之精

《周禮·春官·大宗伯》"以實柴祀日月星辰"。《禮記·祭義》"祭日於壇,祭月於坎。"秦以前已有祭日月,至秦始把日主、月主作為八神之一祭祀。然而"存日月之精"的修鍊方式,始見於裴玄仁。

《裴君傳》云:"裴君乃先密受《太上鬱儀文》、《太上結璘章》二書,然後齋戒而得存日月之精爾。有仙名骨錄者,乃得見此二書。見之者仙,為之者真。《鬱儀》《結璘經》及《大洞真經》,乃太極四真人之所祕,上清天皇之所珍貴也。西玄山下洞臺中有此書,刻以玉簡,書以金字。"

《裴君傳》有"《鬱儀》引日精,《結璘》致月神,得道為上宮,位稱大夫真。"鬱儀、結璘見《黃庭內景經·高奔》"高奔日月吾上道,鬱儀、結璘善相保。"唐·梁丘子注"鬱儀,奔日之仙;結璘,奔月之仙。"《登真隱訣》中云:"上真之道,七鬱儀奔日文為最,結鄰奔月文為次。"《大洞經》云:日亦名鬱儀,月亦名結璘。

上清派經典《上清太上九真中經》第五《太上玉晨鬱儀奔日赤景玉文結璘奔月黃景玉章》,言存思日中五帝、月中

---

33 《太上洞淵神咒經》中提到一年之中,有立春日、春分日、立夏日、夏至日、立秋日、秋分日,立冬日、冬至日等八節日為大齋日。又稱"八解日"。

五夫人等神靈，飛奔日月之法。云「西玄山洞台中有此二經，刻以玉簡，書以金字。」《無上祕要》卷22「清靈宮在西玄山，真人裴君所居。」說明「存日月之精」源於裴玄仁。

　　《裴君傳》中「太素真人教裴君二事。爲真人之法，曰：旦視日初出之時，臨目閉氣十息，因又咽日光十過，當存令日光霞，使入口中，即而吞之。」《太上靈寶五符序》有食日月精之道、夏禹授鍾山真人食日月星之法，與《裴君傳》一致。

### （七）入山修煉法

　　《說文》「仙」作「仚」，「人在山上，从人从山。」《釋名》「老而不死曰仙。仙，遷也。遷入山也。」求形全者多遁隱山林，《裴君傳》云：「道士不知此術，入山必多不利，數爲鬼物所試；在人間則多輚軻疾病，財物不昌，所願不從。」入山修煉須有方法「狼虎百害，不敢犯近，神靈祐助，常欲使人得道，開人心意，惡鬼老魅，不敢試人。」

　　《裴君傳》的觀點被葛洪所繼承，《抱朴子・登涉》「山無大小，皆有神靈，山大則神大，山小即神小也。入山而無術，必有患害。或被疾病及傷刺，及驚怖不安；或見光影，或聞異聲；或令大木不風而自摧折，巖石無故而自墮落，打擊煞人；或令人迷惑狂走，墮落坑谷；或令人遭虎狼毒蟲犯人，不可輕入山也。」

　　赤將子授西嶽公「禁山符」[34]，可能是《裴君傳》中的

---

34　「禁」有「咒」的意味，屬「禁咒」或「禁架」的法術，使用時運用咒語或氣功。如《後漢書・徐登趙炳傳》云「徐登者閩中人也，本女子化

"神虎符"，或兩者有關連。《太上靈寶五符序》有〈三天太上伏蛟龍虎豹山精文〉名曰八威策。云："道士入山，帶此書於肘後，百禽精獸徒從人行在左右。執此書於手中，則百禽山精毒獸卻走千里。"

### （八）服食茯苓、胡麻

《裴君傳》說裴君"服食茯苓，餌卉醴華腴。積十一年，夜視有光，常能不息，從旦至中。"附有《服茯苓法》與《服胡麻法》是蔣先生於黃金龜祖山中授支子元。云"體先不虛損，及年少之時，當服茯苓，若出三十者，當服胡麻。此二方是大有之要法，長生神仙之秘寶。"認為年少者服茯苓，年過三十者，當服胡麻。

據《史記・龜策列傳》"下有伏靈，上有兔絲……所謂伏靈者，在兔絲之下，狀似飛鳥之形……伏靈者，千歲松根也，食之不死。"《抱朴子・仙藥》記載："五芝者，有石芝，有木芝，有草芝，有肉芝，有菌芝，各有百許種也。""木芝者，松栢脂淪入地，千歲化爲茯苓。"《本草經》卷2 茯苓爲上藥一名茯菟，"久服安魂魄，養神，不饑，延年，生山谷大松下。"

《雲笈七籤》卷105 引《寶玄經》云："茯苓治少，胡

---

爲丈夫，善爲巫術。又趙炳字公阿，東陽人，能爲越方。時遭兵亂，疾疫大起，二人遇於烏傷溪水之上，各試所能，登乃禁溪水，水爲不流；炳復次禁枯樹，柳即生荑，二人相視而笑，炳以登年長師事之，相與共行禁法，所療皆除。"李賢注引《抱朴子》"道士趙炳，以氣禁人，人不能起。禁虎，虎伏地，低頭閉目，便可執縛。"又引《異苑》"趙侯以盆盛水，吹氣作禁，魚龍立見。"

麻治老。合以齋戒，服以朝蚤，卉醴華腴，火精水寶，和以爲一，還精歸寶，此之謂也。卉醴華腴蜜也，火精茯苓也，水寶胡麻也……合二物，倍用蜜共煎擣以爲丸乃佳，亦並治老少矣。"

古代華山多茯苓，李益[35]曾入華山採茯苓，作有《罷秩後入華山採茯苓逢道者》詩。茯苓爲多孔菌科植物，寄生於松根部。菌類植物含有三類如茯苓酸、塊苓酸、16a-羥基齒孔酸、齒孔酸，多聚糖類如茯苓聚糖，以及麥角甾醇、膽鹼、腺嘌呤、組氨酸、卵磷脂等多種成分。確有滋補強壯作用，並能提高人體的免疫功能，增強人體抗病能力。

《後山集》卷 21 紀載："華山毛女峯有隸字曰茯苓，下云：諸山皆假惟此者真，一旦一九三斗三斤。疑爲服茯苓法也。今山下人用三斗水煮藥三斤，水盡爲度，蜜和而蒸服而不丸。"華山山下的服茯苓法，即裴玄仁所傳。

《大正新修大藏經》古逸部收錄敦煌卷子《三萬佛同根本神祕之印並法》："胡麻之法……如一名三光之貴榮，一名……一名含映，一名青襄，是其葉，食……好成熟者擣，持土穢隨意多少，湯……乾後蒸之，使微氣出，極溜通止，更曝……曝，每至蒸時要須快日，天陰不得蒸……復溫而復蒸，都曝訖，而後擣之，和以白蜜……至服時，一服一枚，以日三時服之，可以長生不死。"《清靈真人裴君傳》中裴君受佛圖中道人支子元胡麻之法，與《絕穀仙方》製作方法相同。

---

35 李益大曆四年登進士第，授華州鄭縣尉。大曆六年又中諷諫主文科，擢鄭縣主簿。

　　印度有用蜜作爲製香與藥丸粘合劑的傳統。《大日經》、《金剛頂經》、《蘇悉地羯羅經》等，爲密教之三大部，據《蘇悉地羯羅經》分別燒香品第九“應用好蜜合和丸香”。《裴君傳》說：“卉醴華腴，蜜也。”《服茯苓法》及《服胡麻法》有以胡麻漬蜜中，攪令相和。

　　《服茯苓法》使用的白蜜，應該是現在的白沙糖。漢·張衡《七辯》“沙餳石蜜，遠國儲珍。”涼州（今武威）與敦煌同處河西，又同是絲路重鎮。三國·萬震《涼州異物志》云：“石蜜非石類，假石之名也，實乃甘蔗汁煎而曝之，則凝如石而體甚輕，故謂之石蜜也。”蔗糖源於印度，直到唐太宗貞觀二十三年（649）初時，王玄策才帶著在鹿野苑中所搭（拓）的《佛足跡靈相圖》和印度的制蔗糖密方，偕印度摩訶菩提寺的高僧與石蜜匠人返回長安。

　　印度人習慣以酥、麵、蜜、薑等調製之食物，或用以供養曼荼羅諸尊。又以胡麻製作強精劑，印度古代醫學經典《妙聞集》（Susruta-samhita）第 4 卷強精催淫療法說“將混有岩鹽的胡麻、綠豆、八角金盤或粳米的粉末，以甘蔗浸濕，攪拌成糊狀，加豬脂與酥煮之，製成溫粥。食此，男子可與百名婦人相交。”“交合後食用含砂糖的點心，加砂糖的牛乳及肉汁，行沐浴，睡眠，有益健康。”[36]

## （九）煉丹術

　　服食、服餌、服石、服丹、辟穀均屬服食補養範疇，選

---

36 廖育群《認識印度傳統醫學》，172-175 頁。

用礦物、植物和藥物，有時也使用動物，經過一定的配方、炮製服入。《抱朴子》金丹、仙藥、黃白章論述服食補養，載有百餘種藥物，分爲上藥、中藥和下藥 3 類。指出上藥可以延命，中藥可以養性，下藥可以除病。尤重金石類藥物，認爲金石類藥物煉製而成的丹，服食後不僅可以延年益壽，且可以成仙。

裴玄仁的弟子劉根認爲："藥之上者，有九轉還丹、太乙金液，服之皆立登天，不積日月矣。其次，有雲母、雄黃之屬，雖不即乘雲駕龍，亦可役使鬼神，變化長生。次乃草木諸藥，能治百病，補虛駐顏，斷穀益氣，不能使人不死也。上可數百歲，下即全其所稟而已。不足久賴也。"

戴孟服雲母、雄黃、丹砂、芝草。寒食散是丹砂、雄黃、雲母、石英、鍾乳等合煉而成，含有寒食散主要成。《石藥爾雅》載丹名有裴君辟祭丹，劉君（劉根）鳳駐年丹。《茅山志·茅君真冑》"李翼，字仲甫者，京兆人也。與司命君（茅盈）俱事西城王君，仲甫爲入室弟子，司命君爲北牖弟子。"西城王君爲劉根的弟子王珍（真）[37]。《黃帝九鼎神丹經訣》卷 7 載："左元放所授狐剛子《七寶未央丸》"，狐剛子爲左慈門下，左慈則爲李仲甫弟子[38]。

## （十）投龍簡

《裴君傳》陰德致神仙之道其文：諸八節日……作素奏使長一尺二寸，丹書其文曰"某郡縣鄉里，某欲得長生，登

---

37 參閱本書《西城王君》的研究。
38 請參閱《西嶽仙卿李仲甫與華山的淵源》。

仙度世，飛行上清。真人至神，五嶽群靈，三官九府，乞除
罪名。"書奏畢，以青絲繫金鐶一雙，合以纏奏，再拜，北
向置奏石上，因以火燒成灰，乃藏鐶於密石間而去，勿反顧。
無鐶，可用條脫[39]一雙以代鐶，古人名爲縱容珠子也[40]……如
此十過，天上五帝三官九府，更相屬敕除人罪過，著名生籙，
刊定仙籍……若能行此道，長生神仙[41]。

此爲投龍簡，投龍簡與先民的山川土地崇拜不無關係。
古代祭祀有以沉玉、焚玉爲祭禮，投龍簡使用玉、木、金、
銀、銅等五種材質，投送於山者，叫山簡；沉於江河湖泊者，
叫水簡；埋入土中者，叫土簡。《清靈真人裴君傳》是藏鐶
於名山密石間，屬於山簡，後來發展爲五斗米道的"三官手
書"[42]。

金鐶、金鈕爲告盟之信物，《太上洞玄靈寶赤書玉訣妙
經》簡稱《赤書玉訣》，投龍簡以朱書銀木簡上，青紙裹簡，
青絲纏之，金龍負簡以投三河之淵。初用金鈕九隻，連簡沉

---

39 條脫爲古代臂飾，呈螺旋形，上下兩頭左右可活動，以便緊鬆，一副兩
　　個。《真誥・運象》綠萼華"贈詩一篇並致火澣布手巾一枚、金玉條脫
　　各一枚。"陶註"條脫似指環而大，異常精好。"
39 見《雲笈七籤》卷51〈祕要訣法行持事要〉：受太上鎮生五藏雲腴之法，
　　跪金縱容珠二枚，以爲閉密藏之誓。
40 見《雲笈七籤》卷51〈祕要訣法行持事要〉。
41 《抱朴子・登涉》：山無大小，皆有神靈，山大則神大，山小即神小也。
　　入山而無術，必有患害。或被疾病及傷刺，及驚怖不安；或見光影，或
　　聞異聲；或令大木不風而自摧折，巖石無故而自墮落，打擊煞人；或令
　　人迷惑狂走，墮落坑谷；或令人遭虎狼毒蟲犯人，不可輕入山也。
42 《三國志・張魯傳》注引《典略》：熹平中……角爲太平道，修爲五斗
　　米道……修法略與角同，加施靜室，使病者處其中思過。又使人爲奸令
　　祭酒。祭酒…請濤之法：書病人姓名，說服罪之意。作三通，其一上之
　　天，著山上，其一埋之地，其一沈之水，謂之三官手書。

之。[43]《赤書玉訣》所書簡文，與《裴君傳》文義相仿，皆以青絲纏繫，投金鐶鈕，唯裴君處於山上，乃以火燒成灰，沒有投諸河淵。

---

43　《中華道藏》03-027-《太上洞玄靈寶赤書玉訣妙經》告水帝削除罪簡上法。

# 劉根即裴玄仁別駕劉安之

　　古人"寄聲而不寄形"，常以同音字或音近記同一人名。同一人在不同典籍中，稱謂由於音近或同音，有不同寫法，因而造成史蹟支離破碎。關於劉根的史料，王珍撰《劉君內記》，此書《通志·藝文略》名《劉真人內傳》，又名《劉根別傳》，《藝文類聚》、《太平御覽》屢引之，這些史料已佚失，根據《清靈真人裴君傳》記載：

> 別駕劉安之，時年四十五，初迎君爲主簿，後轉別駕，亦知仙道。飲食黃精，積二十餘年，身輕，面有華光，數與君俱齋靜室中……（裴）棄官委家，逃游名山，尋此微妙，別駕劉安之從焉。君時年四十五，帝累征召，一不應命。逼之不已，君乃北游到陽浴（洛）山，以避人間之網羅也。遂入石室北洞中，學道精思，無所不至，安之不能久處山中，時復出於人間。君於後將雲子（鄧雲子）去，乃登太華山入西洞玄石室。

　　"浴"與"洛"形似，陽浴山即是陽洛山，據《全唐詩》卷 357〈奉送家兄歸王屋山隱居二首〉注"據道書王屋山一名陽洛山，一作洛陽山。"《太平御覽》卷 664《道部·尸解》"洛陽山西，夏禹巡狩名山，刻石於此，下有洞臺，神仙學者萬餘人。"《道部·傳授》"陽洛山有洞臺，是清虛之別宮。"杜光庭《洞天福地記》"第一王屋洞小有清虛天，周迴萬里，王褒所理，在洛州王屋縣。"

《上清黃氣陽精三道順行經》云："王君以經傳南嶽夫人，今封於陽浴宮南洞之室。"《雲笈七籤》卷 114 "元君魏華存齋戒於陽洛山隱元之臺"，《真誥·甄命授》"王屋山，仙之別天，所謂陽臺是也。始得道者，皆詣陽臺，是清虛之宮也。"《南嶽魏夫人內傳》云"丹壠之南有隱元臺，魏夫人得道處此也。"隱元即隱玄，裴玄仁入陽浴山石室北洞，以避人間之網羅，"陽洛山隱元之臺"即裴玄仁（玄人）所隱之處。

章太炎認爲《後漢書·方術列傳》中的劉根"根與君安，乃一名一字，字義相因。"劉君安（劉根）就是劉安之。"君"是尊稱，用在姓名後表示尊敬，一如清靈真人裴君。據陳寅恪研究，魏晉時代最重家諱，凡名後有"之"字，皆與宗教信仰有關，是當時取名用字的特色[1]。因此劉君安、劉安之即"劉安"。所謂鮑靚於嵩山劉君石室，清齋思道，忽有刻石《三皇天文》出於石壁。劉君石室之"劉君"即《神仙傳》的劉君安[2]，《神仙傳》爲劉根立傳：

劉根字君安，京兆長安人，漢孝成皇帝綏和二年舉孝廉，後棄世學道，入嵩高山石室，至王莽時（8－23），頻使使者請根，根不肯往。冬夏不衣，身毛長一二尺，其顏色如十四五歲人，深目多鬚，鬢髮皆黃，長三四寸。棄世學道多年，

1 陳寅恪《天師道與濱海地區之關係》，金明館叢稿初編，上海古籍出版社 1980 年 8 月版第 8 頁。
2 《神仙傳》中劉根與劉政的道門風格非常相似，二者可能爲一人。

一無所成，後來在華陰山遇到神人曰：爾聞有韓衆（終）否？曰：聞之神人。曰：我是也。告以"汝今髓不滿，血不暖，氣少腦減，筋息肉沮，故服藥行氣，不得其力。必欲長生，且先治病，十二年，乃可服仙藥耳。夫仙道有昇天躡雲者，有遊行五嶽者，有服食不死者。有尸解而仙者。凡修仙道，要在服藥，藥有上下，仙有數品。不知房中之事，及行氣導引並神藥者，亦不能仙也。藥之上者，有九轉還丹、太乙金液，服之皆立登天，不積日月矣。其次，有雲母、雄黃之屬，雖不即乘雲駕龍，亦可役使鬼神，變化長生。次乃草木諸藥，能治百病，補虛駐顏，斷穀益氣，不能使人不死也。上可數百歲，下即全其所稟而已。不足久賴也。""必欲長生，先去三尸。三尸去，即志意定，嗜欲除也。"以神方五篇見授，云"伏尸常以月望晦朔上天，白人罪過，司命奪人算，使人不壽。人身中神，欲得人生，而尸欲得人死，人死則神散，無形之中而成鬼。祭祀之則歆饗[3]，故欲人死也。夢與惡人鬥爭，此乃尸與神相戰也。"乃從其言，合服之，遂以得仙。劉根後來教王珍守一行氣存神，坐三綱六紀[4]，謝過上名之法。根後入鷄頭山仙去。

《神仙傳》說劉根西漢綏和二年（前 7）舉孝廉，選拔人才始於漢代，據《通典·選舉一》漢代舉士的四條標准"（漢

---

3 歆饗同"歆享"。神靈享受供物。
4 《抱朴子·遐覽》錄鄭隱道經書目中有步三罡六紀經。"步罡踏斗"其步伐叫"禹步"，即雙腳運步，前舉左，右過左，左就右；次舉右，左過右，右就左；次舉左，右過左，左就右。三步當滿二丈一尺，形成九跡。步罡之法據《雲笈七籤》卷 61 稱"先舉左、一跬一步，一前一後，一陰一陽，初與終同步，置腳橫直，互相承如丁字形。"步履轉折如同踏在罡星斗宿之上。

武帝）令郡國舉孝廉各一人……限以四科：一曰德行高潔，志節清白；二曰學通行修，經中博士；三曰明習法令，足以決疑，能按章覆問，文中御史；四曰剛毅多略，遭事不惑，明足決斷，材任三輔縣令。」

《太平廣記》卷 10 引《神仙傳・劉根》"深目多鬚，鬢髮皆黃。"深目豐髭是胡人的形像，胡人生活於西漢時的長安很平常。大概劉根鬢髮皆黃，後來於記載中演變爲體生綠毛。皮日休〈與毛公泉詩〉云"劉根昔成道，茲塢四百年，毵毵被其體，號爲綠毛仙。"

韓終是秦始皇時人，《史記・秦始皇本紀》始皇三十二年"因使韓終、侯公、石生求仙人不死之藥。"劉根在華陰山遇者問"你知道韓終嗎？"劉根答"聽說是神人。"那人說"我就是如同韓終一般的神人。"修真得道，神通廣大之長生不死者，又稱神人或仙人。不能誤解爲神人即韓終，神人是裴玄仁（人），有道術的人爲"玄人"，即"神人"[5]。

赤將子輿以《神訣》五首授支子元，支子元以教裴玄仁。神人以神方五篇授劉根，與支子元授裴玄仁真訣五首一致，裴玄仁亦有除三尸、陳乞己罪之法。神人云："凡修仙道，要在服藥。藥有上下，仙有數品。不知房中之事，及行氣導引並神藥者，亦不能仙也。"

葛洪把"寶精行氣"作爲修仙之要。謂："欲求神仙，唯當得其至要，至要者在於寶精行氣，服一大藥便足，亦不用多也。"又謂："九丹金液，最是仙主……寶精愛氣，最

---

5 關於韓終的研究請參閱《張道陵與嵩山》。

其急也。”《抱朴子‧至理》“服藥雖爲長生之本，若能兼行氣者，其益甚速。若不能得藥，但行氣而盡其理者，亦得數百歲。然又宜知房中之術，所以爾者，不知陰陽之術，屢爲勞損，則行氣難得力爾。”葛洪認爲修煉金丹、服食、行氣等方術，都需要修房中術相配合，這繼承了劉根的觀點。

《文昌大洞仙經》卷 3 云：“昔劉根先生宦遊四方，爲政有德，常修大洞帝一之道，即得玄化成仙。”《南嶽總勝集》云“劉根先生修大洞帝乙之道，遊宦四方，爲政有德。晚歸南嶽之東峰，煉真朝斗，服氣祭神而玄化。”

據《長生胎元神用經》與《上清大洞真經》所載徊風混合帝一祕訣，其法先存想百神變成白氣入口中，然後從腳底與手心出，混合一身，再變成紫雲，從口中入頭中並五藏之內，充塞腹內，又從兩腳底兩手心下部出，結成一真人，如始生小兒，號大洞帝一尊君。“大洞帝乙之道”與《裴君傳》中的“五行紫文”大同小異。

《後漢書‧方術列傳》中提到魯女生注引《漢武內傳》“魯女生，長樂人……採藥嵩高山，見一女曰‘我三天太上侍官也。’以《五嶽真形圖》與之，並告其施行。女生道成，一旦，與知友故人別，云入華山。”《漢武帝外傳》云：“封君達聞魯女生得《五嶽真形圖》，連年請求之，女生後見授。封君達入玄丘山，臨去傳左元放。”《神仙傳》云封衡有“墨子隱形法”。《高道傳》云封衡“侍者負書笈，有容成養氣術十二卷，墨子隱形法一篇，靈寶衛生經一卷。”由於嵩高山神人授魯女生寶文秘要及《五嶽真形圖》，封衡會“墨子隱形法”，因此懷疑魯女生所學與劉根有淵源。

又據《上清金真玉光八景飛經》云：“南嶽松子，以陽朔之年，於太華山傳經於谷希子。”《十洲記》與《漢武內傳》、《外傳》有關，依託於漢武帝與東方朔的對話，借谷希子之口敘及崑崙、鍾山、蓬萊山及神州真形圖十事。《雲笈七籤》卷 26《十洲并序》東方朔稱其師谷希子授崑崙、鍾山、蓬萊山及神洲真形圖。卷 79 東方朔稱《五嶽真形圖》得自其師谷希子。

《洞真上清太微帝君步天綱飛地紀金簡玉字上經》云：“太上飛行五星之道，以尋步水火五星來降，致神雲車羽蓋，登太空之術，谷希子法。”“春步七星，名曰步三綱。夏步七星，名曰躡六紀。”“未登綱時，先存五星精在五藏中也。”“以左手拊心，以右手指北極星，閉氣三息，叩齒三通，嚥液三過，名曰躡紀。”太空之術是在步三綱躡六紀之前，先存五星精在五藏中，《清靈真人裴君傳》有“思存五星，以體象五靈。”《神仙傳》中劉根教王珍坐三綱六紀之法，裴玄仁與谷希子的道法相同。

漢宣帝劉詢是漢武帝劉徹曾孫，劉據之孫。征和二年（前91）出生數月，逢巫蠱事件，劉據和他的父親太孫劉進均因此被殺，劉詢被關押於郡邸獄中。後遇大赦，得以恢復皇族身分。《漢書·宣帝紀》載“曾孫雖在襁褓，猶坐收繫郡邸獄。”

葛洪《西京雜記》記載“宣帝被收繫郡邸獄，臂上猶帶史良娣（宣帝祖母，巫蠱事遭害）合彩婉轉絲繩，繫身毒國寶鏡一枚，大如八銖錢，舊傳此鏡（照）見妖魅，得配之者為天神所福，故宣帝從危獲濟，及即大位（前74－前49），

每持此鏡，感咽移辰，常以琥珀笥盛之。"《洞冥記》載"望
蟾閣十二丈，上有金鏡，廣四尺。元封中（前110─前103），
有祇國獻此鏡，照見魑魅，不獲隱形。"

《抱朴子》中"道士以明鏡九寸懸於背，老魅不敢近。
若有鳥獸邪物，照之，其本形皆現鏡中。"宣帝所佩身毒國
寶鏡，能"爲天神所福"，無論是胡巫提供，或進貢而來，
都說明道教佩鏡曾受到西域的習俗影響。

《太平御覽》卷717引《劉根別傳》"思形狀可以長生。
以九寸明鏡照面，熟視之，令自識己身形，常令不忘，久則
身神不散，疾患不入。"[6]緯書《春秋孔錄法》曰"有人卯金
刀，握天鏡。"卯金刀謂劉姓，即指劉根。"以九寸明鏡照
面"，發展出"日暉中玄之道"。據《洞真上清青要紫書金
根眾經》卷上紫書訣：

> 日暉中玄之道，常當丙午、庚午之日，日中時，以九寸
> 明鏡一面，露卻於中庭，令日精光暎於鏡中，兆以南向，面
> 臨鏡上，叩齒二十四通……此日暉中玄之道也，行之三年，
> 目中童子有流紫玉光，徹見萬里，洞鑒無窮，面如赤丹，體
> 發金容，行及日影，如飛乘空。此玉帝上法，傳於魯女，女
> 採精以登玉庭……此法西王母常所修，授於青童帝君，青童
> 帝君授於魯女，魯女傳太陽女。

太陽女（朱翼）與魯女生同爲房中家，魯女生非坤道，

---

6　《雲笈七籤》卷48〈摩照法〉，有摩鏡道士告袁仲陽曰"明鏡之道，可
　以分形變化，以一爲萬。又能令人聰明，逆知方來之事。又令人與天上諸
　真相見，行其道德法則，天上諸神仙皆來至，道士自見己身，則長生不老，
　遠成少童。"此袁仲陽在《太平御覽》卷965引《劉根別傳》中見之。

乃以女而生，此處稱之"魯女"即魯女生。雖無直接證據說明劉根與魯女生的淵源，但嵩高山神人授魯女生寶文秘要及《五嶽真形圖》，從"日暉中玄之道"的"九寸明鏡"，可以間接證明。

## 劉根的《墨子五行記》

《神仙傳》記墨子從赤松子游"精思道法，想像神仙。"遇神人"授以素書朱英丸方[7]、道靈教戒、五行變化，凡 25 篇。"墨子"乃撰集其要，以爲《五行記》，乃得地仙。"文中提到《五行記》，應即《抱朴子·遐覽》所記的《墨子枕中五行記》五卷，專講隱形變化。

墨子約生於春秋末年，是墨家的創始人。流傳至今的《墨子》一書，其中保留著墨子的思想和主張，也有部分爲其後學的作品，書中提到的尚賢、尚同、節用、節葬、非樂、非命、天誌、明鬼、兼愛、非攻十種主張，是墨學的主要組成部分。

《墨子》下篇提到"五行"云"五行母常勝，說在宜。"《貴義篇》有所謂"帝以甲乙殺青龍於東方，以丙丁殺赤龍於南方，以庚辛殺白龍於西方，以壬癸殺黑龍於北方。"有學者指出，以十天干配五行，即始見於此。《墨子五行記》雖出於後人僞託，卻並非和墨家毫無關係，五行相生相勝的理論中心就是變化。

---

7 素，本指白色的生絹，後也泛指生絹。所謂素書，就是寫在生絹上的書。有以《素書》爲書名者，但此處指朱英丸方寫在生絹上。

　　《文獻通考》卷 225 認爲《太上墨子枕中記》"載匿形幻化之術，殆依託墨子。"明・胡應麟說"《抱朴子》引墨子七變法，諸幻化之術，總之方士依託也。"[8]依託於墨子的是劉根，他將師傳遁甲術利用五行學說創作《墨子五行記》。《方術列傳》記劉根能白日見鬼，可知《墨子五行記》在東漢時已流行於世。

　　《太平御覽》卷 742 引《劉根別傳》云："潁川（河南禹縣）太守到官，民大疫，掾史死者過半，夫人郎君悉病，府君從根求消除疫氣之術，根曰：寅歲泄氣在亥，今年太歲在寅，於聽事之亥地[9]，穿地深參尺，與深同取沙三斛著中，以淳酒三升沃其上，府君從之，病者即愈，疫氣遂絕。"

　　《抱朴子・微旨》"常以執日，取六癸上土，以和百葉薰草，以泥門戶方一尺，則盜賊不來；亦可取市南門土，及歲破土，月建土，合和爲人，以著朱鳥地，亦壓盜也。有急則入生地而止，無患也。[10]"方術家認爲有歲神，凡太歲神所在之方位及與之相反的方位，均不可興造、移徙和嫁娶、遠行，犯者必凶。

　　葛洪對《墨子五行記》的作者非常瞭解，《神仙傳》雖已爲劉根立傳，猶感不足，繼續以"劉政"介紹劉根。劉根與

---

8　胡應麟《少室山房筆叢》卷 28。
9　指位於西北偏北方向的地方。
10　《淮南子・天文訓》"寅爲建，卯爲除，辰爲滿，巳爲平，主生；午爲定，未爲執，主陷；申爲破，主衡；酉爲危，主杓；戌爲成，主少德；亥爲收，主大德；子爲開，主太歲；丑爲閉，主太陰。"古人以十二辰，占測人事吉凶禍福。墓的深淺尺數也可套用此法"入地一尺爲建，二尺爲除，三尺爲滿……一丈二尺爲閉，周而復始。滿平定成收開吉，餘並凶。"

劉政諧音，道門風格相似，二者爲一人。《墨子五行記》專
講隱遁，把劉根隱於《神仙傳·劉政》中並不奇怪。史料中劉
京、婁景、劉景、婁政、劉政，常有混同現象。試比較如下：

| 《神仙傳》 | 劉政 | 治墨子五行記 | 服朱英丸 | 年百八十餘歲如童子 | 能變化隱形，以一人分作百人，百人作千人，千人作萬人。 |
|---|---|---|---|---|---|
| 《仙苑編珠》卷中 | 婁景 | | 得雲母朱英丸方 | 百三十歲，如年三十人 | 年七十，服之，御八十妾，生二十兒。 |
| 《博物志》卷五引《典論》 | 劉景 | | 受雲母九子元方 | 年三百歲 | |
| 《神仙傳》 | 婁政 | 治墨子五行記 | 服朱英丸 | 年八百餘歲，色如童子 | 能化一人爲百人；百人爲千；千人作萬。 |
| 漢武帝外傳 | 劉京 | | 餌朱英丸方 | 百三十歲，視之如三十許 | |
| 《神仙傳》 | 劉京 | | 餌朱英丸方 | 百三十歲視之如三十許 | |

　　《神仙傳·墨子》“神人授以素書，朱英丸方，道靈教
戒，五行變化，凡二十五篇……墨子拜受合作，遂得其驗。”
劉政得還年卻老之術，故年百八十餘歲如童子；婁景得雲母
朱英丸方，服之，百三十歲，如年三十人。傳其丸與王公子，
年七十，服之，御八十妾；劉景受雲母九子元方，年三百歲；
劉京以雲母九子丸及交接之道二方教皇甫隆，皇甫隆髮不白
齒不落年三百餘歲。他們都擅長房中術。

　　《養性延命錄》輯劉京述房中施瀉之法云：“春三日一
施精，夏及秋一月再施精，冬常閉精勿施。夫天道，冬藏其
陽，人能法之，故得長生。冬一施，當春百。”《玉房指要》
云：道人劉京言：凡御女之道，務欲先徐徐嬉戲，使神和意

感，良久乃可交接。弱而納之，堅強急退，退進之間，欲令疏遲，亦勿高自投擲，顛倒五臟，傷絕路脈，致生百病也。但接而勿施，能一日一夕數十交而不失精者，諸病甚愈，年壽日益。夜臥，閉目，存眼童子在泥丸中，令內視身神，長生升天，劉京亦用此術。

《漢武帝外傳》京語皇甫隆曰治身之要，當朝朝服玉泉，使人丁壯，有顏色，去三蟲而堅齒也。玉泉者口中液也，朝未起早漱液滿口乃吞之，琢齒二七過，如此者三乃止。名曰鍊精，使人長生也。夫交接之道至難，非上士不能行之，乘奔牛驚馬，未足諭其嶮墜矣。

## 《墨子五行記》的初步理解

梁・阮孝緒《七錄》有墨子《枕中五行要記》一卷，《五行變化》五卷，蓋《五行變化》即五卷之全書，《要記》即劉君安所鈔的一卷，又稱《枕中記鈔》。《隋書・經籍志》著錄《墨子枕中五行要記》一卷、《五行變化墨子》五卷，注云“梁有，今亡。”

《道藏目錄詳註》卷 3 記《枕中記》內容為：“禁避忌、導引法、行氣法、服日月芒法、守一法、餌藥法、斷穀常餌法、長生服餌大法、服油法、服巨勝法、服雲母法、消玉法、服雄黃法、服雌黃法、合仙藥祭法、服藥禁忌法、仙人養生延年服五靈芝方、採松栢法，皆養生接命術。”[11]比較《神

---

11　《中華道藏》23-061-《枕中記》。

仙傳》有關劉根的記載與《裴君傳》後，《枕中記鈔》應該就是《墨子枕中記》[12]。

　　《抱朴子・遐覽》言幻術云：其變化之術，大者唯有《墨子五行記》，本有五卷，昔劉君安未僊去時，鈔取其要，以爲一卷[13]。其法用藥用符，乃能令人飛行上下，隱淪無方，含笑即爲婦人，蹙面即爲老翁，踞地即爲小兒，執杖即成林木，種物即生果可食，畫地爲河，撮壤成山，坐致行厨，興雲起火，無所不作也。《玉女隱微》“亦化形爲飛禽走獸，及金木玉石，興雲致雨方百里，雪亦如之，渡大水不用舟梁，分形爲千人，因風高飛，出入無間，能吐氣七色，坐見八極及地下之物，放光萬丈，冥室自明，亦大術也。”《白虎七變法》與以上二書略同。

　　《神仙傳・劉政》說劉政治《墨子五行記》“能變化隱形，以一人分作百人，百人作千人，千人作萬人。又能隱三軍之衆，使成一叢林木；亦能使成鳥獸，試取他人器物，易置其處，人不知覺；又能種五果，立使華實可食，坐致行厨，飯膳供數百人；又能吹氣爲風，飛砂揚石；以手指屋宇山陵壺器，便欲頹壞，復指之即還如故；又能化生美女之形，及作水火又；能一日之中行數千里，能噓水興雲，奮手起霧，

---

12　《中華道藏》02-086-《元始上真衆仙記》，《四庫全書・總目提要》題爲葛洪《枕中書》。余嘉錫《四庫提要辨證》卷 19 謂《枕中書》提到許穆與許玉斧，而洪當長於穆，許玉斧更其後輩，二人之去世，洪皆不及見，安得取而著之書中。是枕中書（上真衆仙記）之“不出於（葛）洪亦明矣。”此書是葛洪以後的人所撰，內容爲道教的創世記，並非《墨子枕中記》。

13　《太平御覽》卷 857 載有《劉根墨子枕中記鈔》。

聚土成山，刺地成淵，能忽老忽少，乍大乍小，入水不沾，步行水上，召江海中魚鱉蛟龍黿鼉，即皆登岸；又口吐五色之氣，方廣十里，直上連天；又能躍上，下去地數百丈。"

《墨子五行記》的變化之術似魔術，例如"種物即生瓜果可食。"《事物紀原·博弈嬉戲·生花》說"今京城有生花種植以戲者……種瓜植樹，即生花之事也。蓋自漢武時大宛所獻眩人始云。"《顏氏家訓》敘述"世有祝師及諸幻術，猶能履火蹈刀，種瓜移井，倏忽之間，十變五化。"《法苑珠林》卷 61"弄幻之士，因時而作。殖瓜種菜，立起尋尺。"《洛陽伽藍記》記載景樂寺中雜技"剝驢投井，擲棗種瓜，須臾之間，皆得食之。"

《墨子五行記》中"能令人飛行上下"屬繩技，佛陀弟子央掘魔羅，嘗師事外道邪師，《央掘摩羅經》卷 2 央掘云"我亦不爲負債之人，如申頭羅速往速反。"譯者注"申頭羅者，外國幻人，作飛人戲，令空中來去，往返至速。"

行霧之術，起於墨子施放煙塵攻擊來自地道之敵。在兩漢魏晉時期，術士用以宣揚神道，偷兒用以行竊，將師用以制敵。雲霧之術普遍被用於軍事，孔明草船借箭，就是在船上燃草起煙霧。《抱朴子·雜應》談隱淪之道"無益於年命之事，但在人閒無故而爲此，則致詭怪之聲，不足妄行也。可以備兵亂危急，不得已而用之，可以免難也。"兵荒馬亂時面對災禍，靠法術以自保，東漢末年軍閥混戰，因此隱形術大行其道。若按隱形術要求採藥服食，長期修鍊，不待鍊成兵禍已至，所以有一些特殊的技法。隱淪如同電影中日本忍者對敵時扔出煙幕彈，一轉身即隱藏不見。

　　《墨子五行記》能變化隱形，《神仙傳》云封衡（字君達）有"墨子隱形法"。《雲笈七籤》卷 77 封君達傳螢火丸方"用螢火、鬼箭蒺藜各一兩，雄黃、雌黃各二兩，羊角二兩，鐵錘柄（入鐵處燒焦）一兩半，俱爲末。"內含有磷的螢火蟲，以燒焦的鐵錘柄，混合後點燃會產生黃色的火焰與濃煙，是最早的煙幕彈。《仙鑑》卷 21 說封衡有《墨子隱形法》一篇。封衡的隱形是運用化學藥劑，故《抱朴子·遐覽》說"其法用藥"。

　　《抱朴子·黃白》"雲雨霜雪，皆天地之氣也，而以藥作之，與真無異也。"現代已有碘化銀進行人工降雨的方法，可以印證葛洪所說可以用藥物來製作"雲雨霜雪"。古代當然無造雨技術，以火藥造成煙霧卻是輕而易舉的。

　　《神仙傳》有位叫孫博"治墨子之術，能使草木金石皆爲火光，照耀數十里中。亦能令身成火，口中吐火，指樹火生，葉即焦枯，更指之即復故……博以一赤丸子擲軍門，須臾火起燭天……復以一青丸子擲之，火即滅，屋舍百物如故不損。博每作火有所燒，他人以水灌之終不可滅，須臾自止之。"這些描述孫博的火技，可以理解何以《墨子五行》的變化之術是魔術的道理。

　　《抱朴子·遐覽》言"含笑即爲婦人，蹙面即爲老翁，踞地即爲小兒。"《神仙傳·劉政》說治《墨子五行記》能"能忽老忽少，乍大乍小。"川劇變臉，能不露痕跡變形易貌（或衣），可以解讀變化之術。

　　葛洪在《抱朴子·遐覽》談到鄭隱所藏道書，有《墨子枕中五行記》5 卷，並說"弟子五十餘人，唯余見受金丹之

經，及《三皇內文》、《枕中五行記》，其餘人，乃有不得
一觀此書之首題者矣。”爲什麼鄭隱對《墨子枕中五行記》
如此慎重？江湖一點訣，說穿了不值三文錢。《墨子五行記》
言變化之術，作爲“弄虛作假”的幻術，必須嚴格保密，曝
光就不稀罕了。同時也需防範心術不正者，藉以招搖撞騙。

# 府掾王珍即王眞

　　裴玄仁已知的弟子有劉根與戴孟，《後漢書・王眞傳》
與《漢武帝外傳》中的王眞"少爲郡吏"，《神仙傳》載劉
根傳授府掾王珍道法，郡吏與府掾均爲低階官吏，"眞"與
"珍"諧音，道書中王珍與王眞是同一人。宋・鄭樵《通志・
道家》著錄《劉君內記》1 卷，註王珍撰；又名《劉眞人內
傳》，見《通志・藝文略》；又名《劉根別傳》，《藝文類
聚》、《太平御覽》屢引之，見侯康《補後漢書藝文志》。
《神仙傳・王眞》記載：

　　王眞見仙經雜言說郊間人者，周宣王時郊間採薪之人
也，採薪而行歌曰：巾金巾，入天門，呼長精，嗡玄泉，鳴
天鼓，養泥丸。時人莫能知……訣云：巾金巾者，恒存肺氣
入泥丸中，徐徐以繞身，身常光澤；嗡玄泉者，漱其口液而
服之，使人不老，行之七日有效；鳴天鼓者，朝起常叩齒三
十六下，使身神安，又夜恒存赤氣從天門入周身內外，在腦
中變爲火，以燔身，身與火同光，如此存之，亦名曰煉形。
泥丸，腦也。天門，口也。習閉氣而吞之，名曰胎息，習漱
舌下泉而咽之，名曰胎食。行之勿休。

　　一、《神仙傳・王眞》所說仙經雜言，《眞誥・稽神樞》
有云"莊子師長桑公子，受其微言，謂之莊子也。""微言"

即《雲笈七籤》卷 110 長桑公子所歌之詞 "長桑公子者，常散髮行歌曰：巾金巾，入天門，呼長精，吸（歙）玄泉，鳴天鼓，養丹田。柱下史聞之曰：彼長桑公子所歌之詞，得服五星守洞房之道也。"

葛洪謂《神仙傳》在《抱朴子》撰成之後，因弟子滕升問古仙之有無，乃作此書。據《抱朴子·自敘》有《神仙傳》的記載，云 "至建武中乃定"，是《神仙傳》作於《自敘》之前，約東晉元帝建武中（317－318）以後。

二、《漢武帝外傳》 "王真……見仙經雜言，說郊間人者，周宣王時郊間採薪之人也，採薪而行歌曰：巾金巾，入天門，呼長精，嗡玄泉，鳴天鼓，養泥丸。時人莫能知，唯柱下史曰：此是活國中人，其語祕矣。"

《漢武帝外傳》載 "孟節爲人質謹不妄言，魏武帝（155－220）爲立茅舍，使領諸方士。" 又稱劉京 "魏武帝時遊行諸家子弟，以雲母九子丸及交接之道教皇甫隆。" 又稱稱 "三天太上侍宮曾在嵩山以《五嶽真形圖》傳漢末方士魯女生，魯傳薊子訓，薊傳封君達，封傳左慈，左傳葛玄（164－244）。" 趙益《漢武帝內傳與神仙傳關係略論》，考定《漢武帝內傳》的原本在葛洪《神仙傳》之前[1]。

三、《雲笈七籤》卷 104《太清真人傳》云 "周宣王時，郊聞採薪之人行歌曰：巾金巾，入天門。呼長精，歙玄泉。

1 趙益《漢武帝內傳與神仙傳關係略論》，《古籍整理研究學刊》2002 年 01 期。關於《漢武帝內傳》的時代與作者問題，眾說紛紜。參閱李劍國《唐前志怪小說史》，南開大學出版社，1984 年；李豐楙《六朝隋唐仙道類小說研究》，臺北：學生書局·1986 年；王青《漢朝的本土宗教與神話》，臺北：洪葉文化有限公司，1998 年。

鳴天鼓，養泥丸。時人莫能知之，惟老君曰：此活國中人，其語祕矣！斯皆修習無上正真之道也。"

《太清真人傳》中引《樓觀先師傳》和《樓觀本記》，《樓觀先師傳》[2]已佚，《仙苑編珠》存有除尹軌、李翼、封衡之外其他九人的傳記佚文（加上其餘十六人，《仙苑編珠》共存二十五人的傳記佚文）。曾召南研究這些佚文，斷定此書絕非西晉時之尹軌所作，更非西晉前數百年之尹喜從弟尹軌所能作。

《尹軌傳》曾引《上清瓊文帝章》以證太和真人尹軌之爲古仙，《杜沖傳》謂杜沖"感真人李君授以《太上素靈洞玄大有妙經》"，《宋倫傳》謂宋倫"感老君降授《靈飛六甲素奏丹符》"，《馮長傳》謂馮長"遇彭真人……授以《太上隱書》"，又"感鄧先生授以《靈書紫文》"，《姚坦傳》謂姚坦遇"神人授……《三關三圖飛行之經》"等。以上經書其名皆見於隋《洞玄靈寶三洞奉道科戒營始》卷五之《上清大洞真經目》。《樓觀先師傳》稱在周、秦時傳授那些經書，顯然是編造。

《樓觀先師傳》各《傳》所提到和引用的經書，都是上清經，除少數爲東晉的楊、許或王靈期所造外，大部爲南北朝時所出之書；所徵引諸經最早見於梁陶弘景的《真誥》、《登真隱訣》、《真靈位業圖》等書，最遲見於北周武帝建

---

2　《樓觀先師傳》是《樓觀先師本行內傳》或《樓觀先生本行內傳》的簡稱，又可簡稱爲《樓觀本行傳》或《樓觀內傳》。據元·朱象先《終南山說經台歷代真仙碑記》，此書之第一撰寫人是尹軌，寫了第一卷，韋節續撰第二卷，尹文操（622－688）再續第三卷。《通志略》道家著錄《樓觀內傳》三卷，即署尹軌、韋節等撰。

德末的《無上秘要》。推斷此書出於劉宋（420－479）至北周韋節（？－569）之間[3]。

《神仙傳》、《漢武帝外傳》、《太清真人傳》等三處材料中，以《漢武帝外傳》最早，《漢武帝外傳》所記載的活國爲西域嶺西睹貨邏二十七國之一，《大唐西域記》卷12"活國"條記載，葱嶺南接大雪山，北至熱海千泉，西至活國。活國"安呾羅縛國，覩貨邏國故地。周三千餘里。國大都城周十四、五里，無大君長，役屬突厥。"玄奘所見之覩貨邏國（吐火羅國），地處阿富汗北部，相當於現今奧克薩斯河（Oxus）南岸之庫札烏日（Kunduz）地方。

前述《雲笈七籤》卷110柱下史聞之曰：彼長桑公子所歌之詞，得服五星守洞房之道也。"《真誥·協昌期》有一段話值得注意："小方諸之國，多有奉佛道者，有浮圖以金玉鏤之，或數百尺而層樓突起，其土人極孝而不死，是食不死草所致也。皆服五星之精，日月之華，晝服日光，夜服月華。"小方諸國在阿富汗的巴米揚，那裡的人服五星之精。

《三天內解經》卷上"外胡國八十一域，陰氣強盛，使奉佛道。"本書論前期道教的開展，曾論證"無上正真之道"即"佛道"，是以"活國"屬西域"外胡國八十一域"。

王真爲劉根的弟子，劉根即裴玄仁的別駕劉安之，裴玄仁的道法來自佛圖中道人支子元。裴玄仁曾隱修華山大上方西玄洞天，唐·李白《玉真仙人詞》"玉真之仙人，時往太華峰。清晨鳴天鼓，飆欻騰雙龍。"《裴君傳》用《五行紫

---

3 曾召南《尹軌和樓觀先師傳考辨》，《宗教學研究》1985年第1期。韋節卒於北周武帝天和四年（569）或元年。

文》以除三尸即上述口訣。"常用朔望之日，日中時，臨目
南向。臨目者，當閉而不閉也。心存兩目中出青氣，心中出
赤氣，臍中出黃氣。於是三氣相繞，合爲一氣，以貫一身。
須臾，內外洞徹，如火光之狀。"長桑君是來自海上的方士，
歌謠爲裴君門徒所編撰。

## 王珍的守一行氣

　　《神仙傳・劉根》載劉根教府掾王珍"守一行氣存神，
坐三綱六紀，謝過上名之法。"《元始上真眾仙記》云"王
真上黨人也，孟君京兆人也，魯女生在中嶽，此三人受行三
一、真一。"守一行氣存神，即《裴君傳》"三氣相繞，合
爲一氣"的五行紫文，又稱"守玄白之道"或"玄白之術"
[4]，即赤將子所傳服火法。"常用朔望之日，日中時，臨目南
向。臨目者，當閉而不閉也。心存兩目中出青氣，心中出赤
氣，臍中出黃氣。於是三氣相繞，合爲一氣，以貫一身。須
臾，內外洞徹，如火光之狀。"

　　湯用彤先生認爲"漢末以來，安般禪法，疑與道家學說
相得益彰，而盛行於世也。"[5]"守一蓋出於禪之一心，而《太
平經》之守一，又源於印度之禪觀。"[6]安般守意用數息的方
法，令浮躁不安和思慮過多的心情逐漸平定下來，進入禪定。

---

4　《真誥・稽神樞》"守玄白之道"其內容如下"青靈真人曰守玄白之道，
　　常坐臥任意存泥丸中有黑氣，存心中有白氣，存臍中有黃氣，俱生如雲以
　　覆身，因變成大火，又燒身通洞內外如一，早行或達於午，使人長生不死。"
5　《湯用彤全集》第 1 卷，第 107－108 頁。
6　《湯用彤全集》第 5 卷，第 270 頁。

這種修習方法與吐納行氣術很相似。

《漢武帝外傳》說王真"恆存肺氣入泥丸中，徐徐以繞身，身常光澤。嗡玄泉者，漱其口液而服之，使人不老。行之七日，有效。鳴天鼓者，朝起常叩齒三十六下，使身神安。又夜怛存赤氣，從天門入，周身內外，在腦中變為火，以墦身，身與火同光。"《神仙傳·王真》以及《漢武帝外傳》中的修煉方法，與《五行紫文》相同，因而王真即王珍。

《真誥》"九華真妃言守五斗內一是真一之上也，皆地真人法也，上黨王真、京兆孟君、司馬季主，皆先按於此道而始矣。魯女生、邯鄲張君今皆在中嶽及華山，正守此一，亦可得漸階上道而進，復為不難也。"《登真隱訣》云"服雲牙，可絕穀去尸也。""服雲牙，可修真一之道。行氣又稱食五芽氣，或服雲牙，"芽"字亦作"牙"，與舌舔齒取津液有關。

《後漢書·王真傳》說王真"悉能行胎息胎食之方，嗽舌下泉咽之。"《神仙傳·王真》"漱其口液而服之"就是服雲牙。《裴君傳》思存五星法有叩齒咽液的動作，與《神仙傳·王真》一樣。

《洞真上清太微帝君步天綱飛地紀金簡玉字上經》又名《步天綱飛六紀玉經》，簡稱《金簡玉字經》[7]。"青童君以傳王君，使密授骨命玉籍有仙名者，按而行之……春步七星，名曰步三綱。夏步七星，名曰躡六紀。""直畫連星之界分，曰綱也。""未登綱時，先存五星精在五藏中也。""兩足

---

7 《太平御覽》道部 21。

俱上丹元星，以左手拊心，以右手指北極星，閉氣三息，叩
齒三通，嚥液三過，名曰躡紀。”《漢書・五行志下》“斗，
天之三辰（日月星）；綱紀，星也。”劉根王珍的坐三綱六
紀法與《裴君傳》思存五星有關。

　　《抱朴子・勤求》載“中嶽道士郗元節食六戊之精，亦
大有效。”六戊即：戊子、戊寅、戊辰、戊午、戊申、戊戌
日，《老子中經》第三十六神仙云“六戊之日，服食北斗星
氣。”食六戊之精與食五方氣有關。

　　《後漢書・王真傳》“幼習儒業，長為郡吏。年七旬方
始學道，尋求仙經奧旨。遇異人授以胎息、胎食秘訣，施行
胎息煉形之方，甚有效驗。又師事薊子訓，受授肘後秘方，
體健身輕，行走如飛。魏武帝乃詔見之，深信其道。後以蒸
丹餌朮法、閉氣不息之方傳郝孟節。”

　　又《後漢書・方術傳》：“王真、郝孟節者，皆上黨人
也。王真年且百歲視之面有光澤似未五十者。悉能行胎息、
胎食之方，漱舌下泉咽之，不絕房室。孟節能含棗核，不食
可至五年十年。又能結氣不息，身不動搖，狀若死人，可至
百日、半年。亦有家室，為人質謹不妄言，似士君子，曹操
使領諸方士焉。”

　　按《後漢書・方術傳》“王真上黨人。”漢為上黨郡，
魏晉亦同，後魏屬義寧郡，隋初置沁州煬帝廢為沁源縣屬上
黨郡，唐復為沁州或為陽城郡屬河東路。《博物志》“魏王
所集方士……陽城郗儉字孟節。”《三國志補注》卷 4 “陽
城郗儉字孟節”，潁川陽城在今河南商水。《後漢・郡國志》
潁川陽城有嵩高山。

《漢武帝外傳》載："孟節師事真十數年，真以蒸丹小餌法授孟節，得度世。"《神仙傳》卷 10"王真上黨人也，七十九乃學道，行徐若飛，有兼人之力，郤元節（孟節）事真十餘年，真以蒸丹小餌法（按：似應爲蒸丹餌朮法）授之，容常不衰。因此郝孟節又名郤元節、郤儉（又作郗、郝、郄儉）。

郤儉能絕穀不食，《辨道論》說曹丕"賞試郤儉，絕穀百日，躬與之寢處，行步起居自若。"《太平御覽》卷 720 引《抱朴子‧內篇》佚文：（郤）儉少時行獵，墮空塚中饑餓。見塚中先有大龜，數數回轉，所向無常，張口吞氣，或俛或仰。儉亦素聞龜能導引，乃試隨龜所爲，遂不復饑。百餘日，頗苦極。後人有偶窺塚中，見儉而出之。後竟能咽氣斷穀。魏王拘置土室中，閉試之，一年不食，顏色悅澤，氣力自若。

《神仙傳》"孔元方許昌人也，常服松脂、伏苓、松實等藥，老而益少，容如四十許人，郤元節、左元放（左慈）皆爲親友，俱棄五經，當世之人，事專修道術。後以素書二卷授馮遇，委妻子入西嶽。"

《後漢書‧方術列傳下》載"劉根者，穎川人也。隱居嵩山中。"《終南山說經臺歷代真仙磚記》說："西嶽仙卿李真人名翼，字中（仲）輔，穎川人。"曹丕《典論》論郤儉等事載"穎川郤儉，能辟穀，餌茯苓⋯⋯並爲軍吏。"劉根、王真、郝孟節、李仲輔等人都是同鄉。明‧王世貞《弇州四部稿》卷 101"孔元方東漢人，元方、郤、左同師。"是說王真、孔元方、郤元節、左元放等皆爲裴玄仁師門。

# 西城山的位置

　　《茅山志》卷 10 上清經籙聖師七傳真系之譜，列上清派的傳授神譜，依序爲：元始虛皇天尊→太上玉晨大道君→太微天帝大道君→後聖玄元上道君→上相青童道君→上宰總真道君（王方平）→小有清虛道君（王子登）→南嶽紫虛元君魏夫人。西城真人是魏華存的靈師，魏華存爲陽洛地區天師道祭酒，上清經派稱爲西城王君，應有真實存在的王君與神化後被依託的王君，一如裴玄仁、裴清靈、清靈真人。西城王君是在西城山的神人，要了解西城王君，首需確定西城山位置。

　　1、《雲笈七籤》卷 27 "西城山洞周迴三千里，號曰太玄總（惣）真之天。未詳在所。《登真隱訣》云疑終南太一山是，屬上宰王君治之。"

　　清‧顧祖禹《讀史方輿紀要‧陝西一》云："終南山在陝西省西安市南，一稱南山，即狹義的秦嶺。古名太一山、地肺山、中南山、周南山。"《洞淵集》天下名山七十二福地 "第一福地，地肺山，在長安終南山四皓先生修煉處。"《神仙傳》載帛和去西城山事王君。《無上祕要》卷八十四 "帛和，字仲理，王西城弟子。"《道學傳》、《仙苑編珠》載帛和少時入地肺山師事董奉，受授行氣服朮法，後入西城山事王君，得大道秘訣。因此西城山與地肺山非一。

　　2、司馬承禎《天地宮府圖》載："第一王屋小有清虛洞天……第三西城太玄總真洞天，第四西玄三玄極真洞天，第五青城寶仙九室洞天。""小有清虛洞天，周回萬里，在洛陽、河陽兩界，去王屋縣六十里，屬西城王褒所治理。"

司馬承禎認爲西城是太玄總真洞天，青城是寶仙九室洞天，王屋是小有清虛洞天，西城山不在青城與王屋。

3、杜光庭《洞天福地記》云："第三西城洞天，總真天周回二千里，王方平所理，在蜀州。"元·劉大彬《茅山志》卷10云："益州西城山，即西極總真之府。"

《茅山志》卷10"西城總真道君總真大君，姓王諱遠，字方平。益州西城山，即西極總真之府。"曹操滅張魯後才分漢中爲西城和漢中二郡，如果西城指西城山的話，那麼西城山在益州。漢中、益州兩地均爲天師道的大本營。

青城山之名始於晉，漢、三國、晉時歸江原縣管轄，隨置清城縣；唐初屬益州，垂拱二年（686）改屬蜀州，宋隸永康軍；明至今屬灌縣。王家祐先生根據《太平廣記》卷20引《仙傳拾遺》"楊通幽幼遇道士，教以檄召之術，受《三皇天文》，役命鬼神，無不立應。師西城王君青城真人，昔於後城山中，西城王君教以召命之術。"認爲王遠于唐末五代合於"青城真人"。仙都觀呂洞賓詩云"由青城來酆都訪王陰二友"，似尚不知道王遠爲青城真人，楊通幽則兩名並敘，此或出於五代《王氏神仙傳》所編造[8]。

4、《歷世真仙體道通鑑》卷18"（張陵）後往西城山築壇朝真，以降五帝"。

龍顯昭先生認爲西城王君所在的西城山位於今陝西安康

---

8 王家祐《真人史傳彙證》，91.07.18 未刊手稿。

縣，但未說明所據爲何[9]秦在漢江北中渡台置西城縣，爲當時漢中郡郡治，即在今陝西安康[10]。《太平御覽》卷 168 引《漢書》"西城，屬漢中郡。" 東漢時，漢中郡治由西城（安康城北漢江北岸）遷南鄭。又據《嘉慶重修一統志》興安府 "西城山在安康縣西北五里"。

　　《隋書·地理志上》說："漢中之人……好祀鬼神，尤多忌諱，家人有死，輒離其故宅。崇重道教，猶有張魯之風焉。" 按照《魏志·張魯傳》漢中 "不置長吏，皆以祭酒爲治" 的說法，當地的民、夷是必須通道的。雖不能說 "全民皆道"，但史云 "民夷信向"，"民夷便樂之"[11]，或云："流移寄在其地者不敢不奉"[12]，漢中民眾大多信仰天師道。

　　早期上清經典傳經神話敘述的體例，一律表明是西王母傳金闕帝君，再傳予其他仙真，最後封一通於西城山中，例如：

● 《雲笈七籤》卷 8《神州七轉七變儛天經》"七轉七變之道……上皇紫晨君受於九天父母，修行道成，以傳玄感清天上皇君。上皇君以傳三天玉童，三天玉童以傳紫極真元君，紫極真元君傳天帝君，天帝君傳南極上元君，南極上元君傳太微天帝君，太微天帝君傳後聖金闕君，後聖金闕君傳上相青童君，承真相係，皆經萬劫一

---

9　龍顯昭《論曹魏道教與西晉政局》，《世界宗教研究》1985 年第 1 期。
10　安康又名興安，古稱吉安、金州，位於陝西東南部秦嶺與大巴山之間的漢水谷地，是北上長安的南北通道和沿漢江的東西通道的交會點，由此可達達湖北、四川、甘肅，進而遠至東部各省和整個西北地方。
11　《後漢書·劉焉傳》；《魏志·張魯傳》。
12　《魏志·張魯傳》注引《典略》。

傳，小有天王後撰一通，以封於西城山中。"

- 《雲笈七籤》卷 6《三洞經教部・三洞并序》"《玉緯》云……上清洞真之經三百卷，玉訣九千篇，符圖七千章，祕在九天之上，大有之宮。後傳玉文付上相青童君封於玉華宮，元景元年又封一通於西城山中。

- 《上清黃氣陽精三道順行經》"南極上元君受之于高上，投盟於太空，以傳太微天帝君，天帝君傳西龜王母，王母傳金闕帝君，帝君以付上相青童君，使授後學得爲真人者，今封一通於西城山。""王君以經傳南嶽夫人，今封於陽浴宮南洞之室。"

- 《洞真金房度命綠字迴年三華寶曜內真上經》西城真人於陽洛宮授魏華存，今封一通於陽洛之山。

- 《太霄琅書瓊文帝章經》言："雲務子不修他道，受虛皇帝君《太霄琅書瓊文帝章》……以傳……西城王君、中皇先生、趙伯玄、山仲宗等……王君今封一通於西城山中。"

- 《玉珮金璫太極金書上經》"玄真之道…西城王君受之於西王母，今封一通於西城山中。""欲修玄真法，存服日（月）在口中。白日存日，夜半存月。"（按《裴君傳》有存日月之法，《玉珮金璫》爲裴玄人傳授戴孟。）

- 《太真玉帝四極明科經》卷 1"王君封一通於王屋山西北玉室之中"。卷 2"《太微黃書》八卷，太微天帝君所修……傳於紫微夫人、上元禁君、太素三元君，今封一通於西城山中。""玉清洞元三氣金章、太極籙景真經四卷二訣，九天丈人所出，傳於上皇先生，太上大道君封於玉京紫戶之內，玉童玉女三十六人侍衛，金闕帝君付西城王君，今封一通於西城山中。"

● 《上清黃氣陽精三道順行經》"王母傳金闕帝君、帝君以付上相青童君，使授後學得為真人者，今封一通於西城山。"

● 《三九素語玉精真訣存思法》云："王君後封靈文於王屋山西穴玉室之內……其道秘妙，不行於世。"

● 《上清天關三圖經》"西城王君後於王屋石室之內，見有此文。"

漢代緯書《尚書帝驗期》"王母之國在西荒，凡得道受書者，皆朝王母于崑崙之闕。王褒字子登，齋戒三月，王母授以《瓊花寶曜七晨素經》。茅盈從西城王君，詣白玉龜台，朝謁王母，求長生之道。王母授以《玄真之經》，又授寶書。"[13]《雲笈七籤》卷 97《南極王夫人授楊羲詩三首并序》"南極王夫人，王母第四女也。名林，字容真，一號南極紫元夫人……漢平帝時，降於陽洛山石室之中，授清虛真人、小有天王王褒字子登《太上寶文》等經 31 卷。"後來王褒授以《大洞真經》等 31 卷，魏華存得"眾真降授"後自成一家，開創上清派。

"魏華存夫人，清齋於陽洛隱元之臺，西王母與金闕聖君降於臺中，乘八景輿，同詣清虛上宮，傳《玉清隱書》四卷以授華存。"大量資料證明，陽浴（洛）山即王屋山，崑崙西王母賜授仙經指引修道之神話與"西城"有關，而陽浴

---

13 日‧中村璋八、安居香山《緯書集成》上冊《尚書帝驗期》，頁 387。

（洛）山或王屋山是西王母降真之處。《清靈真人裴君傳》記載劉安之（劉根）曾隨從裴玄仁到陽浴（洛）山，因此“西城”即陽浴（洛）山。

曹操從建安二十年佔有漢中，到建安二十四年（219）撤離，曾大量徙出漢中的民戶，其中有張魯的漢中之民。《登真隱訣》有“漢中入治朝靜法”，“用漢中法”，說明天師道傳入洛陽的情況。魏華純爲陽洛地區天師道祭酒，因此“感”來自西城的真人而降。

## 西城王君即王真

陶弘景《真靈位業圖》稱西城王君爲“左輔後聖上宰西城西極真人總真君，姓王諱遠，字方平。”《無上祕要》卷22“總真宮在西城山，上宰王君所居。”故又稱總真王君，亦稱西城總真王君、西城總真王真人，或稱西城王真人、清虛王真人、王真人。

《雲笈七籤》卷4撰于唐末五代北宋間的《道教相承次第錄》稱“第一代老君。老君火山大丹治法傳授三百人，唯三人系代：王方平、尹喜、徐甲；第二代王君。王君傳授三十人，唯三人系代：茅濛及孫盈、章震。”王方平爲老子首座弟子，當是列第二代爲首者“王君”。

杜光庭《錄異記》記鬼谷先生“姓王氏，自軒轅之代，歷於商周，隨老君西至流沙，洎周末復還中國，居漢濱鬼谷山，受道弟子百餘人。惟張儀、蘇秦不慕神仙好縱橫之術。《茅山志》卷5說茅濛“知周之衰，不仕諸侯。乃師於北郭北阿鬼谷先生，遂隱遁華山。"

　　張儀（？－前 310）蘇秦的事跡見於《戰國策》和《史記》，《史記》載鬼谷子爲蘇秦、張儀的師父，兩者是戰國時著名的縱橫家。鬼谷子是傑出思想家和戰略家，其真實姓名和生平事蹟爲史所載者極少，道經所述不可全信。他的"神道混沌爲一"成爲後來道教發展重要的教理，故道經尊爲老子嫡傳弟子。唐代崇老，《道教相承次第錄》稱"第一代老君"，把王方平與鬼谷子聯想在一起。因此，王方平爲"王君"，與鬼谷子之說不可信。

　　《太元真人東嶽上卿司命真君傳》[14]記載太玄玉女告訴茅盈"西城有王君得真道，可爲君師。"於是茅盈到西城，齋戒三月，卒見王君。真實存在的王君與神化後的王君需要釐清。《上清源統經目註序》說"太元真人茅君，諱盈，師西城王君，受上清玉佩金璫、二景璿璣之道。"《太元真人東嶽上卿司命真君傳》則說西王母口告茅"盈以玉珮金璫之道、太極玄真之經。"要了解西城王君是誰，必須先知道玉佩金璫與二景璿璣之道。

　　《清靈真人裴君傳》載"太素真人教裴君《服二景飛華上奔日月之法》，又授《太上隱書》。"裴君遂修二景引日法，誦《隱書》。根據《真誥‧運象》"色觀謂之黃赤，上

---

14 《雲笈七籤》卷 104《太元真人東嶽上卿司命真君傳》，署"弟子中候仙人李道字安林撰"。陳國符據《真誥》卷八、九、十一諸注考證，認定此傳即晉代所出之《茅三君傳》。據《真誥》卷 8 注"李中候，名遵，即撰《茅三君》者"，其作者當爲李遵，《雲笈七籤》傳所署之"李道"，蓋誤。該傳內容本葛洪《神仙傳》，但有增益。

道謂之隱書。"[15]因其事隱蔽，不輕外傳，其文隱晦難懂，故名隱書。《太上隱書》即《太霄隱書》，或稱《玉佩金璫經》。

《神仙傳》稱戴孟入華山及武當山，受裴君《玉佩金璫經》。《雲笈七籤》卷 110 "戴孟……得道後改姓名。入華陰山，授祕法於清靈真人裴君，得《玉佩金璫經》、《石精金光符》。"[16]西城王君所傳玉佩金璫源於裴玄仁的弟子劉根，因此西城王君即劉根的弟子王真（珍）。

《真誥‧稽神樞》裴真人有弟子三十四人，其十八人學佛道，餘者學仙道。陶弘景註 "北牖弟子劉顯林、辛仲甫、趙子常。"《茅山志》說："司命君爲北牖弟子"，北牖是在北牆上所開之窗戶，或稱北鄉[17]，嵩山位於茅山之北，所謂北牖弟子，即指劉根在嵩山的門徒。

李仲甫被誤鈔爲辛仲甫，根據《茅山志》卷 5 李翼，字仲甫者，京兆（洛陽）人也。與司命君（茅盈）俱事西城王君，仲甫爲入室弟子，司命君爲北牖弟子，但仲甫所受業異，恆服水玉[18]，有效，能步斗隱形，晝夜行三綱六紀之法[19]，又作白虎七變，百餘歲，轉更少壯，與司命君同受還丹一劑，服而歸家……漢靈帝（156－189）時入西嶽，受書爲西嶽副

---

15 《中華道藏》19-047-《內丹秘訣》有類似說法 "塵世名房術，仙家號隱書"。
16 《中華道藏》29-854。
17 《儀禮‧士虞禮》"祝從，啟牖鄉如初。" 鄭玄注 "鄉，牖一名也。" 賈公彥疏 "云鄉牖一名也者，案《詩》云'塞鄉墐戶'，注云'鄉，北出牖也。'與此注不同者，語異義同。北牖名鄉，鄉亦是牖，故云牖一名也。"
18 中藥半夏的別名。
19 六紀輔我三綱。春步七星名曰步三綱，夏步七星名曰蹋六紀，秋步七星名曰行六害，冬步七星名曰登六絕。

司命。仲甫以七變神法傳左元放，元放修之，亦變化萬端矣。

　　《神仙傳・劉根》記載劉根後來教王珍守一行氣存神，坐三綱六紀。《神仙傳・李仲甫》云：“少學道於王君，服水丹有效，兼行遁甲，能步訣隱形，年百餘歲，轉少。”

　　又據《洞真上清太微帝君步天綱飛地紀金簡玉字上經》“青童君以傳王君，使密授骨命玉籍有仙名者，按而行之……春步七星，名曰步三綱。夏步七星，名曰躡六紀。”“太上紫書王君自序：書字者云咸陽茅盈，受步綱經。”

　　劉根曾留蹤於南嶽東峰、嵩山、華山。《後漢書・方術列傳下》載“劉根者，穎川人也（穎川陽城有嵩高山）。隱居嵩山中，諸好事者自遠而至，就根學道。太守史祈以根爲妖妄，乃收執詣郡，數之曰汝有何術，而誣惑百姓？”嵩山在穎川陽城縣，當時的嵩山已聚集不少劉根的門徒，以致驚動了太守。

　　裴玄仁的兩個弟子劉根與戴孟，戴孟在華山傳承，劉根是在嵩山發展的一支，有弟子王珍（真）。《終南山說經臺歷代真仙磚記》說：“西嶽仙卿李真人名翼，字中（仲）輔，穎川人。”李仲甫與劉根同爲穎川人，是劉根弟子王珍之徒，王真與王珍音同。李仲甫“與司命君俱事西城王君”，西城王真人被簡化爲“王真”。

　　初期華僑降真所接者“一人姓周（周紫陽），一人姓裴（裴清靈）。”[20]《雲笈七籤》卷 106《楊羲真人傳》說西城

---

20　《紫陽真人內傳》周裴二真叔：華僑世奉俗神，忽夢見群鬼神與之遊行飲食。群鬼所與僑共飲酒，僑亦至醉，還家輒吐所飲噉之物……僑自懼必爲諸鬼所困，於是背俗入道，詣祭酒丹陽許治，受奉道之法。群鬼各

王君教楊羲服日月之精，及思泥丸絳宮、鍊魂制魄、滅三尸之法。服日月之精即《清靈真人裴君傳》中太素真人教裴君奔日、奔月之法；思泥丸絳宮即《清裴君傳》中不死之道；鍊魂制魄滅三尸之法即"用五行紫文以除三尸"。西城王君的道法源於裴玄仁。

---

便消散，不復來往。奉道數年，忽夢見二人年可五十，容儀衣服非常……唯僑得見。一人姓周，一人姓裴。裴雅重才理……此二人先後教授僑經書，書皆與《五千文》相參，多說道家誡行養性事，亦有讖緯。

# 燕濟即戴孟

　　道書中往往一人有幾個名號，本名與教內封號，常有混淆現象，甚至由於年久傳抄有誤，使得同一人變成數位不同者，需要仔細釐清，否則陷入迷陣無法自拔。裴玄仁的弟子戴孟，就是個迷樣人物。

　　檢視戴孟生平依出處時序有：《太平御覽》卷 670 引《列仙傳》；《太平御覽》卷 663 引葛洪《神仙記》；陶弘景《真誥》卷 14；《太平御覽》卷 666 引《道學傳》；《雲笈七籤》卷 110 引隋代《洞仙傳》；王處一《西嶽華山誌》；晚明高濂編之《遵生八牋》等，各家說法不一。《武當總真集》卷下引唐・曹大宗《郡國志》"戴孟武帝（前 141－前 87 在位）遣入北山採藥。"同卷又引《道學傳》"神仙燕濟字仲微，漢明帝時人（58－75 在位）。"連趙道一面對戴孟是漢武帝時還是漢明帝時人，都有點困惑，只好用"又云"，兩說兼列：

　　　戴孟，武當山道士，字成子，武威人也，漢武帝時爲殿中將軍。本姓燕，名濟，字仲微，得道後改姓名。又云漢明帝時人，少孤，養母甚至，復好神仙學，周遊四方。母既即世，入華陽山，服白朮、黃精，兼能種植，及服雲母、雄黃、丹砂、芝草。

　　《武當福地總真集》卷中引《後漢書・郡國志》"神仙

戴孟，姓戴名之生，漢將軍，武帝遣入北山採藥，棄官學道，號孟盛子，受法於清靈裴真人，得《玉珮金鐺》之書、石精金光之符。"《雲笈七籤》卷 110 "戴孟，字成（盛）子，武威人也。漢武帝時爲殿中將軍，本姓燕，名濟，字仲微，得道後改姓名。入華陰山，授秘法於清靈真人裴君。"戴孟爲漢武帝時人，與《裴君傳》中裴玄仁的年代較符合。

　　燕濟爲燕支之諧音，據《燕支山神寧濟公祠堂碑》"西北之巨鎮曰燕支，本匈奴王庭，昔漢武納渾邪，開右地置武威。"燕濟是武威的少數民族，傳鈔中將燕支人戴孟，誤爲燕濟，似應爲"燕支人戴孟，胡姓燕，名仲微。"

　　《黃書》[1]傳授"男女交接之道"，《裴君傳》云：中央鎮星之神將《四氣上樞太元黃書》授予裴玄仁。《太平御覽》卷 663 述戴孟《太微黃書》"戴孟，漢明帝時人。入華山及武當山，受裴君《玉佩金璫經》，及《石景金光符》，復有《太微黃書》，能周旋名山。"《真誥·稽神樞》"戴公拍腹有十數卷書，是《太微黃書》耳，此人即謝允之師也。"戴公即戴孟（燕濟）。戴孟從裴玄仁所受《太微黃書》，即《四氣上樞太元黃書》[2]。

　　《雲笈七籤》卷 110 "戴孟……得道後改姓名。入華陰山，授祕法於清靈真人裴君，得《玉佩金璫經》、《石精金光符》。仙人郭子華、張季連、趙叔達（達）、山世遠，常與之遊處。"[3]《真誥·協昌期》有山世遠受孟先生法"暮臥，

---

1　《雲笈七籤》卷 105。
2　朱越利《黃書考》，《中國哲學》第 19 輯。
3　《真誥·稽神樞》"謝允，歷陽人，戴孟弟子。"《無上祕要》卷 83 "鄭

先讀《黃庭內景經》一過乃眠，使人魂魄自製煉，恒行此二十一年亦仙矣。”這位“孟先生”應該就是戴孟。

　　《上清衆真教戒德行經》卷下有段文字：“昔有劉少翁（劉根），曾數入太華山中，拜禮向山，如此二十年，遂忽一旦得見西嶽丈人（裴玄仁），授其仙道……又曰：左慈初來，亦勤心數拜禮靈山，五年許，乃得進內外東西宮耳。又曰：學道當如山世遠，去人事當如清靈真人（裴玄仁）。”這段文字就是講裴玄仁這一系師徒。

　　楊立華在《黃庭內景經重考》一文確定孟先生與裴清靈有傳承關係，他根據《真誥‧協昌期》、《黃庭遁甲緣身經》、《雲笈七籤》卷 12《推誦黃庭內景經法》，作出如下結論：（1）《存神別法》、《誦黃庭經訣》、《推誦黃庭內景經法》當係同一文本之不同抄本；（2）孟先生傳山世遠《黃庭內景經》一事當屬實有；（3）裴清靈與此一傳承亦有關係；（4）《黃庭內景經》中原附有《存神別法》[4]。

　　《上清經》31 卷之著錄，中日學者多根據《洞玄靈寶三洞奉道科戒營始》卷 5《上清大洞真經目》或《太真玉帝四極明科經》，也有人提到《雲笈七籤》卷 4 收《上清源統經目注序》，據序所稱：

　　太元真人茅君，諱盈，師西城王君，受上清玉佩金璫二景璚璣之道，以漢宣帝地節四年（前 66）三月昇天……漢孝

---

稚政，戴孟弟子”。據此戴孟弟子有郭子華、張季連、趙叔達、山世遠、鄭稚政、謝允等。

4　楊立華《黃庭內景經重考》，陳鼓應編《道家文化研究》第十六輯 280 頁，三聯書店 1999 年。

平皇帝元始二年（2）九月戊午，西城真人以上清經 31 卷於
陽洛之山授清虛真人小有天王王褒，褒以晉成帝之時於汲郡
修武縣授紫虛元君南嶽夫人魏華存，華存以咸和九年（334）
歲在歲在甲午，乘飈輪而昇天。去世之日以經付其子道腴；
又傳楊先生諱羲，羲生有殊分，通靈接真，乃晉簡文皇帝之
師也。楊君師事南嶽魏夫人，受《上清大洞真經》31 卷。

　　丁培仁先生認為"根據一些上清派的神仙傳記，早在漢
代《上清經》就已傳世。關於這個問題，應從道教文獻學的
角度作進一步考察。"[5]因此對於清靈真人裴君傳戴孟《玉佩
金璫經》與《石精金光符》需要進一步考察，有助了解上清
經的傳承。

## 《玉佩金璫經》與裴君

　　《清靈真人裴君傳》載："太素真人教裴君《服二景飛
華上奔日月之法》，又授《太上隱書》。"遂修二景引日法，
誦《隱書》。《太上隱書》即《太霄隱書》，或稱《玉佩金
璫經》，《道藏》的《太上玉珮金璫太極金書上經》與《雲
笈七籤》卷 51 所錄《太霄隱書》相同，經文後云"此玉珮寶
文，太極玄真之經也。"換言之，《玉珮金璫經》即《上清
明堂元真經訣》[6]。

5　丁培仁《關於上清經》。

6　上清經中有許多同法異名者，《中華道藏》01-028-《上清黃氣陽精三道
　順行經》"內思月中丹光夫人……夫人在月中央，採騫林之花，散拂黃氣
　之中，口吐陽精，陽精赤，以灌兆形，從內匝外，黃赤二氣，更相纏繞，
　洞匝必身。"《玄真洞飛二景寶經》：凡修太霄之道，存迴金璫玉珮之法，

　　《上清明堂元真經訣》說："《玉珮金璫》東卿（茅盈）所祕，既與《玄真》同類，俱行日月之道。"據《上清明堂元真經訣》云"《太上玄真經》先盟而後行，行之後始可聞玉佩金璫之道耳。"《上清明堂元真經訣》以"元真"題經名，注解說元真爲太玄上玄丹霞玉女之字。《雲笈七籤》卷63 三洞經教部"茅盈受西城王君所傳玉佩金璫纏璇之經。"據《茅君傳行事訣》存明堂玄真法"日月中有太玄上玄丹霞玉女，名纏璇，字密真。"

　　《上清明堂元真經訣》是西王母、總真演說，由東卿司命茅盈傳授，玄真法即是存思日月法、服日月光華之道。"玉女有太玄上玄之號而字玄真，故名爲玄真。"傳授的挹二景法、玄真法，又稱玉女之道。其法教人存思玉女口吐赤氣和津液，修煉者將之吸入口中。注"玉女者，亦日月夫人之女也。其感化之形，可共寢宴遊處耳，非爲偶對之接也。"[7]又《玉珮金璫太極金書上經》所言玄真之道與《上清明堂元真經訣》相同。

　　玄女、素女、玉女和采女是著名的房中女神，《黃帝九鼎神丹經》卷2說，玉女是神仙的妻妾。其曰："玉女者，凡人之女也，學得道，號爲玉女，並神仙之妻妾儀使也。"漢代《太清金液神丹經》卷中云："靈人玉女我爲夫"。藉存想玉女，導致津液加速產生。

---

當兼御日月之精，以鍊五胎之神，招日中五帝、月中夫人，二景玄映，下降身形，使面有玉澤，體生奇光，內外洞朗，心聰目明。於是玉珮可把，金璫可旋也。

7　"非爲偶對之接"是偶景，共遊但不行夫婦之道。

　　《真誥·運象篇》說"夫真人之偶景者,所貴存乎匹偶,相愛在於二景,雖名之爲夫婦,不行夫婦之跡也。"偶景即上清派之房中術[8]。《真誥·甄命授》稱"以道交接,解脫網羅",修持貴在偶景交氣,肉體並不接觸。楊羲就是以這種模式修煉,《茅山志》卷10說:"九華安妃應運爲(楊羲)儷"。

　　《真誥·甄命授》陶弘景注:"房中之事,惟裴君少時受行耳。《真誥》中有吾昔常恨此,賴改之速耳。"裴君少時曾受行房中之法,曾憷認爲是"權變之方",《道樞》卷18云:"昔有裴君者,豪士也。支子元欲化之以長生之道,故設權變之方。裴君既得道,則曰:吾常患此,賴改之早耳。由是其言曼衍於世,乃有五字三峰[9]之論,黃書赤界之訣,以誣前真,甚可懼也。"[10]權變之方指意念(想像)的交接,不同於一般房中術,因此上清派稱爲"上道"。

　　《真誥·運象》"色觀謂之黃赤,上道謂之隱書。"[11]因其文隱晦難懂,其事隱蔽,不輕外傳,故名隱書。朱越利指出"黃赤代指日月。"[12]《黃庭內景經·高奔》"高奔日月吾上道,鬱儀、結璘善相保。"因此服御日月之氣與"上道"有關,《太上玉珮金璫太極金書上經》"修上道,吞霞咽氣,

---

8　朱越利《黃書考》,《中國哲學》第19輯,1998年9月第1版。
9　按:五字三峰乃存吸閉抽縮。女子口鼻舌爲上峰,兩乳爲中峰,陰竅爲下峰。
10　《中華道藏》23-054。
11　《中華道藏》19-047-《內丹秘訣》有類似說法"塵世名房術,仙家號隱書"。
12　朱越利《黃書考》。

服御日月，皆當先行玉珮金璫、陰陽二景之符，存思三元九真內神、魂魄二帝之尊，然後可招日月之暉也。」

《服二景飛華上奔日月之法》即《裴君傳》中「太素真人教裴君二事。爲真人之法，曰：旦視日初出之時，臨目閉氣十息，因又咽日光十過，當存令日光霞，使入口中，即而吞之。」「日夕視月，臨目閉氣九息，因又咽月光九過。當存月光，使入口中，即而吞之。」「裴君白日精思對日，存日中五帝君；夜則精思對月，存月中五夫人。五年之中，日月精神並到，共乘飛龍，上游太玄。」「《鬱儀》引日精，《結璘》致月神。」此法修煉時「密而行之，勿令人知。」「食青精日氣，飲雲碧玄腴。」「食黃琬紫津之氣，飲月華雲膏……與五夫人夕夕共游，此所謂奔月之道。」

朱越利先生考察《清靈真人裴君傳》後認爲戴孟從裴玄仁所受《太微黃書》，即《裴君傳》所說裴玄仁從中央鎮星之神所受《四氣上樞太元黃書》8卷[13]。《黃書》傳授「男女交接之道」，《裴君傳》中有「採陰益陽」之法，裴玄仁另一弟子劉根主張「不知房中之事，及行氣導引並神藥者，亦不能仙也。」《抱朴子·微旨》說：「九丹金液，最是仙主。然事大費重，不可卒辦也。寶精愛氣，最其急也，並將服小藥以延年命，學近術以辟邪惡，乃可漸階精微矣。」葛氏道將房中和行氣導引、服食藥物視爲修仙的要道，源於劉根與裴玄仁。

---

13　朱越利《黃書考》。

# 石精金光符的性質

　　戴孟所受石精金光符，《雲笈七籤》卷 8 釋《石精金光藏景錄形經》"石精者，妙鐵也。石者鐵之質，精者石之津，治之爲劍而發金光。金者，劍之幹。光者，刃之神。藏景者，隱身也。錄形者，代身也……諸以劍尸解者，以劍代身……幽響無間，恍惚難尋。"《真誥》"石精金光符，既不爲劍用，則止是解化，一符單服者，此符主隱遁，不云健行也。"所以石精金光符爲劍解之道。

　　《雲笈七籤》卷 85《陰君傳鮑靚尸解法》云"上尸解用刀，下尸解用竹木，皆以神丹染筆書太上太玄陰生符於刀刃左右。須臾便滅所書者面目，死於床上矣，其真身遁去。"《抱朴子·遐覽》言幻術云："其法用藥用符，乃能令人飛行上下，隱淪無方。"

　　劍解是爲了隱遁，"遯潛名山，棲身高岫，或欲隨時觀化，逍遙林澤；或欲斷兒子之情……當修劍尸解之道。"[14]理論基礎是"凡質像所結，不過形神。形神合時，則是人是物。形神若離，則是靈是鬼。其非離非合，佛法所攝。亦離亦合，仙道所依。"[15]"身得道，神亦得道；身得仙，神亦得仙。[16]"肉身與靈魂一起飛昇，即陶弘景所謂"欲合則乘雲駕龍"；

---

14　《雲笈七籤》卷 84〈尸解次第事迹法度〉
15　《中華道藏》46-014-《陶隱居集》答朝士訪仙佛兩法體相書。
16　《雲笈七籤》卷 56 引《元氣論》

"既死之後，其神方得遷逝，形不能去爾。"[17]"尸解之類，神與形離，二者不俱。"[18]也就是陶弘景所謂"欲離則尸解化質"。

《神仙傳・劉根》說仙道有"昇天躡雲者（天仙），有遊行五嶽者（地仙），有服食不死者（人仙），有尸解而仙者。"《抱朴子・論仙》說："上士舉形升虛，謂之天仙；中士游于名山，謂之地仙；下士先死後蛻，謂之尸解仙。"以"舉形升虛"爲最上。杜光庭《墉城集仙錄敘》云"夫神仙之上者，雲車羽蓋，形神俱飛；其次，牝谷幽林，隱景潛化；其次，解形托象，蛇蛻蟬飛。然而沖天者爲優，尸解者爲劣。"

《後漢書・王和平傳》李賢注云"尸解者，言將登仙，假托爲尸以解化也。""凡尸解者，皆寄一物而去。或刀或劍，或竹或杖，及水火兵刃之解。"[19]"尸解者，形之化也，本真之煉蛻也，軀質之遁變也。"[20]故又喻之爲蟬蛻，《淮南子・精神訓》"若此人者，抱素守精，蟬蛻蛇解，游於太清，輕舉獨住，忽然入冥。""如蟬留皮換骨，保氣固形於岩洞，然後飛升成於真仙。"[21]

《論衡・道虛》云："所謂尸解者，何等也？謂身死精神去乎，謂身不死得免去皮膚也；如謂身死精神去乎；是與死無異，人亦仙人也。如謂不死免去皮膚乎，諸學道死者骨

---

17　《太平御覽》卷 664 引《登真隱訣》

18　《中華道藏》23-057-陶弘景《養性延命錄》引《玄示》。

19　《雲笈七籤》卷 85《尸解部》太極真人遺帶散

20　《雲笈七籤》卷 85《太極真人飛仙寶劍上經》叙。

21　《中華道藏》45-011-沈汾《續仙傳》序。

肉俱在，與怕死之尸無以異也。夫蟬之去復育，龜之解甲，蚖之脫皮，鹿之墮角，殼皮之物，解殼皮持骨肉去，可謂尸解矣。"

王充質疑尸解，認爲精神靈魂離開軀體而成仙之說，是虛妄的。學道之人死去時骨肉都在，與一般死者之屍體並沒有什麼不同。事實上，道家鑑別是否尸解，要觀察人死以後是否其形如生人、足不青皮不皺、目光不毀無異生人、頭髮盡脫而失形骨、屈伸從人（柔軟）[22]。

《真誥·稽神樞》云："劉文饒者，弘農劉寬也，少好道。曾舉漢方正，稍遷南陽太守，視民如子……年七十三，一旦遇青谷先生，降之於寢室，授其杖解法（用竹杖替身），將去入太華山。""上尸解用刀，下尸解用竹木"《無上祕要》卷 87 說"杖解"是以錄形靈丸合唾塗所持杖，與之俱寢，三日則杖化爲己形在被中，自徐遁去，傍人皆不覺知。

《高道傳》白羊公的弟子王暉，居華嶽熊牢嶺，尸解而去。《真誥·稽神樞》"介琰，白羊公弟子，爲孫權所殺，尸解去入建安方山。"《西嶽華山志》說費長房乘竹杖而歸，竹化龍而去，就屬"杖解"。

## 戴孟是西嶽公黃盧子

《真誥·稽神樞》云："武當山道士戴孟者，乃姓燕名濟字仲微，漢明帝末時人也……受法于清靈真人，即裴冀州

---

22 《真誥·運象篇》"人死必視其形，如生人者，皆尸解也。視足不青，皮不聚者，亦尸解也。要目光不毀，無異生人，亦尸解也。"

之弟子也。得不死之道。裴真人授其"玉佩金鐺經"，並石精金光符，遂能輕身健行，周旋名山……戴公拍腹有十數卷書，是《太微黃書》耳。此人即謝允之師也。"陶弘景註云"《金相傳》：《太微黃書》第八篇有目錄云凡有八卷，唯此一卷出世。今戴公乃有十許篇，亦爲不同。拍腹之義，謂恒以繫腰也。"

《神仙傳》說："黃盧子姓葛名越，甚能治病，千里寄姓名與治之皆愈，不必見病人身也。善氣禁之道，禁虎狼、百蟲皆不得動，飛鳥不得去，水爲逆流一里。"《抱朴子·登涉》有黃盧子"善氣禁之道，禁虎狼、百蟲皆不得動，飛鳥不得去。"《無上祕要》卷83"西嶽公黃盧子，姓葛，名越，楚人，善氣禁，能召龍使虎，後乘龍昇天，以符法傳弟子白羊公。"《西嶽華山誌》云："白羊真人有禁山籙，及制虎豹狼熊符七十道行於世。"

黃盧子、西嶽公是二人，還是一人，斷句時常讓人困惑。王處一《西嶽華山志》講得很清楚"黃神谷者嶽之東，乃是真人黃蘆子隱居之所也。黃蘆子者，楚人也，姓葛名越，但居此山，號曰西嶽公。"黃蘆（盧、蘆）子可能是戴孟（燕濟）的道名，理由有四：

一、《太平御覽》卷662"戴公柏有太微黃書十餘卷，即壺公之師。"所謂的戴公柏爲"戴公拍腹"之誤寫，"戴公"即戴孟（燕濟）。《無上祕要》說："施存，一號壺公，又號婉甕子，孔子弟子三千之數，得道變化，受行運火符，在中嶽及少室，即費長房之師。"[23]《神仙傳》"施存真人號浮胡先生，師黃蘆子，得《三皇內文》驅策虎豹之術。"《華嶽志》卷 2 載"施存號胡浮先生，師黃廬子，得《三皇內文》驅虎豹之術。"[24]戴孟→壺公（施存、胡浮先生）→費長房；黃廬子→施存。故戴孟＝黃廬子

　　二、《抱朴子・仙藥》"黃蘆子、尋木華、玄液華……皆令人壽千歲。"明・李時珍《本草綱目・木二・黃櫨》引陳藏器曰："黃櫨生商洛山谷，四川界甚有之。葉圓木黃，可染黃色。"商洛為商縣和上洛縣之合稱，漢初"四皓"曾隱居於此。商洛山北為華嶽，華山西甕谷為商洛徑道。黃櫨在華山分布面積較廣，屬低山區景觀主要組成部分。

　　葛越也不是黃蘆子的本名，"葛越"是用草木纖維織成的葛布。《書・禹貢》"島夷卉服"孔傳"南海島夷，草服葛越。"孔穎達疏"葛越，南方布名，用葛為之。"《神仙傳》所謂"黃蘆子姓葛，名越，甚能治病。"又以靈芝"黃蘆子"為號，這與戴孟擅長採藥的道門風格契合。

　　三、《真誥・稽神樞》云："昔有劉少翁，曾數入太華山中，拜禮向山，如此二十年，遂忽一旦得見西嶽丈人，授其仙道禁山符。"陶弘景註"有西嶽君，西嶽公不知是此丈人邪？"因此黃蘆子又稱"西嶽君"或"西嶽丈人"。

　　《真誥・稽神樞》中青谷先生所傳劉寬[25]（119－185）

---

23　《無上秘要》卷 83《中華道藏》28-244。

24　按《華嶽志》所載與《真誥》、《南嶽總勝集》、《歷世真仙體道通鑑》大致相同，雖較晚出，《華嶽志》作者認為施存真為華山人物。

25　饒劉寬字文饒華陰人司徒崎之子，性度寬仁，漢桓帝時守南陽，《隸釋・漢太尉劉寬碑》"延熹八年（165）地震，有詔詢畢，公以演策沉漸對當帝心，轉拜尚書。"

的“九息服氣”，即《裴君傳》中太素真人教裴君爲真人之法“日夕視月，臨目閉氣九息，因又咽月光九過。當存月光，使入口中，即而吞之。”

《無上祕要》卷 84“赤將子，黃帝時人，授西嶽公禁山符，又服火法。”據《裴君傳》“支子元昔游焦山，遇仙人蔣先生者，乃赤將子輿也，以《神訣》五首授之。”西嶽公葛越可能是裴玄仁的弟子戴孟，服火法即《五行紫文》，“心存兩目中出青氣，心中出赤氣，臍中出黃氣。於是三氣相繞，合爲一氣，以貫一身。須臾，內外洞徹，如火光之狀。”西嶽公“禁山符”可能是《裴君傳》中的“神虎符”，或兩者有關連。

四、《後漢書·方術列傳》記費長房學道，其師“爲作一符，日以此主地上鬼神”，能“醫療眾病，鞭笞百鬼，及驅使社公。”《玉清無極總真文昌大洞仙經》卷 5 載：“昔施存事黃盧子，得三皇內文，乃八門遁甲，能行遁變化景之法，役御虎豹。”施存爲費長房所作之符，就是三皇內文。黃盧子傳“西嶽公禁山符”，《三皇內文》可能是“禁山符”或“禁山籙”。

氣禁與“躡地紀”有關，據《金鎖流珠引》卷 29“葛越常好行禁之術，存四神及地神、地軸神，攝御江山如迴手掌，迴山者一里之地，開爲千里。萬里江山攝爲一里之地不難也。縮地轉海法，亦先經躡地紀六年。”《金鎖流珠引》卷 7 記載“黃盧子葛越在少室山中”，說明黃盧子曾由華山到嵩山，是以黃盧子“禁山符”“氣禁之道”與步綱躡紀有關。劉根後教王珍坐三綱六紀之法，是裴門傳統。

《玉清無極總真文昌大洞仙經》云：“昔施存事黃盧子

得《三皇內文》，乃八門遁甲，能行遁變化景之法，役御虎豹。"[26]《三皇文》應與西嶽公禁山符有關，《三皇文》的功用可能就是《抱朴子·微旨》所說："入山則使猛獸不犯，涉水則令蛟龍不害，經瘟疫則不畏，遇急難則隱形。"

　　唐·張萬福《傳授三洞經戒法籙略說》云："三皇文……受之，召制天地萬靈百精之神。道士佩之，化景飛空，出入自然，呼雲降雨，役使鬼神，所願立尅，益壽延年，生死獲慶，享福無窮矣。萬福曰：其符離合三皇文，白羊公介君所受，制虎豹蟲狼、山川百精之鬼，不敢爲害。故馭虎攖蛇，即其事也，道士祕之焉。"張萬福說"其符離合三皇文"，是指黃盧子以禁山符傳白羊公，禁山符的分合聚散演變爲三皇文。

　　《抱朴子·登涉》中說："山無大小皆有神靈，山大則神大，山小則神小也。入山而無術，必有患害，或被疾病及傷刺，及驚怖不安，或見光影，或聞異響，或令大木不風而自摧折，岩石無故而自墮落，打擊煞人，或令人迷惑狂走墮落坑谷，或令人遭虎狼毒蟲犯人，不可輕入山也。""爲道者多在山林，山林多虎狼之害也，何以辟之？……立西嶽公禁山符皆有驗也。"

　　《抱朴子·至理》說"入山林多溪毒蝮蛇之地，凡人暫經過，無不中傷，而善禁者以氣禁之，能辟方數十里上，伴侶皆使無爲害者。又能禁虎豹及蛇蜂。皆悉令伏不能起。"因此禁山符是入山自保之術，又稱禁虎豹符[27]，是在行氣基

---

26　《中華道藏》06-094-《玉清無極總真文昌大洞仙經》卷 5。

27　《周氏冥通記》卷 1：周子良年十二，仍求入山伏節爲（陶弘景）弟子，始受《仙靈籙》、《老子五千文》、〈西嶽公禁虎豹符〉。

礎上實施的方術。

　　據《玉清無極總真文昌大洞仙經》卷五“昔施存事黃盧子，得《三皇內文》，乃八門遁甲，能行遁變化景之法，役御虎豹。”《雲笈七籤》卷 4 道教相承次第錄“老君念其功修之徒，再降盧山敕左元放，授施存、葛玄令繼爲仙官世祖師”，“施存授七十人但皆地仙耳唯同學葛元繼代”。遁變化景之法由左慈傳授施存與葛玄。據上述資料施存之師有云黃盧子，亦有云左元放，兩者皆與華山有所淵源，都傳承《三皇內文》。《三皇內文》＝禁山符＝禁山籙＝神虎符

　　《雲笈七籤》卷 85 陰君傳鮑靚尸解法“鮑靚師左元放受中部法”，《金鎖流珠》引卷 9 “上元中部將軍步綱圖禹受前聖步綱之道，以於中部……步中上下三元綱……其上元之中，唯中部法通人，使神制鬼，救民求仙，入真妙極之一法，在於中部。”《神仙傳》中劉根後來教王珍守一行氣存神，坐三綱六紀，謝過上名之法。李仲甫也能步斗隱形，晝夜行三綱六紀之法。《中部法》屬三綱六紀之法[28]，爲裴玄仁一脈道法，黃盧子與劉根同一師門。

---

28　《無上祕要》卷 83：朱火丹陵宮龔仲陽，龔幼陽，此兄弟二人受青童君　　《仙忌真記》得道。《真靈位業圖》：“龔仲陽、幼陽兄弟二人，受道　　於青童君。”《雲笈七籤》卷 110：龔仲陽者，受嵩山少童步六紀之法。　　《洞真上清太微帝君步天綱飛地紀金簡玉字上經》“春步七星，名曰步　　三綱。夏步七星，名曰蹻六紀。”“直畫連星之界分，曰綱也。”“未　　登綱時，先存五星精在五藏中也。”“兩足俱上丹元星，以左手拊心，　　以右手指北極星，閉氣三息，叩齒三通，嚥液三過，名曰蹻紀。”

# 隨方士逃入華山的甄尋

　　《漢書·平帝紀》載："元始元年（公元 1 年）春正月，越裳氏重譯獻白雉一，黑雉二，詔使三公以薦宗廟。"王莽因"白雉"之瑞而被封爲安漢公。元始五年，浚井得白石，有丹書著石，文曰"告安漢公莽爲皇帝"。孺子嬰居攝三年，宗室劉京上書言"齊郡臨淄縣昌興亭長辛當一暮數夢，曰：吾，天公使也。天公使我告亭長曰：攝皇帝當爲真。"梓潼人哀章作銅匱，爲兩檢，其一"天帝行璽金匱圖"，其一"赤帝行璽某傳予黃帝金策書"，言王莽爲真天子，王莽視爲受命的符瑞。

　　讖，符命之書。王莽以讖緯登上皇帝寶座，於是封賞有功心腹，王莽從大司馬做到皇帝，甄豐曾出心出力，卻與賣餅兒王盛同列，不及哀章，因而鬱鬱寡歡，《漢書·王莽傳》記載甄豐的兒子甄尋偽造符命如下：

　　豐素剛彊，莽覺其不說（悅），故託符命文徙豐爲更始將軍，與賣餅兒王盛同列，豐父子黙黙。時子尋爲侍中京兆大尹茂德侯，即作符命，新室當分陝立二伯，以豐爲右伯，太傅平晏爲左伯，如周召故事，莽即從之拜豐爲右伯。當述職西出未行，尋復作符命，言故漢氏平帝后黃皇室主爲尋之妻。莽以詐立，心疑大臣怨謗，欲震威以懼下，因是發怒曰：黃皇室主天下母，此何謂也！收捕尋，尋亡，豐自殺，尋隨方士入華山，歲餘捕得……牽引公卿黨親列侯以下，死者數百人。尋手理有天子字，莽解其臂入視之曰：此一天子也，或曰一六子也，六者戮也，明尋父子當戮死也。

　　王莽仿周公輔成王，最初以攝政名義居天子之位，《漢書‧王莽傳》"成王幼少，周公屏成王而居攝，以成周道。""周公權而居攝，則周道成，王室安；不居攝，則恐周隊失天命。""公（王莽）又有宰治之效，乃當上與伯禹、周公等盛齊隆。"此外明堂之制為周公所確立，王莽也建明堂；周公將"白雉"作為宗廟祭品，王莽將"越裳氏獻白雉"作為受神祇獎賞的事例來宣揚。

　　《史記‧周本紀》"召公、周公二相行政，號曰共和。"《公羊傳‧隱公五年》"自陝而東者，周公主之；自陝而西者，召公主之。"周成王時共同輔政的周公旦和召公奭，自弘農陝縣以西諸侯由召公管理，以東諸侯由周公管理，兩人分治，皆有美政。甄尋造作上天預示符命"分陝立二伯"，是因為他掌握到王莽處處仿傚周公輔成王的心理，藉此擴大甄豐的權力。

　　於是王莽以豐為右伯，太傅平晏為左伯。甄尋以為得逞，想攀附王莽，又造符命"故漢氏平帝后黃皇室主為尋之妻"，黃皇室主即漢平帝遺孀，是王莽的女兒。《漢書‧外戚傳》孝平王皇后"莽敬憚傷哀，欲嫁之，乃更號為黃皇室主。"《前漢書》卷 97 記載：

　　莽自謂土德，故云黃皇室主者若漢之稱公主，令立國將軍成新公孫建世子襐，飾將醫往問疾。后大怒，笞鞭其旁侍御，因發病不肯起，莽遂不復彊也。及漢兵誅莽燔燒未央宮，后曰：何面目以見漢家，自投火中而死。

　　當年王莽為建立與漢家關係，以女為平帝妻，平帝死後不久王莽登帝座，對此深感愧疚，想要她改嫁公孫建世子襐，碰了一鼻子灰。不想甄尋此時欲以其愛女為妻，觸及痛處，因此懷疑甄尋造作符命，大開殺戒。

"尋亡，豐自殺。"亡者逃也，甄尋為何隨方士逃到華山，可能是甄尋身旁食客有方士身分，或與甄尋勾結的待詔黃門，《漢書‧王莽傳》記載"是時有用方技待詔黃門者"。於黃門（宮門）內充任的皇帝侍從，傳達詔命者，稱黃門郎或黃門侍郎，簡稱黃門。方士地位不如儒生，兩漢以方術為職者不得為正官。"諸以才伎召，未有正官，故曰待詔。"[29]《後漢書‧桓譚傳》批評這些人"今諸巧慧小才伎數之人，增益圖書，矯稱讖記，以欺惑貪邪，詿誤人主，焉可不抑遠之哉！"

道教源出神仙家，方仙道為道教前身，是歷史事實。甄尋隨方士逃到華山，說明早期華山道人擅長讖緯，且為方仙道屬性。辛繕治春秋、讖緯，與甄尋為同一時期人，兩者必有關係。此時正是裴玄仁與戴孟（燕濟）在華山期間，風聲鶴唳下，史料難免不存，以致戴孟以後的傳承不顯。

---

29 《前漢書‧公孫弘傳》待詔金馬門。應劭註：諸以才伎召，未有正官故曰待詔。

# 壺公（施存）與費長房

　　《神仙傳》云“壺公者，不知其姓名也。”《抱朴子·暢玄》云“壺公將費長房去”。其真實姓名是個謎，王壺公、謝元、施存都被稱爲壺公。北魏酈道元《水經注·汝水》“費長房爲市吏，見王壺公懸壺於市，長房從之，因而自遠，同入此壺，隱淪仙路。”《雲笈七籤》卷28引《雲臺治中錄》“施存，魯人。夫子弟子……後遇張申，爲雲臺治官，常懸一壺如五升器大，變化爲天地，中有日月如世間，夜宿其內，自號壺天，人謂曰壺公。”

　　唐·王懸河《三洞珠囊》載：“壺公謝元，歷陽人（今安徽和縣）。賣藥於市……費長房爲市令……公授以治病之術……戴公柏有《太微黃書》十餘卷，即壺公之師也。”戴公柏是“戴公拍腹”之誤寫，《真誥·稽神樞》：“戴公拍腹有十數卷書，是《太微黃書》耳，此人即謝允之師也。”謝元與謝允是同一名字之轉寫。故《真靈位業圖》說：“戴孟本姓燕，名濟，字仲微，裴君弟子。謝允，歷陽人，戴孟弟子。”

　　《真誥·稽神樞》陶弘景註云：“謝允字道通，歷陽人，小時爲人所掠，賣往東陽，後告官被誣，在烏傷獄事，將欲入死，夜有老公授其符，又有黃衣童子去來，於是得免。咸康中（335－342）至襄陽，入武當山，見戴孟。孟即先來獄中者，因是受道。又出仕作歷陽新豐西道三縣，所在多神驗。"從顯現時間觀察，《後漢書‧郡國志》稱戴孟爲漢武帝時（25－58）將軍，與東晉咸康年間相去太遠。從顯現時間判斷，戴孟不可能如此長壽，謝允非戴孟親傳弟子，可能是再傳。

《黃書》傳授"男女交接之道"，《裴君傳》云：中央鎮星之神將《四氣上樞太元黃書》授予裴玄仁。《太平御覽》卷 663 述"戴孟本姓燕，名濟，字仲微，漢明帝時人。入華山及武當山，受裴君《玉佩金璫經》，及《石景金光符》，復有《太微黃書》，能周旋名山。"戴公即戴孟（燕濟）。戴孟從裴玄仁所受《太微黃書》，即《四氣上樞太元黃書》。

《西嶽華山志》壺公石室"費長房從之學，令住此石室中，有一方石，廣丈餘，壺公以茅繩擊之懸於空中，令長房坐外石下，使諸蛇蟲競來齧繩，繩欲斷而長房坐臥自若終無懼，公至撫之日：子可教矣，賜子爲地上主者。令乘竹杖而歸，後至葛陂，投於陂中，竹化龍而去。得役鬼魅之術。"

《三洞羣仙錄》卷 10 引《神仙傳》以及《華嶽志》卷 2 與《歷世真仙體道通鑒》皆載："施存，號胡浮先生，師黃盧子，得《三皇內文》、驅虎豹之術。"《玉清無極總真文昌大洞仙經》卷 5 載："昔施存事黃盧子，得《三皇內文》，乃八門遁甲，能行遁變化景之法，役御虎豹。"《雲笈七籤》卷 6 "壺公授費長房亦有洞神之文，石室所得，與今《三皇文》小異。"

《三皇文》的主要內容是劫召鬼神、符圖及存思之術。《真誥‧甄命授》云"仙道有三皇內文以召天地神靈。"《紫陽真人內傳》亦云："《三皇內文》以召神靈，以劾百鬼。"
《後漢書・方術列傳》記費長房學道，其師"爲作一符，曰
以此主地上鬼神。"能"醫療眾病，鞭笞百鬼，及驅使社公。"
施存爲費長房所作之符，應該就是《三皇文》。

　　《無上秘要》說："施存，一號壺公，又號婉瓮子，孔
子弟子三千之數，得道變化，受行運火符，在中嶽及少室，
即費長房之師。"[1]《真誥・稽神樞》："施存者，齊人也，
自號婉瓮子，得遁變化景之道，今在中嶽或少室，往有壺公，
正此人也。然未受太上書，猶未成真焉。其行〈玉斧軍火符〉，
是其所受之枝條也。施存是孔子弟子三千之數。"陶弘景註
云："三千之限有此人，而不預七十二者，明夫子不以仙爲
教矣。壺公即費長房之師，軍火符世猶有文存。"

　　玉斧軍火符據《抱朴子・登涉》爲軍火召治符與玉斧符
兩符，《三洞經教部・三洞并序》《玉緯》云："洞神經是
神寶君所出，西靈真人所撰，此文在小有之天，玉府之中。"
玉斧符當爲玉府符之誤，作用是收治鬼魅、登山涉水不受害。
又據《神仙傳・壺公》"今世所有召軍符，召鬼神治病玉府
符，凡二十餘卷，皆出自公，故總名壺公符。"召軍符與軍
火符可能是"將軍符"之誤寫，全稱"黃庭將軍符"，作用
是縮地脈。據《金鎖流珠引》卷27：

　　"地軸鐻，是黃庭將軍符，有三卷二十四將，將甚能縮
地脈，縮千里爲五里，或爲百步之間，萬里爲十里，或爲五
步之間。昔壺公先生能爲之，費長房遇之，因宿壺中一夜，

---

1　《無上秘要》卷83《中華道藏》28-244。

長來以經三年。遂受此籙，能縮地脈，日行萬里之外，不可能及其人也。"　"學此法皆須以受籙具足，自得通神，可指小器之物，以盛天地。奇功至神之驗，不可測之。昔壺公先生教費長房爲之……可以能變一升之器，可容天地，如初造化自然之功也。"　"以甲子日，起首步躡，步者，天綱。躡者，地紀。故爲步躡……昔壺公先生口訣教長房……房受得，亦口傳余（李淳風）……入水入火，出兵隱形等，無不成者。"[2]

《雲笈七籤》卷 4 道教相承次第錄："第二十六代無可傳者，老君念其功修之徒，再降盧山，勑左元放授施存、葛玄，令繼代爲仙官世祖，師傳仁人者也。第二十七代施存。存授七十人，但皆地仙耳。唯同學葛玄繼代。"據上述資料施存之師有云黃盧子，亦有云左元放，兩者皆與華山有所淵源，都傳承《三皇內文》。

縮地脈是化遠爲近，致遠於瞬間的方術。《神仙傳・壺公》"費長房有神術，能縮地脈，千里聚在目前，放之復舒如舊。"《後漢書・方術傳・費長房》載："費長房從壺公學仙，壺公遣歸，與一竹杖使騎。長房乘杖，須臾到家。投杖於葛陂中[3]，回視已化爲龍。"《神仙傳・介象》載介象書一符，使人閉目騎杖至成都買薑，須臾已還。介象即白羊公，是西嶽公黃盧子的弟子，與壺公施存同師，所以都會縮地脈。

《清靈真人裴君傳》說裴玄仁"視見萬里之外，能日步千里，能隱能彰，役使鬼神。"《真誥》卷 14 載："戴孟者

---

2 《中華道藏》33-001-《金鎖流珠引》卷 27。
3 《蜀中名勝記》引雙流縣舊志"治北十里龍池，舊名葛陂道。漢費長房至此，以杖擲陂中，化龍去"。

姓燕名濟……裴真人授其《玉佩金璫經》並《石景金光符》，遂能輕身輕行，周旋名山，日行七百里。"《金鎖流珠引》卷 29 說："黃盧子葛越常好行氣禁之術，存四神及地神、地軸神，攝御江山，如迴手掌，迴山者，一里之地，開爲千里江山。千里江山，攝爲一里之地，不難也。縮地轉海法，亦先經蹕地紀。"

縮地脈與步蹕天綱地紀有關，裴玄仁的另一位弟子劉根傳王珍"守一行氣存神，坐三綱六紀，謝過上名之法。"裴玄仁的弟子有戴孟（燕濟）與劉根，裴玄仁、劉根、戴孟、黃盧子葛越都有日行千里之法。

## 介象與緬匿法

魚豢《典略》云："熹平中（172－177），妖賊大起，三輔有駱曜。光和中，東方有張角，漢中有張脩。駱曜教民緬匿法，角爲太平道，脩爲五斗米道。"張角、張脩、駱曜爲東漢末年三個教團的領袖，各據一方。關於張角與太平道、張修（後爲張魯）與五斗米道的情況，史書多有記述。唯獨駱曜無資料可考，遂告闕如。

《華陰縣誌》認爲"駱曜的所謂緬匿法，蓋爲葛洪說的《墨子五行記》中的隱身之術。"[4]《抱朴子·遐覽》說："變化之術，大者唯有《墨子五行記》，本有五卷。昔劉君安未仙去時，鈔取其要，以爲一卷。其法用藥用符，乃能令人飛行

---

4 清·陸維垣等修《華陰縣誌》第 25 頁。

上下，隱淪無方。”葛洪說《墨子五行記》是劉君安（劉根）所著，劉根則爲裴玄仁的弟子，因此駱曜與裴玄仁有淵源。

清·袁枚懷疑緬匿法與介象有關，他在《隨園隨筆·裴松之〈三國志〉補》提出“《張魯傳》註引《典略》駱曜教民緬匿法，緬匿法不可解，或是《抱朴子》介象蔽形之術耶？”

從介象的蔽形之術可看出緬匿法一些端倪。《冊府元龜》卷 876 說“介象字元則，有諸方術，吳主聞之徵象到武昌甚敬貴之，稱爲介君，爲起宅以御帳給之，賜遺前後累千金，從象學蔽形之術。”從前文研究可知，黃盧子與劉根同一師門，黃盧子傳道予白羊公（介象），介象的道法源於華山的裴玄仁。

曹植《辯道論》有“挾奸宄以欺衆，行妖慝（匿）以惑民。”可能指《後漢書·桓帝紀》載和平元年（150）“扶風妖賊裴優自稱皇帝，伏誅。”的事件。據《後漢書·張霸傳》[5]：

張霸蜀郡成都人，子張楷，字公超，通嚴氏《春秋》，古文《尚書》。門徒常數百人……隱居弘農山中，學者隨之所居成市，後華陰山南遂有公超市。五府連辟，舉賢良方正不就。漢安元年（142）順帝特下詔告河南尹，楷復告疾不到。性好道術能作五里霧，時關西人裴優亦能爲三里霧，自以不如楷，從學之，楷避不肯見。桓帝即位，優遂行霧作賊，事覺被考，引楷言從學術，楷坐繫廷尉，詔獄積二年，常諷誦

---

5 呂誠之《秦漢史》下冊，頁 830 註引張霸祖孫這一條資料，他自問“豈陵亦襲父術，而（張）魯從而附會之？”但他接着說“然〈陵傳〉（指《後漢書·劉焉傳》、《三國志·張魯傳》裡面的〈陵傳〉）絕不見其跡。”又說“且陵（張楷之子張陵）亦士大夫之流，非可妄托，疑張魯父、祖之事，實僞造不可究詰也。”

經籍，作《尚書注》，後以事無驗，見原還家。

　　《清靈真人裴君傳》稱裴玄仁爲右扶風夏陽人，"能隱能彰"，緬匿法源於裴元仁。《典略》中所說的緬匿法，緬，可引申爲輕騰致遠之意；匿，爲隱身意。張楷興雲起霧，得以隱蔽；駱曜的緬匿法，爲葛洪說的《墨子五行記》中的隱身之術。介象有蔽形之術，能變化隱形。兩者同一道法，處於同一時空，緬匿法確實與華山的方仙道有關。

　　《後漢書》云華山"張楷，字公超，舉賢良方正不就。性好道術，能作五里霧。"《華陽國志》卷12"聘士張楷，字公超"，聘士指不應朝廷以禮徵聘的隱士，張楷"五府連辟，舉賢良方正不就"。東漢因應災異而有選拔人才措施，如賢良方正、直言極諫人士，集思廣益，有助救災決策，其中包括有道術、明習陰陽度機者。[6]張楷被舉賢良方正，說明當時張楷的道術已被社會公認。

　　《後漢書・張楷傳》張楷"隱居弘農山中，學者隨之，所居成市，後華陰山南，遂有公超市。"華山北麓有張仙谷，谷內有張公市，又稱霧市。從張楷學道者眾，現在很難想像東漢順帝漢安年間（142－144），華山有數百人一起學道的局面。《舊唐書・僖宗紀》有所謂"妖興霧市，嘯聚叢祠。"張楷的"霧市"與許遜的"許家營"一樣，都是教徒雲集之所。

　　裴優作亂被捕後，供稱從張楷學道術，張楷必須與他撇清關係，否則下場不堪。正因找不到證據，才會"坐繫廷尉，詔獄積二年。"張楷裴優無罪開釋後，已是驚弓之鳥，以致

---

6　赫志清編《中國古代災害史研究》51頁。

牽扯上一點關係的人，避之唯恐不及，可提供線索的文獻早已銷毀。

## 修羊公與白羊公的真實身分

《西嶽華山誌》云："昔有人隱白羊峰，莫知其名姓，常騎白羊往來塵世，後與弟子介琰俱登仙，以此號爲白羊真人，真人有禁山籙，及制虎豹狼熊符七十道行於世。"白羊公又稱白羊真人，以常乘白羊而名。

白羊公的弟子王暉，據《高道傳》王暉"居華嶽熊牢嶺洞真觀，常種黃精於谿側，則虎豹爲之耕耘，出入亦乘虎豹，具轡鑾行鞭策，如人乘馬無異。餌黃精蒼朮，積有歲時。以道術傳王法沖，尸解而去。著秘訣百餘言。"其辭："黃帝昇鼎湖，乘素入紫煙。明精陰不久，運往馳龍旋。枯悴林將凋，鮮鱗沉深淵。遊仙騰霞觀，喜作歲月綿。晝占勿龜兆，夕唱良有緣。中嶽鎮和氣，般輸共成篇。若能思得之，賜與金一鉼。"王暉所留秘言屬服氣歌訣，"乘素入紫煙"與五行紫文有關。

《上清握中訣》有守玄白法"存泥丸中有黑氣，心中有白氣，臍中有黃氣，三氣俱出，如小豆，漸大纏繞，合共成一，以覆身，因變成火，火又燒身，使內外洞徹。"陶弘景註云"此杜廣平所受介琰胎精中景黑白內法"，《清靈真人裴君傳》中的《五行紫文》："心存兩目中出青氣，心中出赤氣，臍中出黃氣。於是三氣相繞，合爲一氣，以貫一身。須臾，內外洞徹，如火光之狀。"比較玄白法與《五行紫文》，兩者名稱不同而內涵一致，均爲服氣法。

《真誥·稽神樞》載："杜契（字廣平）建安之初（196）來渡江東依孫策，黃武二年（223）漸學道。遇介琰先生授之以玄白術，隱居大茅山之東面也。守玄白者，能隱形亦數見，身出此市里……猶（介）琰者即白羊公弟子也。"《無上秘要》卷 83 "西嶽公黃盧子，姓葛，名越，楚人，善氣禁，能召龍使虎，後乘龍升天，以符法傳弟子白羊公。" "介琰，白羊公弟子，爲孫權所殺，尸解去入建安方山，並能禁劫。白羊公，西嶽公弟子介象，吳時人，善氣禁，服甘草丸。"

《雲笈七籤》卷 110 "介琰師白羊公，受玄白之道，能變化隱形，常隨師入東海暫過吳，爲先主禮之，先主爲琰起靜室。"《金鎖流珠引》卷 14 "東木星君授太極真人介子良《杏金丹方》，子良，介象之孫琰之。"因此可知介琰字子良，是白羊公介象之孫，也是他的弟子。

建安五年（200）孫策死，策弟孫權統眾。《道學傳》說吳主詔至武昌甚尊異之，稱爲介君。爲賜第供帳黃金千劢，象後告病，須臾便死，詔葬之爲立廟。《仙鑒》卷 5 稱吳主孫權禮遇甚厚，欲求其傳授道法 "介琰未應。孫權怒，欲殺之。"干寶《搜神記》記載：介琰者，不知何許人也。住建安方山，從其師白羊公，杜（按即杜契）受玄一無爲之道，能變化隱形。嘗往來東海，暫過秣陵，與吳主相聞。吳主留琰，乃爲琰架宮廟，一日之中，數遣人往問起居。琰或爲童子，或爲老翁，無所食啖，不受餉遺。吳主欲學其術，琰以吳主多內御，積月不教。吳主怒，敕縛琰，著甲士引弩射之。弩發，而繩縛猶存不知琰之所之。

　　《列仙傳‧修羊公》說："修羊公者,魏人也。在華陰山上石室中,有懸石榻,臥其上,石盡穿陷。略不食,時取黃精食之。後以道干景帝(前179-前141),帝禮之,使止王邸中。數歲,道不可得。有詔問:修羊公能何日發語?未訖,床上化爲白羊,題其肋日:修羊公謝天子。後置石羊於通靈臺[7]上。羊後復去,不知所在。"

　　《列仙傳》中修羊公的記載與介琰非常相似,一、景帝與孫權都很禮遇。二、兩位皇帝想學道法,都不能如願。三、介琰無所食啖;修羊公略不食。四、修羊公化爲白羊,不知所在;介琰或爲童子,或爲老翁,不知之所之。

　　余嘉錫推斷《列仙傳》明帝以後順帝(142)以前所作,東漢時已盛行。《四庫全書總目》則認爲《列仙傳》爲魏晉方士僞作。《列仙傳》修羊公魏人,"略不食,時取黃精食之",王暉是三國魏時人,種黃精於溪側,辟穀服氣者往往服用黃精,是以"化爲白羊"的修羊公即白羊公。這正說明《列仙傳‧修羊公》爲魏晉方士僞作。

　　杜契弟子二人,其一孫賣孫女"寒華師杜契,受玄白之要,行玄白法而有少容。""弟子是陳世京(《真靈位業圖》作世景)。世京孫休時(258-264)侍郎,少好道,數入佛寺中,與契鄉里,故晚又授法。"又"狼五山中有學道者虞翁生,會稽人也。昔受仙人介君食日精法,以吳時來隱此山,兼行雲氣回形(雲氣迴形)之道。"[8]五行紫文又稱雲氣回形

7　通靈臺是漢武帝爲其妃鉤弋夫人於甘泉宮所建。
8　《樓觀傳》說:"姚坦…有神人授玄白回形之道、天關三圖飛行之經。"虞翁生所行雲氣回形之道,可能是玄白回形之道,也稱之爲玄白之道。

之道、守玄白之道或玄白之術。

　　《三洞羣仙錄》卷 10 引《神仙傳》云："施存真人號浮胡先生，師黃蘆子，得《三皇內文》驅策虎豹之術。" "三皇文白羊公介君所受，制虎豹蟲狼、山川百精之鬼，不敢為害。《雲笈七籤》卷 6 云："昔黃蘆子、西嶽公皆受禁虎豹之術，真人介象受乘虎之符，八威使者受策虎豹文。"《無上祕要》卷 83 云介象善氣禁，有禁猴食黍傳說。西嶽公黃蘆子，善氣禁，能召龍使虎，以符法傳弟子白羊公。《西嶽華山誌》云："白羊真人有禁山籙，及制虎豹狼熊符七十道行於世。"介象御獸之術是源於西嶽公禁虎豹之術，正因為介象受乘虎之符，所以能讀符文，知誤之與否[9]。

| 裴玄仁 | | 《五行紫文》：守玄白者，能隱形亦數見。 | 飛步隱行役使六甲 | 服二景飛華上奔日月之法 二景引日法 |
| 黃蘆子西嶽公 | 禁虎豹之術；禁山符；禁氣召龍 | 服火法 | 遁變化景 | |
| 白羊公 | 禁山籙 制豹狼熊符 | 玄白之道 | 變化隱形 | |
| 介象 | 乘虎之符 善氣禁 | 得還丹經一首 | 蔽形之術 | |
| 介琰 | | 玄白之術 玄白之要 | 變化隱形 | 食日精法 |
| 杜契 杜廣平 | | 玄白術 玄白之術 胎精中景玄（黑）白內法 | 遁形隱身 | |
| 孫寒華 | | 玄白之道 | | |
| 趙廣信 | | 守玄中之道 九華丹 | | |
| 虞翁生 | | 雲炁迴形之道 | | 食日精法 |

9　《抱朴子・遐覽》"昔吳世有介象者，能讀符文，知誤之與否。有人試取治百病雜符及諸厭劾符，去其題籤以示象，—— 據名之。"

# 李仲甫與華山的淵源

　　李仲甫的姓名、事跡，在《真誥‧稽神樞》陶弘景注稱：
"左慈字元放，李仲甫弟子，即葛玄之師也。"《抱朴子‧
金丹》亦載："昔左元放於天柱山中精思，而神人授之金丹
仙經……余從祖（葛玄）仙公，又從元放受之。"《真誥校
註》一書注意到《雲笈七籤》卷 4 道教經法傳授部 "太上老
君命李仲甫出神仙之都，以法授江南左慈。"[10]容志毅《道
藏煉丹要輯研究》[11]中說 "李約瑟在《中國之科學與文明》
已注意到陶弘景在《真誥》中的注文，甚至在其所作表 110
"漢晉時代煉丹術士之師承圖"中[12]，表現出此一傳承關
係，惜未獲國內學者注意。"

　　李仲甫有時被寫爲李中輔、辛仲甫，《終南山說經臺歷
代真仙碑記》云："西嶽仙卿李真人名翼，字中輔，潁川人
（嵩山在潁川陽城）。弱齡企道，神閑器遠。時漢武帝依觀
建望仙宮（在華陰），增置道員，真人應選入道，常居真靖，
棲空養元，後遇太和真人，挈至杜陽宮，令事王仙君，復遣
出還，遂沿風邇景，出入無恆。以靈帝光和二年（180）沖舉，
領命西嶽仙卿。"

　　《茅山志》卷 5 "李翼字仲甫，與司命君（茅盈）俱事

---

10 日‧吉川忠夫、麥谷邦夫編，朱越利譯《真誥校註》303 頁，中國社會
　　科學出版社 2006.12。
11 容志毅《道藏煉丹要輯研究》（南北朝卷）181 頁，齊魯書社 2006.12。
12 參見李約瑟著，陳立夫主譯：《中國之科學與文明》第 15 冊《煉丹與化
　　學（續）》，台灣商務印書館 1985 年版，第 86 頁。

西城王君。仲甫爲入室弟子，司命君爲北牖弟子。但仲甫所受業異，恒服水玉（即石英）有效，能步斗隱形，晝夜行三綱六紀之法；又作白虎七變，百餘歲轉更少壯。與司命君同受還丹一劑，服而歸家……漢靈帝（156－189）時入西嶽，受書爲西嶽副司命。仲甫以七變神法傳左元放，元放修之，亦變化萬端矣。”三綱六紀之法源於王珍（真）。

《真靈位業圖》稱：“西嶽卿副司命李翼，仲甫，左元放師。”北周武帝宇文邕（561－578）令通道觀學士所纂《無上祕要》卷 84“西嶽卿副司命李翼仲甫，左元放師。”“李翼，字仲甫，京兆人，與茅司命俱事王君。左元放，師西嶽卿，嗣司命，別主西方錄籍。”

《真誥‧稽神樞》“東卿司命監太山之衆真，總括吳越之萬神。”西嶽司命是西王母第十三愛女，李仲甫爲副司命，《無上祕要》卷 84 左元放“師西嶽卿，嗣司命。”是指左元放承續李仲甫副司命之職。“錄”通“祿”，錄籍是記載命運的簿冊，司命、副司命、錄籍都是上清派傳說中主管一方神仙的官員。李仲甫被稱爲“西嶽卿”或“西嶽仙卿”，是因爲他與西嶽華山的淵源。

《神仙傳》：“李仲甫豐邑人，少學道於王君，服水丹有效[13]，兼行遁甲能隱形，年百餘歲轉少。初隱百日，一年復見形，後遂長隱，但聞其聲，與人對語飲食如常，在民間三百餘年，後入西嶽山去。”《雲笈七籤》卷 4 道教經法傳授部稱：“太上老君命李仲甫出神仙之都，以法授江南左

---

13 宋‧沈括《夢溪補筆談‧雜志》：“水丹……以清水入土鼎中，其下以火然之，少日則水漸凝結如金玉，晶瑩駭目。”

慈。"裴玄仁是史料所載最早在華山上方西玄洞修煉者,《雲笈七籤》卷22:"上方,九天之上,清陽空虛之內,無色無象,無形無影。"上方即上界,神仙之都即華山上方西玄洞。

《仙苑編珠》卷中"李生者,名仲甫,豐邑中陽人也。學道於弘農王君,得服玉法,行遁甲隱形步斗術……後入西嶽不復出。"《太極真經金根上文》曰:"子登玄冥,步斗隱形。"步斗與遁甲隱形有關,《神仙傳》中劉根後來教王珍守一行氣存神,坐三綱六紀。李仲甫所學的王君即王珍(真),是裴玄仁在嵩山的弟子[14]。裴玄仁受"飛步隱行"法,燕濟從裴元仁受石精金光符,《真誥‧稽神樞》陶註"此符主隱遯"。

七變法在古華山傳授,《太平御覽》卷 678"李翼字仲甫,以七變法傳左慈,慈修之以變化萬端。"裴玄仁→劉根→王珍→李仲甫→左慈

---

14 請參閱本書西城王君的研究。

# 《三皇文》的功用

　　《紫陽真人內傳》云：“《三皇內文》以召神靈，以劾百鬼。”《真誥・甄命授》云：“仙道有三皇內文以召天地神靈。”《雲笈七籤》卷 6 三洞品格《命召咒文》云：“三皇治世，各受一卷以理天下。有急，皆召天地鬼神勅使之。”《三皇文》爲天皇文、地皇文、人皇文的合稱。《無上祕要》卷 25 三皇要用品載《三皇天文大字》內容如下：

　　天皇文曰……第一之要，先求長生；第二之要，當求藏形；第三之要，當避世榮。解此三要，道乃成。長生以得，游於華嶽。藏身以訖，天食其祿；棄榮去祿，天致金玉。若欲去求入深山者，當語乾皇內經，必當相成。黃帝曰地皇文者，乃生萬物，無所不育。家有此文，富貴之首；求仙行約，此是其母。千變萬化，皆地所受；包含穢匿，能爲土主。黃帝曰人皇文者，皆知死生之錄，識百鬼之名，記萬神姓名。

　　《天皇文》說修仙道的人要求長生，必須隱藏形跡，不露真相。還須棄榮祿，不被名利牽聯，才能保有上天賜予的福祿。山上是隱藏形跡的地方，《抱朴子・登涉》認爲：“凡爲道合藥，及避亂隱居者，莫不入山……入山而無術，必有患害。”《抱朴子・登涉》認爲：“山中山精……喜來犯人。人入山……知而呼之，即不敢犯人也……又有山精……見之皆以名呼之，即不敢爲害也。"《抱朴子·遐覽》說："道士欲求長生，持此書入山，辟虎狼山精，五毒百邪，皆不敢近人。可以涉江海，卻蛟龍，止風波。"

《地皇文》說土地生育萬物，能夠包容汙濁與邪惡。古代由於對土地的崇拜，衍化爲社神、地祇乃至地皇的信仰。《孝經緯》載："社者，土地之神。土地闊不可盡祭，故封土爲社，以報功也。"因此《抱朴子·遐覽》說"起功（按：動工興建）不問地擇日，家無殃咎。若欲立新宅及塚墓，即寫《地皇文》數十通，以布著地，明日視之，有黃色所著者，便於其上起工，家必富昌……可以召天神司命及太歲日遊、五嶽四瀆社廟之神。"社廟之神即土地神，又謂社公。如《後漢書·方術傳下》費長房能"鞭笞百鬼及驅使社公。"即是《地皇文》的作用。

《人皇文》說要能識百鬼萬神，《女青鬼律》卷 4 認爲"子知鬼名姓，鬼自趨走，不敢害人。"卷 2 云"一知鬼名，邪不敢前；三呼其鬼名，鬼氣即絕。天鬼（指天神）來下，地鬼並煞。凡鬼皆有姓名，子知三台（星神名）鬼名萬鬼使令。"

綜合上述三皇要用品可知，入山危險，《三皇文》是避險的方術。《天皇文》能"制虎豹蟲狼、山川百精之鬼，不敢爲害。"[1]《地皇文》能"鞭笞百鬼及驅使社公。"《人皇文》能劾召鬼神。

---

1 《傳授三洞經戒法籙略說》卷上：三皇文，白羊公介君所受，制虎豹蟲狼、山川百精之鬼，不敢爲害。故馭虎攖蛇，即其事也。

　　《洞神八帝妙精經》保存《三皇文》部分道法[2]，所謂“三皇天文”實即 92 枚篆書符籙，分別代表天地神祇、仙官兵將、五嶽四瀆神君和魂魄精怪的姓字，修道者依法書符佩帶或吞服，即可招神拘魂，辟除邪精。附《抱朴密言》[3]，葛洪自述《三皇文》施用的情形“初受此文，唯先召高山君耳。自後數召土公、社公、及小鬼，或河瀆之小神，皆如言登時到。但洪精誠微薄，心未專正，未敢自信，難召天皇、世祖、五嶽、十將、三天九仙之大神，恐不得宜序而禍見及也。”

## 《三皇文》傳承的解讀

　　陳國符先生說：“《三皇文》三國帛和所得者爲最古，又鄭隱以授葛洪，其師授今不可考。”[4]然而《雲笈七籤》卷6《三洞并序》與《三洞品格》有兩段文字，可以說明《三皇文》的傳承。但須逐句解讀，才能了解。

　　《三洞經教部·三洞并序》[5]：《玉緯》云洞神經是神寶君所出，西靈真人所撰，此文在小有之天，玉府之中……又黃盧子西嶽公皆受禁虎豹之術，真人介象受乘虎之符，八威

---

2　此外《中華道藏》04-085 有《三皇內文遺秘》可以參考，今本編纂雖在唐代以後，以“遺秘”加之，應當是原書不存，後人蒐集到一部分零散材料，經過整理加工編輯而成者。張勳燎《古器物所見五嶽真形圖與道教五嶽真形符》，成都文物 1992 年第 2 期。認爲今本《三皇內文遺秘》係古文獻的鉤沉輯佚，而不是根據新材料撰著而成的新作或按正常情況傳抄翻刻的舊本。

3　《中華道藏》04-488《抱朴密言》。

4　《道教源流考》上冊 73 頁。

5　《中華道藏》29-64-《雲笈七籤》。

使者受策虎豹文。又鮑靚於晉惠帝永康年中於嵩山劉君石室，清齋思道，忽有刻石《三皇天文》出於石壁。靚以絹四百尺，告玄而受，後授葛洪。又壺公授費長房亦有洞神之文，石室所得與今《三皇文》小異，陸修靜先生得之傳孫游嶽，游嶽傳陶隱居……今傳者是黃帝、黃盧子西嶽公、鮑靚、抱朴子所授者也。

同卷《三洞經教部·三洞品格》：鮑南海〈序目〉云上古初以授於三皇，名之《三皇文》也……〈序目〉云：《小有三皇文》本出《大有》，皆上古三皇所受之書也。《天皇》一卷，《地皇》一卷，《人皇》一卷，凡三卷，皆上古三皇時所授之書也。作字似符文，又似篆文，又似古書，各有字數[6]。神寶君所出，西靈真人所撰。此文在小有之天，玉府之中。諸仙人授之，以藏諸名山石室，皆不具足。唯蜀郡峨嵋山具有此文。昔仙人智瓊以《皇文》二卷見義起不能解，遂還之。王公以帛公精勤，所得傳之賢達，宣行至今。

解讀原文如下：《玉緯》[7]云洞神經是神寶君所出，西靈真人所撰，此文在小有之天，玉府之中。

《三洞並序》稱天寶君（玉清）、靈寶君（上清）、神寶君（太清），“此三君各為教主”。三皇號洞神、洞玄、洞真三洞，三洞說源於《三皇經》。據《道藏經目錄·凡例》：凡託名元始天尊所造作的經典，均收於洞真部，上清經屬之；

---

6 據《抱朴密言》天文三皇大字有四萬言。

7 《玉緯經》成書於東晉以前，《辯偽錄》禁斷偽經中有《玉緯經》之名。南北朝時有孟法師《玉緯七部經書目》。另長安昊天觀主尹文操編《玉緯經目》，著錄道經 7300 卷。撰于顯慶元年（656）至垂拱四年（688）之間。

託名太上道君造作的經典，均收於洞玄部，靈寶經屬之；託名太上老君造作的經典，均收於洞神部，三皇經屬之[8]。

　　《寶神經》或《神寶經》、《裴君寶神經》是同一經典，全名爲《清靈真人說寶神經》[9]，是根據佚文《裴君內傳》編寫。西靈真人即西靈子都，《真誥‧稽神樞》說司馬季主“受石精金光藏景化形法於西靈子都，西靈子都者，太玄仙女也。”戴孟受裴玄仁石精金光符爲劍解之道（請參閱本書戴孟）。因此，西靈子與裴玄仁有所淵源，可以論證《三皇文》出自隱於華山的裴玄仁，由他在華山的弟子戴孟與嵩山的弟子劉根分傳。

　　《太平御覽》卷 40 引《太素真人王君內傳》“王屋山有小天，號曰小有天。”魏華存《清虛真人王君傳》稱其師王褒（字子登）得道後，被封爲“太素清虛真人，領小有天王、三元四司、右保上公，治王屋山洞天之中。”故小有天在河南省濟源縣西王屋山。

　　原文：黃盧子西嶽公皆受禁虎豹之術，真人介象受乘虎之符，八威使者受策虎豹文。又壺公授費長房亦有洞神之文，石室所得與今《三皇文》小異。

　　《傳授三洞經戒法籙略說》云：“三皇文即《洞神經》，亦曰《洞仙三皇》……其符，離合三皇文。白羊公介君所受，制虎豹蟲狼、山川百精之鬼，不敢爲害。”[10]依據對白羊公

8　《中華道藏》49-001-《大明道藏經目錄》。
9　《上清三真旨要玉訣》有《清虛真人裴君說神寶經》；《上清太極真人神仙經》有《清靈真人說神寶經》。
10　《中華道藏》42-115。

與壺公的研究，黃盧子西嶽公、介象、壺公、費長房都在華山修道，彼此關係如下：黃盧子（西嶽公）→壺公（施存）、白羊公（介象）→費長房。

《三洞羣仙錄》卷 10 引《神仙傳》云："施存真人號浮胡先生，師黃盧子，得《三皇內文》驅策虎豹之術。"《雲笈七籤》卷 6 云："昔黃盧子西嶽公皆受禁虎豹之術，真人介象受乘虎之符，八威使者受策虎豹文。"《無上秘要》卷 83 云介象善氣禁，有禁猴食黍傳說，說明介象有御獸之術，源於西嶽公黃盧子禁虎豹之術。

《後漢書‧方術列傳》記費長房學道，其師"爲作一符，曰以此主地上鬼神。"能"醫療眾病，鞭笞百鬼，及驅使社公。"《西嶽華山志》記"費長房得役鬼魅之術。"《玉清無極總真文昌大洞仙經》卷 5 載："昔施存事黃盧子，得三皇內文，乃八門遁甲，能行遁變化景之法，役御虎豹。"施存爲費長房所作之符，就是三皇內文。黃盧子傳"西嶽公禁山符"，《三皇內文》是"禁山符"或與之有關。

氣禁與"躡地紀"有關，據《金鎖流珠引》卷 29 葛越常好行禁之術"縮地轉海法，亦先經躡地紀六年。"《金鎖流珠引》卷 7 記載："黃盧子葛越在少室山中"，黃盧子曾由華山到嵩山，黃盧子禁山符、氣禁之道與步綱躡紀有關。劉根後教王珍坐三綱六紀之法，是裴門傳統。

原文：又鮑靚於晉惠帝永康年中於嵩山劉君石室，清齋思道，忽有刻石《三皇天文》出於石壁。靚以絹四百尺，告玄而受，後授葛洪。

《無上祕要》卷 83 云"劉根，善劾召。"《神仙傳》劉根能召鬼，有弟子王珍（真）。據《洞神八帝妙精經》西城要訣三皇天文內大字引《抱朴密言》云“《三皇文》及大字，皆仙人王君所集撰。”[11]《抱朴子・登涉》：“持三皇內文及五嶽真形圖，所在召山神，及按鬼錄，召州社及山卿宅尉問之。”鮑靚學道於嵩高，於劉根曾修煉之石室，得到鐫刻於石上的《三皇文》，意味鮑靚所學源於劉根。據本書的研究，他們之間的關係是：裴玄仁→劉根→王珍（真）→李仲甫→左慈→鮑靚

《晉書・葛洪傳》說葛洪“後師事南海太守上黨鮑玄，玄亦內學，逆占將來，見洪深重之，以女妻洪，洪傳玄業。”據陳國符先生考證：鮑靚所傳爲《大有三皇文》，又稱《大有經》；鄭隱所傳爲帛和所得《三皇內文》，爲《小有三皇文》，又稱《小有經》。葛洪應是兩者兼得，誠如《三洞經教部》所云“鮑君所得石室之文，與世不同，洪或兼受也。”

原文：鮑南海〈序目〉云：上古初以授於三皇，名之《三皇文》也……〈序目〉云：《小有三皇文》本出《大有》，皆上古三皇所受之書也。《天皇》一卷，《地皇》一卷，《人皇》一卷，凡三卷，皆上古三皇時所授之書也。作字似符文，又似篆文，又似古書，各有字數。

鮑靚曾任南海太守故稱“鮑南海”，他說《大有》、《小有》是當時《三皇文》的兩種傳本。《小有三皇文》與《大有三皇文》內容（符籙）都是一樣的，惟施用方法有別。嵩山所傳爲《大有三皇文》，王屋上清派所傳稱《小有三皇文》，

---

11　《中華道藏》04-488-《洞神八帝妙精經》三皇天文內大字。

而《小有》出自《大有》，都源於華山的裴玄仁所授。

《史記·秦始皇本紀》"古有天皇，有地皇，有泰皇。"司馬貞索隱"按天皇、地皇之下即云泰皇，當人皇也。"《三皇文》又稱《三皇經》，是天皇文、地皇文、人皇文的合稱。《三皇經內音》說"凡書此內音之符，以黃筆爲文成篆隸科斗（蝌蚪）之字。"[12]《雲笈七籤》卷 6 三洞品格《序目》云："《小有三皇文》……作字似符文，又似篆文，又似古書。"

東漢蔡邕（133－192）是個天文學家，擅長篆隸，創飛白書，曾參加書寫石經。晉·潘嶽《關中記》卷 3 說"蔡邕（133－192）學書嵩山石室得素書，八角垂芒，鬼物授以筆法，何其神耶。"《嵩高山記》也說東漢書法家張芝（？－約 192）於太室天門西巖石室中獲科斗古書。

《雲笈七籤》卷 6 "鮑靚於晉惠帝永康年中，於嵩山劉君石室清齋思道，忽有刻石《三皇天文》出於石壁。靚以絹四百尺告玄而受，後授葛洪。"古靈寶經中出現的"天文"又稱雲篆、秘篆文。蔡邕、張芝於嵩山石室所得素書或科斗古書，即是《三皇文》。

原文：神寶君所出，西靈真人所撰。此文在小有之天玉府之中。諸仙人授之，以藏諸名山石室，皆不具足。唯蜀郡峨嵋山具有此文。昔仙人智瓊以《皇文》二卷見義起不能解，遂還之。王公以帛公精勤，所得傳之賢達，宣行至今。

帛和所傳稱作《小有三皇文》，《雲笈七籤》卷 63 洞經教部云："此文在小有之天，玉府之中，又稱《小有經》。"

---

12 關於嵩山有科斗文，請參閱本書《嵩山石室的藏經洞》與《五嶽真形圖的傳授》的研究。

《大有三皇文》又稱《大有經》，以此經秘在大有宮中故名。
《抱朴子》和《神仙傳》稱《三皇經》爲帛和所傳，在帛和
之後，又由左慈傳葛洪從祖葛玄，葛玄傳鄭隱，鄭隱傳葛洪。
按《三皇經序》：鮑君所得石室之文，與世不同，（葛）洪
或兼受也。

## 《三皇文》傳承系統

　　從《三洞并序》與《三洞品格》可知《三皇文》的傳承
有以下幾種傳承體系：

　　一、得自西城石室：青童君→西城王君→帛和→干吉

　　《太平經複文序》云："《太平複文》先傳上相青童君，
傳上宰西城王君，王君傳弟子帛和，帛和傳弟子干吉（一作
于吉）。干君初得惡疾，殆將不救，詣帛和求醫。帛君告日，
吾傳汝《太平本文》，可因易爲 170 卷，編成 360 章，普傳
於天下。"[13]《神仙傳》記載干吉遇賣藥公帛和，帛和乃以

---

13　《三洞珠囊》卷一救異品，以圯上老人授張良《太公兵法》的故事編造
　　云：干君者，北海人也。病癩數十年，百藥不能愈，見市中一賣藥公，
　　姓帛，名和，往問之。公言：卿病可護。卿審欲得愈者；明日鷄鳴時來
　　會大橋北木蘭樹下，當教卿。明日鷄鳴干君往到期處，而帛公已先在爲，
　　怒曰：不欲愈病耶？而後至何也？更期明日夜半時。於是干君日入時便
　　到期處，須臾公來。干君曰：不當如此耶？乃以素書二卷授干君。公又
　　曰：卿歸更寫此書，使成百五十卷。《仙苑編珠》則說干吉受之演成 170
　　卷，即《太平經》。
　　《中華道藏》45-009-《仙苑編珠》卷中：桂子者，不知名，任徐州刺史。
　　病癩十餘年，眾醫不愈。冥心念道，後遇道人于君，使休官爲于君役者。
　　養馬三年，心不退。君與其丹及書一百五十卷，挂服之癩愈。年百九十
　　歲，色若童子，自貨藥於成都。復歸西嶽不出。

素書二卷授于吉。

《神仙傳・帛和》載 "帛和，字仲理、遼東人。其師董奉爲三國吳孫權時人，以行氣、服術法授帛和。後到西城山，事王方平，受命入山，於石室中，視壁三年，見古人所刻《太清中經神丹方》，及《三皇天文大字》、《五嶽真形圖》。後入林慮山（一名隆慮山），爲地仙。" 《抱朴子・遐覽》說 "帛仲理者，於山中得之，自立壇委絹，常畫一本而去也。" 帛和曾於山中得《三皇天文大字》、《五嶽真形圖》。

古代 "白" 與 "帛" 同音，王青先生認爲帛（白）是龜茲（新疆庫車）國姓，帛和有西域人的嫌疑。此說如果成立的話，西域文化對道教的影響可能比我們想像的更直接、更廣泛[14]。從龜茲到中國內地的佛教高僧，往往以白、帛爲姓。如曹魏時的白延，西晉時的帛元信、帛尸梨密多羅、帛法炬、佛圖澄（本姓帛氏）[15]。

漢代已有中天竺摩揭陀國的道人來到嵩山，《太平御覽》卷 39 引《嵩高山記》 "漢世有道士從外國將貝多子來，於嵩高西麓種之。" 貝多子是來自中天竺摩揭陀國的喬木，古印度人用貝樹葉記事。

《參同契五相類祕要》配合同熙別名相類門第 20，帛和君解曰 "漢國鉛雖有華輕，不得純體，不同西國流沙鉛……流沙鉛爲三品丹金上仙第一真鉛也……化號名流沙鉛，此波

---

14 王青《論西域文化對魏晉南北朝道教的影響》，《世界宗教研究》1999 年第 3 期。

15 關於帛姓來自龜茲，參閱陳世良《龜茲白姓和佛教東傳》，《世界宗教研究》1984 年第 4 期。

斯鉛是也。”《參同契五相類祕要》雖爲北宋盧天驥所撰，仍有參考價值，此處帛和是以外國人的口吻稱中國爲漢國。

陳國符考證《三皇文》，認爲帛和所得《三皇內文》最古，即《三皇天文大字》。帛和得《三皇天文內大字》又曰：“前漢太初二年（前 103）王君明（盟）授余大道之訣，使燒香清齋，三日三夜乃見告。”[16]此謂帛和西城王君授帛和以大道之訣，與《神仙傳》之說合[17]。《洞神八帝妙精經》所附《抱朴密言》、《三皇文》及大字，皆仙人王君所集撰。”西城王君（王真、王珍）曾傳帛和太清中經金液神丹之法，兩者間的傳授關係確實存在，而王珍是劉根的弟子。

二、得自嵩山：劉根→王珍（真）→李仲甫→左慈→鮑靚→吳猛、葛洪、許邁

《雲笈七籤》卷 6 三洞并序云：“鮑靚於晉惠帝永康年中（300－301），於嵩山劉君石室清齋思道，忽有刻石《三皇天文》出於石壁，靚以絹四百尺告玄而受。”同卷〈三洞品格〉說：“晉時鮑靚學道於嵩高，以惠帝永康二年於劉君石室清齋，忽有《三皇文》刊石成字，乃依經以四百尺絹告玄而受。”

道書的傳授有師傳、神授、神降、玄授等，《洞真太上九赤班符五帝內真經》云：“其文則明五嶽之室，玄授得道之人。自無仙骨玉名，刻書來生，不得見其篇目。”

《抱朴子·遐覽》葛洪云：“余聞鄭君言，道之重者，莫過於《三皇文》、《五嶽真形圖》也。古人儜官至人，尊

---

16 據《洞神八帝妙精經》西城要訣《三皇天文內大字》。
17 陳國符《道藏源流考》上冊 72 頁。

祕此道。非有偓名者，不可授也。受之四十年一傳，傳之歃血而盟，委質為約。諸名山五嶽，皆有此書，但藏之石室幽隱之地。應得道者，入山精誠思之，則山神自開山令人見之。如帛仲理者，於山中得之，自立壇委絹，常畫一本而去也。”《神仙傳・帛和》“古人之所刻《太清中經》、《神丹方》，及《三皇天文大字》，《五嶽真形圖》，皆著石壁。”

　　漢・班固《封燕然山銘》“封山刊石，昭銘盛德。”刊石指刻字於石，劉君石室中《三皇文》刊石成字。鮑靚得《三皇文》屬玄授，一如帛仲理自己抄寫於石壁上碑文。“告玄”是向在天上的祖師稟告。《鮑靚真人傳》則說：“（靚）師左元放，受《中部法》及《三皇》、《五嶽》劾召之要，行之神驗，能役使鬼神，封山制魔。”

　　《雲笈七籤》卷 106《許邁真人傳》云許邁師事鮑靚，受中部之法及《三皇天文》。《江西通志》卷 103 記吳猛曾“師南海太守鮑靚得秘法雲符。”《太平廣記》卷 14：吳猛及長事南海太守鮑靚，因語至道[18]。《道學傳》“道士舒道雲病瘻三年，治不差。吳猛授以《三皇詩》使諷之上口，所疾頓愈。”

　　三、得自嵩山：魯女生→薊子訓→封君達→左慈→葛玄→釋道微、竺法蘭鄭隱→葛洪

　　《後漢書・方術列傳》提到魯女生，注引《漢武內傳》

---

18 杜光庭《墉城集仙錄》載“諶母密修大法，積數十年，人莫知也。其後吳猛、許遜自嵩陽南遊，詣母，請傳所得之道，因盟授之。孝道之法，遂行江表。”嵩陽指嵩山之南，諶母與鮑靚均在丹陽，吳猛可能於嵩山聽說鮑靚有秘法，於是前往丹陽學其道。

"魯女生，長樂人……採藥嵩高山，見一女人曰：我三天太上侍官也。以《五嶽真形圖》與之，並告其施行。女生道成，一旦，與知友故人別，云入華山。""女生初時以圖傳薊子訓，訓後傳封君達，君達後入玄丘山，臨去傳左元放。""君達先在人間二百餘年，乃入玄丘山中不知所在，臨去以《五嶽真形》傳左元放，元放以傳葛孝先（葛玄）。"

《混元聖紀》記載葛玄於天台山立壇，授釋道微、竺法蘭《五嶽真形圖》，又以《太上金丹經》、《靈寶自然五稱寶曜文》、《三皇內文大有妙經》、《天師旨教金書玉字》等凡十卷，並太極龍騰芝草一莖，告盟仙官，各令佩身，命入室弟子鄭思遠（鄭隱）具宣口訣[19]。又《雲笈七籤》卷 6 三洞品格"葛玄於天台山傳鄭思遠、竺法蘭、釋道微。"

《五嶽真形圖序論》鄭隱對葛洪說"《三皇天文大字》及靈書至妙，修勤求慕，時或聞見。《五嶽真形圖》，自錄之首，吳越之人，無有得傳……此書吾似有之。傳授禁重，不可妄泄，傳非其人，罪咎必至……卿極有心，必能通玄暢昧，是故相告，且勿宣之。吾先受此書於青牛先生，自吾受圖以來，未傳一人……行當以此文與卿。"[20]

鄭隱說"吾先受此書於青牛先生"，即指左慈得《五嶽真形圖》於封衡。《三洞經教部》云："鮑君所得石室之文，與世不同，（葛）洪或兼受也。"這是指葛洪所受《三皇文》來自鮑靚石室之文，也有來自左慈→葛玄、鄭隱。

四、得自華山：黃盧子→白羊公介象、施存→費長房

19　《中華道藏》46-088-《太上混元聖紀》卷7。
20　《中華道藏》04-067-《五嶽真形圖序論》。

　　《雲笈七籤》卷 6〈三洞經教部〉云“黃盧子西嶽公皆受禁虎豹之術，真人介象受乘虎之符，八威使者受策虎豹文……壺公授費長房亦有洞神之文，石室所得（指鮑靚於劉君石室所得），與今三皇文小異。”

　　又 “陸修靜先生得之傳孫遊嶽，游嶽傳陶隱居（陶弘景）……今傳者是黃帝、黃盧子、西嶽公、鮑靚、抱朴子所授者也。”陶弘景曾授予周子良仙靈籙、老子五千文和西嶽公禁虎豹符，《三皇文》應與西嶽公禁山符有關。《三皇文》的功用就是《抱朴子·微旨》所說：“入山則使猛獸不犯，涉水則令蛟龍不害，經瘟疫則不畏，遇急難則隱形。”

　　《神仙傳》“施存真人號浮胡先生，師黃蘆（盧、盧）子，得《三皇內文》驅策虎豹之術。”《華嶽志》卷 2 載：“施存號胡浮先生，師黃盧子，得《三皇內文》驅虎豹之術，晉元康年間白日騰昇.”[21]《玉清無極總真文昌大洞仙經》云“昔施存事黃盧子得《三皇內文》，乃八門遁甲，能行遁變化景之法，役御虎豹。”[22]《歷世真仙體道通鑒》卷 33：施存少時師事黃盧子，得《三皇內文》驅策虎豹之術，居衡嶽西峰洞，晉永康元年四月仙去[23]。

　　《真誥·稽神樞》“施存者，齊人也，自號婉瓮子，得遁變化景之道，今在中嶽或少室，往有壺公，正此人也。然未受太上書，猶未成真焉。其行玉斧軍火符，是其所受之枝

---

21 按《華嶽志》所載與《真誥》、《南嶽總勝集》、《歷世真仙體道通鑑》大致相同，雖較晚出，《華嶽志》作者認爲施存眞爲華山人物。

22 《中華道藏》06-094-《玉清無極總真文昌大洞仙經》卷 5。

23 西晉永康元年爲西元 300 年，東漢桓帝永康元年爲西元 167 年，《華嶽志》與《歷世真仙體道通鑒》將東漢桓帝永康元年誤爲西晉永康元年。

條也。施存是孔子弟子三千之數。"《後漢書·方術列傳》記費長房學道，其師"爲作一符，日以此主地上鬼神。"能"醫療眾病，鞭笞百鬼，及驅使社公。"施存爲費長房所作之符，應該就是《三皇文》。

唐·張萬福《傳授三洞經戒法策略說》云：《三皇文》即《洞神經》，亦曰《洞仙三皇》。受之，召制天地萬靈百精之神。道士佩之，化景飛空，出入自然，呼雲降雨，役使鬼神，所願立尅，益壽延年，生死獲慶，享福無窮矣。萬福曰：其符，離合三皇文，白羊公介君所受，制虎豹蟲狼、山川百精之鬼，不敢爲害。故馭虎攖蛇，即其事也，道士祕之焉。《無上秘要》卷 83 "西嶽公黃盧子，姓葛名越，善氣禁，能召龍使虎，後乘龍升天，以符法傳弟子白羊公。"

**五、得自嵩山石室：？……→張陵**

《後漢書·劉焉傳》載張陵"學道鶴鳴山中，造作符書，以惑百姓。"符書即符籙之書，《廣弘明集》卷 8 引李膺《蜀記》"張陵避病瘧於丘社之中，得咒鬼之術書，爲是遂解使鬼法。"《三皇文》爲 92 枚篆書符籙，依法書符佩帶或吞服，可召來天地神靈，辟除邪精。張陵的符書可能與《三皇文》有關。

《漢天師世家·序》云張陵："訪西仙源，獲制命五嶽、攝召萬靈及神虎秘文於壁魯洞。俄往嵩山石室，得《三皇內文》、《黃帝九鼎丹書》及《太清丹經》。"宋謝守灝《混元聖記》卷 7 也說張陵曾得老君遣神人告知，于中嶽石室中得《上古三皇天文》、《黃帝九鼎大丹經》、《五嶽真形圖》。張陵所傳應與鮑靚同爲《大有三皇文》。

# 《五嶽真形圖》的傳授

　　《上清靈寶大法》卷 17 "黑者,山形。赤者,乃水之源。黃點,洞穴口也。畫小則丘陵微,穴則隴岫宗形,謂高下隨形,長短取像。"《五嶽真形圖》的繪制如同書寫文字,《漢武帝內傳》所謂 "睹河岳之盤曲,陵回阜轉,山高隴長,周旋委蛇,形似書字。"東方朔《五嶽真形圖序》說:"五嶽真形者,山水之象也。盤曲回轉,陵阜形勢,高下參差,長短卷舒,波流似於奮筆,鋒芒暢乎嶺崿,雲林玄黃,有如書字之狀。"東方朔《漢武帝內傳》所述《五嶽真形圖》是一幅山嶽地形圖。

　　《三皇文》和《五嶽真形圖》常連在一起出現,彼此有密切的關係。《五嶽真形圖》爲東嶽泰山、西嶽華山、中嶽嵩山、南嶽衡山、北嶽恒山的圖形,代表東、西、中、南、北五個方位,佩帶此符可受五方神靈保祐。《五嶽真形圖法并序》:青牛先生言家有《五嶽真形》,一嶽各遣五神來衛護。

　　明萬曆二年（1574）刻石的"五嶽真形之圖"，圖碑拓片縱約108釐米，橫約67釐米。各山嶽圖下都有一段文字說明，如東嶽泰山圖下面的文字是："東岱岳泰山乃天帝之孫，群靈之府也。在兗州奉苻（符）縣，是成興公真人得道之處。長白、梁父二山為副嶽。神姓諱崇，封號天齊仁聖帝。岱岳者主於世界人民官職及定生死之期，兼注貴賤之分，長短之事也。"圖碑下方有題記，上題"五嶽山人陳文燭記，登封縣知縣孫秉陽刻石"。

　　《五嶽真形圖》有鎮宅、護佑的神效和召神的功能，《抱朴子》記載"家有五嶽真形圖，能辟兵凶逆，人欲害之者，皆還反受其殃。道士時有得之者，若不能行仁義慈心，而不精不正，即禍至滅家，不可輕也。""上士入山，持三皇內文及五嶽真形圖，所在召山神，及按鬼錄，召州社及山卿宅尉問之，則木石之怪，山川之精，不敢來試人。"

　　《後漢書・方術列傳》說："魯女生漢末晉初道士，採藥於嵩高山，見一女子坐山澗中，知其神人，因拜稽首，乞長生之要，遂出《五嶽真形圖》以與之，並告其施用節度。道成，告別親故，云入華山去。"

　　《漢武帝外傳》"嵩高山神人授魯女生寶文秘要及《五嶽真形圖》，並告其施用節度（寶文秘要與房中有關），道成，入華山去。女生初時以圖傳薊子訓，訓後傳封君達，君達後入玄丘山，臨去傳左元放。""封君達聞魯女生得《五嶽真形圖》，連年請求之，女生後見授。封君達入玄丘山，臨去傳左元放。"

　　左慈自洛陽至江東傳授與葛玄，葛玄傳鄭隱。《雲笈七籖》卷 79《五嶽真形圖序論》鄭隱對葛洪說："《三皇天文大字》及靈書至妙，修勤求慕，時或聞見。《五嶽真形圖》，自錄之首，吳越之人，無有得傳……此書吾固有之。傳授禁重，不可妄泄，傳非其人，罪咎必至……卿極有心，必能通玄暢昧，是故相告，且勿宣之。吾先受此書於青牛先生，自吾受圖以來，未傳一人……行當以此文與卿。[24]"鄭隱所說"吾先受此書於青牛先生"，指左元放得《五嶽真形圖》於封君達。唐·張萬福《傳授三洞經戒法策略說》云："今施用節度，皆出於鄭君也。"

關於《五嶽真形圖》的傳授《漢武帝外傳》云："《五嶽真形圖》乃由三天太上道君所造，曾由西王母傳授給漢武帝。"又稱："三天太上侍宮曾在嵩山以《五嶽真形圖》傳漢末方士魯女生，魯傳薊子訓，薊傳封君達，封傳左慈，左傳葛玄。"因此《五嶽真形圖》的傳承爲：嵩高山神人→魯女生→薊子訓→封君達→左慈→葛玄、鄭隱、鮑靚→葛洪

## 帛和為何看不懂《五嶽真形圖》

《五嶽真形圖》始見於《漢武帝內傳》，舊題漢班固撰。《隋書·經籍志》著錄《漢武帝故事》二卷，未注撰人。《四庫全書總目》認爲此書大約是"魏晉間文士所爲"。

張勛燎先生懷疑漢武帝時《五嶽真形圖》是否存在，認爲歷史上是否有魯女生、封君達本身就值得懷疑，最早紀載

---

24　《中華道藏》04-067-《五嶽真形圖序論》。

《五嶽真形圖》材料的是葛洪的著作……《五嶽真形圖》最初作爲一種帶有符籙性質的材料出現，完全是葛洪自己一手製造出來的。把《五嶽真形圖》的地位抬高，如同他託名僞作《漢武帝內傳》一樣，目的是爲《五嶽真形圖》這一新產品打開銷路作宣傳[25]。

　　可以接受張勛燎的部分觀點，但從古華山道法的比較，魯女生與薊子訓之前未見有關於《五嶽真形圖》的紀載。《三皇文》和《五嶽真形圖》常連在一起出現，可能《五嶽真形圖》是從《三皇文》分出。

　　《雲笈七籤》卷 310《洞仙傳》說谷希子傳授東方朔，共有閬風、鍾山、蓬萊及神州真形圖。《雲笈七籤》卷 26東方朔《十洲并序》：谷希子授東方朔崑崙、鍾山、蓬萊山及神洲真形圖。酈道元《水經注‧河水一》“崑崙之山三級：下曰樊桐，一名板松；二曰玄圃，一名閬風；三曰層城，一名天庭。是爲太帝之居。”故閬風即崑崙。人鳥山是由崑崙山衍化而來，《人鳥山真形圖》源於《五嶽真形圖》。

　　《嵩高山記》“少室山大巖中有一石室，云有自然經書，自然飲食。”《玄覽人鳥山經圖》對“自然經書”有明確闡釋，“山內自然之字，一十有一，其訣口中，寄文附出，弓龍行神，出除凶殃，辟非祥山，外空虛之。字向左百二十四，向右百二十，合二百四十四字，誦之在心，訣在師口。”

　　《朱子全書》卷 37：“五方之民，言語不通，却有暗合處，蓋是風氣之中，有自然之理，便有自然之字，非人力所

25　張勛燎、白彬《中國道教考古》第六冊 1759 頁。

能安排。"《禮記‧王制》："五方之民，言語不通，嗜欲不同。"孔穎達疏："五方之民者，謂中國與四夷也。"所謂"自然經書"可能是夷書。

《抱朴子‧遐覽》云："余聞鄭君言，道書之重者，莫過於《三皇內文》、《五嶽真形圖》也……諸名山五嶽，皆有此書，但藏之於石室幽隱之地，應得道者，入山精誠思之，則山神自開山，令人見之。如帛仲理者，於山中得之，自立壇委絹，常畫一本而去也。"

帛和師事西城王君見於《太平經複文序》："《太平複文》先傳上相青童君，傳上宰西城王君，王君傳弟子帛和，帛和傳弟子干吉。"《神仙傳》載："帛和去西城山事王君（王方平），王君命其於石室中熟視石壁，視壁三年，見古人所刻《太清中經神丹方》、《三皇天文大字》及《五嶽真形圖》。義有所不解，方平乃授之訣。"帛和於石室得古人所刻於石壁上《三皇天文大字》。

古代"白"與"帛"同音，王青認爲帛是龜茲國姓，帛和有西域人的嫌疑。此說如果成立的話，西域文化對道教的影響可能比我們想像的更直接、更廣泛[26]。

## 大梵隱語

漢代讖緯已出現真文、赤文、天文等概念，《太平經》中有靈寶、天書、天文、真文之說。《抱朴子‧遐覽》鄭隱

---

26 王青《論西域文化對魏晉南北朝道教的影響》，《世界宗教研究》1999年第2期。

言：“符出於老君，皆天文也。”道宣《釋迦方志》云：“雪山以南名婆羅門國，與胡隔絕書語不同，故五天竺諸婆羅門，書爲天書，語爲天語。”呂鵬志認爲早期靈寶經中出現被稱爲“大梵隱語”的天上文字，其實是摻雜佛語（以陀羅尼爲主）的“擬梵語”（pseudo-Sanskrit）[27]。

以梵爲最高尊神，源自婆羅門教。梵（brahman）在古印度的《梨俱吠陀》中已經出現，並有宇宙統一神的意味。這表明除了中國的本土文化，婆羅門教對靈寶經的天書觀產生過一定的影響。

婆羅門教最早傳入中國是什麼時候？劉仲宇認爲殊難斷定。由於它沒有像佛教這樣在中國紮下根來，甚至沒有以獨立的形態（例如像摩尼教、祆教那樣）在中國出現，更難索考。不過，婆羅門僧人和婆羅門經典於東漢末年已進入中國則是可以肯定的。《歷代三寶記》記竺法護“月支國沙門縣摩羅刹，晉言法護、本姓支，曆遊西域，解三十六國語及書，從天竺國大攜梵本婆羅門經，來達玉門，固居敦煌，遂稱竺氏，後到洛陽及江左。”

《太平御覽》卷 39 引《嵩高山記》“漢世有道士從外國將貝多子來，於嵩高西麓種之。”貝多 Pattra 亦譯作“貝多羅”，《酉陽雜俎》卷 18 云：“貝多出摩伽陀國，長六七丈，經冬不凋，此樹有三種，西域經書用此三種皮葉寫之。”說明漢代已有中天竺摩揭陀國的道人來到嵩山。

晉・王嘉《拾遺記・周靈王》[28]說：“老君居景室之山

---

27　呂鵬志《早期靈寶經的天書觀》，香港：《弘道》第十二期。
28　《拾遺記》，晉王嘉撰，齊治平校注，中華書局 1981 年版。王嘉，字子

（嵩山），與世人絕迹。唯老叟五人，或乘鳴鶴，或著羽衣，共譚天地之數，所撰書經垂十萬言。有浮提國獻神通、善書二人……出金壺器，中有黑汁，狀若淳漆，洒木石皆成篆隸科斗之字，記造化人倫之始，老君所撰經，皆寫以玉牒，編以金繩，貯以玉函。及金壺汁盡，二人刳心瀝血以代墨焉。此乃洛州景山太室、少室也，所說《九變》、《長生》等經有百萬篇，多藏名山石室，祕而未行，今所出者約六千卷。"[29]

　　據《拾遺記·周靈王》載，浮提國獻神通、善書二人，佐老子撰《道德經》。印度人自己是以閻浮提（Jambu-dvipa）或婆羅多（Bhārata）稱全印度的。依據《拾遺記》嵩山石室收藏有來自印度者以科斗文所撰經典。

　　如果葛氏道爲裴玄仁一脈，而蔣先生（赤將子）是印度人，弟子支子元爲"佛圖中道人，《元始五老赤書玉篇真文天書經》中爲何有那些不可解的"真文"與"大梵隱語"，就有答案了。

　　《靈寶玉鑒》卷 16 "三氣開光，聚氣成文，凝雲作篆，五文形廓，八角垂芒，以立三才，以治人道，或以爲河洛之書，或倬彼雲漢之象，世之所謂真文靈書者是也。"《諸天內音經》天書雲篆顯現空中，變化莫測，"文彩煥爛，八角垂芒，精光亂眼，不可得看……其字宛奧，非凡書之體，蓋貴其妙象而隱其至真也。"

---

年，隴西安陽人（今甘肅渭源），十六國前秦時方士，《晉》有傳。《拾遺記》著重宣傳神仙方術。

29　《雲笈七籤》卷 73 洞經教部本文：《聖紀》云浮提國獻善書二人，乍老乍少，隱形則出影，聞聲則藏形。時出金壺四寸，上有五龍之檢，封以青泥。壺中有黑汁若淳漆，灑木石皆成篆隸科斗之字，記造化人倫之始。

《靈寶玉鑒》與《諸天內音經》，有和蔡邕學書嵩山石室"八角垂芒"完全一樣的字句。《後漢書・蔡邕傳》說："（邕）好辭章，數術、天文，妙操音律。"《後漢書・方術傳》傳主多通醫術及天文、占卜、相命、遁甲、堪輿等術。古代的天文、曆數、醫藥、化學是從方術發展起來的，因此所謂"蔡邕學書嵩山石室"，可以理解爲蔡邕在嵩山學道。蔡邕於嵩山石室所得素書"謂之天書"，這些文字並非來自天界，可能是以梵文所撰。

《隋書・經籍志四》元始天尊所說之經"凡八字，盡道體之奧，謂之天書。字方一丈，八角垂芒，光輝照耀，驚心眩目，雖諸天仙，不能省視。"《太上洞玄靈寶五符序》卷下云："靈寶上序及撰出服御之文皆科斗古書，字不可解。"《雲笈七籤》卷 7〈釋神符〉對符書分類爲八體（八大種類），即天書、神書、地書、內書、外書、鬼書、夏書、戎夷書，云"戎夷書類於蜫蟲者也"。史俊先生認爲"戎夷書可能是指梵文而言"[30]。

柳存仁認爲《洞玄靈寶度人經大梵隱語疏義》給讀者提供了某些所謂梵音的資料。這些梵音，實際上是把另一種外國語音譯成漢語。他發現《度人經》中龍羅菩提、蔡潯元、阿答和、薩羅婁王、空瑤醜音、迫落萬刑等名字，來自波斯語[31]。

《度人經》中有明顯的外來成分，以往的研究者常將之

---

30 史俊《道教對中國書法影響小述》，上海教育學院學報 1993 年第 2 期。
31 參見柳存仁；著林悟殊譯《唐前火祆教和摩尼教在中國之遺痕》，世界宗教研究 1981 年第 3 期。

歸於佛教影響，實際並不確切。《度人經》的外來成分主要來自婆羅門教，如以大梵爲主神，宇宙經歷劫運的演化圖景，元始天尊開劫度人等，都是直接來自婆羅門教，或是從中引伸、訛變而成的。其中"大梵隱語"之類對諸天的讚頌之辭，譯自婆羅門經典。

"《度人經》的一部分內容，原來是從梵文翻來的，《洞玄靈寶度人經大梵隱語疏義》明說其'書是梵書，音是梵音。'由此推測，當時的造經者，得到過梵文的婆羅門經典，而決不會是從漢譯佛典中東竊西抄一點婆羅門思想拼湊而成。"[32]朱越利先生也認爲"早期道教吸收了佛經中的一些梵文，因此出現了《洞玄靈寶度人經大梵隱語疏義》。早期道經中有許多音譯的咒語，疑大都取自佛教密宗。[33]"

例如《諸天中大梵隱語無量音》的的來源是對印度原有讚頌的編譯或改寫，與婆羅門教有關[34]。唐・李肇《東林寺經藏碑》"西土以胡文紀之，謂之梵書科斗文字之類也。"[35]科斗即蝌蚪，《五燈全書》卷 101 "蝌蚪赤文，唐言梵語。"所以《神仙傳》載"帛和見古人所刻《三皇天文大字》……義有所不解。"

---

32 劉仲宇《度人經與婆羅門思想》，學術季刊 1993 年第 3 期。

33 朱越利《道法會元中的關元帥》，2011 年 10 月《關帝信仰與現代社會國際學術暨皈依科儀研討會》論文集。

34 劉仲宇《度人經》與婆羅門思想，《學術季刊》1993 年第 3 期。

35 《竹書紀年》竹簡一說即爲"科斗文字"。春秋後北方晉國流行一種筆劃頭尖腹肥的字體，因爲大多是用毛筆寫在簡帛上，筆劃往往前粗後細，形似蝌蚪，所以又叫"科斗文"。因此"科斗文"可能是梵文，還是有待斟酌。

　　託名東方朔的《海內十洲記》[36]稱東方朔曾隨師西遊，見到大禹訪弱水崑崙歸來在山嶽頂上刻石記事之跡："蓬丘，蓬萊山是也。對東海之東北岸，周迴五千里……其字科斗書，非漢人所書……今書是臣朔所見。[37]"我國古文字實際沒有一種字體像蝌蚪形的，可是西亞的楔形文字倒是十足的蝌蚪形，"非漢人所書"，所以帛和"義有所不解"。

　　《理惑論》說"佛者，號謚也，猶名三皇神、五帝聖也。"這裡產生一個問題，《三皇文》是否受到西亞文化的影響？

---

36　《四庫總目提要》云：劉向所錄東方朔書無此書名。觀其引衛叔卿事，
　　知出《神仙傳》後；引《五嶽真形圖》事，知出《漢武帝內傳》後。
37　東方朔《十洲三島》，《雲笈七籤》卷之二十六。

# 左慈與曹魏的關係

　　曹操廣納人才，唯才是舉，與東漢重視德行、門第不同。只要才幹傑出，有治國用兵之術，都予以重用，因此手下人才濟濟。曹操鄙視德行禮教，認爲遵守禮教的人不一定有開創的能力，有能力的人未必肯遵守禮教，所謂"有行之士未必能進取，進取之士未必能有行也……士有偏短，庸可廢乎！[1]"於是"天下忠正效實之士，咸願爲用[2]。"

　　方士們各有專長，軍隊中需要人才。曹操所集方士有上黨王真、隴西封君達、甘陵甘始、魯女生、華佗、東郭延年、唐霅、冷壽光、卜式、張貂、薊子訓、費長房、鮮奴辜、趙聖卿、陽城郄儉（又作郝儉、郤儉）字孟節、廬江左慈字元放等十六人，以郄孟節主領諸人。

　　曹植《辯道論》稱："世有方士，吾王（曹操）悉所招致。甘陵有甘始，廬江有左慈，陽城有郄儉。始能行氣導引，慈曉房中之術，儉善辟穀，悉號三百歲。本所以集之於魏國者，誠恐斯人之徒接奸詭以惑眾，行妖慝以惑人，故聚而禁之。"聚而禁之是寓"禁"於"聚"的意思，招致方士爲己所用。並非禁止活動，更不是要禁絕方士的存在，只是採限

---

1　《三國志·魏志·武帝紀》。
2　《三國志·魏志·荀彧傳》。

制性的政策，以防止《辯道論》所說 "挾奸宄以欺衆，行妖隱以惑民。"

　　《三國志·方技傳》注引曹丕《典論》說："廬江左慈知補導之術，並爲軍吏。"軍吏泛指軍中的將帥官佐，《雲麓漫鈔》卷 6 "漢大要以軍吏立國，蕭曹起郡吏而爲相，自絳灌至申屠嘉，皆向時椎埋狗竊之人。"孟嘗君養士 "雞鳴狗盜之徒"就是著名的例子。左慈等作爲軍吏，是受到禮遇的[3]。

　　"秦漢之際，神仙之學入于王公，而方士甚尊寵。[4]"曹植說這些招致方士並未持寵而驕，"奉不過於員吏，賞不加於無功，海島難得而游，六䮸難得而佩。"方士們感知遇之恩，堅持一定的操守、品行，無功不受祿，不穿着顯示官爵的配飾，不妄言撒謊，不說超出所知範圍，言驚人之語。

　　張華《博物誌》謂 "（曹操）又好養性法，亦解方藥，招引方術之士，廬江左慈·譙郡華佗·甘陵甘始，陽城卻儉無不畢至。"曹操網羅方士也爲了養生與健康。《與皇甫隆令》中曹操說 "聞卿（皇甫隆）年出百歲，而體力不衰，耳目聰明，顏色和悅，此盛事也。所服食施行導引，可得聞乎？若有可傳，想可密示封內。"曹操患頭風症，華佗 "常在左右。太祖苦頭風，每發，心亂目眩，佗針鬲，隨手而差。"

　　《博物志》卷 5 引《典論》"甘始、左元放、東郭延年，行容成御婦人法，並爲丞相所錄，間行其術，亦得其驗。降

---

3 1965 年陝西咸陽楊家灣漢墓隨葬坑出土一批陶塑兵馬俑，士兵穿麻鞋，軍吏穿華麗的高筒靴。

4 《四庫全書》宋·李覯《旴江集》卷 23《重修麻姑殿記》。

就道士劉景受雲母九子元方，年三百歲，莫之所在。武帝恒御此藥，亦云有驗。"《三國志補注》卷 4 有封君達其養性法云"體欲常少，勞無過虛，食去肥濃，節酸鹹，減思慮，損喜怒，除馳逐，慎房室，春夏施瀉，秋冬閉藏，武帝行之有效。"方士們能滿足曹操所好，也在曹營造成很大影響。

曹丕在《典論・論方術》提到"議郎李覃學郤儉辟穀，服茯苓、飲水，中寒泄痢，殆至殞命。軍祭酒宏農董芬，學甘始鴟視狼顧，呼吸吐納，爲之過差（意即差錯），氣閉不通，良久乃蘇。寺人嚴峻，就左慈學補導之術，閹豎真無事于斯，而逐聲若此。"謂郤儉云"初，（郤）儉之至，市茯苓價暴數倍。[5]"，所以曹丕批評"逐聲若此""古今愚謬，豈惟一人哉！"

最初曹植"調笑不信之"，在試探後說："郤儉絕穀百日，躬與之寢處，行步起居自若也。夫人不食七日則死，而儉乃如是然，不必益壽可以療疾，而不憚饑饉焉。左慈善修房內之術，差可終命，然自非有志至精，莫能行也。"《三國誌・華佗傳》引曹植《辨道論》稱"左慈善修房內之術，差可終命，然自非有志、至精，莫能行也。"對左慈的房內之術抱持肯定態度，認爲可享盡天年，然而實非易事。

## 左慈的境遇

左慈做過曹魏軍吏，先後投靠劉表、孫權，皆以惑眾差

---

5 《太平御覽》卷 989 引《典論》

點被殺。《神仙傳》記述過程曲折離奇，《四庫全書》與《太平廣記》所引《神仙傳》記載左慈略有不同[6]，今依諸本校訂如下：

左慈字元放，廬江人也。少明五經，兼通星緯。見漢祚將盡，天下亂起，乃歎曰："值此衰運，官高者危，財多者死，當世榮華不足貪矣！"乃學道術。尤明六甲，能役使鬼神，坐致行廚。精思於天柱山中，得石室中《九丹金液經》，能變化萬端，不可勝記。

曹公聞而召之，閉一石室中，使人守視，斷穀期年，日與二升水，乃出之，顏色如故。曹公自謂，生民無不食稻，而慈乃如是，必左道也。欲殺之。慈已知，求乞骸骨。曹公曰："何以忽爾。"對曰："欲見殺，故求去耳。"公曰："無有此意。君欲高其志，不苟相留也。"乃爲設酒。慈曰："今當遠適，乞分杯飲酒。"公曰："善！"是時天寒，溫酒尚未熱。慈拔道簪以攪酒，須臾簪都盡，如人磨墨。（按酒中有毒）

初，公聞慈求分杯飲酒，謂當使公先飲，以餘與慈耳。慈拔簪以畫杯，杯即斷；飲畢，以杯擲屋棟，杯懸，化而爲雙燕，舉座莫不視之。良久復墮于地，已失慈矣。尋問之，慈已還其所居。

曹公遂益欲殺慈，試其能免死否，乃敕收慈。慈走入群

---

6 趙益《東晉南北朝古道經研究簡述及分析》，古籍整理研究學刊（長春）2004 年第 4 期。今存《神仙傳》有《太平廣記》所引、《太平御覽》所引、《雲笈七籤》所節錄、《漢魏叢書》本、《四庫全書》本亦即毛晉輯刊本、《道藏精華錄》本等多個系統，並與《道藏》本《漢武帝內傳》等文獻關係密切，各本內容不盡一致，而且淵源有別。

羊中，而追者不分，疑慈化爲羊也。追者語："人主意欲得見先生，暫還無怯也。"俄而有大羊，前跪曰"爲審爾否。"吏相謂曰："此跪羊，慈也。"復欲收之。於是群羊咸向吏言曰"爲審爾否。"由是吏亦不復知慈所在，乃止。

後有知慈處者，告公。公又遣吏收之，得慈。（按慈非不能隱，故示其神化）於是受執入獄，獄吏欲拷訊之，戶中有一慈，戶外亦有一慈，不知孰是。公聞而愈惡之，使引出市殺之。須臾，忽失慈所在，乃閉四門而索之。或不識慈者，問其狀，言眇一目，著青葛巾，青單衣，見此人便收之。及爾，一市中人皆眇一目，著葛巾青衣，卒不能分。公令普逐之，如見便殺。後有人見之，便斬以獻公，公大喜。及至視之，乃一束茅。

有從荆州來者見慈，刺史劉表亦以慈爲惑衆，復欲殺慈。表出耀兵（按：炫耀兵威），慈意知欲見其術，乃徐徐去。因又詣表云："有薄禮，願以餉軍。"表曰"道人單僑，吾軍人衆，安能爲濟乎？"慈重道之，表使視之。有酒一斗，器盛脯一束，而十人共舉不勝。慈乃自出取之，以刀削脯投地，請百人奉酒及脯，以賜兵士。酒三杯，脯一片，食之如常脯味。凡萬餘人皆周足，而器中酒如故，脯亦不盡。座上又有賓客千人，皆得大醉。表乃大驚，無復害慈之意。數日，乃委表去。

入東吳，徐墮者有道術，居丹徒。慈過之，墮門下有賓客車牛六七乘，欺慈云"徐公不在。"慈知客欺之，便去。客即見牛在楊樹杪行，適上樹即不見。下即復見行樹上。又車轂皆生荆棘，長一尺，斫之不斷，推之不動。客大懼，即報徐公，有一老翁，眇目，吾見其不急之人，因欺之云公不在。去後須臾，牛皆如此，不知何意。公曰："咄咄，此是左公過我，汝曹那得欺之，急追可及。"諸客分布逐之，及慈，羅布叩頭謝之，慈意解，即遣還去。及至，車牛等各復如故。

慈見吳先主孫權，權素知慈有道，頗禮重之。權侍臣謝送知曹公、劉表皆忌慈惑衆，復譖（按：誣告）於權，欲使殺之。後出遊請慈俱行，令慈行於馬前，欲自後刺殺之。慈著木屐，持青竹杖，徐徐緩步行，常在馬前百步。著鞭策馬，操矛逐之，終不能及。討逆（按：討逆將軍孫策）知其有道，乃止。

左慈所接觸過的皇帝，均以其惑衆而欲殺之。伴君如虎，在當權者身旁，隨時可能招惹禍患，不如歸隱山林。隱居不仕者多戴烏角巾，《神仙傳》稱左慈字元放，號烏角先生，見漢祚衰微，乃學道精思於天柱山。

## 左慈的煉丹

煉丹所需材料多來自境外，價格高昂，非一般人能購置，葛洪在《抱朴子·金丹》曾感慨無煉丹之資說："余受之（口訣）已二十餘年矣，資無擔石，無以爲之，但有長歎耳。"左慈在開始煉丹前曾在曹操、劉表、孫權等處積累一些資財。《抱朴子·金丹》記載："左元放於天柱山中精思，而神人授之金丹仙經，會漢末亂，不遑合作，而避地來渡江東，志欲投名山以修斯道。"

　　句容縣（丹陽郡）北六十五里出銅鉛，歷代採鑄。《史記・平準書》“金有三等，黃金爲上，白金爲中，赤金爲下。”裴駰集解引《漢書音義》“白金，銀也。赤金，丹陽銅也。”西漢丹陽郡設有銅官，產品漢朝供御用或官用，也作爲商品出售。煉丹家多以丹陽郡盛產之赤銅爲藥金、藥銀的原料，久之“丹陽”一詞遂衍化爲藥金、藥銀的代稱。如《淮南鴻烈解》提到淮南王“餌丹陽之僞金。”制煉藥金、藥銀的方技則被稱爲“丹陽術”。

　　西漢武帝時茅盈等即用雄黃點化赤銅，製成含砷量較低（10%）的砷黃銅，即當時所謂丹陽金。北宋何薳《春渚紀聞・序丹灶》“自三茅君以丹陽歲歉，死者盈道，因取丹頭點銀爲金，化鐵爲銀，以救饑人，故後人以煆粉點銅者，名其法曰丹陽。以死砒（伏火雄黃、伏火砒霜）點銅者，名其法曰點茆。”《修煉大丹要旨》卷下“丹華丹每二兩可點十兩重赤毛入真寶，三七四六皆可。”據此，赤毛即赤銅，毛又作茆，茆是方士對赤銅的隱語。可見丹陽銅和“丹陽”從一開始就與金丹術密切結合。

　　《真誥・稽神樞》稱“中茅山玄嶺獨高處，司命君埋西胡玉門丹砂六千斤於此山，深二丈許，坎上四面有小磐石，鎮其上……左元放時就司命乞丹砂，得十二斤耳……天市之壇石，正當洞天之中央，玄窗之上也。此石是安息國天市山石也，所以名之爲天市磐石也……玄帝時，召四海神，使運安息國天市山寶玉璞石，以填洞天之中央玄窗之上也。”陶弘景注“石壇既未顯，金寶亦難測所埋。又疑洞天中央玄窗之上，不應乃近南門，復恐在中茅間。”所謂“召四海神，使運安息國天市山寶玉璞石。"意謂此安息國天市山石，經海運而來。中茅山有來自安息國的丹砂，左慈曾以此煉丹。

　　據《真誥・稽神樞》"趙廣信受師左君守玄中之道、內見五臟徹視法。""多來都下市丹砂，作九華丹。"三國時航海已具規模，吳建都於建康（南京），是南方政治經濟中心，亦爲最大商業城市，經常貢使商旅雲集。孫吳政權曾遣宣化從事朱應、中郎康泰航海往林邑（今越南南部）和扶南（今柬埔寨），以及南洋群島中若干島嶼[7]，同印度支那半島諸國也經常有貿易往來[8]。《太清金液神丹經》卷下說："象林國銅柱，所在海邊，在林邑南，可三百里，今則別爲西圖國，國至多丹砂如土。"此時趙廣信到都城所購買的丹砂，是經由海路運來。

　　曹魏以前煉丹藥材多來自西域，《抱朴子・金丹》謂左元放"會漢末亂，不遑合作。"實指由於戰亂與西域的商貿受到影響，買不到丹砂。由於左慈爲李仲甫弟子，李仲甫與司命君（茅盈）俱事西城王君[9]，左慈上茅山是向茅盈的後人求藥。張騫通西域以來，玉門關和陽關以西即今新疆乃至更

---

7　《南史・列傳・夷貊》"吳孫權時遣宣化從事朱應，中郎康泰通焉。其所經過及傳聞，則有百數十國。"朱、康回國以後分別撰寫《扶南異物標誌》和《吳時外國傳》。這是世界上反映扶南歷史文化的最早著作。

8　據《梁書・諸夷列傳》，三國時代從扶南到印度的路線是"從扶南發，投拘利口（克拉地峽），循海大灣（暹羅灣）中，正西北入，歷灣邊數國，可一年餘則到天竺江口，逆水七千里乃至焉。"即從扶南海岸出發，渡暹羅灣，從克拉地峽附近穿過馬來半島中部，至安達曼海，沿泰國海岸北行，直入恒河河口，再沿河上溯至中天竺。

9　《茅山志》卷5記載"李翼字仲甫，與司命君（茅盈）俱事西城王君。仲甫爲入室弟子，司命君爲北牖弟子。"

遠的地方，被稱作西域。後漢人與南北朝人對蔥嶺以東以西諸國皆稱爲西胡。左慈來自洛陽，所慣用之丹砂來自玉門關以西，故稱西胡玉門丹砂。

《高道傳》稱左慈錬九華丹，服之得道。趙廣信"丹成一服……與山中同志別去，遂乘雲駕龍，白日登天。"據容志毅研究"九華丹是以丹砂 HgS 或主要以丹砂升煉而成，並且經三轉，在此過程中，因氧氣三次充入土釜，故丹藥成份應含有一定量的氧化汞 HgO，此爲劇毒丹藥。[10]"趙廣信服丹後三天"乘雲駕龍，白日登天"，左慈服之得道，原因不外於此。

小林正美認爲葛氏道[11]的開創者並非葛玄、葛洪，按《抱朴子》的說法，是三國吳的左慈。被視爲葛氏道最高仙術的金丹法，似始於後漢末左元放在天柱山，從神仙那裡得到金丹的仙經，左慈是葛氏道的創始者。[12]

容志毅《道藏煉丹要輯研究》[13]中指出"李約瑟在《中國之科學與文明》已注意到陶弘景在《真誥》中的注文，甚至在其表 110"漢晉時代煉丹術士之師承圖"中[14]，表現此一

---

10 容志毅《道藏煉丹要輯研究》212 頁。

11 葛氏道一詞自 1953 年日本學者福井康順《葛氏道的研究》津田左右吉編的《東洋思想研究》第五所收最早使用。指以葛氏家族爲中心的道派，其傳承關係爲：左慈 —— 葛玄 —— 鄭隱 —— 葛洪。

12 李慶譯・小林正美《六朝道教史研究》序言，四川人民出版社 2001 年 3 月。

13 容志毅《道藏煉丹要輯研究》（南北朝卷）181 頁，齊魯書社 2006 年 12 月。

14 參見李約瑟著，陳立夫主譯：《中國之科學與文明》第 15 冊《煉丹與化學（續）》，台灣商務印書館 1985 年版，第 86 頁。

傳承關係，惜未獲學者注意。"

考《真誥·稽神樞》注"左慈字元放，李仲甫弟子，即葛玄之師也。"關於李仲甫的姓名、事跡，現今所出各書及文章，多未述及，顯然沒有注意到《真誥》注文內相關文字。西漢末年華山的裴玄仁才是葛氏道的源頭，釐清從左慈到裴玄仁間師徒傳授的關係，可以了解葛氏神仙道教思想是如何形成的。

## 鄭隱告弟子書

建安二十年（215）曹操平漢中後，拔漢中之民數萬戶，以實長安及三輔，五斗米道之徒民被迫北遷魏地，在北方傳播開來。建安二十一年（216）漢獻帝進曹操爵爲魏王，建安二十二年（217）立曹丕爲魏太子。建安二十五年（220）曹操在洛陽去世後，對方士活動採取約制政策。

吳初左元放自洛而來，授葛玄（164－244）白虎七變，爐火九丹，於是五通具足，化道無方[15]。《晉書·葛洪傳》云葛玄吳時學道得仙，號葛仙公。以煉丹秘術授鄭隱。

鄭隱，隱其名，亂世歸隱，可以保持"道"的延續，身之不存，道將焉附？"重其身所以重道"。《抱朴子·吳失》有一段鄭隱告弟子書，可以看到隱士在亂世中的心情：

原文：鄭君又稱其師左先生，隱居天柱山，不營祿利，不友諸侯。然心願太平，竊憂桑梓。

---

15 《中華道藏》46-188-《吳太極左官葛仙公之碑》。

　　註釋：鄭隱說他的老師左慈，隱居於廬江灊縣西南的天柱山，不求爵祿，不與權貴交往。唯願時局和平，關心故鄉的安危。

　　《神仙傳》云："左慈字元放，號烏角先生。"左慈無意仕途，烏角巾是葛製黑色有摺角的頭巾，常爲隱居不仕者用。《抱朴子‧金丹》記載：昔左元放於天柱山中精思，而神人授之金丹仙經，會漢末亂，不遑合作，而避地來渡江東，志欲投名山以修斯道。左慈所處之天柱山，爲廬江灊縣西南的天柱山，因此許多傳記都稱他爲廬江人。

　　在山中隱修的左慈，不臣天子，不友諸侯，耕作而食，掘井而飲，無求於人。卻心念蒼生塗炭，祈求天下太平、地方安康，懷有悲天憫人的願望。對於士大夫不以天下蒼生爲心，他恥與爲伍，超然於物外，潔身自守。

　　原文：乃慨然永歎於蓬屋之下，告其門生曰：漢必寢耀，黃精載起。纘樞紐於太微，迴紫蓋於鶉首。

　　註釋：左慈在所居的蓬室，感嘆的告訴門下弟子說"漢室已無前途，黃主土居中央，將有奪取中央政權而據有天下者。帝王所在的北極星已有繼承者，符瑞顯現於二十八宿中的井宿（也稱鶉首）。"

　　《三天內解經》描述"昔漢嗣末世，豪傑縱橫，強弱相陵，人民詭黠，男女輕淫。政不能濟，家不相禁，抄盜城市，怨枉小人。更相僕役，蠶食萬民，民怨思亂，逆氣干天。故令五星失度，慧孛上掃，火星失輔，強臣分爭，群奸相將，百有餘年。"

　　太平道尚黃，以五德終始論依據，發動黃巾起義、欲以黃代赤。曹操平黃巾起義後，攻入漢中，張魯降，受封閬中侯。魏文帝開國年號即名黃初。《廣弘明集》卷 18 引釋道安《二教論》說"張角、張魯等，本因鬼言'漢末黃衣當王'，於是始服之。曹操受命，以黃代赤，黃巾之賊，至是始平。"

原文：聯天理物，光宅東夏。惠風被於區外，玄澤洽乎宇內。重譯接武，貢楛盈庭。蕩蕩巍巍，格於上下。承平守文，因循甚易。

註釋：東漢末年治理天下，廣有中國東部。仁政遠達域外，聖恩遍布全國，來自西域諸國的使臣和商人，絡繹於途，向中央政府納貢之使者，盈滿朝廷。道德崇高，恩澤博大。故其名聞，充溢四外，至於天地。太平之世遵循先王法度任賢使能，因此治理天下很容易。

《抱朴子・安貧》"昔漢火寢耀，龍戰虎爭，九有幅裂，三家鼎據。"九有，九州也。司馬氏建立晉王朝後，據有魏、蜀之地，吳國據今長江中、下游及嶺南等地區。

漢延康元年（220）曹操死，曹丕稱帝（魏文帝），國號魏，都洛陽，建元黃初。221 年劉備在成都稱帝（漢昭烈帝），國號漢，世稱蜀，又稱蜀漢建元章武。孫權於 221 年接受魏國封號，在武昌稱吳王。

此時西域諸國仍與中原保持隸屬關係，各國都來中國稱臣進貢。魏文帝即位之年（220），焉耆、於闐諸國皆遣使奉獻[16]；文帝黃初三年（222），鄯善、龜茲、于闐王各遣使奉獻[17]；魏明帝太和三年（229）貴霜王波調（Vasudeva）向曹

---

16 《三國志・魏志・文帝紀》。
17 《三國志・魏志・明帝紀》。

魏朝貢，魏明帝贈予"親魏大月氏王"的稱號；齊王芳即位之年（239）"西域重譯獻火浣布"[18]。

原文：而五絃諐響，南風不詠。上不獲恭己之逸，下不聞康哉之歌。飛龍翔而不集，淵虬蟠而不躍。騶虞翳於冥昧，朱華牙而未秀。陰陽相沴，寒燠繆節，七政告凶，陵谷易所。殷雷轀磕於龍潛之月，凝霜肅殺乎朱明之運。

註釋：晉泰始五年（269）起，武帝即籌劃滅吳，一面改善內政，墾田積穀；一面優選將帥，造樓船，練水軍，作滅吳準備。在此同時吳主孫皓卻不修內政，暴虐荒淫，致民窮財竭，上下離心；自恃水軍強大，憑藉長江天險，疏於戒備。

當盛世不再，帝王不能安閑的玩樂器唱歌，以無為而天下治，臣子也不能歌頌太平之歌。然而此時不見帝王奮發有為，力振圖強。信義被蒙蔽，荷花不開，四時之氣不和，而生災害，冷熱失候，節令錯亂，出現不祥的徵兆，時代、情勢都起了變化，有如冬季響起大雷，夏天遭遇濃霜。

原文：玉燭不照，沈醴不涌，郊場多壘，嘉生不遂。其豈他哉，誠由四凶[19]不去，元凱不舉，用者不賢，賢者不用

---

18 《三國志·魏志·齊王芳傳》。按《逸周書》曰："火浣布必投諸火，出火振之，皓然疑于雪焉。"《神異經》曰："南方有火山焉，火中有鼠色白，取其毛績以為布，謂之火浣布。"據《晉書·苻堅載記》載"鄯善王、車師前部王來朝，大宛獻汗血馬，肅慎貢楛矢，天竺獻火浣布，康居、於闐及海東諸國，凡六十有二王，皆遣使貢其方物。"中國周代已能用石棉纖維製做織物，因用石棉纖維紡織而成的布。由於具有不燃性，燃之可去布上污垢，故有火浣布之稱。

19 相傳為堯舜時代四個惡名昭彰的部族首領。《左傳·文公十八年》"舜臣堯，賓於四門，流四凶族，渾敦、窮奇、檮杌、饕餮，投諸四裔，以禦螭魅。"堯臣、驩兜、三苗、鯀並稱為四凶，被流放於幽州，四凶族指敵對的民族或惡人。

也。

　　註釋：太平盛世已不再現，甘甜的泉水也不湧出了。陣地上布滿防禦工事，茂盛的穀物，不能生長。這還有什麼理由，都是因爲敵對的惡人不去，賢臣、才士不能被推薦。庸才被重用，有品德才能的人，反而不用。

　　《抱朴子‧吳失》鄭隱藉吳失國爲來者戒云：“吳之晚世，尤劇之病，賢者不用，滓穢充序，紀綱弛素，吞舟多漏。貢舉以厚貨者在前，官人以黨強者爲右。匪富匪勢，窮年無冀。德清行高者，懷英逸而抑淪；有財有力者，躡雲物以官躋。主昏於上，臣欺於下。不黨不得，不競不進。背公之俗彌劇，正直之道遂壞。”

　　原文：然高概遠量，被褐懷玉[20]，守靜潔志，无欲於物，藏器淵涔，得意遺世。非禮不動，非時不見，困而無悶，窮而不悔。樂天任命，混一榮辱。進無悅色，退無戚容者。固有伏死乎甕牖，安肯衒沽以進趨。揭其不貲之寶，以競燕石之售哉。

　　註釋：然而隱士擁有崇高的節操，遠大的襟懷。穿著粗布衣服，卻懷抱仁德。清靜無求，志向高尚，不求物欲。隱匿形跡，不自炫露，滿足於避世。非禮法不行不語，不是時候不求作爲。不使人知而自得，過貧苦生活也不後悔。對於地位的高低，名譽的好壞，聽天由命。得之不喜，失之安悲？

---

20　《道德經》“知我者希，則我者貴。是以聖人被褐而懷玉。”《抱朴子‧審舉》“逸倫之士，非禮不動，山峙淵渟，知之者希，馳逐之徒，蔽而毀之。”《抱朴子‧名實》“藏器全真，以待天年之盡。非時不出，非禮不動，結褐嚼蔬而不悒悒也。”

甘願住在貧寒的家裡，也不自我誇耀以求任用。愛惜名譽，就好像不以貴重的寶貝，去爭逐不足珍貴之物。

原文：孔、墨之道，昔曾不行。孟軻、揚雄，亦居困否。有德無時，有自來耳[21]。世無離朱，皂白混焉。時乏管青，驪騫糅焉。磧礫積於金匱，瑾瑤委乎溝洫。匠石緬而遐淪[22]，梓豫忽而莫識，已矣。

註釋：過去孔子有「道不行，乘桴浮于海。」孔墨之道，未能施行。孟軻、揚雄也曾困厄不通。不見重於當時，有其原因。當社會上沒有明察秋毫人，也就是非不分了。不能實事求是，於是良莠不分，典藏國家重要文獻之處，卻堆積了沙石。美玉被棄於溝渠，巧匠已遙遠離去。沒有治國安邦的人才的時候，大勢已去。

原文：悲夫。我生不辰，弗先弗後，將見吳土之化爲晉域，南民之變成北隸也。言猶在耳，而孫氏輿襯。

註釋：悲哀啊！我生得不是時候，剛好遇上吳國敗亡，從孫吳的臣民一變而爲司馬氏的臣民，受北方人的統治，對吳人而言，真是難堪而痛苦。這句話剛說過不久，就看到載運孫皓的棺材，他實在是該死。

黃巾之亂後接著董卓之亂，使得長安、洛陽更爲之殘破不堪。據《後漢書・董卓傳》「卓縱放兵士，突其廬舍，淫

---

21 《抱朴子・尚博》「雖有益世之書，猶謂之不及前代之遺文也。是以仲尼不見重於當時。」《抱朴子・鈞世》「東甌之木，長洲之林，梓豫雖多，而未可謂之爲大廈之壯觀，華屋之弘麗也。」《抱朴子・名實》「捐玄黎於涔漪，非夜光之不真也，由莫識焉。」
22 《莊子・徐無鬼》寫匠石揮斧成風，能把郢人鼻子上一層薄粉削去，而郢人鎮定自若。

略婦女，剽虜資物。"《後漢書‧獻帝紀》"是時穀一斛五十萬，豆麥一斛二十萬，人相食啖，白骨委積。"在這種情況下，江南不但富庶，氣候溫和，生活條件優越，更可以避難。於是中原人士紛紛逃往沒有戰爭危害的淮泗流域，再轉入江南。這些人中不乏士族、大家，使得江南和太湖區域得到進一步的開發。

東漢末 211 年孫權自京口（今江蘇鎮江）遷治秣陵，次年改名建業。除 221 年至 229 年，265 年至 267 年初兩次徙都武昌（今湖北鄂城）外，建業始終是孫吳政權的首都，直至 280 年為西晉所滅。西晉末因避愍帝司馬鄴諱，改名建康。

孫權曾於天台山造桐柏觀，供葛玄居之，"動相諮稟""待以客禮"[23]。葛洪的祖父葛奚在吳國歷任御史中丞、吏部尚書、太子少傅、輔吳將軍等要職，父親葛悌仕吳為中書郎、廷尉平、中護軍、五郡赴警，深得朝廷信任。吳亡後葛氏家族也隨之衰落，葛洪記述鄭隱亡國的悲痛，正寫出他自己的感受。

孫皓（242－284）初立時下令撫恤人民，又開倉賑貧，一時被譽為令主。很快他便變得粗暴驕盈、暴虐治國。孫皓曾一度遷都武昌，大興土木，搜括民財，從而民心喪盡。當時有童謠"寧飲建業水，不食武昌魚；寧還建業死，不止武昌居。[24]"說出百姓對遷都的不滿。經濟衰敗如賀邵所諫疏"國無一年之儲，家無經月之蓄。"咸寧五年（279）冬，晉軍出兵自長江以北、江陵至建業之間五道攻吳，而以益州

---

23 據《神仙傳‧葛玄》；陶弘景《吳太極左仙公葛公之碑》。
24 見《三國志‧吳志‧陸凱傳》。

水師爲奇兵出峽順流，於太康元年（280）三月攻下建業，孫皓降，吳國亡。

《抱朴子・審舉》"今普天一統，九垓同風。王制政令，誠宜齊一……昔吳土初附，其貢士見僛以不試。今太平已近四十年矣，猶復不試，所以使東南儒業衰於在昔也。此乃見同於左衽之類，非所以別之也。"西晉司馬政權對江南是族歧視，規定貢士一概不得考試，"見同於左衽之類"是說把他們視爲沒有文化的蠻夷一般[25]。江南士族不能公平到朝任官，"荊州江南乃無一人爲京城職者，誠非聖朝待四方之本。[26]"政治上和精神上屈從於來自北方的貴族門閥體制，對吳的滅亡難免有故國之思，"南民之變成北隸"，道盡吳人痛恨北人之心。

《上清大洞真經目》中《上清外國放品青童內文》不見其他早期經目中，應該是東晉時人所撰，《內文》有東方胡老，南方越老，西方氐老，北方羌老，中國傖老，胡越氐羌傖五老仙官。《無上祕要》卷50載齋醮科儀的出官儀格，"東九夷胡老君，南八蠻越老君，西六戎氐老君，北五狄羌老君，中央三秦傖老君。"吳人謂中州人謂傖，是南人對北人的蔑稱。

孫吳時江南大族，對於司馬氏被迫南來所建政權，起初並不竭誠擁護。如陸玩目王導爲傖，拒絕與王氏通婚，在信仰上也有所隔閡，據《真誥・握真輔》"四月二十九日夜半時，夢與許玉斧俱座，不知是何處也。良久，見南嶽夫人與紫陽真人周君俱來，坐一床。因見玉斧與真人周君語曰：昔

---

25　王明《論葛洪》，《葛洪研究論集》第3頁。
26　見《晉書》卷68，陸機上疏薦循賀循所云。

聞先生有守一法，願乞以見授。周君曰：寡人先師蘇君往曾見向言曰：以真問仙，不亦迂乎？”僕請舉此言以相與矣。玉斧曰：情淺區區，貪慕道德，故欲乞守一法爾。言未絕，周君又言曰：昔所不以道相受者，直以吳僮之交而有限隔耳。（陶弘景註：周是汝陰人，漢太尉勃七世孫，故云僮人也。）

葛洪（283－343）十六歲即師事鄭隱，悉得其道法。太安元年（302）鄭隱知季世之亂[27]，負笈持仙藥之撲，將入室弟子，東投霍山。《抱朴子·自敘》稱西晉惠帝太安（302－303）石冰作亂後，葛洪投戈釋甲，欲往洛陽搜書，又逢八王之亂，北道不通，乃轉至廣州。值此亂世，上清派第一代宗師魏華存也攜子渡江南來。據《紫虛元君南嶽夫人內傳》劉乂（文）死後“值天下荒亂，夫人撫養內外，旁救窮乏，亦爲真仙默示其兆，知中原將亂，攜二子渡江。”

東漢末年，戚宦紛爭、黨錮之禍使社會動蕩不安，土地兼併使貧者無立錐之地，生活陷於絕境。各地水、旱、蝗、風、瘟疫等天災連綿不斷，和帝以後的七八十年間，流民暴動百餘次。《三天內解經》描述“昔漢嗣末世，豪傑縱橫，強弱相陵，人民詭黠，男女輕淫。政不能濟，家不相禁，抄盜城市，怨枉小人。更相僕役，蠶食萬民，民怨思亂，逆氣干天。故令五星失度，慧孛上掃，火星失輔，強臣分爭，群奸相將，百有餘年。”

鄭隱告弟子書呈現了亂世中修道者的際遇與心境，當社

---

27 所謂“季世之亂”，指惠帝永康元年（300）趙王倫起兵廢殺賈后，八王之亂起，天下擾攘不安的局面。不久匈奴劉淵叛晉，胡塵四起，再陷入分裂的局面，晉室南遷，形成南北對立。

會動盪不安，人民流離失所，苦痛不堪，面對迷茫恐懼該如何尋求出路？

## 霍山考辨

《抱朴子‧金丹》鄭隱告訴葛洪說："承先師左君之誡曰：諸小山中，不可居作金及神丹也。"名山可以避大兵大難，有道者登之，則此山神必助之爲福，藥必成。合作神藥，必入名山。葛洪列舉名山，可以精思合作藥者，有華山、泰山、霍山、但山、嵩高山、少室、太白、終南等。左慈、鄭隱、魏華存皆與霍山有淵源，並曾在霍山留下蹤跡，地理上霍山與天柱山有許多同名，因予考辨確定。

今《道藏》收有幾種《五嶽真形圖》版本，大同小異。泰山、嵩山、華山、衡山、恒山真形圖外，尚載有潛山、霍山、青城山、廬山真形圖，後者謂之"四輔"。爲什麼要增加這四座山？據《雲笈七籤》卷 79 記載"四嶽並有佐命之山，南嶽衡山獨孤峙無輔，乃章詞三天太上道君命霍山、潛山爲儲君，奏可。帝乃自造山，躬寫形象，連五圖之後。"

霍山真形圖

據《洞元靈寶五嶽真形圖》霍山真形在平陽界周回一千七百里；潛山真形在盧江北界周回三千三百里。

《爾雅‧釋山》："大山宮，小山霍。宮謂圍繞之，小山在中，大山在外，圍繞之。山形若此者，名霍。"郭璞《山海經‧中山經》說："今平陽永安縣、盧江灊縣、晉安羅江縣、河南鞏縣皆有霍山，大山繞小山為霍山，以霍為名者非一矣。"以霍山為名者有：

一、山西省霍縣東南洪洞縣趙城鎮東北。《周禮‧夏官‧職方氏》述九州島山鎮"河內曰冀州，其山鎮曰霍山。"鄭玄注"霍山在彘陽。"彘陽漢時改永安縣，即今山西省霍縣。

二、《尚書‧舜典》中，已有東南西北四嶽的記載[28]。《禮記‧王制》中出現了五嶽的說法，但沒有明確說出是哪五座山。《爾雅》是中國最早的一部訓解詞義的書，《爾雅‧釋山》"河南華，河西嶽，河東岱，河北恆，江南衡，是為五嶽。"

衡山，南嶽。又霍山為南嶽，即天柱山，灊水所出。霍衡俱為南嶽，衡山名霍，猶泰山一名岱。按地理志，衡山在長沙湘南縣，故稱江南衡。若天柱在盧江灊縣，則江北。

《史記‧孝武本紀》"上巡南郡，至江陵而東，登禮灊之天柱山，號曰南嶽。"《爾雅‧釋山》衡山，南嶽。宋邢昺疏"衡山一名霍山……而云衡霍，一山二名者，本衡山，

---

28 顧頡剛《史林雜識》，對於五嶽，認為"四岳者，姜姓之族之原居地，及齊人、戎人東遷而徙其各于中原，是為西周時事，為民族史及地理志上的問題。五嶽者，大一統後因四嶽之名而擴充之，且平均分配之，視為帝王巡狩所至之地，是為漢武宣時事，為政治史及宗教史上之問題。"

一名霍山。漢武帝移嶽神於天柱，又名天柱，亦爲霍，故漢已來衡霍別矣。"郝懿行義疏"漢武帝以衡山遼曠，故移其神於此。今其土俗人皆呼之爲南嶽。"

南嶽衡山及天柱山，皆名霍山，漢魏以來衡霍有別。故鄭隱《祭五嶽文》說"三天太上使霍山、潛山爲南嶽儲君……儲君者，衡山之副君也。"《資治通鑑》卷 220 以及《四庫全書・通志》卷 40 記載"霍山縣霍山一名天柱，在舒州懷寧縣，自漢以來爲南嶽，隋文帝開皇九年以南衡山爲南嶽，廢霍山爲名山。"

《漢書・武帝紀》"登灊天柱山"唐顏師古注"應劭曰：灊音若潛，南嶽霍山在灊，灊，縣名，屬廬江。文穎曰：天柱山在灊縣南，有祠。"裴駰集解引應劭曰"灊縣屬廬江，南嶽霍山也。"北魏酈道元《水經注・禹江山水澤地所在》"霍山爲南嶽，在廬江灊縣西南，天柱山也。"

《洞淵集》"第十四洞天，潛山，洞周迴八百里，山高一千丈，名天柱司玄之天，此左慈真人煉丹得道處，即皇朝聖祖九天司命大帝所治，在舒州懷寧縣。[29]"《雲笈七籤》卷 27 三十六小洞天"第十四灊山洞周迴八十里，名曰天柱司玄天。在舒州懷寧縣，仙人稷丘子治之。"

按《灊山縣志・山川攷》"灊嶽在縣城西北二十里，周封皖伯地，一名皖公山，今爲霍山，亦以爲霍嶽云，又名副南嶽，又土名萬歲山。《漢書・地理志》云皖公山在灊山，與天柱峰相連，其山三峰鼎峙，疊嶂重巒。"這是說天柱山

---

29　《中華道藏》48-091-李思聰編《洞淵集》卷 2。

是霍山三大主峰之一，即漢武所登的天柱山。安徽省懷寧縣
灊山，爲漢之南嶽，一名衡山，又稱霍山[30]，是宋張君房三
十六洞天中的第十四洞天灊山洞。

　　左慈所處之天柱山，爲盧江灊縣西南的天柱山，因此許
多傳記都稱他爲盧江人。《神仙傳》稱"左慈精思於天柱山
中，得石室中《九丹金液經》。"《太平寰宇記》卷 125 說
"魏時左慈居灊山，有煉丹房、金丹灶基存。"《方輿勝覽》
說"淮西路安慶府灊山一名灊嶽，在懷寧西北二十里，魏左
慈居此山，有煉丹房。"傳說天柱山石龍峰有蓮花洞石室，
有左慈採藥的良藥坪，還有上、中、下三處煉丹台遺址。

　　《洞仙傳》記載"鄭思遠（鄭隱）入盧江馬跡山居。"《抱
朴子・黄白》鄭隱曾"與左君於盧江銅山[31]中試作，皆成。"
"後慈以意告說仙公（葛玄），言當入霍山合九轉丹，遂乃
仙去。"葛玄沖舉之前（244），曾召見鄭隱曰："吾昔從左
元放（左慈）所受太清等丹經，今悉付汝。《抱朴子・遐覽》
稱太安元年（302），鄭隱知季世之亂，乃負笈持仙藥之撲，
將入室弟子，東投霍山。"

　　三、《抱朴子・金丹》說"江東名山可得住者，有霍山，
在晉安。"唐初的《法苑珠林》引齊朝王琰編《冥祥記》"晉
安羅江縣有霍山，其高蔽日。"

---

30　《漢書・郊祀制》載，漢宣帝神爵元年（61 年）頒詔，確定以東嶽泰山、
　　中嶽嵩山、南嶽天柱山、西嶽華山和北嶽恒山（河北曲陽）爲五嶽。至此，
　　五嶽制度成爲定制。其後，又改湖南的衡山爲南嶽，隋以後也成定制。

31　《隋書・地理志》盧江有三公山，與無爲州接界，黃銅山在盧江縣西二
　　十里，亦名黃土山。

　　"陶氏一派傳經，最重爲三君手跡。[32]" 陶弘景曾博訪遠近楊許手書真跡，前往南霍是爲了搜尋道經。據《周氏冥通記》周子良曾與陶弘景去南霍，此南霍非安徽廬江的霍山，而是位於南方的霍童山[33]。" 陶弘景天監年間所探訪所謂的大霍山、南霍就是今天寧德霍童山[34]。

　　四、《水經注釋》卷 21 "河南梁縣有霍山者也。"《高僧傳》卷十二《道罔傳》"釋道罔，姓馬，扶風人。初出家爲道懿弟子。懿病常遣罔等四人至河南霍山採鐘乳。"

　　五、魏華存曾留蹤於南嶽霍山，故稱南嶽夫人。《墉城集仙錄・西王母傳》"王母及三元夫人、紫陽左仙公、太極仙伯、清虛王君，乃携南嶽魏華存，同去東南行，俱詣天台霍山，過句曲之金壇，宴太元茅真人於華陽洞天，留華存於霍山洞宮玉宇之下。"

　　《真誥》卷 9 有關於諸司命神常集中在青童君的東海之方諸仙山的記載，陶弘景在其後注 "霍山赤城亦爲司命之府，唯太元真人（茅盈）、南嶽夫人（魏華存）在焉。"《登真隱訣》之中 "金闕後聖君命仙伯牙叔平，授夫人青瓊之板，丹綠爲文，位爲南嶽夫人，比秩仙公，給曲晨飛蓋，以遊九宮，使治天台大霍山洞臺之中，主下訓奉道，教授當爲真仙

---

32　陳國符《道藏源流攷》上冊 28 頁。陶弘景搜集道經見 48 頁。
33　此論點施舟人與日本吉川忠夫一致，吉川忠夫《夢的紀錄 ── 周氏冥通記》，收錄於麥谷邦夫；吉川忠夫編劉雄峰譯《周氏冥通記研究》254 頁。施舟人《第一洞天閩東甯德霍童山初考》，《中國文化基因庫》第 83 頁。
34　杜光庭《洞天福地嶽瀆名山記》"霍童山霍林洞天，三千里在福州長溪縣。"《方輿勝覽》卷 10 "霍童山，在寧德北七十里，《洞天記》所謂霍林洞天是也。"

者。"

　　《太平御覽》道部《南嶽魏夫人內傳》說："後聖君命仙伯牙叔平授夫人青瓊之板，丹綠爲文，位爲南嶽夫人，比秩仙公，給曲晨飛蓋以遊九宮，使治天台大霍山洞臺之中，主下訓奉道，教授當爲真仙者。"明確指出了天台大霍山。

　　《太平御覽》卷 663 引《魏夫人傳》曰：赤城丹山洞周三百里，有日月仗根，三辰之光照洞中。《五嶽圖》云此山在會稽羅江，其西北有赤城。孔靈符《會稽記》曰"赤城，山名，色皆赤，狀似雲霞。"《八威召龍神經》、《靈寶威儀經訣》、《洞玄靈寶玉京山步虛經》、《真一自然經》等道書說"太極真人徐來勒及太上玄一三真人等，已卯年（漢建安四年，199）于會稽（今浙江紹興）虞山以《靈寶經》降授太極左仙公葛玄。

　　據《茅君內傳》"第六赤城丹山之洞周迴三百里，名曰紫玉清平之天。《方輿勝覽》玉京洞在天台北七里赤城山右，蓋第六洞天，許邁常居之。"《晉書》卷 80 王羲之書曰"自山陰南至臨安，多有金堂玉室，仙人芝草，左元放之徒，漢末諸得道者皆在焉。"因此天台赤城爲第六洞天，在今浙江天台縣赤城山。

　　《南嶽小錄》：赤城山下別有洞台，方二百里，魏夫人所居。"支遁《天台山銘序》曰"往天台，當由赤城山爲道徑。"天台山，亦名赤城山，位於今浙江天台縣城北。《墉城集仙錄·西王母傳》說："詣天台霍山，過句曲之金壇。"正因爲浙江天台與句曲相去不遠，傳說中魏華存所居的霍山，又稱赤城山，位於今浙江天台縣。

## 鮑靚的師承

　　鮑靚字太玄，琅邪人[35]。漢司隸鮑宣之後。稟性清慧，學通經史，修身養性，蠕而允切動不犯。聞人之惡，如犯家諱，人多從受業。揚道化物，號曰儒林[36]。年五歲語父母云"本是曲陽李家兒，九歲墜井死。其父母尋訪得李氏，推問皆符驗[37]。"少有密鑒，洞於幽玄，深心冥肆，人莫之知[38]。靚學兼內外，明天文河洛書[39]。善占能預測生死、吉凶。稍遷南陽中部都尉，爲南海太守，時王機爲廣州刺史。嘗行部入海，遇風，飢甚，取白石煮食之以自濟[40]。

　　鮑靚曾爲南陽中部都尉，累征至黃門侍郎。永嘉元年（307）"求出爲南海太守"，晉懷帝永嘉六年（312）靚爲南海太守，葛洪至廣州定居於羅浮山。此時與葛洪相遇、相善，且常相往來。兩人語論達旦，建立親暱關係，亦師亦友，並成翁婿。

---

35 鮑靚籍貫或言東海（今山東郯城）；或言上黨（今安徽蕪湖縣）；或言陳留（今河南陳留縣）；或言琅邪（今山東諸城縣）。據吳士鑑、劉承幹《晉書‧鮑靚傳》論定：上黨、東海皆非，應以琅邪爲是。琅邪濱海地域爲道教的重要發源地，東漢琅邪國爲今膠東沿海地，琅邪平原則現屬山東。《江表傳》稱于吉琅邪人。襄楷亦稱宮崇爲琅邪人。太平道發源琅邪與楚國，後來爲天師道流布的主要地區。

36 見《太平御覽》卷664引《神仙傳》。

37 見《晉書‧鮑靚傳》。

38 《雲笈七籤》卷85〈陰君傳鮑靚尸解法〉。

39 東漢儒生以七緯爲內學，以六經爲外學。內學，謂圖讖之書。其事秘密，故稱內。爲讖緯、陰陽方術之學，觀天道自然之變化而預決吉凶之術。

40 《晉書‧鮑靚傳》。

　　鮑靚不知生於何時，《晉書・鮑靚傳》和《真誥》均謂“百餘歲卒”。若鮑靚近九秩之年方辭去南海太守，葛洪所娶鮑姑爲高齡。《太平御覽》卷 664 引《神仙傳》“鮑靚，明帝時人（322－325），陰君授其尸解法，年過七十而解去。”是比較合理的卒年記載。考蘇峻、祖約之亂起於咸和二年（327）冬，若卒於前二年，則爲晉明帝太寧三年（325）[41]。

　　《墉城集仙錄・鮑姑》云：“靚還丹陽卒，葬于石子岡。後遇蘇峻亂，發棺無屍，但有大刀而已。”或云葬於石子岡；或云於羅浮山得道。有弟子吳猛、徐寧、許邁、葛洪、李東等。《雲笈七籤》卷 79 “鮑靚施用法”即鮑靚所撰之文，可能是其遺留的唯一著作。

　　《江西通志》卷 103 記吳猛曾“師南海太守鮑靚得秘法雲符。”《太平廣記》卷 14 引《十二真君傳》“吳真君名猛，字世雲，家於豫章武寧縣。七歲事父母以孝聞，夏寢臥不驅蚊蚋，蓋恐其去而噬其親也。及長事南海太守鮑靚，因語至道。”《道學傳》“道士舒道雲病瘧三年，治不差。吳猛授以《三皇詩》使諷之上口，所疾頓愈。”是以，鮑靚傳吳猛《三皇文》。

　　《歷世真仙體道通鑑》卷 34 引《記纂淵海》云：南海太守鮑靚，通靈士也。東海徐寧師之，寧夜聞靜室有琴聲，怪其妙而問焉。靚曰：嵇叔夜。寧曰：嵇臨命（謂人將死之時）東市，何得在此？靚曰：叔夜雖示終，而實尸解也。

---

41　《廣弘明集》卷 9 釋道安《二教論》曰“晉元康中（291－299 年）鮑靚造《三皇經》被誅。”甄鸞《笑道論》“鮑靚造《三皇文》，事露被誅”記載僅見釋教典籍，與史實不符。

《道學傳輯佚》云鮑靚曾隱跡句容，許邁曾往候之，探得道要。受中部之法及《三皇天文》。晉永和二年（346）許邁移入臨安西山。高平闔玄之、瑯琊彭初皆就遠遊受業。遠遊曰：闔君可服氣以斷穀。彭君宜須藥以益氣，遂教彭以餌朮，並委質伏事[42]。鮑靚→許邁→闔玄之、彭初。

《晉書・王羲之傳》附《許邁傳》云："時南海太守鮑靚隱跡潛遁，人莫之知。邁乃往候之，探其至要。"《雲笈七籤》卷 63"漢平帝時，西城王君所傳上清寶經三十一卷，晉成帝時於汲郡傳南嶽魏夫人。夫人之子傳茅山楊羲，羲傳許邁，邁復師南海太守鮑靚，受上清諸經。"《真誥・稽神樞》陶註"鮑即許先生之師也"。劉璞→楊羲→許邁；鮑靚→許邁。

《真誥・稽神樞》陶弘景注："李東……亦承用鮑南海法……永昌元年（322），先生年二十三，就鮑靚受六甲陰陽行廚符。"李東就鮑靚所學六甲陰陽行廚符，其實是源自左慈，《神仙傳・左慈》"學道，尤明六甲，能役使鬼神，坐致行廚。"左慈→鮑靚→李東。

《晉書・葛洪傳》：（葛洪）後師事南海太守上黨鮑玄，玄亦內學，逆占將來，見洪深重之，以女妻洪，洪傳玄業。《歷世真仙體道通鑒》卷 21 引《羅浮圖志》"稚川居羅浮時，靚爲南海太守，以道術見稱……與稚川善，常往來山中，或語論達旦乃去。人見其來，門無車馬，獨雙燕往還，或怪而問之，則雙履也。"

---

42 委質亦作"委贄"，古代卑幼往見尊長，不敢行賓主授受之禮，把禮物放在地上，然後退出。

　　《雲笈七籤》卷 106《鮑靚真人傳》、《仙鑒》、《洞霄圖志》、《玄品錄》中都提到許邁"初師鮑靚，受中部之法及《三皇天文》，《雲笈七籤》在《鮑靚真人傳》中說鮑靚"師左元放受中部法及《三皇》、《五嶽》劾召之要。行之神驗，能役使鬼神，封山制魔。"

　　《神仙傳》記載"劉根後來教王珍守一行氣存神，坐三綱六紀，謝過上名之法。"李仲甫能步斗隱形，晝夜行三綱六紀之法。三綱指中上下三元綱，鮑靚在劉君石室清齋，所受屬三綱六紀法中的《中部法》。《金鎖流珠引》卷 9 云："上元中部將軍步綱圖，禹受前聖步綱之道，以於中部……步中上下三元綱……其上元之中，唯中部法通人，使神制鬼，救民求仙，入真妙極之一法，在於中部。"

　　另外《三皇》又稱《三皇文》或《三皇內文》，其作用是驅邪卻禍，"家有《三皇文》，辟邪惡鬼，瘟疫氣，橫殃飛禍。"是供道人隨身攜帶，召引天神地祇，辟邪驅惡的符書。《五嶽》即是《五嶽真形圖》，"道士執之，經行山川，百神群靈，尊奉親迎。""上士入山，持《三皇內文》及《五嶽真形圖》，所在召山神，及按鬼錄，召州社及山卿宅尉問之，則木石之怪，山川之精，不敢來試人。"

　　《雲笈七籤》卷 6 三洞經教部"鮑靚於晉惠帝永康年中（300－301）於嵩山劉君石室清齋思道，忽有石刻《三皇天文》出於石壁，靚以絹四百尺告元而受。"左慈與鮑靚相距一百多年，不可能面授，所謂"告元（玄）而受"，可以解釋爲向在虛空祖師稟報，或這祖師就是左元放。

　　《雲笈七籤》卷 85《陰君傳鮑靚尸解法》云："晉大興

元年（318）靚暫往江東，於蔣山北道見一人，年可十六七許，好顏色，俱行數里，此人徐徐動足，靚奔馬繞及已漸遠。因問曰：相觀行步，似有道者。此人曰：吾仙人陰長生，太上使到赤城，君有心故得見我爾……君慕道久矣，吾相當得度世爾仙法。老得仙者，尸解為上，上尸解用刀，下尸解用竹木，皆以神丹染筆書太上太玄陰生符於刀刃左右。須臾便滅所書者面目，死於床上矣，其真身遁去，勿復還家，家人謂刀是其人也。用竹木如刀之法，陰君乃傳靚此道。"

陰長生傳鮑靚的是劍解，《雲笈七籤》卷84《尸解次第事蹟法度》講"修劍尸解之道"。陰長生尸解法的關鍵是"以神丹染筆"，畫"符於刀刃左右"。鮑靚得其法所以"靚還丹陽卒，葬于石子岡。後遇蘇峻亂，發棺無屍，但有大刀而已"。

陰長生於漢延光元年（122）道成去世，不可能有所謂晉大興元年（318）陰君傳鮑靚尸解法，無非表明道脈相通。

## 葛玄的祭鍊

葛玄（164－244）字孝先，丹陽句容人。《太極葛仙公傳》說他八歲失牯恃，能好學自立，生而穎秀，性識明茂。十三歲學通古今，凡經傳子史，靡不貤覽。年十五六，已名震江左。時賢欲辟為掾，固辭曰：蔬食被褐，枕石漱流，吾所樂也。豈能以此而易彼哉？乃羽服入天台赤城上虞山，精思念道。好彈琴、誦老莊，安閒澹泊，內足無求。又常餌朮，能絕穀，連年不饑。所願有得，遂遇真人左元放，師之，受

九丹金液仙經，煉氣保形之術，治病劾鬼秘法，三元真一妙
經。行持三年，廣積功效。至十八九歲，仙道漸成，乃遨游
山海，倏忽去來。東入括蒼山，省侍其叔葛彌，後周旋於括
蒼、南嶽、羅浮諸山，欲擇煉丹寶地[43]。

葛玄常行仙術於世，或以助人，或以爲戲，皆有神驗[44]。
以其能用符，行諸奇術，時人稱之爲“仙公”。吳大帝孫權
好神仙之說，於玄甚爲敬重，欲加榮位，玄不聽，求去不得，
權以客禮待之，常共遊宴，動相諮稟。一日玄辭吳大帝曰“山
林微賤，久藉恩庇。今者暫違丹陛，未有再見之期。”於是
太子登聞仙公得道，乃築別室招延，日親訪問。仙公曰：“至
道之精，杳杳冥冥。至道之極，昏昏默默。無視無聽，抱神
以靜，形將自正，必靜必清，毋勞汝形，毋搖汝精，乃可長
生。此廣成子答軒轅黃帝所請也。”至嘉禾 2 年（233）正月
朔日，仙公辭太子而去。

葛玄出京時謂弟子曰：“比爲主上淹留（謂羈留），而
光陰迅速，老之將至。功用雖積，金丹未煉，不可徒費歲月。”
乃徑往閤皁福地（今江西清江縣東），於東峰之側建臥雲庵，
居其中，謝絕人事，修煉九轉金丹，以道家祕笈、煉丹秘術
傳授弟子。《吳太極左仙公葛公之碑》則云“公馳涉川嶽，
龍虎衛從，長山、蓋竹，尤多去來，天臺、蘭風，是焉遊憩。
時還京邑，視人如戲。”弟子五百餘人，入室者有：鄭隱、
張泰言、孔龍、王玄沖、張泰、仇真、李用、釋道微、竺法

---

43 《太極葛仙公傳》。陶弘景《吳太極左仙公葛公之碑》：吳初，左元放
　　自洛而來，授公白虎七變鑪火九丹。
44 《抱朴子》釋滯與登涉均載葛玄潛水一日乃出之事。

蘭、白仲都、張恭等。著有《晉鮑靚施用法》述《五嶽真形圖》之施用法[45]。

建安七年（202），38 歲的葛玄來到閤皂山，見"形閤色皂，土良水清"，靈芝百草，信手可得，喜爲"神仙之宅"，乃於東峰之下結廬[46]。撰《祭煉大法》、《靈符秘篆》、《清靜經》、《步虛經》、《斷穀食方》、《慈悲道場九幽大懺法》等典籍，並廣收門徒，宣揚靈寶道義。沖舉前召見鄭隱曰"吾昔從左元放所受太清等丹經，今悉付汝。然上天禁重，勿傳非人也。若有志心之士，宜依四極明科，盟跪授之。""吾家門子孫，若有可傳者，萬勿秘。"後來鄭隱將葛玄所傳上清三洞、靈寶中盟諸品經皆授于葛玄的侄孫葛洪。

據《太極葛仙公傳》"仙公山居，嘗慨然念窮魂滯魄沈淪惡趣，於是刪集靈寶經誥撰成祭煉大法、生天寶籙、靈符秘訣等，奏聞天帝建立法壇，每於三元八節吉日良宵，普召地獄魂魄詣壇祭煉，行持之後屢有感格。"關於葛玄的祭煉大法《上清靈寶大法》卷 13 云：

漢靈帝光和二年，太極真人徐來勒以上清靈寶經三十六卷、靈寶勸戒等經三十七卷授付仙翁葛玄，後世稱太極左仙翁者是也。洞玄之品，靈寶之道，至斯而大昭於世，仙翁實爲傳教之師真也。而近者傳行祭煉之法，皆稱葛仙翁祭煉，或者又去仙翁字而止稱太極祭煉。

---

45 《抱朴子‧登涉》所云與此大同小異。

46 《皂山志》記載閤皂山"周迴延亙餘二百里，跨樂安、新幹、豐城三縣。""在縣東四十里，形如閤，色如皂，如名。《寰宇記》謂閤山與南京茅山，貴溪龍虎山，並稱爲天下三大名山。唐朝儀鳳年間（676-679）中宗詔賜閤皂山爲天下第三十三福地。

鄭所南《太極祭鍊內法議略》屬靈寶齋法，四十三代天師張宇初曾作序：“靈寶齋法，始徐（來勒）、葛（玄）、鄭（隱）三師流於世，迄漢唐宋元以來，蹊殊徑異，紛糾交錯，不啻千百。”“煉度魂爽，猶為靈寶之要，而煉度之簡捷，猶以祭煉事略而功博，自仙公葛真君藏其教，位證仙品。”意即鍊度是重要的靈寶齋法，祭鍊是鍊度的一種，簡便可行，它是由葛仙公（葛玄）創立，他也因此而得道升仙。卷下云“太極鍊度，其始本出於靈寶法，以此法簡易，原於太極葛仙公之派，因曰太極祭鍊。”

元・徐善政《太極祭煉內法・序》云：“太極祭鍊法者，葛仙公祭鬼之法也……所謂祭者，設飲食以破其飢渴也。所謂鍊者，以精神而開其幽暗也。至使淪滯之徒，釋然如冰消凍解，以復其本真。”

# 《抱朴子》所述養生方術

　　神仙方術包含煉丹、辟穀、吐納導引（呼吸法）、房中等各種養生方法。葛洪曾廣覓道經，博覽眾術，對各家各派養生術加以研究，所著《抱朴子・內篇》體現方仙道的傳統，對養生延年的各種方術，均有論述。與以符水療病消災為主的道教有一定區別。

　　葛洪認為各種養生術都有不同的價值和功能，因而提出"偏修一事，不足必賴也。" "籍眾術之共成長生"的觀點，認為"長生之道，不在祭祀事鬼神也，不在道（導）引與屈伸也，升仙之要，在神丹也。"據《抱朴子・釋滯》成仙的要訣為寶精、行氣、服丹藥。

## 首先要"寶精"

　　《想爾注》"古仙士寶精以生，今人失精以死……夫欲寶精，百行當修，萬善當著，調和五行，喜怒悉去……行善不積，源不通……百病並生。斯三不慎，池為空坑也。"

　　寶精、行氣在於還精補腦。〈釋滯〉說："房中之法十餘家，或以補救傷損，或以攻治眾病，或以採陰益陽，或以增年益壽，其大要在於還精補腦一事耳。此法乃真人口口相傳，本不書也。雖服名藥而復不知此要，亦不得長生也。”

“欲求神仙，唯當得其至要。至要者在於寶精、行氣，服一大藥便足，亦不用多也。”

〈微旨〉凡服藥千種，三牲之養，而不知房中之術，亦無所益也……雖服百藥，猶不能得長生也。”“服藥雖爲長生之本，若能兼行氣者，其蓋甚速……不知陰陽之術，屢爲勞損，則行氣難爲力也。”性生活是人的自然本性，但是性生活要“樂而有節”，才有益於男女雙方的衛生與健康。然後服根據自己身體的狀況以服食藥物、行氣導引之術治療百病。

〈微旨〉記載“竊聞求生之道，當知二山，不審此山，爲何所在，願垂告悟，以袪其惑。”“玉井泓邃，灌漑匪休，百二十官，曹府相由，離坎列位，玄芝萬株，絳樹特生，其寶皆殊，金玉磋峨，醴泉出隅，還年之士，抱其清流，子能修之，喬、松可儔，此一山也。長谷之山，杳杳巍巍，玄氣飄飄，玉液霏霏，金池紫房，在乎其隈，愚人妄往，至皆死歸，有道之士，登之不衰，採服黃精，以致天飛，此二山也。皆古賢之所秘，子精思之。”

〈至理〉記載“又宜知房中之術，所以爾者，不知陰陽之術，屢爲勞損，則行氣亦難得力也。”認爲在服藥與行氣之間，服藥是爲長生之本，行氣乃爲增益服藥之效。若得不到長生之藥可服，單修呼吸吐納之術而成功者，也可活到幾百歲。葛洪認爲修煉金丹、服食、行氣等方術，都需要修房中術相配合。房中術的輔助作用並不是可有可無。

“夫陰陽之術，高可以治小疾，次可以免虛耗而已。”

“不可都絕陰陽，陰陽不交，則坐致壅閼之病，故幽閉怨曠，多病而不壽也。任情肆意，又損年命。唯有得其節宣之和，可以不損。"要以口訣，配合行氣之法，四時百藥，"善其術者，則能卻走馬以補腦，還陰丹以朱腸，採玉液於金池，到三五於華梁，令人老有美色，終其所稟之天年。"葛洪不主張僅靠房中術成仙，故又說"一塗之道士，或欲專守交接之術，以規神仙，而不作金丹之大藥，此愚之甚矣。"

# 其次行氣導引

　　道教哲學的基本概念是"氣"，認為天地萬物由"氣"構成，《太平經》說"夫物始於元氣。""元氣乃包裹天地八方，莫不受其氣而生。《老子想爾注》說："道氣常上下，經營天地內外。"氣又作"炁"，是一種特殊的精微物質，為生命的基礎。〈至理〉論行氣，凡有關道術的都用炁字，有關呼吸的則用氣字。先天為炁，後天為氣，先天氣至清至純，是後天氣的根源。說"人在氣中，氣在人中，自天地至於萬物，無不須氣以生者也。善行氣者，內以養身，外以卻惡。"

　　葛玄主張養生要"懷精神，守一，行氣，握固，胎息。[1]"行氣法於葛玄、鄭隱、葛洪一脈相傳。《抱朴子·至理》說："服藥雖為長生之本，若能兼行氣者，其益甚速。若不能得藥，但行氣而盡其理者，亦得數百歲。"所謂行氣，就是呼吸吐納之術。文意是說：若得不到長生之藥可服，單修呼吸

---

1　葛玄〈老子節解〉。

吐納之術而成功者，也可活到幾百歲。

〈雜應〉"養生之盡理者，既將服神藥，又行氣不懈，朝夕導引以宣動榮衛，使無輟閡，加之以房中之術，節量飲食，不犯風濕，不患所不能，如此可以不病。"服草木之藥可以益氣而厚其本，行氣而可以"以氣長氣"，若其本不厚，則增益爲難，故當服草木之藥以培植人身之氣，唯服藥與行氣兩相輔助，則長生可冀，所以"服藥雖爲長生之本，若能兼行氣者，其益甚速，若不能得藥，但行氣而盡其理者，亦得數百歲。"

〈至理〉提到行氣的功效：知之者，可以入大疫之中，與病人同床而己不染；又以群從行，數十人皆使無所畏；此是氣可以禳天災也。或有邪魅山精，侵犯人家……以氣禁之，皆即絕……入山林多溪毒蝮蛇之地……以氣禁之，能辟方數十里上，皆使氣（無）爲害者……以氣禁金瘡，血即登止，又能續骨連筋。以氣禁白刃，則可蹈之不傷，刺之不入。若人爲虵虺所中，以氣禁之，則立愈。

〈登涉〉說鄭隱"但習閉氣至千息，久久則能居水中一日許。"葛洪雖主眾術合修，但於行氣一道卻承其師傳"雖云行氣，而行氣有數法焉……其至要者，胎息而已。得胎息者，能不以鼻口噓吸，如在胞胎之中，則道成矣。"

〈釋滯〉對胎息之法有描述"鼻中引氣而閉之，陰以心數至一百二十，乃以口微吐之。及引之，皆不欲令己耳聞其氣出入之聲，常令入多出少，以鴻毛著鼻口之上，吐氣而鴻毛不動爲候也。"行氣、胎息，其鍛煉方法是減少呼吸次數，減少吸入空氣的量。這樣，一方面增強肺的呼吸功能，把吸人的有限氧氣予以充分利用，把體內代謝所產生的廢氣二氧化碳等一次排出。這種方法有一定的科學依據。

美國淋巴學教授席爾茲（Jack shields）說：“擴張橫膈膜的深呼吸是體內清除廢物的最有效方法。”因爲行氣時整個胸腹之間的腔體會形成一個類似真空般的效應，把淋巴液析入血液中以加速清除體內毒素，這個清除速度大約是我們平常安靜時呼吸的 15 倍。

採取深而慢的呼吸，雖然每分鐘的呼吸次數減少，由於呼吸深度增加，使氧氣吸入肺的量加大，肺泡帶氧充分。同時由於肺充分擴張，胸內負壓增加，使得回心血流加速，加強了肺循環的血流量，血液與肺泡內氧的接觸時間延長，使肺的換氣率相對提高。促進了外呼吸，也使心跳加快，血管收縮，腎上腺素分泌增加，鍛鍊了心肺功能。

〈微旨〉說：“夫導引不在於立名象物，粉繪表形著圖，但無名狀也。或伸屈，或俯仰，或行臥，或倚立，或躑躅，或徐步，或吟或息，皆導引也。”這是說不一定非要像猿跳兔蹦，蛇屈龜息，熊經鳥伸那樣，各人可依照自己的特點，進行各種肢體運動，只要得法有效，皆可屬於導引術的範圍。葛洪認爲不必每天早晨都要導引，只有覺得身上有些不舒服時方可練功；練時先閉氣，當感到閉氣達到極限時，則用鼻稍稍將外氣引入，然後以口緩緩吐出；導引使病去即可，而不可使身上出汗，有汗則會受損；導引的功效就在於能治療潛在的疾患，通暢不和之氣。因此，在葛洪看來，導引是養生的“大律”，祛病的“玄術”。他還在動功方面提出了“清晨建齒三百過者，永不搖動”的堅齒之道；另外還有聰耳之

道的龍導、虎引、熊經、龜咽、燕飛、蛇屈、鳥伸、天俛、
地仰、猿踞、兔驚等多種導引。

## 服食丹藥是成仙的關鍵

　　葛洪認爲仙人是"舊身不改"的"久視不死"之人。通
過"以藥物養身，以術數延命，使內疾不生，外患不入。"
〈金丹〉強調合修眾術，反對偏修一術，〈微旨〉主張"藉
眾術之共成長生"。認爲各種養生術都有不同的價值和功
能，"凡養生者，欲令多聞而體要，博見而善擇，偏修一事，
不足必賴也。"

　　例如〈雜應〉"道書雖言欲得長生，腸中當清；欲得不
死，腸中無滓；又云，食草者善走而愚，食肉者多力而悍，
食穀者智而不壽，食氣者神明不死。此乃行氣者一家之偏說，
不可便孤用也。"斷穀可以清潔腸胃，對治療某些疾病，有
一定的作用，葛洪不懷疑辟穀效果。只是反對單獨行使辟穀
可以成仙的觀點，認爲單行辟穀可仙是"行氣家一家之偏
說"。

　　《抱朴子》中批判"知玄素之術者，則曰唯房中之術可
以度矣；明吐納之道者，則曰唯行氣可以延年矣；知屈伸之
法者，則曰唯導引可以難老矣；知草木之方者，則曰唯藥餌
可以無窮矣。"反對單習某種養生術的門戶之見，要求根據
不同情況採取不同養生方法，將各類方法融彙貫通，全面的
"內修外養"。

　　〈極言〉認爲人體"易傷難養"，養生的原則是"以不

傷爲本"。要使之不傷，就必須做到正氣不衰，形神相衛。
這樣，風冷與暑濕，才能不傷壯實之人。所以〈極言〉云：
"善攝生者，臥起有四時之早晚，興居有至和之常制；調利
筋骨，有偃仰之方；杜疾閑邪，有吞吐之術；流行榮衛，有
補瀉之法；節宣勞逸，有與奪之要。忍怒以全陰氣，抑喜以
養陽氣。然後先將服草木以救虧缺，後服金丹以定無窮，長
生之理，盡於此矣。"

〈極言〉認爲困思、強舉、悲憂、極樂、汲汲所欲、寢
息失時……皆足以致"傷"，而"久則壽損"。特別重視七
情的干擾，"薄喜怒之邪，減愛惡之端"。"忍怒以全陰氣，
抑喜以養陽氣"，強調"無憂者壽"。善養生者應起居有節，
有充足的睡眠。勞逸結合，適當的參加體力勞動和鍛煉。要
性格開朗，心胸開闊，對人對事豁達大度。

〈仙藥〉說："草木延年而已，非長生之藥可知也。未
得作丹，且可服之以自搘持耳。"〈極言〉"不得金丹，但
服草木之藥及修小術者，可以延年遲死耳，不得仙也；或但
知服草藥，而不知還年之要術，則終無久生之理也。或不曉
帶神符，行禁戒，思身神，守真一，則只可令內疾不起，風
濕不犯耳。若卒有惡鬼強邪、山精水毒害之，則便死矣。"
是說金丹法以外的各種仙術，如房中、行氣、服藥、存思、
用符等，都是小術，必須多種並用，總之不比金丹大藥來得
重要。

〈金丹〉說："草木之藥，埋之即腐，煮之即爛，燒之
即焦，不能自生，何能生人乎？""夫金丹之爲物，燒之愈
久，變化愈妙，黃金入火，百煉不消！埋之，畢天不朽。服此

二物，煉人身體，故能令人不老不死。"因爲草木之藥一燒即成灰，而丹砂、黃金卻不然，它們都是相當穩定不變的物質，所以吃了它們，可以獲得恆久不變的性質。服食金液，"則長生不死，萬害百毒不能傷之，可以畜妻子，居官秩，任意所欲，無所禁也。"

〈仙藥〉說世上之藥有三類"上藥令人身安命延，升爲天神，遨遊上下，使役萬靈"。〈金丹〉說："升仙之要在神丹也。余考覽養性之書，鳩集久視之方，曾所披涉篇卷以千計矣，莫不皆以還丹金液爲大要者焉。然則此二事，蓋仙道之極也，服此而不仙，則古來無仙矣。"

〈仙藥〉對丹藥的品位作了排列"仙藥之上者丹砂，次則黃金，次則白銀，次則諸芝，次則五玉，次則雲母，次則明珠，次則雄黃……"隨列仙藥幾十種，並對各種仙藥的性狀逐一作了描述。〈黃白篇〉對作丹砂水法、作赤鹽法、化黃金法、作雄黃水法、務成子法等作了介紹。

〈金丹〉要求遵從金液法和九丹法的規定，燒煉時須祭祀太乙、元君、老君和玄女。而"合丹當於名山之中，無人之地。""是以古之道士，合作神藥，必入名山"。又引仙經云："可以精思合作仙藥者，有華山，泰山，霍山……羅浮山。此皆是正神在其山中，其中或有地仙之人。""若有道者登之，則此山神必助之爲福，藥必成。"實際操作中，須具備法、侶、財、地等諸條件，缺一則成功無望。所以葛洪在〈金丹〉中說："余受之（金液大丹修煉之術）已二十餘年矣。資無擔石，無以爲之，但有長歎耳。"

# 魏華存與古華山的淵源

　　《清靈真人裴君傳》記載裴玄仁"遂棄官委家，逃游名山，尋此微妙，別駕劉安之從焉。君時年四十五，帝累征召，一不應命。逼之不已，君乃北游到陽浴山，以避人間之網羅也。遂入石室北洞中，學道精思，無所不至，安之不能久處山中，時復出於人間。君於後將雲子（鄧雲子）去，乃登太華山入西洞玄石室。"

　　中國沒有"陽浴山"這個地名，"浴"與"洛"字形類似，陽浴山可能是陽洛山，王屋山一名陽洛山，爲上清派的聖地。《上清黃氣陽精三道順行經》說"王君以經傳南嶽夫人，今封於陽浴宮南洞之室。"《雲笈七籤》卷 114 "紫靈元君魏華存齋戒於陽洛山隱元之臺"。《周氏冥通記》卷 3 "九月十日，夢與保命到一山，山形平團，異於人間，山名爲丹龍，云中有洞，多仙真。"陶弘景註"丹龍云在陽洛之南，是南真所治之宮也。[1]"裴玄仁曾在陽洛石室北洞學道，魏華存則齋戒於陽浴宮南洞。

　　華山旁的商洛徑道，是通往陝南漢中、安康、商洛地區的交通要道，漢中與安康則是天師道的大本營，裴玄仁的道

---

1　《中華道藏》46-266-《周氏冥通記》卷 3。

法有可能從這條路傳到漢中地區。曹操從建安二十年（215）佔有漢中到建安二十四年（219）撤離，在這一段時間裡曾大量地徙出漢中的民戶，其中就有張魯的漢中之民[2]。據《紫虛元君南嶽夫人內傳》劉乂死後，"值天下荒亂，夫人撫養內外，旁救窮乏，亦爲真仙默示其兆，知中原將亂，攜二子渡江"[3]。

　　《登真隱訣》說"夫人在世嘗爲祭酒故也。"魏夫人爲天師道法在江南傳播早期代表，擁有一定信眾群體[4]。《登真隱訣》有"漢中入治朝靜法"與"用漢中法"，說明天師道傳入江南地區的情況。魏華存將北方帶來的道法，加上本地流傳的方術，經魏夫人或門人加以精緻化，成爲上清經法。例如《太平御覽》卷 671〈道部〉13 服餌下：

　　清虛王真人授南嶽魏夫人"穀仙甘草丸方"，魏夫人少多病疾，王君於脩武縣中告夫人曰：學道者當去病，先令五藏充盈，耳月聰明，乃可存思服御耳。按王君初降真之時，是晉元康九年（299）冬於汲郡脩武縣察內。夫人時應年四十八也。夫人按而服之……先疹都愈，髮不白，齒不落，耳目聰明……食飲通快，四體充盈，即甘草丸之驗也，謂之穀仙

---

2 《隋書·地理志上》說"漢中之人……好祀鬼神，尤多忌諱，家人有死，輒離其故宅。崇重道教，猶有張魯之風焉。"據《魏志·張魯傳》魯功曹閻圃圍曰"漢川之民，戶出十萬。" "不置長吏，皆以祭酒爲治。"當地雖不能說"全民皆道"，但史云"民夷信向"，"民夷便樂之"或云"流移寄在其地者不敢不奉"，可說明漢中人大多數是信仰五斗米道。

3 此據《太平廣記》本，第 2 冊第 357 頁。

4 周冶《南嶽夫人魏華存新考》，世界宗教研究 2006 年第 2 期。《太平御覽》引《南嶽魏夫人內傳》夫人托疾升化之際，"子弟侍疾，眾親滿側"。可見"領職理民"之說不虛。

方。脾胃既和則能食而不害，膚充而精察，起居調節，無澀利之患矣。食穀而得仙，故謂之穀仙也。此本九宮右真公郭少金撰集此方，諸宮久已有之。至郭氏更撰集，次第序說所治耳，猶如青精乃太素之法，而今謂太極真人也。學仙道者，宜先服之。昔少金以此方授介象，又授劉根、張陵等數十人，亦稱此丸爲少金丸。

　　《顏魯公文集》卷 9《晉紫虛元君領上真司命南嶽夫人魏夫人仙壇碑銘》王君告夫人云"學者當去疾除病。因受甘草丸，所謂穀仙方也，夫人服之而仙。"清虛王真人授南嶽魏夫人穀仙甘草丸方，又謂之穀仙方。根據《無上祕要》卷83"介象，吳時人，善氣禁，服甘草丸。劉根，善劾召，受服甘草丸。[5]"介象與劉根所服甘草丸，又稱穀仙方。魏華存託稱清虛王真人降授的穀仙方，實源於前人。

　　《魏夫人傳》載魏華存"幼而好道，靜默恭謹，讀莊、老、五經、百氏，無不該覽。志慕神仙，味真耽玄，欲求沖舉，常服胡麻散、茯苓丸，吐納氣液，攝生夷靜，常欲別居閑處，父母不許。"《裴君傳》中蔣先生所傳支子元服茯苓與服胡麻法，云"茯苓治少，胡麻治老。""蔣先生惟服此二方，先生已凌煙化升，呼吸立至，出入無間，輿乘羣龍，上朝帝真，位爲仙宗者也。"

　　《太平御覽·道部》、《墉城集仙錄》載：清虛王真人

---

5　《正統道藏》洞神部方法類《枕中記》真人授魏夫人穀仙丸一名制蟲丸"夫學仙道者，宜先服之，填骨補筋，駐年還白，體生異光，久服神仙。昔者，（九宮）右真人郭少金以方授介象，又授劉根、張陵等數人，並按而服之，遂皆致神仙。"

（王褒）總真王君弟子，南嶽魏夫人師。漢元帝時，辭家入華陰山。九年，太極真人降授二法。後入地肺山（終南山一名地肺），又登陽洛山。漢平帝時（1－5年在位），南極夫人、西城王君同降陽洛山石室，授《太上寶文》等經31卷，修行道成。

劉根曾隨裴君到陽洛山（王屋山），《神仙傳·劉根》"劉根漢孝成皇帝綏和二年（前7）舉孝廉，後棄世學道，入嵩高山石室，至王莽時（8－23年在位），頻使使者請根，根不肯往。此時府掾王珍（王真）隨劉根在嵩山石室修道，王真的弟子也在嵩山[6]。清虛王真人所授靈寶文等經31卷，見於《裴君傳》中"裴君所受真書篇目"，王真人可能是王珍（王真）。

## 《靈書紫文八道》即八節謝罪

《雲笈七籤·上清經述》、《茅山志》卷10載：魏華存居修武縣時，因"冥心齋靜，累感真靈"，西晉太康九年（288）三十七歲時，忽有眾真下降，清虛真人王褒爲其師，並授以《太上寶文》《八素隱書》《大洞真經》《靈書紫文八道》《紫度炎光》《石精玉馬》《神真虎文》《高仙羽玄》等經31卷，並稱"此書昔授之西城總真君，今以付子，且語以存思指歸行事口訣"。魏夫人所受經書與《裴君傳》出現過的經書，兩者有很多相同之處。例如《靈書紫文八道》即《裴

---

6 《神仙傳·王真》稱"郄（郝）孟節師事真十數年"，《雲笈七籤》卷61〈諸家氣法〉有"中嶽道士郄元節"。

君傳》中之八節謝罪。

　　《洞真太上三九素語玉精真訣》稱"魏華存受旨，行之有驗""凡諸解罪，必先營齋，克用八道之日，身心清嚴。"所謂八道之日，即立春、春分、立夏、夏至、立秋、秋分、立冬、冬至。《裴君傳》引《三九素語》云"諸八節日，會天地諸真官，先後及節，凡三日三夕，而各還所司，此是支公之口訣。""八節之日，求仙極會，天命眾真，皆當集對……急宜謝過。"

## （一）　《上清太上八素真經》

　　《真誥·甄命授》云"道有八素真經，太上之隱書也。"是陶弘景時此書即已出世。《上清太上八素真經》云"封以雲藥之函，印以三光之章，以付西嶽華陰山、東嶽泰山、南嶽衡山、北嶽恆山、中嶽嵩高石笥之內，又刻題笥上，其文曰：天地之寶珍，名山之絕藏。"《八素真經》有登飛五星之道，以"致五星之精"，即《裴君傳》思存五星。"太虛真人南嶽赤君，使下授學道。"赤君即赤將子？云"《玉清隱書》道妙於《鬱儀文》矣。有《太上鬱儀奔日文》、《結璘奔月章》、《八素奔辰經》"《玉清隱書》就是《太上隱書》，裴君誦《太上隱書》、服二景飛華上奔日月之法，有《太上鬱儀文》、《太上結璘章》。

## （二）　《上清大洞真經目》

　　《洞玄靈寶三洞奉道科戒營始》卷 5《上清大洞真經目》，即西城王君傳南嶽夫人，南嶽夫人傳授楊羲之古上清經，共 31 卷。《雲笈七籤》卷 4《上清經述》值得注意：

　　尋經之意，乃太虛齊量，劫劫出化，非可籌籌。自開皇之後，距天漢時，范陽桑平王褒，字子登。以正月一日辭二親，欲尋神仙，求不死之道。乃入華陰山，精思一十八年，遂感上聖太極真人西梁子，下降授餤飯方、並服雲牙法。復五年，太極真人王總真復降，以《上清經》三十一卷付子登，並將子登游五嶽，觀名山，備受上法。

　　《上清經述》說王褒入華陰山"感太極真人西梁子降授餤飯方并服雲牙法。""太極真人王總真復降，以《上清經》31 卷付子登。"《裴君傳》"常於密室，以夜半後生氣之時，服挹五方之氣。於寢床上平坐，向月建所在，先叩齒九通，咽液三十過。畢，存想五星。"此法即食五芽氣，"芽"字亦作"牙"，與舌舔齒取津液有關，"引牙之精，補養人身。"服雲牙法既見於《裴君傳》，31 卷《上清經》與在華山修鍊的裴玄仁是否有關，需要研究。

　　據《雲笈七籤》卷 4《上清原統經目注序》及卷 106《清虛真人王君內傳》，《上清大洞真經目》王君授南真經目，《真誥‧甄命授》經目，《八素真經》上真、太上、中真、下真之道所列篇目，《周君內傳》所見經目分列於下：

| 上清大洞真經目 | 裴君傳 | 真誥‧甄命授 | 八素真經 | 紫陽真人周君內傳 |
|---|---|---|---|---|
| 上清大洞真經 | 大洞真經 | 大洞真經 | 高上大洞真經三十九章 | 《大洞真經》三十九篇 |
| 上清太上隱書金真玉光 | 《太上隱書》《上清金真玉光八景飛經》云"南嶽松子，以陽朔之年，於太華山傳經於谷希子。" | 金真玉光 | | |

| | | | | |
|---|---|---|---|---|
| 上清八素真經服日月皇華 | 《八素經》 | 八素真經，太上之隱書也。 | 太上八素奔辰隱書 | 《八素真經》太上隱書 |
| 上清飛步天綱蹻行七元；《太平御覽》卷 678《南嶽魏夫人內傳》王君又告曰：…子今且可誦黃庭內經，步蹻七元，存五星之神而已。人間行之，亦足感通變化。 | 《洞真上清太微帝君步天綱飛地紀金簡玉字上經》"春步七星，名曰步三綱。夏步七星，名曰蹻六紀。" "直畫連星之界分，曰綱也。" "未登綱時，先存五星精在五藏中也。"《裴君傳》"思存五星" 劉根傳王珍坐三綱六紀法 | 仙道有《飛步七元天網之經》，在世 | 太微帝君飛天綱上經 | |
| 上清九真中經黃老祕言 | 《黃老秘言》曰："子得《鬱儀》《結璘》，乃成上清之真。子得《大洞真經》，乃能飛行上清。 | 九真中經，老君之秘言 | 黃老八道九真中經九真升玄文[7] | 登景山遇黃臺萬畢先生授《九真中經》 |
| 上清上經變化七十四方 | 素元洞虛，天真神廬，七氣守肺，與神同居，白玉金字，九帝之書，使我飛仙，死名已除。[8] | 太清上經變化七十四方 | | |
| 上清除六天文三天正法[9] | 佩神虎之符，以制嚴六天。《雲笈七籤》卷 8 釋《除六天玉文三天正法》"三天者，清微天、禹餘天、大赤天是也。" | 除六天之文三天正法 | 三天正法鳳真之文 | |
| 上清黃氣陽精三道順行 | | 黃氣陽精，藏天隱月 | 三五順行 | 谷希子授黃氣之法、太（泰）空之術、陽精三道之要 |

---

7 《雲笈七籤》卷 52《雜要圖訣法》之"升玄行事訣"中，規定了不同齋直日分別存念三丹田神與身神的咽液叩齒次數與方法，其末有注"行此九真升玄，存九皇之道，一十四年，超浮虛無，上登上清。"

8 《太上求仙定錄尺素真訣玉文》變化七十四方共五十六字，與《裴君傳》大致相同：素元洞虛，天真神盧，七氣守肺，百神同居，調鍊五藏，合華秀敷，澄誠明石，遊御玄虛，白玉金字，九帝真書，使我飛仙，死名落除，遊洞三清，適意所如。

9 可能是治精制鬼法 —— 即《登真隱訣》的"正一真人三天法師張諱告南嶽夫人口訣"。

| 上清外國放品青童內文 | | | | |
|---|---|---|---|---|
| 上清金闕上記靈書紫文 | 五行紫文 | 靈書紫文 | 金闕靈書紫文上經 | |
| 上清紫度炎光神玄變經 | 內視中方 | 《真誥‧協昌期》紫度炎光內視中方 | 紫度中方石精玉馬之母 | 墨翟子授《紫度炎光內視圖中經》 |
| 上清青要紫書金根上經 | | 青要紫書金根眾文 | 青要紫書 | 幼陽君受《青要紫書》、太帝候夜神童授《金根之經》。 |
| 上清玉精真訣三九素語 | 《三九素語》 | 玉清真訣三九素語 | 九化十變三九素語 | 登戒山，遇趙伯玄《三九素語》 |
| 上清三元玉檢三元布經 | | 三元布經道真之圖 | 三元布經 | |
| 上清石精金光藏景錄形 | 《神仙傳》記戴孟受裴君石精金光符 | 石精金光藏景錄形 | | 司馬季主授石精金光藏景化形 |
| 上清丹景道精隱地八術 | 《洞真太上丹景道精經》谷希子傳 | 丹景道精隱地八術 | 丹景道精隱地八術 | 李子耳授隱地八術 |
| 上清神洲七轉七變舞天經 | 裴君傳戴孟石景金光符，此符主隱遯<br>左慈有白虎七變 | 七變神法七轉之經 | 神州七轉七變洞經 | 劉子先授七變神法 |
| 上清大有八素大丹隱書 | | 大丹隱書八秉十訣 | 太丹隱書 | 甯先生授《大丹隱書》、八稟十訣 |
| 上清天關三圖七星移度 | | 天關三圖七星移度 | 天關三圖玄皇玉書 | 淮南子授《天關三圖》。 |
| 上清九丹上化胎精中記 | | 九丹變化胎精中記 | | |
| 上清太上六甲九赤 | | 九赤班符 | | 陰先生《九 |

| 班符 | | | | 赤斑符》 |
|---|---|---|---|---|
| 上清神虎上符消魔智慧[10] | 四真人見授神虎符、流金火鈴。 | 神虎之符 | 神虎大符金虎真符 | |
| 上清曲素訣詞五行祕符 | | 曲素決辭，以招六天之鬼 | 曲素訣辭 | 臧延甫《憂樂曲素訣辭》 |
| 上清白羽黑翩飛行羽經 | 雲笈七籤卷9《三洞經教部經釋》釋《靈飛六甲》：《瓊宮五帝靈飛六甲內文》，一名《太上六甲素奏丹符》，一名《五帝內真通靈之文》，一名《玉精真訣》，一名《景中之道》，一名《白羽黑翩隱玄上經》、《靈飛左右六十上符》，並生於九玄之中，結清陽之氣以成玉文。 | 白羽黑翩，以翔八方 | 六甲靈飛靈寶秘文 | |
| 上清素奏丹符靈飛六甲 | 《素奏丹符》 | 素奏丹符，以招六甲 | 眾文素奏中章五行秘符 | 王喬授素奏丹符 |
| 上清玉珮金璫太極金書 | 戴孟受裴君玉佩金璫經。 | 玉珮金璫 | | |
| 上清九靈太妙龜山玄（元）籙 | | | | |
| 上清七聖玄紀徊天九霄 | | 陶弘景註：《七聖玄紀》 | | |
| 上清太上黃素四十四方 | | 黃素神方四十四訣 | | 黃先生黃素神方、五帝六甲左右靈飛之書四十四訣 |
| 上清太霄琅書瓊文帝章 | | | | |

---

10 《大智慧經》上中篇，常能用之，保見太平。陶弘景註"此即應是《消魔智慧》七篇之限也"

　　《四庫全書》之《真誥提要》指出“《朱子語錄》云：《真誥·甄命篇》卻是竊佛家《四十二章經》爲之。黃伯思《東觀餘論》則云：《真誥》眾靈教戒條，後方圓諸條，皆與佛《四十二章經》同，後人所附。”呂澂《中國佛學源流略講》附錄《四十二章經抄出的年代》認爲《四十二章經》有三分之二同於《法句經》，是從《法句經》中抄出。

　　陶弘景（456－536）博學多才，《南史》本傳說他“讀書萬餘卷，一事不知，以爲深恥。”《本起錄》說陶弘景“善稽古，訓詁七經，大義備解，而不好立義，異於先儒。”陶弘景治學嚴謹，對《真誥·甄命授》出現的裴君記載，曾企圖分辨“是道家舊書？爲降楊時說？其事旨悉與真經相符，疑應是裴君所授（按：裴清靈降神時對楊羲所授）。[11]”《真誥·甄命授》標目“道授”，以“君曰”爲段，列《上清經》目，敘歷代修道者掌故及神仙傳說，“君曰”即爲裴君所云。通過上表顯示，《真誥·甄命篇》也參考了道家舊書《裴君傳》。

　　上表《上清外國放品青童內文》不見其他早期經目中，應該是東晉時人所撰，《外國放品青童內文》有東方胡老，南方越老，西方氐老，北方羌老，中國傖老，胡越氐羌傖五老仙官。《無上祕要》卷50載齋醮科儀的出官儀格，“東九夷胡老君，南八蠻越老君，西六戎氐老君，北五狄羌老君，中央三秦傖老君。”吳人謂中州人謂傖，是南人對北人的蔑稱。魏華存爲北人南渡，所謂南嶽夫人傳授楊羲之古上清經，不會有《外國放品青童內文》，此經可能是楊羲所寫。

---

11　《中華道藏》02-138-《真誥·甄命授》。

　　華僑是晉陵（今江蘇宜興）冠族，由於洩露秘密，受到懲罰，而被楊羲取代。華僑降真所接者"一人姓周（周紫陽），一人姓裴（裴清靈），二人先後教授僑經書。"[12]《真誥・翼真檢》云"裴清靈、周紫陽至，皆使通傳旨意於長史（許謐）。"華僑與楊羲皆是經由降真與裴清靈溝通，反映華僑所處東晉哀帝興寧期間（363－365），裴玄仁在江南一帶已被民間所熟知。華僑造《紫陽真人內傳》，楊羲造《內傳》，兩者都熟知《裴君傳》，所以經目大致相同。

## 上清經的傳承

　　魏華存感神仙下降，授予經書及修法，華僑、楊羲通靈接真，後傳與許謐、許翽，再傳許黃民時，上清派已發展成爲江南地區最有影響的道派之一。東晉末年經王靈期改寫增廣，上清經遂廣泛流行於世。後來陶弘景蒐集楊、許手跡，攝取葛氏道的思想。[13]編爲《真誥》並纂集上清仙術，撰《登真隱訣》，使上清經法更臻完備。

　　蕭登福先生認爲東晉上清經的傳承，約有兩個系統，都是以許謐爲中心。初期許謐找上華僑爲仙凡的媒介來傳經，其後由於華僑漏泄仙道，改由楊羲來降真授道。此二條路線：其一以華僑爲主，華僑之師爲周紫陽，周紫陽之師爲蘇林，

---

12　《紫陽真人內傳》周裴二真叔：奉道數年，忽夢見二人年可五十，容儀衣服非常。後遂二人見，或一月三十日時時往來僑家靖室中。唯僑得見。一人姓周，一人姓裴。裴雅重才理，非僑所申。周似不如。此二人先後教授僑經書，書皆與《五千文》相參，多說道家誡行養性事，亦有讖緯。
13　李慶譯、小林正美《六朝道教史研究》27頁。

蘇林之師爲涓子，涓子得自青童君[14]。

《黃庭經》爲魏晉魏華存夫人所傳，王明先生曾對《黃庭內景經》之授受考辨，認爲：魏晉之際，民間似已有秘藏七言韻文的《黃庭》草本，約在西晉太康九年左右，魏華存得此草本，並予注述；或有道士口授，華存記錄，詳加詮次，撰爲定本。

晉代上清經《黃庭經》，以黃庭爲中心，宣揚存思身體中二十四神，輔以服符誦咒、導引服氣、房中貴精，自成系統。闡述存思身神、守固精氣的理論和方法，爲養生修仙專著，後人譽爲"壽世長生之妙典"。

《列仙傳》中涓子有《琴心》三篇，《琴心》是《黃庭內景經》的別名。《雲笈七籤》卷 11《三洞經教部》務成子注叙《上清黃庭內景經》"扶桑大帝君命賜谷神仙王傳魏夫人⋯⋯一名《太上琴心文》，琴，和也。誦之可以和六腑、寧心神，使得神仙。" "琴心三疊舞胎仙，琴，和也；疊，積也。存三丹田，使和積如一，則胎仙可致也。胎仙，胎息之仙也，猶胎在腹中有氣而無息。[15]"

《列仙傳》云涓子"釣於荷澤，得鯉魚，腹中有符。"《太平御覽》卷 509 引三國魏‧嵇康《高士傳‧涓子》"至三百年後，釣于河澤，得鯉魚中符。"證明漢末涓子已聞名

---

14 《太平御覽》卷 661 引《蘇林傳》曰：林字子玄，濮陽曲水人也。父秀，含德隱曜，居於恒山。林少稟異操，至趙師琴高先生，授鍊氣益命之道。又師華山仇先生，授還神之術，曰子真人也，當學真道，乃致林於涓子。未遂，告林真訣。先生曰：必作地上真人，當先去三尸。林後授紫陽真人道訣凡二百餘事。
15 《中華道藏》23-012-梁丘子《黃庭內景玉經註》。

於世，因而《黃庭經》可能在魏華存以前已有流傳。涓子剖魚得法模型源於《史記·陳涉世家》：

"卜者知其指意曰，足下事皆成，有功。然足下卜之鬼乎？陳勝吳廣喜，念鬼曰'此教我先威眾耳。'乃丹書帛曰'陳勝王'，置人所罾魚腹中。卒買魚烹食，得魚腹中書，固以怪之矣。又間令吳廣之次所旁叢祠中，夜篝火，狐鳴呼曰：'大楚興，陳勝王'。卒皆夜驚恐。旦日，卒中往往語，皆指目陳勝。"

把丹書置於魚腹和在叢祠中鳴呼，是利用鬼神作讖語，以動員民眾起事。《紫陽真人內傳》的作者華僑，對於讖緯非常熟悉，仿陳勝吳廣作魚腹中書。藉《列仙傳》涓子"得鯉魚，腹中有符……受伯陽九仙法。"編造"金闕帝君守三元真一之法"的神秘性和權威。

《紫陽真人內傳》云涓子剖魚腹得"金闕帝君守三元真一之法"。周紫陽《太上洞房內經註》"蘇子玄善行三一"，《紫陽真人周君內傳》"仙人傳子玄守三之一法"。"三一之道"又稱守玄白法、存三一之法，即《裴君傳》用《五行紫文》，以除三尸，"三氣相繞，合為一氣，以貫一身。"

另一系統以楊羲為主，楊羲之師為魏華存，魏華存之師為王褒，王褒及茅君之師為西城王君，西城王君得道書於青童君。

二條系統都和青童君有關。青童君經書得自金闕後聖帝君，後聖帝君得自西王母，西王母得自三天君（扶桑太帝東王公、天帝君、太微天帝君），三天君得自元始天尊。東晉上清派的來源雖有二個系統，而以魏華存傳楊羲者為正統

[16]。茲將東晉上清派經書傳承情形，表列於下。

```
                    ┌涓子—蘇林—周紫陽（季通）—華僑－許謐
金闕帝君－青童君－│
                    └西城總真王君—王褒—魏華存—楊羲—許謐
                    └茅君
                    └李仲輔－左慈－葛玄
```

《真誥·敘錄》"伏尋《上清真經》出世之源，始於晉哀帝興寧二年（364）太歲甲子，紫虛元君上真司命南嶽魏夫人降授瑯琊王司徒公府舍人楊某，使作隸字寫出，以傳護軍長史句容許某，並弟三息上計掾[17]某某（即許翽）。二許又更起寫修行得道。凡三君手書今見在世者，經傳大小十餘篇，多掾書，真口受四十餘卷，多楊書。"楊指楊羲，護軍長史指許謐，上計掾指許翽。按《真誥》所述上清派的傳承，魏華存曾經降授楊羲，楊羲通過降真的方法從魏華存處得到上清派經書。

據《雲笈七籤》卷4〈上清經述〉魏華存感四真人來降，其中有王屋山清虛小有真人王褒，是魏華存之靈師。在楊羲之前，原是由華僑通神造經，因他洩露天機，改由楊羲主持，而華僑降真所接者"一人姓周（周紫陽），一人姓裴（裴清靈）。[18]"楊羲幼有"通靈之鑒"。早在降經前十五年（永

---

16 蕭登福《西王母信仰源起及其在歷朝歷代中的神格發展》。
17 上計掾是古代佐理州郡上計事務的官吏。
18 《紫陽真人內傳·周裴二真叔》：江乘令晉陵華僑，世奉俗神，忽夢見群鬼神與之遊行飲食。群鬼所與僑共飲酒，僑亦至醉，還家輒吐所飲噉之物……僑自懼必爲諸鬼所困，於是背俗入道，詣祭酒丹陽許治，受奉道之法。群鬼各便消散，不復來往。奉道數年，忽夢見二人年可五十，

和五年，公元 349 年）即受《中黃制虎豹符》，次年又從魏
夫人長子劉璞受《靈寶五符》。傳授楊羲的靈師有茅君、定
錄、安九華、西城王君等[19]。

　　楊羲扶乩造上清經，托稱魏夫人及眾仙真下降傳授。上
清經中的傳承皆爲教內神話，西城王君屬不可究的神人。托
言仙真降授的事例在道教史上屢見不鮮，並以此獲得的權威
吸引門徒、發展道眾。根據不同的社會環境、時代特點，自
立門戶，建構教義。神授秘傳的假託與杜撰，是創教傳教者
變異革新的法寶。

　　《雲笈七籤》卷之 104《玄洲上卿蘇君傳》云周季通的
老師蘇林「少稟異操，至趙師琴高先生授煉氣益命之道，又
師華山仇先生授還神之術。」「仇先生者湯王時木正也，服
胎食之法，還神守魂之事大得其益。」陶弘景《紫陽真人內
傳》也記述了周季通「登太華山，遇南嶽赤松子，受《上元
真書》。」赤松子是古代傳說中著名的神仙，僞託得其道者
眾，仇先生即仇生赤，可能就是支子元的老師赤將子。[20]

---

容儀衣服非常。後遂二人見，或一月三十日時時往來僑家靖室中。唯僑
得見。一人姓周，一人姓裴。裴雅重才理，非僑所申。周似不如。此二
人先後教授僑經書，書皆與《五千文》相參，多說道家誡行養性事，亦
有讖緯。

19 《雲笈七籤》卷 106〈楊羲真人傳〉：楊羲仕晉簡文帝爲舍人，少好道，
　　服食精思，遂能進靈接真，屢降玄人。茅君、定錄、安九華等授其道要，
　　西城王君又教服日月之精，及思泥丸絳宮、鍊魂制魄、滅三尸之法。
20 詳見本書〈赤松子與赤將子〉章。

# 清虛真人授魏華存之《靈書紫文》

魏華存居修武縣（今雲台山）時，"冥心齋靜，累感真靈"，於西晉太康九年（288）三十七歲時，忽有眾真下降，清虛真人王褒為其師，並授以《太上寶文》、《八素隱書》、《大洞真經》、《靈書紫文》、《八道》[21]、《紫度炎光》、《石精玉馬》、《神真虎文》、《高仙羽玄》等經三十一卷，並稱"此書昔授之西城總真君，今以付子，且語以存思指歸行事口訣。[22]"

《太平經》載後聖李君授青童大君《靈書紫文》，內有二十四經訣，王明認為《太平經鈔》甲部所述的《靈書紫文》是一部道書總集，至少包括著《皇天上清金闕帝君靈書紫文上經》、《太微靈書紫文仙忌真記上經》和《太微靈書紫文琅玕華丹神真上經》[23]，簡稱"三經"。《太平經》援引古經舊義，都不著明出處，只有《太平經鈔·甲部》說"青童匍匐而前，請受《靈書紫文》，口口傳訣在經者二十有四。[24]"

---

21 《八道命籍》一名《八間》，一名《八達》，又名《八解纏綿釋結謝罪延福妙經》。

22 《雲笈七籤·上清經述》、《茅山志》卷10。《雲笈七籤》卷52〈雜要圖訣法部〉：九真行事訣、升玄行事訣、方諸洞房行事訣、五神行事訣、二十四神行事訣、五辰行事訣、回元行事訣。

23 《中華道藏》01-030-《皇天上清金闕帝君靈書紫文上經》；01-031-《皇天上清金闕帝君靈書紫文上經》；01-032-《太微靈書紫文琅玕華丹神真上經》。

24 《太上混元老子史略》卷下：學道修仙要文，乃太微天帝紫微上真天帝玉清君正傳之訣，以紫玉為簡，青金為文，龜母執筆，真童拂筵，天妃侍香，玉童編名曰《靈書紫文》，以付上相青童大君，使下授玄宮玉名為真人者。於是青童大君……其後傳西城王君，使下教骨相之子焉。

二十四訣大部分見於"三經"，小部分見於《真誥》所引，皆云"在《靈書紫文》中"，《靈書紫文》可說是上清派最核心的經典。

　　陶弘景《真靈位業圖》所列第三中位之左位中"五老上真仙都老公"，下注"撰靈書紫文"，因此又稱《五老寶經》。《靈書紫文》的成書時代，王明曾引經據典論證《太平經鈔》甲部屬僞書，認爲甲部是唐人節錄[25]。"甲部服華丹、食鐶剛等，跟全書的內容不相協調，是從《靈書紫文》抄來的。"《太平經鈔·甲部》的真僞並不影響我們藉以了解《靈書紫文》的內容：

　　青童蹁𨈈而前，請受靈書紫文，口口傳訣在經者二十有四：一者真記諦，冥諳憶（熟記）；二者仙忌，詳存無忘；三者採飛根，吞日精；四者服開明靈符；五者服月華；六者服陰生符；七者拘三魂；八者制七魄；九者佩皇象符；十者服華丹；十一者服黃水；十二者服迴水；十三者食鐶剛；十四者食鳳腦；十五者食松梨；十六者食李棗；十七者服水湯；十八者鎮白銀紫金；十九者服雲腴；二十者作白銀紫金；二十一者（七星？五嶽？）作鎮；二十二者食竹筍；二十三者食鴻脯；二十四者佩五神符。

　　《太平經鈔·甲部》所列二十四訣修持次第，1－2是要求將《仙忌真》熟記。華僑《紫陽真人內傳》說"南行朱火，登丹陵山，遇龔仲陽受《仙忌真記》。"《裴君傳》說《仙忌真記》出於"朱火丹陵仲陽先生"。《漢武帝內傳》"後

---

25　王明《太平經合校》前言，北京中華書局；《論太平經的成書時代和作者》世界宗教研究 1982 年第 1 期。

造朱火丹陵，食靈瓜，味甚好。[26"]

　　《仙忌眞記》原爲《太微靈書紫文上經》中一篇，後分出單行。《裴君傳》引《仙忌眞記》：子欲昇天愼秋分，罪無大小皆上聞，以罪求仙仙甚難，是故學道爲心寒。此是朱火丹陵仲陽先生之要言矣。秋分……每至其日日中之時，上皇太帝君玉尊陛下，乃登廣寒上清靈宅…羣眞集於太微之觀……共集議定天下萬民之罪福，紀錄學道求仙者之勲懈，疏識犯過日月，修行善惡刑罰之科，生死之狀，各隨其所屬部境，根源條列，付之司命……常以甲子日沐浴竟，甲子上旬日……作素奏使長一尺二寸，丹書其文曰“某郡縣鄉里某，欲得長生，登仙度世，飛行上清。眞人至神，五嶽羣靈，三官九府，乞除罪名。”

　　《太平經鈔・甲部》二十四種功之“仙忌”即《仙忌眞記》，《太平經鈔》甲部內容，王明考證認屬僞作[27]。爲南北朝上清派道士僞造，竊取《靈書紫文》及《後聖道君列紀》。檢索《道藏》中與《仙忌眞記》有關的內容[28]，可以發現經典多引清靈眞人裴君所云，且《清靈眞人裴君傳》中的《仙

---

26　晉王嘉《拾遺記・後漢》“明帝陰貴人夢食瓜甚美，帝使求諸方國。時燉煌獻異瓜種……瓜名穹隆，長三尺而形屈曲，味美如飴。父老云昔道士從蓬萊山得此瓜，云是崆峒靈瓜，四劫一實，西王母遺於此地，世代遐絕，其實頗在。”朱火丹陵的靈瓜，可能就是哈密瓜。

27　王明《論太平經鈔甲部之僞》，載王明：《道家和道教思想研究》，北京：中國社會科學出版社 1984 年。

28　《中華道藏》內有關於《清靈眞人裴君傳》中所引《仙忌眞記》內容者有 28-006-《上清道類事相》卷四引《裴君內傳》，05-032-《道門經法相承次序》，02-031-《上清洞眞解過訣》清靈眞人裴君八節日謝罪第一，32-054-《上清太一金闕王璽金眞記》引《素靈玄洞經》，23-047-《至言總》引《裴君傳》支子三元八節謝過法，01-031-《太微靈書紫文仙忌眞記上經》。

忌真記》內容最爲完整，意味《清靈真人裴君傳》出世的時間較早。

《雲笈七籤》卷 110 "龔仲陽者，受嵩山少童步六紀之法。"《洞真上清太微帝君步天綱飛地紀金簡玉字上經》"春步七星，名曰步三綱。夏步七星，名曰蹋六紀。"裴君弟子劉根後來在嵩山教王珍坐三綱六紀法。

三採飛根，吞日精。梁丘子注釋《上清黃庭內景經》云"《上清紫文靈書》有採飛根之法，常以日初出，東向叩齒九通。瞑目握固，存日中五色流霞來繞一身。於是日光流霞俱入口中，名曰"日華飛根玉胞水母"也。向日吞霞四十五咽，畢，又咽液九過也[29]。""服鍊飛根，存漱黃芽。[30]"採服飛根需要存漱黃芽，行氣又稱食五芽氣，或服雲牙，"芽"字亦作"牙"，與舌舔齒取津液有關。叩齒是牙齒上下相碰擊的養生法，可使齦肉，牙床血運通暢，牙齒牢固。嚥液是養陰的功夫，以津液灌溉臟腑，濡潤四肢，清神補腦。採飛根吞日精即是《裴君傳》所云"叩齒九通，咽液三十過……旦視日初出之時，臨目閉氣十息，因又咽日光十過，當存令日光霞，使入口中，即而吞之。"（請參閱本書《裴君所習道功》）

《皇天上清金闕帝君靈書紫文上經》與《上清太極真人神仙經》載《靈書紫文》採吞日氣之法：當常思見日初出之時，乃對日東向，叩齒九通畢，心中陰祝，呼日魂之名、日中五帝之字……畢，仍瞑目握固，存見日中五色流霞，皆來

---

29　《中華道藏》29-112-《雲笈七籤》卷 11。
30　《中華道藏》29-113。

接一身，下至兩足。又存令五氣上至頭頂，於是日光流霞五色，俱來入口中。又日光霞之中，自復有紫氣大如瞳者數十，輝煥在五光之中，名之曰飛根水母也。並俱與五氣來入口中，向日吞霞，作四十五咽氣。咽氣畢，又咽液九過畢，又叩齒九通，微祝曰……祝畢，向日再拜。

四開明靈符，《上清太極真人神仙經》載靈書紫文太微服日氣開明靈符：晦夜半朱書青紙上，東向吞之，以先告日魂也。臨服符時，閉氣，左手執符，心祝曰：太微丹書，名曰開明，致日上魂，來化我形，平日嚴裝，發自圓庭，飛華水母，日根金精，紫映流光，號爲五靈。祝畢，乃服符。

五服月華，上清太極真人神仙經》載靈書紫文採服月精之法，採服陰華吞月精之法，當思見月初出之時，乃對月西向叩齒十通畢，心中隱祝，呼月魂之名、月中五夫人之字……畢，仍瞑目握固，存見月中五色流精，皆來接一身，下至兩足。又存令五氣上至頭頂，於是月光流精五色，俱來入口中。又月光精之中，自復有黃氣大如目瞳者，累重數十，相隨在月精光五色之中，名曰飛黃月華之精也。並俱與五氣來入口中，向月吞精作五十咽。咽氣畢，又咽液十過畢，又叩齒十通，微祝曰……祝畢，向月再拜。

六服陰生符，《上清太極真人神仙經》載靈書紫文服太玄陰生符，月晦夜半黃書青紙上，東向服之，先以告月魂也。是時當先服開明符也。臨服月符，閉氣，右手執符，心祝曰：紫微黃書，名曰太玄，致月華水，養魄和魂，方中嚴事，發自玄關，藏天隱月，五靈夫人，飛光九道，映朗泥丸。祝畢，乃服符。《無上祕要》卷 26 靈寶符效品：三天太玄陰生符……

清齋百日，入室思月精，含而吞之，與月同壽。

七拘三魂，《上清太極真人神仙經》載太微靈書紫文拘三魂之法，拘留之法，當安眠正臥，去枕伸足，交手心上，瞑目閉氣三息，叩齒三通，存心中有赤氣如雞子，從內仰上出於目中，出外赤氣轉大，燒身，使匝一身，令其內外洞徹，有如然炭之狀，都畢矣。其時當覺身中小熱，乃叩齒三通畢，即存三魂名字：胎光、爽靈、幽精，三神急住。

八制七魄，《上清太極真人神仙經》載太微靈書紫文制七魄之法，當正臥，去枕伸足，兩手掌心掩兩耳，指端相接交項中，閉息七通，存鼻端有白氣如小豆，須央漸大，以冠身九重，下至兩足，上至頭上。頭上既畢，於是白氣忽又變成天獸，使兩青龍在兩目中，兩白虎在兩鼻孔中，皆向外，在心上向人口，蒼龜在左足下，靈蛇在右足下。兩耳中有玉女，著玄錦衣，當耳門，兩手各把火光。良久都畢，又嚥液七過，叩齒七通，呼七魄名畢。

七、八如同《清靈真人裴君傳》用《五行紫文》以除三尸。常用朔望之日，日中時，臨目南向。臨目者，當閉而不閉也。心存兩目中出青氣，心中出赤氣，臍中出黃氣。於是三氣相繞，合爲一氣，以貫一身。須臾，內外洞徹，如火光之狀，良久，乃叩齒十四通，咽液十四過畢[31]。此煉形之道，除尸蟲之法也[32]。久而行之，體有五香之氣，目明耳聰，長生不

---

31 叩齒是牙齒上下相碰擊的養生法，可使齗肉，牙床血運通暢，牙齒牢固。嚥液是養陰的功夫，以津液灌溉臟腑，濡潤四肢，清神補腦。

32 古人知道人身上有危害人體的寄生蟲，稱爲九蟲三尸，其中三尸被賦予鬼神形象，稱做青姑、白姑及血尸。三尸之鬼變化無方，會上天言人之過，能自由出入人體，操縱生命，因此斷穀不食，即斷其生機。

死。

　　九佩皇象符，《上清太極真人神仙經》載太微天帝君天皇象符：若道士有行還精之道，回黃轉赤，朝精灌命，注津溉液，使男女共丹，面生玉澤者，宜知大君之名要，服象符以不老矣……道士暮臥，常存大君，爲祝說之法，朔望服符，以運胎精之益者，如此亦成仙人，可不煩男女還補之術也。然御女以要飛騰，回氣以求天仙，嶮巇甚於水火，殺伐速於斧釿，自非灰心抱一之性，殆不可以此取喪失者也。

　　十服華丹，十一服黃水，《太微靈書紫文琅玕華丹神真上經》黃水月華丹法：火燒釜百日，成琅玕華丹，丹成勿發取，又更始火，如初燒華丹之狀，進止火尺寸之法，復百日，合前二百日，寒之六宿，發而視之，眾精仰於上釜結幕，幕中有黃水，水有黃華，華似芙蓉，名曰黃水月華。《裴君傳》“食黃琬紫津之氣，飲月華雲膏。於是與五夫人夕夕共游，此所謂奔月之道矣。”

　　十二服迴水，《黃庭內景經·隱藏》“溉益八液腎受精。”務成子注“咽液流下入腎宮，化爲玉精也。”又據《洞真高上玉帝大洞雌一玉檢五老寶經》“口中並有迴水玉精，一名圓明白華，一名日華。其狀如水浡，其色如白玉，其味如蜜。”《神仙傳·李仲甫》“少學道於王君，服水丹有效。”水丹可能爲“徊水玉精丹法”。據《太微靈書紫文琅玕華丹神真上經》徊水玉精丹法：

　　火燒藥釜二百日，變成黃水月華，勿發，又始更興火，如前法，復一百日，合前三百日，寒之九宿，而發之，眾精結苞，仰著上釜，苞中有白水，如玉膏狀，自徊動，常左行，流動於苞中。白水中有明珠三枚，貌大如雞子，名曰徊水玉精。

十三食鐶剛、十四食鳳腦，《太微靈書紫文琅玕華丹神真上經》取琅玕華丹，以和徊水如雞子者，種之於墇，復其土，堅築之三年，其上生樹，赤色如棗，高三四尺，其實如鐶，名曰環剛樹。食其實，與天相生，上升太極，化形爲雲，一名太極隱芝。穿地廣深六尺，取鐶實一枚種之，灌以黃水五合，復其土，堅築之三年，其上更生草如苞，其子如桃，有五色，名曰鳳腦芝。食其實，上昇太極，唾地化爲鳳凰，可乘鳳而翔。

又《上清道寶經》卷二引《靈書紫文》云"穿地八尺，取赤樹子種之，灌以徊水，水丹也。鳳腦，液名也。三年生絳樹似李。"

十五食松梨；十六食李棗；《真誥》"玉醴金漿、交梨火棗，此則騰飛之藥，不比于金丹也。"《太微靈書紫文琅玕華丹神真上經》：取黃水四合，鳳腦實一枚，合種之，以黃水灌腦實，復其土，堅築之三年，上生赤樹如松，高五六尺，其實如梨，子正白如玉，食其實，上登太微……取赤樹子種之，灌以徊水五合，復其土，堅築之三年，上生絳樹似李，高六七尺，生青實如棗，色青如翠，食其實，上登紫微。

十七服水湯，辟穀須飲水食氣，《千金翼》卷 13《辟穀‧服水》"不飢復不渴，賴得水以自活。"《太玄寶典》卷下服水章"真人服水，所以益真氣元也……停廚者，居山或山荒之地，欲絕粒，服水益脾，不羸不弱者，先存脾元作黃氣繚繞，次令火力下行透骨，閉息三百六十，握固，嚥氣真津亦三百六十，乃服水……每日清旦服之。七日外不飢，初服先數日少少飲粥，服水未得力可服棗栗，少少以助神力。"

十九服雲腴，《無上祕要》卷87：擇取藍白精肥者（蓱菜）十斤，黑苣藤五斗，白蜜凝雪者五斗，高山玄巖絕泉石孔之清水三十六斛，白石英精白無有礫者五枚……先築土起基高二尺，作竈屋……又取蓱白五斤，好積覆於五石之上。畢，內蜜灌蓱上。畢，內苣藤五斗灌蜜上。畢，乃格度苣藤入釜……水盡之後，更加煎……雲腴之味，香甘異美……常能服此腴者乃佳……此腴名玄水玉液，一名飛龍雲腴，一名鍊五石之華膏，服之十五年，身有玉光，內外洞徹，長生天地，役使鬼神。

二十二食竹筍，二十三食鴻脯，《上清僊府瓊林經》：服日月之精華者，欲得常食竹笋者，日華之胎也，一名大明。又欲常食鴻脯者，月胎之羽鳥也，一名月鷺。欲服日月，當食此物，氣感運之。

二十四佩五神符，五神符可能是《五嶽真形圖》。《太平經》中有關於佩五神符、佩星象符等的記載，認爲將之燒後浸水中服用，可"災不能傷，魔邪不敢難。"如果將符佩帶在身上，就可以怯邪役神。

分析《太平經鈔・甲部》所列二十四種功，1－2是要求將《仙忌真》熟記，3－8屬奔日月之道[33]；9－16爲房中術，17－23爲服食，24五神符可能是佩《五嶽真形圖》。以《裴

---

33　《中華道藏》02-029-《上清太極真人神仙經》有採吞日氣、服日氣開明靈符、服月精、服太玄陰生符、拘三魂、制七魄、服天皇象符，具體操作方法。

君傳》比較《混元聖紀》修行二十四事，這些功法皆與 "古華山派" 有關。

《靈書紫文》二十四經訣的具體內容，也可以從謝守灝《混元聖紀》卷 2，以及《太微靈書紫文琅玕華丹神真上經》，看出大致。老君授青童大君《靈書紫文》修行二十四事，其略云：

採服飛根吞日氣之法：先服開明符，常思見日初出時……存見日中五色流霞來接一身……次採服陰華吞月精之法，先服太玄陰生符，常思見月初出時……存見月中五色流晶來接一身…次拘三魂，以三魂棄身遊遨，颭逝本室，或爲他魂留制，或爲魅物收錄，當拘而留之，使無遊逸。其法常存心中有赤黑轉大以覆身，變而爲火，洞照內外，叩齒呼祝如法，則三魂拘留矣。次制七魄，以七魄流落，遊走穢濁，或交通血食，往來鬼魅，或共死屍相關，或言人之罪，欲人之敗，皆魄之疾也。其法生晦朔、弦望及庚申日，存鼻端有白黑漸大，以冠身九重，又變作四靈之獸，匝繞一身，呼呎如法，則七魄制煉矣……又行鬱儀結璘奔晨之道，服靈飛六甲陰陽符，佩神虎金虎銷魔豁落流金之章，誦大洞真經，存三部八景二十四神，服琅牙華丹，抱黃水月華，徊水玉精環剛之果，即頭生七色之氣，分形變化，千乘萬騎，白日昇天。皆學道修行要文，乃太微天帝、紫微上真天帝玉清君口傳之訣，以紫玉爲簡，青金爲文，龜母執筆，金童拂筵，天妃侍香，玉童結篇，名曰《靈書紫篇》，以付上相青童大君，使下授玄宮玉名爲真人者。

# 三茅與茅山

今江蘇句容縣境內茅山，本名句曲山。相傳西漢景帝時，陝西咸陽南關茅盈、茅固、茅衷于句曲山修道濟世。茅氏兄弟仙逝後地民眾緬懷敬仰，更句曲山爲三茅山，簡稱茅山。

《真誥・協昌期》"句曲山，秦時名爲句金之壇，以洞天內有金壇百丈，因以致名也。外又有積金山，亦因積金爲壇號矣。周時名其源澤爲曲水之穴，按山形曲折，後人合爲句曲之山。漢有三茅君來治其上，時父老又轉名茅君之山。"《南史・隱逸下・陶弘景傳》稱："漢有咸陽三茅君得道來掌此山，故謂之茅山。"說明天監四年（505）陶弘景編撰《真誥》時，句曲山已稱茅山。

句曲山很早就是上清派的聖山，《稽神樞》謂"內有靈府，洞庭四開，穴岫長連……眾洞相連，陰路所適，七塗九源，四方交達，真洞仙館也。山形似已，故以句曲爲名焉。"陶弘景注"清虛是王屋洞天名，言華陽與比並相貫通也。[1]"句曲山又名爲句金之壇，上清派認爲種民應住在金陵句曲山，"居其地，必得度世見太平。""辟兵水之災，見太平聖君"。

---

1 司馬承禎《天地宮府圖・十大洞天》中的王屋山洞，號"小有清虛天"，在今河南濟源縣西北四五公里處。

　　《真誥·稽神樞》介紹茅山的地理環境"江水之東，金陵之左右間小澤，澤東有句曲之山是也。"所謂"小澤"即古之"赤山湖"，今之太湖。陶弘景注："小澤即今赤山湖也。從江水直對望山，東西左右正自如此也。""今山去石頭江水步道一百五六十里。"

　　許邁曾"立精舍於懸霤（山名），往來茅嶺之洞室。"《真誥·真經始末》說："長史、掾立宅在小茅後雷平山西北，掾於宅治寫修用。"《真誥》大部份爲晉興寧三年（365）楊許於茅山所記之"仙真降誥"，《上清經》爲西漢方士茅盈或王褒所傳的說法，學者多以爲不可信[2]。上清派的活動開始於茅山降神，因此對三茅兄弟需要認識。

　　《雲笈七籤》卷104載"大茅君，諱盈，字叔申，稱太元真人東晉上卿司命神君。中茅君，諱固，字季偉。小茅君，諱衷，字思和。"《真誥》中稱茅盈爲東嶽上真卿司命君、東卿司命、茅司命，茅固爲勾曲眞人定錄右禁郎茅季偉[3]，茅衷爲三官保命司或保命仙君，茅氏三兄弟是許謐降真通靈的主要對象。

　　據《眞誥·稽神樞》"秦始皇帝二十七年遊會稽還，於此山埋白璧一雙……王莽地皇三年（22），遣使者章邕賫黃金百鎰、銅鐘五枚贈之於句曲三仙君……光武建武七年（31）三月丁巳，遣使者吳倫賫金五十斤，獻之於三君……漢明帝永平二年（59），詔敕郡縣修守丹陽句曲眞人之廟。"陶弘景注"三君初得道乘白鵠在山頭，時諸村邑人互見，兼祈禱

2　牟鐘鑒等《道教通論》444頁，齊魯書社1991年。
3　《登真隱訣》云"龍伯高後漢人，本隱士，師定錄。"

靈驗，因共立廟於山東，號曰白鵠廟。"《神仙傳·茅君》
描述"遠近為之立廟奉事之，茅君在帳中與人語，言其出入
或發人馬，或人馬，或化為白鵠。人有病者，往請福，常煮
雞子十枚，以内帳中。"白鵠廟有濃厚的民間信仰特色。

　　《真誥·翼真檢》云："楊書《王君傳》一卷（即清虛
王君傳），本在句容葛永真間，中又在王文清家，後屬茅山
道士葛景仙。"意味東晉時茅山已有道士。由於茅山地區盛
行三茅君信仰，楊羲和許謐、許掾生活於句曲山下，降真難
免受到當地民間信仰的影響。

# 關於西王母傳經茅盈

　　茅盈之名始見於漢代緯書《尚書帝驗期》"王母之國在
西荒，凡得道受書者，皆朝王母于崑崙之闕。王褒字子登，
齋戒三月，王母授以《瓊花寶曜七晨素經》。茅盈從西城王
君，詣白玉龜台，朝謁王母，求長生之道。王母授以《玄真
之經》，又授寶書，童散四方，洎周穆王，駕龜黿魚鱉，為
梁以濟弱水，而升崑崙玄圃閬苑之野，而會于王母，歌白雲
之謠，刻石紀跡於弇山之下而還。[4]"讖緯提到西王母傳授王
褒道書，而王褒為魏華存之師。蕭登福因此認為"上清道書
的傳承，在漢世應已開始。"[5]

　　羅爭鳴研究杜光庭《墉城集仙錄》時發現原本確為十卷，
但目前僅存殘本和節錄本，即《道藏》殘存六卷，以下簡稱

---

4　《太平御覽·卷六百六十一·道部三·真人下》引。
5　蕭登福《西王母信仰源起及其在歷朝歷代中的神格發展》。

《道藏》六卷本；張君房《雲笈七籤》卷 114 至卷 116 節錄 27 篇，附杜光庭序，與《道藏》六卷本僅兩篇重出，以下簡稱《雲笈》本。《道藏》六卷本《墉城集仙錄》可能是原本，而《雲笈七籤》所收的 27 篇，卻是經過宋人加工，串改了《尚書帝驗期》。

《道藏》六卷本云老子爲西王母說《常清靜經》，這裡老子、西王母是師徒關係；而《雲笈七籤》本拋開老子，敘述茅盈、張陵、王褒朝謁西王母受道經事，把西王母擺在至高位置。對西王母地位這種截然不同的處置，正是問題的關鍵所在。

《常清靜經》的傳授經過，杜光庭在其《常清靜經注》中敘爲：老君→西王母→金闕帝君→東華帝君→葛玄。這個次序一如《道藏》六卷本《墉城集仙錄》卷一《金母元君》所云，且語句略同。據此，基本可以肯定《道藏》六卷本此篇爲杜光庭編撰的原本。《雲笈》本抹去老君和《常清靜經》，易爲茅盈、王褒、張陵朝謁西王母，西王母授《寶曜七辰素經》[6]。說明了後人虛構王褒受經之事。

所引緯書《尚書帝驗期》，翻檢中村璋八、安居香山的《緯書集成》[7]，該篇校勘記云"諸輯佚書以'崑崙之闕'終文。《雲笈七籤》引《帝驗期》，有同類之文而更詳也。《御覽》依《雲笈七籤》之文而爲節引乎？"依據《緯書集成》

---

6 羅爭鳴《雲笈七籤本墉城集仙錄探賾》，長春：《古籍整理研究學刊》2006 年第 4 期。
7 日・中村璋八、安居香山《緯書集成》上冊《尚書帝驗期》，頁 387，河北人民出版社 1994 年。

校勘的意思，一般緯書僅有"王母之國在西荒，凡得道授書者，皆朝王母於崑崙之闕。"之句，而《雲笈七籤》引《帝驗期》，有同類之文而更詳也。

因此，所謂"王褒字子登，齋戒三月，王母授以《瓊花寶曜七晨素經》。茅盈從西城王君，詣白玉龜台，朝謁王母，求長生之道。"爲後人附會。如前文所述杜光庭在編撰《墉城集仙錄》時參考上清派典籍，串改了《尚書帝驗期》。

除九天仙女、西王母以外，《雲笈七籤》25 則女仙傳記全不見《道藏》本，這 25 則傳記有 10 餘則採自《真誥》。《真誥》爲早期上清派重要典籍，其中《稽神樞》篇多錄上清派男真女仙，張君房節錄的女仙，近一半採自《真誥》，這與《墉城集仙錄》以上清派女仙爲主的原則是一致的[8]。因此杜光庭在編撰《墉城集仙錄》時可能參考了一些上清派典籍，其中有材料篡改了《尚書帝驗期》。

此外東漢·桓驎《西王母傳》說西王母曾傳道書予西城王君、茅盈、王褒、張陵等人，其說亦承自《尚書帝驗期》。張啟成、梁葆莉《論西王母及其歷史擅變》[9]主張《說郛》收《西王母傳》（僅摘抄其前半部分），署名漢桓驎撰，當爲誤記或偽託。

陳垣《史諱舉例》引《茅山誌》卷 20 說"道家最喜杜撰，《九錫真人三茅君碑》爲梁普通三年（522）道士張繹立，道

---

8 李豐楙《西王母五女傳說的形成及其演變》，見《誤入與謫降六朝隋唐道教文學論文集》223 頁，臺灣學生書局 1986 年。
9 張啟成、梁葆莉《論西王母及其歷史擅變》，貴州大學學報 2004 年第 6期。

士孫文韜文。其文云：太元真人司命君，諱盈，字叔申，咸陽南關人，以漢景帝中元五年（前 145），太歲丙申誕生，茅氏之胤。年十八，棄家學道入恒山。”　“漢文帝諱恒，此曰恒山，猶可曰從梁時稱也。茅君居近西京，非邊鄙可比。果名盈，則必非景帝時人。果爲景帝時人，則必不名盈。道士不學，任意杜撰，其偽顯然。[10]”

陳垣的意思是，恒山在河北曲陽縣西北，因避漢文帝諱，漢朝改稱常山。《茅君碑》的著者孫文韜，以梁朝當時人稱說恒山，還可以接受。而茅君所居咸陽距離西漢首都長安並不遠，漢惠帝劉盈（前 194－前 187），景帝時（前 156－前 140）避“盈”之字爲“滿”。所以，茅盈不是景帝時人，或茅盈的記載是後人虛構。

據《雲笈七籤》卷 4〈上清經述〉王屋山清虛小有真人王褒（襃），是魏華存之靈師，西城王君爲王褒之師。又據《清虛真人王君內傳》稱“華存師清虛真人王君，諱褒，字子登，範陽襄平人也，安國侯七世之孫。君以漢元帝建昭三年九月二十七日誕焉。”

陶弘景《登真隱訣》說“清虛王真人，總真王君弟子，南嶽魏夫人師。漢元帝時，辭家入華陰山。九年，太極真人降授二法。後入地肺山（終南山一名地肺），又登陽洛山……平帝時修行道成。太上遣賜以爲太素清虛真人，治王屋山。南嶽魏夫人師之，撰傳顯於世。”若王褒生於漢元帝建昭三年（前 36），則距魏華存之生二百八十七年，故所述王、魏

---

10 陳垣《史諱舉例》卷七《第六十九因犯諱或避諱斷爲偽撰例》。

間經書授受，爲教內神話中人物，屬不可究的神人。

　　崑崙山集聚仙人，西王母賜授仙經指引修道之神話，爲道教所承襲。《登真隱訣》云：“大茅君字叔申，年十八入恒山學道，師西城王君。詣龜山得九轉還丹。”《太元真人東嶽上卿司命真君傳》內稱：“茅盈字叔申，咸陽南關人也。師西城王君，西至龜山見王母。”於是西王母告盈以玉佩金璫之道，《太極玄真之經》。盈拜受所言，辭歸修行，後在茅山得道成仙[11]。

　　《太平廣記》卷 13 引《神仙傳‧茅君》，與《道藏‧神仙傳‧茅君》內容不同。《太平廣記》所引茅君是幽州人，學道於齊，僅稱姓茅沒有名字，沒說他在句曲山修煉，也沒說於句曲爲之立廟奉事。《道藏‧神仙傳‧茅君》則稱茅盈咸陽人於恒山學道，增益二弟履歷，言在句曲立廟奉事[12]。葛洪曾從鄭隱受《太清丹經》、《九鼎丹經》、《金液丹經》，晚年於羅浮山煉丹，對於家鄉的方士，必然非常了解。茅盈若曾在句曲山，《神仙傳》中不會遺漏。《太平廣記》所引《神仙傳》是原始版本。

　　《史記‧秦始皇紀》“始皇三十一年（前 216）十二月，更名臘曰嘉平。”據南朝裴駰《集解》所引《太原真人茅盈內紀》考察，三茅君是秦末漢初時人，“盈曾祖父濛，於華山白日升天。其邑謠歌曰：神仙得者茅初成，駕龍上升入泰清，時下玄洲戲赤城，繼世而往在我盈，帝若學之臘嘉平。”

　　“盈”是茅濛曾孫茅盈，按《內傳》及《九錫碑》言：

<hr />

11　《雲笈七籤》卷 104）。
12　《中華大道藏》45-002-《神仙傳》。

盈生於漢景帝中元五年（前 145），流傳歌謠時茅盈尚未出生。原本歌謠爲"神仙得者茅初成，帝若學之臘嘉平。[13]"三茅原本爲民間信仰，在傳播過程中，加入源於華山的神仙方術。後人以曾在華山修道的茅濛，來突出茅盈，編造"繼世而往在我盈"。

## 茅氏家族史的編造

《雲笈七籤》卷 104《太元真人東嶽上卿司命真君傳》署"弟子中候仙人李道字安林撰"。陳國符據《真誥》卷 8、9、11 諸注考證，認定此傳即晉代所出之《茅三君傳》。據《真誥》卷 8 注"李中候，名遵，即撰《茅三君》者。"其作者當爲李遵，《雲笈七籤》署"李道"蓋誤。又據卷 11 注考證，該傳似"出自長史（指許謐），故亦于晉代出世。"《太元真人東嶽上卿司命真君傳》內容本葛洪《神仙傳》，但有增益。

（一）增寫了三茅祖、父輩之履歷。謂"高祖父諱濛，字初成……知周之衰，不仕諸侯，乃師于北郭北阿鬼谷先生，遂隱遁華山……曾祖父諱偃，字泰能，濛之第四子也，仕秦昭王之世，位爲舍人，稍遷車騎校尉長平恭侯……祖父諱嘉，字正倫，仕秦莊王爲廣信侯，始皇即位，嘉輔帝室……以嘉

---

13 宋・吳曾《能改齋漫錄》卷 4 記載"余考史記秦本紀惠王十二年初臘及始皇本紀二十一年十二月更名臘曰嘉平。先是其邑歌曰'神仙得者茅初成，帝若學之臘嘉平。'父老具言此神仙之謠歌，勸帝求長生之術，於是有尋仙之志，因改臘曰嘉平。"

爲德信侯。"父"諱祚，字彥英，不仕不學，志願農巷"。

（二）增寫了茅盈從師學道事蹟。謂"盈年十八，遂棄家委親，入於恒山，讀老子《道德經》及《周易傳》採取山尤而餌服之……盈於恒山積六年，思念至道，誠感密應，（神告之）曰'西城有王君得真道，可爲君師'……明辰……逕到西城……卒見王君。後二十年，從王君西至龜山見王母……口告盈以玉佩金璫之道，太極玄真之經。"

（三）《真誥·稽神樞》云："漢有三茅君來治其上，時父老又轉名茅君之山。三君往曾各乘一白鵠，各集山之三處。時人互有見者，是以發於歌謠。乃復因鵠集之處，分句曲之山爲大茅君、中茅君、小茅君三山焉。""漢明帝永平二年，詔勅郡縣，修守丹陽句曲真人之廟。"

陶弘景註"按三君初得道，乘白鵠在山頭，時諸村邑人互見，兼祈禱靈驗。因共立廟於山東，號曰白鵠廟。每饗祀之時，或聞言語，或見白鵠在帳中，或聞伎樂聲。於是競各供侍。此廟今猶在山東平阿村中。有女子姓尹，爲祝，逮山西諸村，各各造廟。大茅西爲吳墟廟，中茅後山上爲述墟廟，並歲事鼓舞，同乎血祀，蓋已爲西明所司，非復真仙僚屬矣。"

據《真誥·稽神樞》前述，漢有三茅君得道後，句曲諸村邑人立白鵠廟於山東平阿村，有一位姓尹的巫祝。山西有吳墟廟，後山爲述墟廟，這三座廟"歲事鼓舞，同乎血祀"，性质爲"俗神鬼道"，陶弘景認爲已非仙道。

又"昔年十餘歲時，述墟閑耆宿有見語'茅山上故昔有仙人，乃有市處，早已徙去。'後見包公問動靜……唯說中仙君一人字，不言兄弟三人，不分別長少，不道司命君尊遠別治東宮。未見傳乃知高卑有差降，班次有等級耳。”（原注：包公是鮑靚，句容人悉呼作包也。）

中仙君即定錄中君，《三洞羣仙錄》卷之五引《茅君記》：“茅中君諱固字季偉，舉賢良方正，累遷金吾。”茅山當地父老“唯說中仙君一人字，不言兄弟三人。”據此，鮑靚隱跡句容時茅山上仙人只有茅固。

（四）西王母傳茅盈玉珮金璫之道與太極玄真之經。《神仙傳》稱“戴孟本姓燕，名濟，字仲微，漢明帝時（58－76）人也。入華山受裴君《玉佩金璫經》，及受石精金光符。”玄真之經“晝存日，夜存月。[14]”見於《清靈真人裴君傳》。

因此《太元真人東嶽上卿司命真君傳》爲上清派造神，攀附傳說在華山得道的古仙茅濛，將上清經法託稱得自西王母，稱茅盈在茅山得道成仙，爲太元真人領東嶽上卿司命神君，神化茅盈爲司命君。

司命信仰出於《禮記·祭法》“王爲羣姓立七祀：曰司命、曰中霤、曰國門、曰國行、曰泰厲、曰戶、曰灶。”七祀是與日常生活直接有關的神鬼，鄭玄注“居人之間，司察小過，作譴告。”其中，司命爲七祀之首，鄭玄注“司命主督察三命。”孔穎達疏“案《援神契》云：命有三科，有受命以保慶，有遭命以謫暴，有隨命以督行。受命謂年壽也，遭命謂行善而遇凶也，隨命謂隨其善惡而報之。”道教善惡

---

14 《真誥·協昌期》“東卿司命（茅盈）曰：先師王君昔見授《太上明堂玄真上經》，清齋休糧，存日月在口中。晝存日，夜存月，令大如杯，日赤色有紫光九芒，月黃色有白光十芒，存咽服光芒之液，常秘行之無數。”

報應說，承繼先秦以來所發展來的三命說，對善惡果報的探討，遠比佛教因果說來得周密。《神仙傳》說茅君"能起死人"，"有神靈之職"，因此上清經派將他與司命之神聯想。

又據《太元真人東嶽上卿司命真君傳》茅盈的曾祖父茅偃，是茅濛之第四子，秦昭王之世（前306－前251）曾作長平（陝西）恭侯。茅盈的祖父茅嘉，秦莊王時曾爲廣信侯，滅二周，置三川郡[15]"以呂不韋爲丞相，號文信侯[16]，以嘉爲德信侯，使招置賓客遊士。"茅嘉與呂不韋地位相同，也廣攬人才。公元前230年至前221年，茅嘉參與秦始皇統一天下的事業，率兵戰死於會稽，以相國禮葬之於長安龍首山。嘉有六子，並知名於時，始皇皆官爵承先，並各賜姓。

《茅山志》卷5《茅君真胄》：仲弟即定錄君，漢景帝時察孝廉，元朔元年（前128）舉賢良，拜五官郎，正和二年轉太子太傅，元鳳元年（前80），拜破胡校尉武威太守。茅盈季弟（茅衷）即保命君，少以節行著名，隱華陰山，武帝建元三年（前138）舉方正不就，徙梁國，爲孝王上賓，宣帝地節二年（前68），遷洛陽令，轉拜西城校尉上郡太守。元帝即位，拜五更大夫，轉西河太守。

從《太元真人東嶽上卿司命真君傳》以及《茅君真胄》，可以看出茅氏家族屬上層階級。陶弘景出身士族家庭士族，茅山宗廣泛傳播于王公貴族、官僚士大夫之中，在上層社會

---

15 《史記·蒙恬列傳》"秦莊襄王元年，蒙驁爲秦將，伐韓，取成皋、滎陽，作置三川郡。"

16 《史記·秦始皇本紀》："呂不韋爲相，封十萬戶，號曰文信侯，招致賓客遊士，欲以并天下。"

影響廣大。編造茅氏家族歷史，有助信眾的認同。

# 句曲山華陽洞天與華山

　　華陽洞天又稱句曲洞天，即大茅峰下的“華陽洞”。《真誥・稽神樞》有陶弘景詳細記述“大天之內，有地中之洞天三十六所。其第八是句曲山之洞，週迴一百五十里，名曰金壇華陽之天……東西四十五里，南北三十五里，正方平……其內有陰暉夜光，日精之根，照此空內，明並日月。”

　　又據《真誥・稽神樞》陶弘景註“世人採藥，往往誤入諸洞中，皆如此，不便疑異之。而未聞得入華陽中……漢建安之中（196）左元放聞傳者云江東有此神山，故度江尋之，遂齋戒三月乃登山，乃得其門入洞（華陽洞）虛造陰宮。元放周旋洞宮之內經年，宮室結構，方圓整肅。”

　　據《茅山志》卷13 華陽洞天的管理機構爲“三宮五府……曰易遷宮、含真宮、蕭閒宮；曰太元府、定錄府、保命府、童初府、靈虛府。其太元、定錄、保命爲三茅君所治；易遷、含真，則女子成道者居之，餘宮府皆男真也，保命間用女官。東海青童君一年再遊，校此諸宮觀，見群輩。”定錄府，住有北河司命之官，統領掌管種民的禁保侯。

　　《茅山誌》卷23唐・柳識《茅山紫陽觀玄靜先生碑》云“道門華陽，亦儒門洙泗。”孔子曾教弟子於泗水和洙水之間，將華陽比附洙泗，可見其重要性。然而這個茅山之最大的溶洞，爲何被命名爲華陽？

　　東晉時楊羲通過降真的方法從魏華存處得到上清派經

書，陶弘景 10 歲時讀《神仙傳》即有養生之志。後來陶弘景
（456－536）蒐集楊、許手跡，編爲《真誥》並纂集上清經
典與法術，使上清經法更臻完備。他致力建立茅山教團，綜
合前代學說有不容置疑的貢獻。陶弘景隱居茅山 40 餘年，奉
三茅爲祖師，號華陽隱居，爲上清經派茅山宗的開創者。宋·
鄧牧《洞霄圖志》卷 6 舊真境錄後序"茅山之顯，卒因陶公，
而不因元放也。"茅山以陶弘景（456－536）而名播宇内，
華陽之天或華陽洞天稱謂始於陶弘景。

　　華陽作爲地域概念出現甚早，《禹貢》、《尚書·夏書》、
《周禮·職方氏》及《漢書·地理志》、《三國志》等均曾
涉及，以華陽爲古梁州範圍内的地域。秦嶺古代通稱華山，
秦嶺南面就叫做華陽。《禹貢》云"華陽黑水惟梁州"，是
說梁州與雍州以秦嶺爲界。

　　秦嶺古代通稱華山，秦嶺南面就叫做華陽，歷史上名號
中帶有"華陽"者，多與華山有關，如：韋節卜居華山之陽，
因號華陽子；《混成集》載鍾離權有詩：華陽山裏多芝田（仙
人種靈芝的地方），華陽山叟復延年，青松巖畔高柯下（青
柯坪），白雲堆裏飲飛泉，不寒不熱神蕩蕩，東來往氣綿綿，
三千功行好歸去，休向人間說洞天。

　　華陰與華陽對舉，華陰縣在華山陰面，所以叫華陰縣，
華山的陽面在陝南，叫華陽縣。《山海經·中山經》"陽華
之山，其陽多金玉，其陰多青雄黃。"華陰縣東南產金礦，
戴孟入華陽山，服白朮、黃精。戰國時期秦國有"華陽軍"

17，以及 “華陽太后” [18]等稱呼看，華陽主要指陝西華山之南的地域，所謂 “華山之陽” 是也[19]。

東漢華陰屬弘農郡，唐宋爲華陽縣。歷史上名號中帶有 “華陽” 者，多與華山有關，如《真誥・稽神樞》 “戴孟入華陽山，服朮食大黃及黃精，種雲母雄黃丹砂芝草，受法於清靈真人。” 韋節卜居華山之陽，因號華陽子[20]；公孫璞者，武德二年（619）爲華州司馬，璞表兄華陰令……璞全家修道，居於華陽山焉。

胡義成先生敏銳的發現 “華陽洞天” 與華山的關係，他在研究《西遊記平話》作者時，認爲 “明代《西遊記》百回 ‘華本’ 均標 ‘華陽洞天主人校’，此 ‘華陽洞天主人’ 即史志經弟子之稱。有確鑿的文獻記載表明，華山道士們常以 ‘華陽道派’ 自居；華陽洞天者，華山道場之謂也。” [21] “華陽洞天早已成茅山標誌；它最初在文化深層與陝西以及華山道教，有著千絲萬縷的關係。[22]” 華陽洞天與華山的關係如下：

一、茅濛與茅衷，都曾在華山修道。《神仙傳・茅君》稱 “茅濛字初成，華陽人也，學道於華山，丹成，乘赤龍而昇天，即秦始皇時也。”《茅山志・茅君真冑》：長往華山。宋・張敦頤《六朝事跡類編・茅山君》 “茅濛字初成，華陽

---

17　《史記・周本紀》。
18　《史記・呂不韋列傳》。
19　華陰縣是在華山陰面，陝南華陽縣在華山陽面。
20　《終南山說經臺歷代真仙碑記》。
21　胡義成／張燕《西游作者：撲朔迷離道士影》，《陰山學刊》2001 年第 3 期。
22　胡義成《西遊記定稿人與全真教關係考》，杭州師範學院學報 2003 年第 5 期。

人也，隱華山修道。”《茅山志》卷 5 茅君真冑“茅盈季弟即保命君（茅衷），少以節行著名，隱華陰山，武帝建元三年（前 138）舉方正不就。”

二、《太元真人東嶽上卿司命真君傳》稱西王母傳茅盈玉珮金璫之道與太極玄真之經。《真誥·協昌期》東卿司命（茅盈）曰“先師王君昔見授《太上明堂玄真上經》，清齋休糧，存日月在口中。晝存日，夜存月，令大如杯，日赤色有紫光九芒，月黃色有白光十芒，存咽服光芒之液，常秘行之無數。”據《神仙傳》稱“戴孟本姓燕，名濟，漢明帝時（58－76）人，入華山受裴君《玉佩金璫經》。”此存日月之法見於《清靈真人裴君傳》，因此茅盈的道法與華山有淵源。

三、《茅山志·茅君真冑》“李翼，字仲甫者，京兆人也。與司命君（茅盈）俱事西城王君，仲甫為入室弟子，司命君為北牖弟子，但仲甫所受業異，恆服水玉[23]，有效，能步斗隱形，晝夜行三綱六紀之法，又作白虎七變⋯⋯漢靈帝時（168－189），入西嶽去⋯⋯仲甫曾以七變神法傳左元放，元放修之亦變化萬端矣。”這是說李仲甫與茅盈同一師門，《仙苑編珠》“李生者，名仲甫，豐邑中陽人也。學道於弘農王君，得服玉法，行遁甲、隱形、步斗術。”李仲甫所傳

---

23　《列仙傳》云：赤松子服水玉以教神農。中國古代最早稱石英為水玉，古稱水晶、水精、菩薩石或石英。李時珍說：水晶“瑩澈晶光，如水之精英，會意也”《山海經》記錄的非金屬礦物中，包括水玉。老君曰，聖人銷珠，賢人水玉。銷珠水玉，其道同法。銷珠者，服日之精。左目日也。水玉者，食月之精。《三洞群仙錄》卷 17 引《野人閒話》亦記李脫“漢州昌利山李真人諱脫，自西周之初於此山中煉水玉及九華丹，三往三反八百餘年，人謂之李八百。”

白虎七變法與華山有所淵源[24]。因此左慈與弟子葛玄曾居華陽洞天[25]。

　　四、《神仙傳・劉根》記載裴玄仁的弟子劉根教王珍守一行氣存神，坐三綱六紀。據《洞真上清太微帝君步天綱飛地紀金簡玉字上經》"青童君以傳王君，使密授骨命玉籍有仙名者，按而行之……春步七星，名曰步三綱。夏步七星，名曰躡六紀。" "太上紫書王君自序……書字者云咸陽茅盈，受步綱經。"

　　南北朝對峙時期，交通阻隔[26]。陶弘景（456－536）爲南朝齊梁間茅山上清派的開創者，梁武帝常向他諮詢國家大事，號爲"山中宰相"；北朝西魏北周間的焦曠"周武欽仰，拜爲帝師。"焦曠所傳三洞秘訣真經即茅山宗所傳的三洞真經，包括正一經、三皇經、靈寶經等。陳國符嘗云："焦曠乃茅山道士，入北朝居華山，則上清經法，以流入北方。[27]"陶弘景與焦曠爲同一時期的上清派高道，觀察《清靈真人裴君傳》的因素，可知茅山焦曠前往華山隱修，正因爲上清經法的源頭在此。

---

24　請參閱本書《西嶽仙卿李仲甫與華山的淵源》。
25　《無上祕要》卷 83 "左元放，名慈，漢魏時人，李仲甫弟子，服鑪火九華丹，晉初來華陽洞，積年復出。"《太極左仙公說神符經》"仙公時居華陽洞天，靜守三一。"
26　《華陽陶隱居內傳》卷中指出"丹砂、雄黃最爲主領。于時後魏及宇文泰強盛，武都路梗，雄黃不可得"。
27　《道藏源流考》278 頁。

# 《眞誥》與《淸靈眞人裴君傳》

　　《眞誥》是反映上淸派教義、史跡以及人物諸方面的重要經典，部分內容爲東晉時楊許所記之“仙眞降誥”，經過南朝齊梁間陶弘景編撰，是研究上淸內涵與歷史最直接的資料。許多學者曾研究《眞誥》派別背景、時代背景、文獻淵源及其中的方術，探討其文化意義。對《眞誥》的源流進行考述，與《無上秘要》、《登眞隱訣》、《眞靈位業圖》以及相關道經作詳細的比勘[1]。

　　《眞誥·握眞輔》有“奔二景道”，小林正美曾指出“奔二景之道等同於《淸靈眞人裴君傳》所載奔日之道與奔月之道。[2]”黃兆漢統計《眞誥·甄命授》記錄裴君介紹“道”所包含的規律與內涵，達二十條，“仙道”的內容有三十多條[3]。唯未進一步比勘《眞誥》中上淸道法，與《淸靈眞人裴君傳》的關係。

　　西漢末在華山西玄洞修煉的裴玄仁，與上淸經派有很深的淵源。華僑與楊羲皆是經由降眞與裴淸靈溝通。華僑所處

---

1 石井昌子《眞誥の成立に關する一考察》，載吉岡義豐主編《道教研究》（第一冊）。
2 小林正美著，王皓月譯《中國的道教》43頁。
3 黃兆漢；文英玲《從華陽陶隱居集和眞誥看陶弘景的宗教經驗》，《世界宗教研究》1998年4期。

東晉哀帝興寧期間（363-365），當時裴玄仁在江南一帶已被民間所熟知。華僑造《紫陽真人内傳》，楊羲造《清虛真人王君内傳》[4]，兩人都熟知《裴君傳》，因此所見經目大致相同。從本文所論述可以看出《真誥》與《清靈真人裴君傳》關係密切，研究上清經派時不得不考慮裴玄仁的因素。

# 從人物觀察

一、〈運象篇〉：晉哀帝興寧三年（365）九華安妃授手中持一錦囊以盛書，以白玉檢檢囊口，檢上字云《玉清神虎内真紫元丹章》。〈握真輔〉有《神虎隱文》揮神詩中之辭句。

《洞霄圖志》卷5"郭文，字文舉，河内軹人（洛陽），年十三歷華陰山石室中得石函即神虎内真紫元丹章。""永嘉五年（311）入餘杭大辟山（大滌山）中，時猛獸為暴，文獨宿十餘年，卒無患害。晉建興二年（314）餘杭令顧颺與葛洪曾一同造訪，葛洪曾為作傳，讚頌其美。"

《南嶽魏夫人傳》清虛真人王君授魏華存經書中有《神真虎文》。《裴君傳》"五帝授裴君以《揮神》之章，《九有》之符。"《神虎隱文》與《神虎玉經》同卷，《揮神》為《神虎隱文》中揮神之詩，郭文在華陰山石室中所得石函，可能為裴君門人所留。

二、《真誥》中稱山世遠為太和真人，〈協昌期〉"山

---

4　《紫陽真人周君内傳》與《清虛真人王君内傳》均收於《雲笈七籤》卷106。

世遠受孟先生法，暮臥，先讀《黃庭內景經》一過，乃眠。"
〈稽神樞〉"學道當如山世遠……世遠傳未出，其舍家尋學，
事在讖書，即尹公度弟子，已得爲太和山真人。"〈稽神樞〉
"武當山道士戴孟者，乃姓燕名濟字仲微，漢明帝末時人
也……遂入華陽山，服朮食大黃及黃精、雲母、雄黃、丹砂、
芝草，受法於清靈真人，即裴冀州之弟子也。得不死之道。
裴真人授其玉佩金鐺經，並石精金光符，遂能輕身健行，周
旋名山。""戴公拍腹有十數卷書，是《太微黃書》耳。"
〈甄命授〉"道有《石精金光藏景錄形》在世。"

　　〈稽神樞〉說山世遠爲尹公度弟子，云"事在讖書"，
讖書中記載的內容本不可信，此事應與《漢武帝外傳》有關，
內容大約爲"李少君以神丹經傳郭延（東郭延年），延傳尹
軌，軌傳世遠，世遠後傳薊子訓。"此傳承譜系不可靠。然
而"山世遠受孟先生法"，孟先生即戴孟，是裴玄仁的門下。

　　《雲笈七籤》卷 110"戴孟入華陰山，山世遠常與之遊
處。"據《懷慶府志》"山鍊師河內人，受戴孟先生法，暮
臥先讀《黃庭內景經》一過乃眠，使魂魄自制鍊，嘗行此二
十年，仙去爲太和真人[5]。"

　　〈稽神樞〉說"戴公拍腹有十數卷書，是《太微黃書》
耳。"據《神仙傳·戴孟》"戴孟本姓燕，名濟，字仲微，
漢明帝時人（58－75）也。入華山及武當山，受裴君玉佩金
璫經，及受石精金光符，復有太微黃書，能周遊名山。"戴
孟爲壺公之師。

---

5 《博物彙編·神異典》神仙部列傳七引《懷慶府志》。

　　三、〈運象篇〉：師授以方諸《洞房》，步綱之道，《八素》、《九真》以漸修行。

　　方諸《洞房經》又稱《洞房內經》、《太上洞房內經》，或稱《金書洞房經》、《上清金書玉字上經》。據方諸宮青童君《上清金書玉字上經》"李、彭二君以金書《洞房經》一通，付西玄洞臺內諸得道真人，以傳授當來成仙者。"裴玄仁修真之處在華山西玄洞。裴玄仁的弟子劉根傳王真"步三綱六紀"。《裴君傳》引《八素經》。

　　四、〈稽神樞〉"施存者，齊人也。自號婉盆子，得遁變化景之道，今在中嶽。或少室往有壺公，正此人也。然未受太上書，猶未成真焉。其行玉斧軍火符，是其所受之枝條也。"陶弘景註"壺公即費長房之師。軍火符世猶有文存。"

　　《華嶽志》卷 2 記載：施存，號胡浮先生，師黃盧子，得《三黃內文》、驅虎豹之術，晉元康年間（291—299）白日騰昇。《歷世真仙體道通鑑》卷 33 載：其少時師事黃盧子，得《三皇內文》、驅策虎豹之術，居衡嶽西峰洞。晉永康元年四月仙去《玉清無極總真文昌大洞仙經》云"昔施存事黃盧子，得三皇內文，乃八門遁甲，能行遁變化景之法，役御虎豹。[6]"王處一《西嶽華山誌》云"黃神谷者嶽之東，乃是真人黃盧子隱居之所也。黃盧子者，楚人也，姓葛名越，但居此山，號曰西嶽公。"

　　五、〈甄命授〉"我之所師，南嶽松子。松子為太虛真人左仙公，谷希子為右仙公。昔太上以德教老子以得道，松

---

6　《中華道藏》06-499-《太上無極總真文昌大洞仙經》卷 5。

子以道授於我以得仙，我之得道於松子。”“人生有骨錄，必有篤志，道使之然。若如青光先生、谷希子、南嶽松子、長里（按：疑爲角）先生、墨羽之徒，皆爲太極真人所友，或爲太上天帝所念者，興雲駕龍以迎之，故不學道而仙自來也。”

《裴君傳》云：“我南嶽真人赤松子也，聞子好道，故來相過，君何所修行乎？君長跪自陳所奉行凡百二十事。松子曰：勤存五靈，別當授子真道。奄然而去。”“東到青丘，遇谷希子青帝君，授以青精日水飲食青芝。[7]”赤松子與谷希子皆曾傳道予裴玄仁，《真誥》以人有篤志而仙自來，與《裴君傳》“聞子好道，故來相過”，《神仙傳》中神人告劉根“汝有仙骨，故得見吾耳。”寫法同出一轍。

六、〈甄命授〉“裴君曰：食草木之藥，不知房中之法及行氣導引，服藥無益也，終不得道……若但知行房中導引行氣，不知神丹之法，亦不得仙也……得道者，皆隱穀蟲之法，而見三尸之術。夫穀蟲死則三尸枯，三尸枯，自然落矣。”又〈甄命授〉將房中術稱爲“陽丹九轉”。

《裴君傳》裴玄仁別駕劉安之從其修道，劉君安（劉根）就是劉安之。《神仙傳》中劉根說“不知房中之事，及行氣導引並神藥者，亦不能仙也。”“必欲長生，先去三尸。三尸去，即志意定，嗜欲除也。”

《裴君傳》有行長生之道，以生氣之時，夜半之後，行長生之道。其法採陰益陽，使男女並取生氣，含養精血，專

---

7 《中華道藏》29-822-《雲笈七籤》。

採陰益陽。陶弘景曾引劉安之云"食生吐死，可以長存，謂鼻納氣爲生，口吐氣爲死也。[8]"所謂鮑靚於嵩山劉君石室，清齋思道，忽有刻石《三皇天文》出於石壁。"嵩山劉君石室"之"劉君"即《神仙傳》所載的劉君安。

《抱朴子·至理》"服藥雖爲長生之本，若能兼行氣者，其益甚速。若不能得藥，但行氣而盡其理者，亦得數百歲。然又宜知房中之術，所以爾者，不知陰陽之術，屢爲勞損，則行氣難得力爾。"葛洪說修煉金丹、服食、行氣等方術，都需要修房中術相配合。"凡服藥千種，三牲之養，而不知房中之術，亦無所益也。"葛洪與〈甄命授〉中的煉養方法，源自劉根。

七、〈稽神樞〉：劉文饒者，弘農劉寬也，少好道，曾舉漢方正，稍遷南陽太守，視民如子……年七十三，一旦遇青谷先生，降之於寢室，授其杖解法，將去入太華山，行九息服氣。及授以爐火丹方，修之道成……昔有劉少翁，曾數入太華山中，拜禮向山，如此二十年，遂忽一旦得見西嶽丈人，授其仙道禁山符。左慈初來，亦勤心數拜禮靈山，五年許，得深進洞玄。（陶註：有西嶽君，西嶽公不知是此丈人邪？）

青谷先生所傳劉寬（119－185）的"九息服氣"，即《裴君傳》中太素真人教裴君爲真人之法，"日夕視月，臨目閉氣九息，因又咽月光九過。當存月光，使入口中，即而吞之。"

《無上祕要》卷84"赤將子黃帝時人，授西嶽公〈禁山

---

8 《養性延命錄》服氣療病篇第四。

符〉，又〈服火法〉。"據《裴君傳》"支子元昔游焦山，遇仙人蔣先生者，乃赤將子輿也，以《神訣》五首授之。"西嶽公葛越可能是裴玄仁的弟子，其〈服火法〉即《五行紫文》，"心存兩目中出青氣，心中出赤氣，臍中出黃氣。於是三氣相繞，合爲一氣，以貫一身。須臾，內外洞徹，如火光之狀。"

八、〈稽神樞〉：郎宗字仲綏，北海安丘人。少仕宦，爲吳縣令，學精道術占候風氣，後一旦有暴風經窻間，占知京師大火，燒大夏門，遣人往參，果爾。諸公聞之，以博士征宗。宗恥以占事就，夜解印綬，負笈遁去，居華山下，服胡麻丸得道，今在洞中。

《後漢書》載郎宗云"理京房《易》，善星算風角，六日七分，能望氣占候吉凶，常賣卜自奉。安帝（106－125 在位）徵對策，爲諸儒表，後拜吳令……子顗，字稚元，傳父業，研精，學徒常數百人，顗帝陽嘉二年（133）徵詣闕上，書十一事，拜郎中。"郎宗服麻有其淵源，服麻法爲蔣先生於黃金鼇祖山中授支子元，支子元傳《服胡麻法》予裴君。

九、〈稽神樞〉云："左慈字元放，李仲甫弟子，即葛玄之師也。左慈今在小括山，常行氣，數在此下，尋更受職也。慈顏色甚少，正得爐火九華之益。其下注云：左慈，字元放，李仲甫弟，即葛玄之師也。魏武父子招集諸方士，慈亦同在。漢獻帝建安末，渡江尋山，乃得入洞（華陽洞）。又乞丹砂，合九華丹。九華丹是《太清中經》法。"陶弘景註云：漢建安之中（196）左元放聞傳者云江東有此神山，故度江尋之，遂齋戒三月乃登山，乃得其門入洞虛造陰宮，三君亦授以神芝三種。

　　《雲笈七籤》卷 4〈道教經法傳授部〉"太上老君命李仲甫出神仙之都，以法授江南左慈。"神仙之都即上方西玄洞，上方即上界。《雲笈七籤》卷 22："上方九天之上，清陽空虛之內，無色無象，無形無影。"大上方在華山莎蘿坪對面，上有西玄洞。左慈爲懷念華山祖庭"洞元（玄）石室"，稱茅山爲華陽洞天。

　　十、〈甄命授〉：神州別有三山，三山有七宮，七宮有七變，朝化爲金，日中化爲銀，暮化爲銅，夜化爲光，或化爲山，或化爲水，或化爲石，謂之七變。

　　〈甄命授〉云"三山有七宮"，判斷此處"七"爲"化"之訛誤，如此則"神州別有三山，三山有化宮，化宮有七變。"這段話就能看懂了。化宮語本《列子‧周穆王》："化人之宮構以金銀，絡以珠玉；出雲雨之上，而不知下之據，望之若屯雲焉。"後來《靈寶无量度人上品妙經》"化宮"是天界上宰所居之處[9]。

　　《裴君傳》有云"西玄者，葛衍山之別名。葛衍有三山相連，西爲西玄，東爲鬱絕根山，中央名葛衍山。三山有三府，名曰三宮，西玄山爲清靈宮，葛衍山爲紫陽宮，鬱絕根山爲極真宮。"〈甄命授〉所稱"神州別有三山"，應指三

---

9　《靈寶无量度人上品妙經》卷 26"玄虛上宰。演妙高清，鬱昌啟運，肇生神靈，是爲變化。玉極元皇，紫霄綱維，晶燿琳琅，飛輪持紐。數度朱光，上清劫仞，大有黃房，後聖廣筵。三真化宮，下治崑丘，瑤臺闓風，端居天京，統教十方。"卷 54"元始登引，天真大神，上聖高尊，妙行真人，十方無極靈威大神，無鞅數眾，俱入化宮之中。天人仰看，惟見勃勃從化宮金光中入，既入光中，不知所在。國人廓散，神宮流轉，勢如旋虹。元始即於其內說經。"卷 57"洞淵化宮，三元助理，太上靈君，執籙持符，同會帝庭，隨所開度。"

輔地區的華山。按《方輿彙編》華山部"上方爲西元門，爲西元洞，爲極真洞天。"《雲笈七籤》卷 22"上方九天之上，清陽空虛之內，無色無象，無形無影。"因此上方即上界，上方西元（玄）洞即爲"化宮"所在之處。

　　《陝西通志》卷 8"上方攀鑠盡處，有石罅號西元門，此唐金仙公主駕鶴昇仙處，門則元宗覓金仙而鑿者也。"華山莎蘿坪東對爲小上方，又上爲大上方，大上方在白雲峰下，即十大洞天中的西玄（元）洞所在之處。華山莎蘿坪對面大上方攀登極困難，採藥者不上。大上方共計 14 個洞[10]，以玉皇洞爲中心。

　　《太平御覽》道部 16 理所"變化宮，玉皇先生居之。"〈甄命授〉說"化宮有七變，朝化爲金，日中化爲銀，暮化爲銅，夜化爲光，或化爲山，或化爲水，或化爲石。"筆者多次攀登大上方，站在祖父涵靜老人曾隱修的玉皇洞前，四周景象隨著陽光變幻多端。

　　十一、〈甄命授〉：太極有四真人，老君處其左，佩神虎之符，帶流金之鈴，執紫毛之節，巾金精之巾。

　　《裴君傳》"太極真人常以立春之日，日中時，會諸仙人於太極宮，刻玉簡，記仙名。""詣太極宮，見太極四真

---

10 大上方共計 14 個洞，以玉皇洞爲中心，該洞也最爲寬闊，玉皇洞上有八仙洞（一說郝祖洞，二大一小）。下有三官洞，又下爲四方洞（小），再下有一無名小洞，又再往下爲大上方入口的雷神洞。玉皇洞右爲祖師洞（有三個洞，一大二小）。自玉皇洞左翻山過曬經台爲金仙洞（小），金仙洞上爲馬祖洞，傳說上方諸洞爲馬祖所鑿，每鑿一洞皆被人所佔，此洞鑿至僅容一身時，馬祖入而坐化。玉皇洞對山跨河嶺尾下爲日月二洞，僅能容一人棲身。

人。四真人見授神虎符、流金火鈴。”古靈寶經《太上洞玄靈寶真一勸誡法輪妙經》太極真人垂跡授經的構想，似乎也受到《清靈真人裴君傳》的影響。

# 從道法上觀察

一、〈運象篇〉：日者，霞之實；霞者，日之精。君唯聞“服日實之法”，未見知餐霞之精也……“餐霞之經”甚祕！

《裴君傳》“太素真人曰：爲真不知道者，亦復多耳。要於乘光揚景，騰雲升虛，並日月之精，遊九天之表，餐霞飲玄，呼吸太和，乃不可不爲此奇道，此道亦易成而速得也……中仙都無知此道者，此道相傳惟口訣耳……群仙立盟爲約，不得妄宣，泄則滅門。”“太素真人教裴君爲真人之法，曰：旦視日初出之時，臨目閉氣十息，因又咽日光十過，當存令日光霞，使入口中，即而吞之。”

上清派修煉“餐霞”，其方法體現於孟浩然《尋天台山》詩中“吾友太乙子，餐霞臥赤城。”會昌四年（844）進士馬戴，寫過一首《送道友人天台山作》，其中也寫到“漱齒飛泉外，餐霞早鏡中。”

二、〈運象篇〉：東宮靈照夫人著紫錦衣，帶神虎符，握流金鈴。《真誥·甄命授》太極有四真人。老君處其左，佩神虎之符，帶流金之鈴，執紫毛之節，巾金精之巾。

《裴君傳》：四真人授神虎符、流金火鈴，在太極宮授。《真靈位業圖》云“黃盧子西嶽公，姓葛，禁氣召龍。”《抱朴子・登涉》有黃盧（蘆、盧）子"善氣禁之道，禁虎狼、百蟲皆不得動，飛鳥不得去。"《無上祕要》卷83"西嶽公黃盧子，姓葛，名越，楚人，善氣禁，能召龍使虎，後乘龍昇天，以符法傳弟子白羊公。"《無上秘要》卷84"赤將子黃帝時人，授西嶽公〈禁山符〉，又〈服火法〉。西嶽公即黃盧（蘆）子，白羊公爲西嶽公弟子。西嶽公〈禁山符〉，可能是《裴君傳》中的"神虎符"，或兩者有關連。

　　王處一《西嶽華山誌》云"黃神谷者嶽之東，乃是真人黃蘆子隱居之所也。黃蘆子者，楚人也，姓葛名越，但居此山，號曰西嶽公。"《西嶽華山誌》又云"昔有人隱白羊峰，莫知其名姓，常騎白羊往來塵世，後與弟子介琰俱登仙，以此號爲白羊真人，真人有禁山籙及制虎豹狼熊符七十道行於世。"

　　三、〈運象篇〉：許映師王世龍，修反行之法，服玉液，朝腦精。二三年中，面有光華，還顏反少，極爲成道。

　　《裴君傳》：男子守腎，固精煉氣，從夾脊溯上泥丸，號曰還元。女子守心，養神煉火，不動，以兩乳氣下腎，夾脊上行，亦到泥丸，號曰化真。養之丹局，百日通靈。若久久行之，自然成真，長生住世不死之道也。《抱朴子・釋滯》："房中之法十餘家，或以補救傷損，或以攻治眾病，或以採陰益陽，或以增年延壽，其大要在於還精補腦之一事耳。"《裴君傳》與《真誥》中所言，即存想氣從夾脊上腦後，入頂門，而散於四肢百脈的煉養術。

　　四、〈運象篇〉：有心許斧子，言當採五芝。芝草不必得，汝亦不能來。汝來當可得，芝草與汝食。

　　《裴君傳》：五老授裴玄仁青華之芝、蒼華之芝、白華之芝、丹華之芝、黃華之芝。《太上靈寶五符序》有靈寶服食五芝之精，所謂的“芝”並非今天說的靈芝，“五芝”指松脂（威僖、茯苓），巨勝，椒，薑，菖蒲。《抱朴子》引《孝經援神契》云“薑椒益氣，菖蒲益聰，巨勝延年，威僖辟兵。”

　　《太上靈寶五符序》有靈寶服食五芝之精、靈寶巨勝眾方、延年益壽神方、餌胡麻法，內容與《裴君傳》一致，其中靈寶服食五芝之精明白指出胡麻“本生大宛”，自西域的支子元傳裴玄仁餌胡麻法與服茯苓法。

　　五、〈稽神樞〉武當山道士戴孟者，乃姓燕名濟字仲微……即裴冀州之弟子也。得不死之道。裴真人授其“玉佩金鐺經”。陶弘景註“戴乃授行玉佩金鐺，而止不死而已，未得神仙，于理為小難詳。後又云：玄真亦其鈔要，行之者神仙不死。”

　　“玄真”即《太上明堂玄真上經》，乃裴玄仁傳授戴孟的存日月之道。遂修二景引日法，誦《隱書》。《太上隱書》即《太霄隱書》，或稱《玉佩金璫經》，《正統道藏》洞真部本文類《太上玉珮金璫太極金書上經》與《雲笈七籤》卷51所錄《太霄隱書》相同，經文後云“此玉珮寶文，太極玄真之經也。”換言之，《玉珮金璫經》即《上清明堂元真經訣》。《裴君傳》記載“太素真人教裴君服二景飛華上奔日月之法。”日本學者小林正美已指出“奔二景之道等同於《清靈真人裴君傳》所載奔日之道與奔月之道。[11]"

　　六、〈運象篇〉清虛真人授書曰"黃赤之道，混氣之法，是張陵受教施化，爲種子之一術耳，非真人之事也。吾數見行此而絕種，未見種此而得生矣……思懷淫欲、存心色觀而以兼行上道者，適足明三官考罰耳。所謂抱玉赴火，以金棺葬狗也。色觀謂之黃赤，上道謂之隱書，人之難曉，乃至於此。"

　　紫微夫人授書曰"夫黃書赤界，雖長生之秘要，實得生之下術也。非上宮天真，流軨晏景之夫所得言也。此道在長養分生而已，非上道也。" "夫真人之偶景者，所貴存乎匹偶，相愛在於二景，雖名之爲夫婦，不行夫婦之跡也……苟有黃赤存於胸中，真人亦不可得見，靈人亦不可得接，徒劬勞于執事，亦有勞於三官矣。" "穢思不豁，鄙吝內固，淫念不漸，靈池未澄，將未得相與論內外之期，泛二景之交矣耳。"

　　〈協昌期〉：先師王君昔見授《太上明堂玄真上經》，清齋休糧，存日月在口中。晝存日，夜存月，令大如杯，日赤色有紫光九芒，月黃色有白光十芒，存咽服光芒之液，常秘行之無數。"

　　《上清明堂元真經訣》云"《太上玄真經》先盟而後行，行之後始可聞玉佩金璫之道耳。"《上清明堂元真經訣》傳授的挹二景法、玄真法，又稱玉女之道。其法教人存思玉女口吐赤氣和津液，修煉者將之吸入口中。注曰"玉女者，亦

---

11　小林正美著；王皓月譯《中國的道教》43頁。

日月夫人之女也。其感化之形，可共寢宴遊處耳，非爲偶對之接也。”

《神仙傳》稱戴孟受裴君《玉佩金璫經》，《裴君傳》有“裴君白日精思對日，存日中五帝君；夜則精思對月，存月中五夫人。”“遂修二景引日法，誦《隱書》。”《太上隱書》即《太霄隱書》，或稱《玉佩金璫經》，《正統道藏》洞真部本文類《太上玉珮金璫太極金書上經》與《雲笈七籤》卷 51 所錄《太霄隱書》相同，經文後云“此玉珮寶文，太極玄真之經也。”

七、〈握真輔〉行日月在心泥丸之道。泰和三年五月，行奔二景道。記載於〈協昌期〉“直存心中，有象太如錢在心中，赤色。又存日有九芒，從心中上出喉至齒間，而回還胃中。如此良久，臨目見心胃中分明，乃吐氣，嗽液三十九過止。一日三爲之，行之一年疾病除。五年身有光彩，十八年必得道。行日中無影，辟百鬼千惡災氣，恒存日在心，月在泥丸中，夜服月華，如服日法，存月十芒白色，從腦中下入喉，芒亦不出齒間而回入胃。”

〈協昌期〉“常平旦坐臥任意，存泥丸中有黃氣，存心中有白氣，存臍中有黃氣，三氣俱生，如雲氣覆身。因變成火，火又燒身，身通洞徹，內外如一。旦行至向中乃止。於是服氣一百二十，都畢。”“行此日在心月在泥丸之道⋯⋯除身三尸，百疾千惡，錬魂制魄之道也。”

“初存出氣如小豆，漸大沖天，三氣纏煙繞身，共同成一，混忽生火，在三煙之內，又合景以煉一身。一身之裏，五臟照徹，此亦要道也。”陶弘景《上清握中訣》“吸火煉形，夜臨目向火，口吸取火，不咽之無數，存覺身匝體，洞然如火，良久乃止，三年行之，能入火坐，此赤將子鍊形法。"

《無上祕要》卷84"赤將子，黃帝時人，授西嶽公禁山符，又服火法。"服火法可能是《裴君傳》的五行紫文"常用朔望之日，日中時，臨目南向。臨目者，當閉而不閉也。心存兩目中出青氣，心中出赤氣，臍中出黃氣。於是三氣相繞，合爲一氣，以貫一身。須臾，內外洞徹，如火光之狀，良久，乃叩齒十四通，咽液十四過畢。此煉形之道，除尸蟲之法也。"

八、〈甄命授〉君曰：當存五神於體。五神者，謂兩手、兩足、頭是也。頭想恒青，兩手恒赤，兩足恒白者，則去仙近矣。（陶弘景疑是裴君所授，云此即"太素五神"事也，別有經法。）

《上清紫精君皇初紫靈道君洞房上經》有太素上清致帝君五神氣法：常以雞鳴時，存東方青氣從日中來，使滿入頭泥丸中。泥丸中有兩青烟，又從目中出……存兩童子，令從目中出，使青氣忽化而生成也。存在左右，令二童各吐青氣，以灌繞我一身，洞入內外。日中時，臨目握固，存思日中有兩赤氣，來入手拳中，良久，忽變成赤童子，手各一人，並赤衣，如嬰兒始行之狀也……俱吐赤氣，以灌入我口中，上衝泥丸，下及一身，內外洞徹如火光。

九、〈協昌期〉：太上真人步五星之道，以致五星降室，閉氣上罡，當先呼五星、星夫人名字，畢乃越罡蹈星，謂始上罡，便頓住呼名字。呼名字畢，乃越罡蹈星耳。若每至星上，得復重心呼所至星處之名字。

〈協昌期〉：存五星……清靈君告存思要法，當覺目睹五星於方面，並乘芒而下行我。然後依王星下而存王星。但吞咽一芒，畢，又當鎮星下，又存鎮星，良久，總五星各一芒，使俱入口而咽之，如鎮星星過數也。（按清靈君即清靈真人裴君）

《裴君傳》"道人支子元受蔣先生入室精思、存五靈之神光、服氣之法。" "於靜室祝時，亦先存五靈在體中使備，然後服氣爾。" "思存五星，以體象五靈。存之法：常於密室，以夜半後生氣之時，服挹五方之氣。於寢床上平坐，向月建所在，先叩齒九通，咽液三十過。畢，存想五星，使北方辰星在頭上，東方歲星在左，西方太白星在右，南方熒惑星在膝中間，中央鎮星在心中。"《登真隱訣》"體象五星，謂如裴君所存，五星在左右前後頭上也。"（陶弘景註：右二條云裴君言。）這就是託稱東海東華玉妃淳文期，授微子的服霧之法。

十、〈協昌期〉：八節之日，皆當齋盛（淨），謀諸善事，以營于道之方也。《真誥·甄命授》：人有眾惡而不自悔，頓止其心，罪來歸己，如川歸海，日成深廣耳。有惡知非，悔過從善，罪滅善積，亦得道也。

《裴君傳》"八節日夜半日中，謝七世祖父母及身中罪過，罪過自除也。" "陳己立身已來犯罪多少之狀，乞得赦貰、從今自後改往修來。" "真人仙官以八節日，日中時，共會集三日乃解，欲修道者，當先齋戒，勿失之也。"《上清洞真解過訣》有清靈真人裴君八節日謝罪，云"此亦支公口所告出，以傳示裴君。"八節解過被上清經派所繼承。

十一、〈甄命授〉：得道者皆隱穀蟲之法，而見三尸之術。夫穀蟲死則三尸枯，三尸枯，自然落矣。殺穀蟲自有別方，得者秘之。

〈稽神樞〉"黃武二年（223）杜契漸學道。遇介琰先生授之以玄白術，隱居大茅山之東面也。守玄白者，能隱形亦數見，身出此市里……猶（介）琰者即白羊公弟子也。""守玄白之道，常旦旦坐臥任意，存泥丸中有黑氣，存心中有白氣，臍中有黃氣，三氣俱生，如雲氣覆身，因變成火，火又繞身，身通洞徹，內外如此。旦行之，至日向中乃止。於是服氣百二十過，都畢。道止如此，使人長生不死，辟卻萬害，所謂知白守黑，求死不得，知黑守白，萬邪消卻。"

《雲笈七籤》卷 110"介琰者，不知何許人也。師白羊公，受玄白之道，能變化隱形。"史料記載白羊公、黃盧子出沒於華山，玄白之道見於裴君傳五行紫文，"守玄白者，能隱形亦數見"。《金鎖流珠引》卷 14"東木星君授太極真人介子良《杏金丹方》，子良，介象之孫琰之。"介琰是白羊公介象之孫，也是他的弟子。《登真隱訣》卷中"介琰玄白之術"，出於五行紫文。

《裴君傳》"用五行紫文以除三尸。常用朔望之日，日中時，臨目南向。臨目者，當閉而不閉也。心存兩目中出青氣，心中出赤氣，臍中出黃氣。於是三氣相繞，合為一氣，以貫一身。須臾，內外洞徹，如火光之狀，良久，乃叩齒十四通，咽液十四過畢。此煉形之道，除尸蟲之法也。"

《神仙傳》中裴君告劉根云"必欲長生，先去三尸，三尸去，即志意定，嗜欲除也。云：伏尸常以月望晦朔，上天白人罪過，司命奪人算，使人不壽。人身中神，欲人生，而尸欲得人死。人死，則神散無形之中，而成鬼，祭祀之，則得歆饗，故欲人死也。夢與惡人鬪爭，此乃尸與神相戰也。”

十二、〈甄命授〉“道有八素真經，太上之隱書也；道有九真中經，老君之祕言也。”“君曰大洞之道，至精至妙，是無英守素真人之經。其讀之者，無不乘雲駕龍。昔中央黃老君隱秘此經，世不知之也。子若知之，秘而勿傳。”

《裴君傳》中曾引《八素經》，又引《黃老秘言》云：“子得《鬱儀》《結璘》，乃成上清之真。子得《大洞真經》，乃能飛行上清。無此三文，不得見三元君，要道盡此，仙子加勤。中仙都無知此道者，此道相傳惟口訣耳。能知此道，不問賢愚，皆乘雲升天，役使鬼神。群仙立盟爲約，不得妄宣，泄則滅門。”口訣者，《黃老秘言》是也。

十三、〈協昌期〉：方諸正四方，故謂之方諸。一面長一千三百里，四面合五千二百里，上高九千丈，有長明太山夜月高丘，各周回四百里……但草木多茂蔚，而華實多舊粲，饒不死草、甘泉水，所在有之，飲食者不死。

《裴君傳》“至冬至之日，日中時，天真眾仙，詣方諸東華大宮，見東海青童君，刻定眾仙籍金書內字。”

# 靈寶經與《清靈真人裴君傳》

《靈寶五符》爲早期道教經典，東漢袁康所作的方誌《越絕書》，記載《靈寶五符經》出世神話略謂：

昔禹治水於牧德之山，遇神人授以《靈寶五符》，後藏于洞庭之包山（今太湖西洞庭山）……至吳王闔閭時，有龍威丈人得符獻之，吳王以示群臣，皆莫能識，乃令（使者）齎符以問孔子。孔子告之乃《靈寶五符》云云。

《陸先生道門科略》"今傳《靈寶經》者，則是天真皇人，於峨嵋山受於軒轅黃帝。又天真皇人受帝嚳於牧德之臺。夏禹感降於鍾山，闔閭竊闚於句曲。其後有葛孝先之類，鄭思遠之徒，師資相承，纏聯不絕。"《抱朴子・辨問》有類似的記載"《靈寶經》有《正機》、《平衡》、《飛龜授》凡三篇，皆仙術也。"《抱朴子・遐覽》著錄《正機經》、《平衡經》、《飛龜振經》各一卷，出自葛洪其師鄭隱所藏，證明在鄭隱、葛洪之前，確有《靈寶經》問世。

《抱朴子・登涉》凡五引《靈寶經》之文，並見今本下卷，可見葛洪所見之《靈寶經》即《靈寶五符》，《太上靈寶五符序》敘述《靈寶五符》之來源，此序又稱《靈寶要略》。《靈寶要略》說：

吳主孫權赤烏之年（238－251），有瑯琊葛玄字孝先……入天台山學道，精思遐徹。未周一年，感通太上遣三聖真人下降，以《靈寶經》授之……孝先凡所受經23卷，拜語稟請問10卷，合33卷，孝先傳鄭思遠，又傳兄太子少傅海安君，字孝爰，孝爰付子護軍悌，悌即抱朴子之父。抱朴從鄭君盟，鄭君授抱朴於羅浮山，去世以付兄子海安君，至從孫巢甫，以隆安之末（407）傳道士任延慶、徐靈期等，世世錄傳，支流分散，孳孕非一。

葛洪的《抱朴子》以及《神仙傳・葛玄》，都沒有提到葛玄在天台山得神授《靈寶經》33卷。若祖上確有此經，不

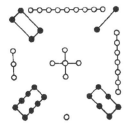

可能不敘及。《靈寶五符》經名"五符"，以五行、五方、五色、五帝相配。《抱朴子·登涉》引"《靈寶經》云，入山當以保日及義日，若專日者大吉，以制日、伐日必死。"《抱朴子·登涉》云"靈寶經曰……入名山，以甲子開除日，以五色繒各五寸，懸大石上，所求必得。"所謂義保專制伐乃是《淮南子·天文訓》"水生木，木生火，火生土，土生金，金生水。子生母曰義，母生子曰保，子母相得曰專，母勝子曰制，子勝母曰困。"兩漢時期承襲陰陽五行之說，以五行相生相剋以定吉凶。

《清靈真人裴君傳》道人支子元受蔣先生入室精思、存五靈之神光、服氣之法，常以夜半之時，靜室獨處。

| 蒼無皓靈 | 九氣還肝 | 向東叩齒九通 | 閉氣九息 | 咽液九過 |
| 赤庭絳雲 | 三氣歸心 | 南向叩齒三通 | 閉氣三息 | 咽液三過 |
| 黃元中帝 | 一氣侍脾 | 生年之本命處叩齒一通 | 閉氣一息 | 咽液一過 |
| 素元洞虛 | 七氣守肺 | 西向叩齒七通 | 閉氣七息 | 咽液七過 |
| 玄元北極 | 五氣衛腎 | 北向叩齒五通 | 閉氣五息 | 咽液五過 |

五臟與五行相配，肝屬木，心屬火，脾屬土，肺屬金，腎屬水。存五靈先服氣、叩齒、咽液，正好與《洛書》五行生成配合，引五方氣調養五臟而煉形養命。

漢以前中國已有五行五方觀點，但未見觀想五方氣入體內的修煉方法。《裴君傳》中有五精與五老之神，存五星之法，服五方之氣，五老授裴玄仁五芝，用五行紫文以除三尸，體現五行相生相剋的精神。《裴君傳》五靈之神光服氣之法。
"常於密室，以夜半後生氣之時，服挹五方之氣……存想五
星。"此法即食五芽氣，"芽"字亦作"牙"，與舌舐齒取
津液有關，吞嚥唾液以練精化氣。

古靈寶經《太上洞玄靈寶赤書玉訣妙經》以五牙爲青牙、
赤牙、黃牙、素牙、玄牙，"引牙之精，補養人身。"服五
牙氣者，固然是服氣，需要存思五老，與其五方真文相配合。
《赤書玉訣妙經》中〈元始靈寶五帝真文玉訣〉與支子元受
蔣先存五靈之神光服氣之法相似，比較如下：

| 青帝真符 | 向東叩齒九通 | 入注肝中 | 引炁九咽 |
|---|---|---|---|
| 赤帝真符 | 向南叩齒三通 | 入注心中 | 引炁三咽 |
| 黃帝真符 | 向王叩齒十二通 | 入注脾中 | 引炁十二咽 |
| 白帝真符 | 向西叩齒七通 | 入注肺中 | 引炁七咽 |
| 黑帝真符 | 向北叩齒五通 | 入注腎中 | 引炁五咽 |

《赤書玉訣妙經》中有服食五牙，以五牙爲青牙、赤牙、
黃牙、素牙、玄牙，"引牙之精，補養人身。[12]"有服食五
星氣之訣，青牙導引九氣青天玉訣、服食赤牙導引三氣丹天

---

12 《雲笈七籤》卷 57 載《服氣精義論》，司馬承禎說："形之所全者，本
于臟肺也；神之所安者，質于精氣也。雖稟形於五神已具其象，而體衰
氣耗乃致凋敗，故須納雲牙而溉液，吸霞景以孕靈，榮衛保其純和，容
貌駐其朽謝。"是說，形體的根本在于臟肺，而形是有氣成的，氣耗體
衰就會凋敗，所以需要納雲牙以灌溉五臟。"雲牙"即指五牙之氣。《五
芽論》說："凡服五牙之氣者，皆宜思入其臟，使其液宣通，各依所主，
既可以周流形體，亦可以攻療疾病。"又"久習成妙，精感通神，與五
老而齊升，並九真而列位。"達到長生久視。

玉訣、服食戊己導引元氣黃天玉訣、服食素牙導引七氣素天玉訣、服食玄牙導引五氣玄天玉訣。靈寶服五牙氣者，固然是服氣，但其五方生氣是與其五方真文相配合的。

### 〈存思五嶽五帝招靈求仙玉訣〉五嶽帝君

| |
|---|
| 東嶽泰山青帝君，頭戴青玉通天寶冠，衣青羽飛衣，駕乘青龍。 |
| 南嶽霍山赤帝君，頭戴赤玉通天寶冠，衣丹羽飛衣，駕乘赤龍。 |
| 中嶽嵩山黃帝君，頭戴黃玉通天寶冠，衣黃羽飛衣，駕乘黃龍。 |
| 西嶽華山白帝君，頭戴素玉通天寶冠，衣素羽飛衣，駕乘白龍。 |
| 北嶽恆山黑帝君，頭戴玄玉通天寶冠，衣玄羽飛衣，駕乘黑龍。 |

### 《裴君傳》五星之精

| |
|---|
| 東方歲星，巾青巾，著青衣，柱青杖。 |
| 北方辰星，巾蒼巾，著蒼衣，柱蒼杖。 |
| 西方太白星，巾白巾，著白衣，柱白杖。 |
| 南方熒惑星，巾赤巾，著赤衣，柱赤杖。 |
| 中央鎮星巾黃巾，著黃衣，柱黃杖。 |

《元始五老赤書玉篇真文天書經》，是前期靈寶諸經中最重要的經文，《赤書玉訣》是對《赤書真文》的解說和施用方法。"五老"指《靈寶五符》中列舉的五帝。《五符經》卷上《靈寶五帝官將號》云"東方靈威仰，號曰蒼帝""南方赤飄弩，號曰赤帝""中央含樞紐，號曰黃帝""西方曜魄寶，號曰白帝""北方隱侯局，號曰黑帝"。

《裴君傳》"支子元以赤將子輿《神訣》五首授裴君，後有五老人，傳以飛仙之道。"五老人乃東方歲星之大神，南方熒惑星之大神，西方太白星之大神，北方辰星之大神，中央鎮星之大神。《裴君傳》有太素真人教裴君為真人之法，存思青帝君、赤帝君、白帝君、黑帝君、黃帝君等五帝從日光中來。道人支子元受蔣先生入室精思，存五靈之神光、服氣之法，與《太上洞玄靈寶赤書玉訣妙經》中的〈元始靈寶五帝真文玉訣〉一致。

《太上靈寶五符序》上卷有仙人挹服五方諸天氣經、靈寶五帝官將號、靈寶要訣、太清五始法、食日月精之道及中黃君語。中卷記服食諸方，有服食五芝精英法、服巨勝方、延年益壽方、胡麻方、辟穀方、餌杏子方、去三蟲方、黃精方、造仙酒諸方。下卷引抱朴子言"登名山，師受經。"則今本《太上靈寶五符序》顯然出葛洪之後。

《太上靈寶五符序》有〈食日月精之道〉、〈夏禹授鍾山真人食日月星之法〉與《裴君傳》一致。《太上靈寶五符序》有〈三天太上伏蛟龍虎豹山精文〉名之曰八威策。云："道士入山，帶此書於肘後，百禽精獸徒從人行在左右。執此書於手中，則百禽山精毒獸卻走千里。"《裴君傳》"役使六甲，以致八威。"

比較《清靈真人裴君傳》與《赤書玉訣妙經》後，《裴君傳》由於以傳記形式表達，比較樸素。《赤書玉訣妙經》旨在操作，表現繁瑣。但可以感覺兩者文氣相通，有所關聯。《真誥·翼真檢》所謂"葛巢甫造構《靈寶》，風教大行"。葛巢甫造靈寶經時，應有所本，並非憑空捏造，《赤書玉訣妙經》中提到的"真文舊經"，即是。"真文舊經"在葛氏家族中保存，葛巢甫據以改造《靈寶經》。

唐·法琳《辯正論》說"檢諸古史，逖聽先儒，不聞靈寶之名，未記天尊之說。討其根起，皆是張陵偽經之所傳也。"

並云"靈寶者,一無氏族可依,二無成道處所。"法琳沒有想到以靈寶爲經名,可能與地名有關。"靈寶乃漢之弘農[13]",弘農涵蓋華陰、靈寶(今屬河南)兩縣,靈寶至華陰縣一百里。

《靈寶五符序》正文述華子期遇用里先生授以"仙隱靈寶方"。《抱朴子‧辨問》云"《靈寶經》皆仙術也。"目前還不能證明用里先生與華山的裴玄仁有直接關係,《漢‧張良傳》"顧上有所不能致者四人"顏師古注"四人,謂園公、綺里季、夏黃公、用里先生,所謂商山四皓也。"漢初"四皓"曾隱居於商洛山,其北爲華嶽。

古靈寶經於東漢初出世,華山地區早有《靈寶經》的雛形在傳播。一直傳衍到葛玄,於吳赤烏之年在社會上流傳開來。東晉末時,道教諸宗活躍,興起造經高潮,葛洪的從孫葛巢甫依託祖輩傳留下來的靈寶古經,大加增飾。《陸先生道門科略》"今傳《靈寶經》者,則是天真皇人,於峨媚山受於軒轅黃帝。"《無上祕要》卷84"皇人,此爲太帝所使,在峨嵋,黃帝往受真一五牙者。"這是說五牙法與靈寶經法有關,在葛氏道傳承。

《抱朴子‧仙藥》"六陰之日,明堂之時,帶靈寶符,牽白犬,抱白雞,以白鹽一斗,及開山符檄,著大石上,執吳唐草一把以入山,山神喜,必得芝也。"《裴君傳》則稱:

當養白犬白雞,犬名曰白靈,雞名曰白精。諸八節日,及行入五嶽,乃登名山,諸有神仙之所在處,密放雞犬於其

---

13 元‧駱天驤《類編長安志》,199頁,三秦出版社2006年。

間，去勿回顧。天真仙官，當與子芝英靈草矣[14]……入山求
芝草靈藥，所欲皆得。

　　《靈寶要略》說"道士入山採藥，採八石靈芝合丹液，
及隱身林岫，以卻眾精，諸無靈寶五符者，神藥沈匿，八石
隱形，芝英藏光。"霍林仙人的"五符"是幫助道士們上山
採藥，特別是靈芝。書中有"靈寶黃精方"，黃精也被稱爲
"太陽之精，入口使人長生。"《太上靈寶五符序》有靈寶
服食五芝之精，所謂的"芝"並非今天說的靈芝，"五芝"
指松脂（威僖、茯苓）、巨勝，椒，薑[15]，菖蒲。

　　《抱朴子》引《孝經援神契》云"薑椒益氣，菖蒲益聰，
巨勝延年，威僖辟兵。"葛洪特別推崇"皆上聖之至言，方
術之實錄也，明文炳然，而世人終於不信，可歎息者也。"
《靈寶五符序》明白指出胡麻"本生大宛""巨勝、威僖結
親，出胡國。"《裴君傳》稱裴玄仁"服食茯苓，餌卉醴華
腴。積十一年，夜視有光，常能不息，從旦至中。"裴玄仁
別駕劉安之（即劉根）"飲食黃精，積二十餘年，身輕，面
有華光。"有裴君受支子元服茯苓法與服胡麻方，引《寶玄

---

14　《抱朴子‧仙藥》"欲求芝草，入名山，必以三月九月，此山開出神藥
　　之月也，勿以山很日，必以天輔時，三奇會尤佳。出三奇吉門到山，須
　　六陰之日，明堂之時，帶靈寶符，牽白犬，抱白鷄，以白鹽一斗，及開
　　山符檄，著大石上，執吳唐草或作花。一把以入山，山神喜，必得芝也。"
　　比較三種資料後，可以看出《裴君傳》出世較《抱朴子‧仙藥》早，《靈
　　寶要略》最晚出。

15　黃精，芝草之精也，《五符經》云黃精獲天地之精。《靈寶五符》有〈靈
　　寶黃精方〉云："薑生太陽""黃精之草，太陽之精也。"《本草綱目》
　　"黃精一名野生薑，以其根嫩薑也。"黃精長的像生薑，五芝中所稱的
　　"薑"，並非今日我們在菜市場買的生薑。裴玄仁的門人有食黃精傳統，
　　請參閱有關劉君安（劉根）的記載。

經》云“茯苓治少，胡麻治老。合以齋戒，服以朝蚤。卉醴華腴，火精水寶。和以爲一，還精歸寶。”《寶玄經》的作者很清楚服茯苓法與服胡麻方出於來自印度蔣先生。

# 結　　論

　　齊地濱海多異聞，是由於海上交通漸開，經海路而至的外商，帶來新奇事物所造成。"海上之方士傳其術"，然而語言"不能通"，因此"怪迂阿諛苟合之徒"，以不爲人知的外國事物，添加附會，形成燕齊神仙傳說。

　　安期生由海道從安息來，綜觀安期生傳說發生地點，交阯、九疑山、番禺、象山、琅琊等，均爲對外貿易主要港口或通道。陳寅恪說："二種不同民族文化之接觸，多在交通便利之點，即海濱港灣之地。""海濱爲不同文化接觸最先之地，中外古今史中其例頗多。"

　　《史記・封禪書》載漢武帝晚年病重，而"巫醫無所不致，不愈"，乃起用胡巫。又云"九天巫，祠九天。"《史記索隱》引《三輔故事》"胡巫事九天於神明臺。"胡巫是專司祭祀九天的神職人員，可見當時的"胡巫"，具有重要的地位。

　　神仙方術最早與醫術有關，古代醫術與方術同出一源，神仙家最初是由醫家而來。《史記・扁鵲倉公列傳》載"天下聞之皆曰：扁鵲能生死人。"醫學是關乎死生的技術與知識，在醫學不發達的時代，生病依賴巫師求神，必致延誤。扁鵲"能生死人"，以醫藥爲人治病，故能不死，某些藥物能治好疾病，逐漸演變爲不死藥傳說。

對日聚光取火，月下用銅鏡收取露水，本爲祭祀的禮儀。取水火於日月的交感觀念，魏伯陽得到啟發，以陽燧陰鑒氣類相感，與日月相應，作爲天人合一的理論模型。

方士對古代科學的發展曾作過貢獻，早期科學與方術不分，方術與幻術也常被人混淆。有些方術涉及化學、物理學、心理學等內容，古人往往將純物理現象，有意或無意的附會爲神蹟。而神跡的信仰，卻是宗教賴以立足的基石。

文化傳播從來不是單行道，而是相互的，模仿者與被模仿者往往不易分辨。外來的文化傳入中國，在與中國傳統文化的相互碰撞、衝突、融合，逐步本土化，方仙道最終完成了中國化。

研究前期道教，不僅要考慮中國本土巫的信仰，也要考慮外來文化的“匯流”與互相滲透。不同文化背景的人來到中國，豐富了漢人的精神生活，也必然對道教產生過重大的影響。當外來文化進入本土後，不可能全部被接受，必經歷一個本土化的過程。把早期道教史的研究放在文化史的高度，才能擺脫華夷之辨的框架。

方諸爲四方諸國的簡稱，等同方隅，指邊疆或外國，是以方諸真人爲外國真人。“方諸”本是南海諸國進貢的大蛤，被用來承取露水，以求長生。方術爲來自外國的養生、長生方法，方仙道可解釋爲方諸仙道。

《清靈真人裴君傳》云：“詣方諸東華大宮，見東海青童君。”上清派所尊奉的傳經大神青童君，不在中土。《真誥·協昌期》記載“方諸”的仙道。方仙道採取各種方法以求不死，與"方諸國以生爲樂"的精神一致。樂生與樂死，爲佛教與婆羅門外道不同之處，也是佛道間最大的差異。

陳國符《道藏源流考》論我國與西域長生藥術之關係時說"應細檢釋藏"，即感覺煉丹術與西域有關。《太清金液神丹經》卷下說扶南、西圖、大秦、月支、安息等二十餘國多出產丹砂仙藥，稱爲"生丹之國"。煉丹藥物主要來自波斯，且認爲出波斯國者爲上。

《陶隱居內傳》指出"營九轉丹，丹砂、雄黃最爲主領，於時後魏及宇文泰強盛，武都路梗，雄黃不可得。"《隋書・經笈志四》說梁武帝"令弘景試合神丹，竟不能就，乃言中原隔絕，藥物不精故也。"由於南北暌隔，處於南朝的陶弘景無法取得煉丹原料，《登真隱訣》說"並須虜鹽、消石，爲難致也矣。"因此以"藥物不精"作爲煉丹失敗的理由，直到南北朝時丹家都倚賴來自西域的原料，特別是來自波斯者。

《神仙傳・陰長生》稱"著書九篇"。《太清金液神丹經》卷上載"《太清金液神丹經》文本上古書不可解，陰君作漢字顯出。"原始的《神丹經》是外文所寫，由陰長生翻譯爲漢字。西漢末東漢初出世的《太清金液神丹經》與《黃帝九鼎神丹經訣》，都源於安期生，而安期生是來自安息的方士，意味煉丹術是傳自海外。

馬明生從安期生受《太清金液神丹方》，馬明生又授陰長生《太清金液神丹經》。《神仙傳》說陰長生所傳丹經置於嵩高山、太華山、蜀綏山，《太清神丹經》與此三處有所淵源。

元・謝應芳《辨惑編》卷 4 說"道家之術雜而多端，清淨、煉養、服食、符籙、經典科教。黃帝、老子、列御寇、莊周之書所言者，清淨無爲而已，而略及煉養之事，服食以下所不道也（黃老道）。至赤松子、魏伯陽之徒，則言煉養而不言清淨。盧生、李少君、欒大之徒，則言服食而不言煉養（方仙道）。張道陵、寇謙之之徒，則言符籙而俱不言煉養服食（天師道）。”

　　巫覡道、黃老道、方仙道爲道教形成的三個重要因素，許地山認爲“巫覡道和方術預備了道教的實行方面，老莊哲學預備了道教的思想根據。”黃老思想爲道教哲學層面的主要內容；受方仙道影響下的煉丹、服藥、房中等諸種養生術；以及受巫覡影響下的占卜、祈禳、畫符等活動，構成了道教實踐的層面。巫覡道與黃老道產生於中國本土，方仙道則有來自境外的因素。

　　南北朝《三天內解經》描述道教的三因素“老君……因出三道，以教天民。中國陽氣純正，使奉無爲大道。外胡國八十一域，陰氣強盛，使奉佛道，禁誡甚嚴，以抑陰氣。楚越陰陽氣薄，使奉清約大道。”“三道同根而異支者：無爲大道、清約大道、佛道，是太上老君之法，而教化不同，大歸於真道。”

　　印度的佛教與婆羅門初入中國，被視爲道家方術之一種；“無爲大道”代表黃老道，產生於北方中國之地；“清約大道”在南方的楚越。三道同是“太上老君之法，而教化不同，大歸於真道。”《三天內解經》顯示早期道教三道交錯相混的狀態。

　　學者常引用《典略》“熹平中，妖賊大起，三輔有駱曜。

光和中，東方有張角，漢中有張脩。駱曜教民緬匿法，角爲太平道，脩爲五斗米道。”張角、張脩、駱曜爲東漢末年三個教團的領袖，各據一方。關於張角與太平道、張修（後爲張魯）與五斗米道的情況，史書多有記述，獨駱曜無資料可考，遂告闕如。《華陰縣誌》認爲“駱曜的所謂緬匿法，蓋爲葛洪說的《墨子五行記》中的隱身之術。”

《後漢書》記載張楷能作五里霧，“隱居弘農山中，學者隨之，所居成市，後華陰山南，遂有公超市。”從張楷學道者眾，以致成市。現在很難想像東漢順帝漢安年間，華山有數百人一起學道的局面。

《史記·秦始皇本紀》說秦始皇悉召文學方術士甚眾；《後漢書·方術傳序》“漢自武帝頗好方術，天下懷協道藝之士，莫不負策抵掌，順風而屆焉。”“光武尤信讖言，士之赴趣時宜者，皆騁馳穿鑿，爭談之也。”王莽曾下令徵集天下通曉古今經文及天文、曆算、兵法、方術、本草的士人數千人到長安。曹植《辯道論》說“世有方士，吾王悉所招致。”從地緣關係上看，首都是政經文化中心，位於長安附近的華山，洛陽附近的嵩山，建業附近的茅山，是不同時期的道教重鎮。

華山在潼關之北，潼關爲洛陽、長安間重要關口，是陝西、山西、河南三省要衝。東漢建都洛陽，絲路延伸到此。透過洛陽、長安之間的驛路，聯繫華山與嵩山，這兩座名山鄰近政治中心，而成爲修道中心。

黃帝有鼎湖升天的傳說，鼎湖在靈寶縣，與華山同屬弘農郡。《史記·孝武本紀》：“華山、首山、太室、泰山、東萊，此五山黃帝之所常遊，與神會。”老子出函谷必經華山，黃老道和方仙道合流於華山。劉茂、楊震、郎宗、張楷等以華山作為學術基地，著述、授徒、創立學派，學術思想在華山地區傳播、發揚，深深地影響了華山道教的形成。

東漢張昶《西嶽華山堂闕碑銘》說：“世宗又營集靈之宮於其下，想松喬之儔，是遊是憩。郡國方士，自遠而至者，充巖塞崖。鄉邑巫覡，宗祀乎其中者，盈谷溢谿。咸有浮飄之志，愉悅之色。”

裴玄仁的道法來自佛圖中道人支子元。裴玄仁曾隱修華山大上方西玄洞天。《西嶽華山誌》云“西嶽洞玄石室在頂之西北峰上四絕，昔清虛真人裴君入此室精思至道。”《陝西通志》卷 8“上方攀鑱盡處，有石罅號西元門。”莎蘿坪東對為小上方，又上為大上方，大上方在白雲峰下，十大洞天中的西玄洞所在之處，即是裴玄仁所居之處。

《真誥·稽神樞》說：“養生者皆隱其名字，藏其所生之時。”奉行道法不只一人時，形成傳授法脈。隨時間久遠，造成傳說紛歧。限於材料，出現傳承不明、無法考證師承者，在比較所習道法後，可以發現彼此的關係。

裴玄仁的兩個弟子劉根與戴孟，劉根後來在嵩山石室傳道，戴孟則在華山。《三皇文》與《五嶽真形圖》亦分別傳承於華山與嵩山。《清靈真人裴君傳》記載裴玄仁的別駕劉安之，《神仙傳》中的劉君安（劉根）就是劉安之。“君”是尊稱，用在姓名後表示尊敬，一如清靈真人裴君。魏晉時代最重家諱，凡名後有“之”字，皆與宗教信仰有關，是當時取名用字的特色。

　　《神仙傳》載劉根傳授府掾王珍道法，郡吏與府掾均爲低階官吏，“真”與“珍”諧音，道書中王珍與王真是同一人。李仲甫與劉根同爲穎川人，是王珍（真）之徒。左慈爲李仲甫弟子，葛玄則爲左慈的弟子，葛玄傳鄭隱，鄭隱亦曾師左慈。葛洪師事鄭隱，悉得其道法。日本學者把左慈、葛玄、鄭隱、葛洪的這一支流派稱作“葛氏道”。晉末葛巢甫並依託其祖仙公葛玄構造經典；劉宋陸修靜“更加增修，立成儀軌”，將其系統化與科儀化，“於是靈寶之教大行於世”。

　　《雲笈七籤》卷 110 “戴孟，武威人，本姓燕，名濟，字仲微，得道後改姓名。入華陰山，授秘法於清靈真人裴君。”燕濟是武威的少數民族，傳鈔中將燕支人戴孟，誤爲燕濟，應記載爲“燕支人戴孟，胡姓燕，名仲微。”西嶽公葛越可能是裴玄仁的弟子戴孟，西嶽公“禁山符”就是《裴君傳》中的“神虎符”，或兩者有關連。西嶽公黃盧子以符法傳弟子白羊公。白羊公即介象，介象之孫介琰。施存（壺公）師黃盧子，與介象同師，壺公傳費長房。

　　清虛王真人總真王君弟子，爲南嶽魏夫人師。漢元帝時，辭家入華陰山。所授靈寶文等經 31 卷，見於《裴君傳》中“裴君所受真書篇目”，王真人（西城王君）可能是王珍（真）。

　　《真誥》是反映上清派教義、史跡以及人物諸方面的重要經典，部分內容爲東晉時楊許所記之“仙真降誥”，經過南朝齊梁間陶弘景編撰，是研究上清內涵與歷史最直接的資料。

　　華僑與楊羲皆是經由降真與裴清靈溝通，華僑所處東晉哀帝興寧期間，當時裴玄仁在江南一帶已被民間所熟知。華僑造《紫陽真人內傳》，楊羲造《清虛真人王君內傳》，兩人都熟知《裴君傳》，因此所見經目大致相同。從本書論述可以看出《真誥》與《清靈真人裴君傳》關係密切，研究上清經派時不得不考慮裴玄仁的因素。

　　茅山地區盛行三茅君信仰，楊羲和許謐、許掾生活於句曲山下，降真難免受到當地民間信仰的影響。三茅原本爲民間信仰，在傳播過程中，加入源於華山的神仙方術。後人以曾在華山修道的茅濛，來突出茅盈，編造“繼世而往在我盈”。茅山宗廣泛傳播于王公貴族、官僚士大夫之中，在上層社會影響廣大。編造茅氏家族歷史，有助信眾的認同。

　　陶弘景與焦曠爲同一時期的上清派高道，陶弘景爲南朝齊梁間茅山上清派的開創者，梁武帝常向他諮詢國家大事，號爲“山中宰相”；北朝西魏北周間的焦曠“周武欽仰，拜爲帝師。”焦曠所傳三洞秘訣真經即茅山宗所傳的三洞真經，包括正一經、三皇經、靈寶經等。

　　陳國符嘗云：“焦曠乃茅山道士，入北朝居華山，則上清經法，以流入北方。”觀察《清靈真人裴君傳》的因素，可知茅山焦曠前往華山隱修，是因爲上清經法的源頭在此。

　　《歷世真仙體道通鑑》卷18載張陵謂王長：“五嶽多仙子，三蜀足名山，吾將能偕遊乎？”遂與北入嵩山崖嶺石居數年，精思感徹，有繡衣使者告曰：“中峰石室藏《三皇內文》、《黃帝九鼎太清丹經》，得而修之者，昇天也。”真人感其言，乃齋戒七日，入其室……即掘其地取之，果得丹書，進而受之。於是遍訪名山，以尋道修真。後聞四川風情古樸，人民易於教化，遂入四川。

　　《神仙傳》載張道陵“本太學書生，博通《五經》，晚乃歎曰：此無益於年命，遂學長生之道。"張道陵入嵩山石室"隱齋"，當在他離開太學後，出任巴郡江州令之前，接觸過劉根的攝鬼之法神虎秘文，得《三皇內文》、《黃帝九鼎太清丹經》。然後在順帝時（141）客蜀，學道鶴鳴山中，造作符書。

《太極葛仙公傳》中"（葛）仙公嘗告（鄭）思遠等曰：吾昔從左元放所受《太清》等丹經，今悉以付汝⋯⋯乃謂玄沖等曰：子等當還嵩山齋三年，復往王屋山精思大法也⋯⋯嵩高諸真當復教子矣。"直到三國赤烏（238－251）年間，嵩山還有葛玄師門中的高道，葛氏道的仙術源於嵩山。

西漢末隱修於華山的方士裴玄仁與徒眾，有相同道法，嚴密的傳承制度，當時雖尚未形成教團組織，其道法發源於華山，成形於嵩山，發揚於茅山。從區域性、師徒性的奉道者，轉型爲教派、道派的信仰。

# 附錄一：華嶽仙蹤

　　《武當福地總真集》卷下記載“夫養生之人，多隱其名字，藏其時日，恨山不深，林不密，惟恐閑名落人耳中。是山證道升真者，何可勝計，去古頗遠，劫火屢更，多失其名”。

　　長期以來，華山道教研究被忽略和研究力量薄弱，道教在華山的發展和影響未得到系統的認識。華山學術形成於書院講學與宮觀傳道，先是地域性傳統的思想學派，進一步傳播於外，從時間範圍，是劃分成很多層次的。華嶽所留仙蹤，由點而線而面，個人、師承、道派構成整個華山史。

| 時　間 | 仙　蹤 |
|---|---|
| 前 11 世紀 | 《史記・封禪書》正義注云“華嶽本一山，當河水過而行，河神巨靈手盪腳蹋，開而爲兩，今腳跡在東首陽下，手掌在華山。”“武王已平殷亂，天下宗周，而伯夷、叔齊恥之，義不食周粟，隱於首陽山，採薇而食之。”《論語》何晏集解引漢馬融曰“首陽山在河東蒲阪，華山之北，河曲之中。”《呂氏春秋》卷 13“伯夷所隱太華在弘農華陰縣，是爲西嶽。” |
| 湯 | 《列仙傳》“仇生赤，當湯時爲木正，常食松脂，在尸鄉北山，自作石室，周武王祠之。”華山多石室，仇生赤即仇先生（赤松子）。《玄洲上卿蘇君傳》云“蘇林嘗師華山仙人仇先生，仇先生者湯時木正也，服胎食之法，於還神守魄之事，大得其益。” |
| 秦始皇三十一年（前 216） | 《雲笈七籤》卷 104“茅濛，字初成，深識玄遠，察覽興亡，知周之衰，不仕諸侯，乃師於北郭北阿鬼谷先生，遂隱遁華山。” |

| | 《史記‧秦始皇本紀集解》註引《太原真人茅盈內紀》曰：始皇三十一年九月庚子，盈曾祖父濛，乃於華山之中，乘雲駕龍，日升天。先是其邑謠歌曰：神仙得者茅初成，駕龍上升入太（泰）清，時下元洲戲赤城，繼世而往在我盈，帝若學之臘嘉平。始皇聞謠歌而問其故，父老具對此仙人之謠歌，勸帝求長生之術，於是始皇欣然，乃有尋仙之志，因改臘曰嘉平。<br><br>按：秦王贏政二十六年（前 221）滅六國，一統天下，後自稱皇帝，於秦始皇三十七年（前 210）第五次巡遊途中病死。 |
|---|---|
| | 楊碩字玄遠，華陰人，隱居華山仙谷，交結名士，洞習天文，見五星聚東井，知秦將亡漢當興，生八子俱從高祖征伐，第八子喜擊殺項羽有功，封赤泉亭侯，餘皆將軍，乃賜碩。（陝西通志卷 64；無為集‧楊氏世譜序） |
| 西漢景帝（前 156 前－前 140） | 修羊公魏人，居華陰山石室，有懸石榻臥其上，石盡穿陷略不動，時取黃精食之。漢景帝禮之，使止邸中數歲，道不可得，有詔問公何日發語，未訖化為白石羊，題其脇曰：修羊公謝天子，後置石羊於通靈臺上，復去不知所在，修羊公石榻在嶽之西北仙谷中。（列仙傳）<br><br>按：黃精為芝草之精，《太平御覽》道部十三〈服餌〉引《寶玄經》：芝英不擇日而修，合治三尸，伏疾服食一劑，則穀虫死，則三尸枯。若道士固食穀者，乃宜服也。穀虫既滅，使人食穀而無病，過飽而不傷。去尸虫之藥甚多，莫出於此。昔修羊公、稷丘子，東方朔、崔文子、商丘子，但服此藥以辟穀而皆得仙也。漢景帝及武帝求索東方朔《脩羊公祕方》，終不傳。 |
| 武帝（前 140－前 87） | 《茅山志》卷 5 茅君真冑：茅盈季弟即保命君，少以節行著名，隱華陰山，武帝建元三年（前 138）舉方正不就。<br><br>孝武皇帝（漢武帝）閑居期間，有一人乘雲車駕白鹿從天而降曰"吾中山衛叔卿也。"帝將臣之，叔卿不言而去。帝即遣使者梁伯玉至中山，推求叔卿，不得見，但得其子度世，令追其父；使者與度世共之華山，於絕巖之下，望見其父與數人博戲於石上。問之為誰？曰洪崖先生、許由、巢父也。父敕令度世"汝歸，取玉函中神素書，按方服之！"度世拜辭去。（《神仙傳》卷 8；《列仙全傳》卷 1） |

| | |
|---|---|
| | 《華山記》"弘農鄧紹，八月曉入華山，見童子執五彩囊，盛柏葉露食之。漢武帝即其地造宮殿（望仙宮），歲時祈禱焉。" |
| | 劉向《列仙傳》"赤斧者，巴戎人也，爲碧雞祠主簿。能作水澒（汞，水銀）煉丹，與消石服之。"且"後數十年，上華山，取禹餘糧餌，賣於蒼梧、湘江之間。"<br>按：南朝梁江淹《丹砂可學賦》"信名山及石室，驗青澒與丹砂。"胡之驥注"澒，音汞，義同，即水銀。丹砂所化爲水銀。"《神農本草經》卷一"（丹砂）能作水澒，鍊丹，與消石服之。"這是西漢時華山的赤斧已知用丹砂煉丹服食之證據。 |
| | 谷城鄉平常生者，不知何所人也。數死復生，時人以爲不然。後大水出，所害非一。而平輒在缺門山頭大呼言："平常生在此，云復水雨五日必止。"止則上山求祠之，但見平衣帔革帶。後數十年，復爲華陰門卒。<br>按：平常生"衣帔革帶"，《釋名‧釋衣服》"帔，披也，披之肩背，不及下也。"爲西域胡人穿著。谷城鄉可能爲赤谷城，爲烏孫（伊犁河流域）首府。 |
| | 《裴清靈真人傳》"清靈真人裴君，字玄（元）仁，右扶風夏陽人，漢文帝二年（前178）始生焉。""年十二，遇道人支子元，授以真訣五首，按而行之五年，得見日月之精，五星降房，受書爲清靈真人，位列上清。""年二十三，本郡所命爲功曹，君不應命。尋又州辟主簿，轉別駕，舉秀才，詣長安拜博士高第，轉尚書，選曹郎、御史中丞、散騎常侍、侍中。出爲北軍中候，以伐匈奴有功，封灄陽侯，後遷冀州刺史。""年四十五乃登太華山，入西洞玄石室，積二十二年。" |
| 成帝（前32－前8） | 《抱朴子‧仙藥》漢成帝時，獵者於終南山中，見一人無衣服，身生黑毛，獵人見之，欲逐取之，而其人踰坑越谷，有如飛騰，不可逮及。於是乃密伺候其所在，合圍得之，乃是婦人。問之，言我本是秦之宮人也，聞關東賊至，秦王出降，宮室燒燔，驚走入山，饑無所食，垂餓死，有一老翁教我食松葉松實，當時苦澀，後稍便之，遂使不饑不渴，冬不寒，夏不熱。計此女定是秦王子嬰宮人，至成帝之世，三百許歲，乃將歸，以穀食之，初聞穀臭嘔吐，累日乃安。如是二年許，身毛乃脫，落轉老而死。（西嶽華山誌）<br>《列仙傳》"毛女者，字玉姜。在華陰山中，獵師世世 |

| | |
|---|---|
| | 見之。形體生毛，自言秦始皇宮人也。秦壞，流亡入山避難，遇道士谷春，教食松葉。遂不饑寒，身輕如飛。"按：《列仙傳》"偓佺者好食松實，形體生毛，長數寸。""毛女，字玉姜，秦始皇宮人也。見國祚流亡，遂負琴入華山此峰上隱居，服松相葉，飲泉水，體生綠毛。"華山產五葉松，歷史上華山道人有食松傳統，劉根生綠毛跟此有關，可以對華山食松進一步研究。 |
| | 《神仙傳》：劉根字君安，京兆長安人，漢孝成皇帝綏和二年（前7）舉孝廉，棄世學道多年，一無所成，後來在華陰山遇到神人以神方五篇見授，乃從其言，合服之，遂以得仙。傳劉根得道後，體生綠毛，號爲綠毛仙。按：《抱朴子·仙藥》"上藥令人身安命延體生毛羽，行廚立至。"是說得道者可以像長了羽毛的鳥一樣，自由飛翔，凌空蹈虛，如同羽人，取自"羽化登仙"的典故。《神仙傳·彭祖》"仙人者，或竦身入雲，無翅而飛；或駕龍乘雲，上造天階……面生異骨，體有奇毛，率好深僻，不交俗流。"抱朴子云：韓眾服菖蒲十三年，身上生毛，冬袒不寒，日記萬言。《神仙傳》云：劉根者，字君安，京兆長安人。深目多鬚髮，鬚髮皆黃，長二四寸也。身毛長一二尺。 |
| 西漢末（9－23） | 南陽公主出降王咸，屬王莽秉政。公主夙慕空虛，崇尚至道，每追文景之爲理世，又知武帝之世，累降神仙，謂咸曰"國危世亂，非女子可以扶持，但當自保恬和，退身修道，稍遠囂競，必可延生。若碌碌隨時進退，恐不可免於支離之苦、奔迫之患也。"咸儡儡世祿，未從其言。公主遂于華山結廬，棲止歲餘，精思苦切（丹道），真靈感應，遂捨廬室而去。人或見之，徐徐絕壑，秉雲氣冉冉而去。咸入山追之，越巨壑，升層巔，涕泗追望，漠然無迹，忽於嶺上見遺朱履一雙，前而取之，已化爲石，因謂爲公主峰。（《太平廣記》卷59）按：《列仙傳》谷春爲漢成帝時人，與南陽公主約同時，疑毛女即南陽公主。 |
| | 《漢書·王莽》：甄豐的兒子甄尋僞造符命，云分陝立二伯，以豐爲右伯，太傅平晏爲左伯，後又作符命言故漢氏平帝后爲尋之妻，莽心疑大臣怨謗，欲震威以懼下，因是發怒，"收捕尋，尋亡，豐自殺。尋隨方士入華山，歲餘捕得。" |

| | |
|---|---|
| | 《太平御覽》卷 916：辛繕治春秋、讖緯，隱居華陰，光武徵不至。《説郛》卷 59 下：辛繕字公文，少治春秋詩易，隱居弘農華陰，弟子受業者六百餘人，所居旁有白鹿，甚馴不畏人。<br>按：辛繕與甄尋同一時期人，甄尋僞造符命，辛繕治春秋、讖緯，兩者必有關係。 |
| | 《後漢書・獨行傳・劉茂》“劉茂字子衛，太原晉陽人也。少孤，獨與母居，家貧，以筋力致養孝，行著於鄉里。及長能習禮，教授常數百人。哀帝時察孝廉，再遷五原屬國侯，遭母憂去官，服竟後爲沮陽令，會王莽篡位，茂棄官避世，於弘農山中教授。”《東觀漢記・列傳》“建武二年（26）爲郡門下掾，赤眉攻太原，茂負太守孫福踰牆出，藏城西門下空穴中，擔穀給福及妻子百餘日，福表爲議郎。” |
| 東漢明帝<br>（57－75） | 戴孟，武當山道士，字成子，武威人也，漢武帝時爲殿中將軍。本姓燕，名濟，字仲微，得道後改姓名。又云漢明帝時人，少孤，養母甚至，復好神仙學，周遊四方。母既即世，入華陽山，服白朮、黃精，兼能種植，及服雲母、雄黃、丹砂、芝草。一日授《玉珮金璫經》并〈石精金光符〉於清靈裴真人，精思修之，則自覺體輕，遊名山訪真境，日行七百里，得不死之道。腰間有十數卷書，即《太微黃書》也。仙人郭子華、張季連、趙叔達、山世遠常與之遊處。<br>嶽之東南有三公山，燕濟隱此石室。《遵生八牋》：漢明帝時燕濟居三公山石窟，苦毒蛇猛獸邪魔干犯，遂改居華陰縣菴中，栖息三年，忽有三道者投菴借宿，至夜談三公山石窟之勝，奈有邪侵，內一人云：吾有奇香能救世人苦難，焚之道得自然玄妙可昇天界，真人得香復入山中，坐燒此香，毒蛇猛獸悉皆邅默。（真誥；道學傳；洞仙傳；郡國志；西嶽華山誌）<br>按：《真誥》卷 14 “武當山道士戴孟者，乃姓燕名濟，字仲微，漢明帝末時人也。夫爲養生皆隱其名字，藏其所生之時，故易姓爲戴，托官於武帝耳。燕濟燒香毒蛇猛獸悉皆邅默，此法有驅獸作用，符合黃盧子道門風格。 |
| | 《晉書・儒林傳・董景道》“董景道字文博，弘農人，少好學，千里追師所在，惟晝夜誦讀，曒不與人交通，明《春秋三傳》、《京氏易》、《馬氏尚書》、《韓詩》，皆精究大義。著《禮通論》非駁諸儒，演廣鄭旨。永平 |

| | |
|---|---|
| | 中（58—75），知天下將亂，隱于商洛山，衣木葉，食樹果，彈琴歌笑以自娛。毒蟲猛獸皆循繞其傍。"<br>按：商洛爲商縣和上洛縣之合稱，漢初"四皓"曾隱居於此。商洛山北爲華嶽。《漢書·張良傳》"顧上有所不能致者四人"唐顏師古注"四人，謂園公、綺里季、夏黃公、甪里先生，所謂商山四皓也。" |
| 漢章帝(76—88) | 《後漢書》高恢，字伯達，京兆人，"少治《老子》，隱於華陰山。及鴻東遊，思恢作詩。二人遂不復相見。恢亦高抗，終身不仕。"（《高士傳》）<br>按：梁鴻字伯鸞，扶風平陵人，東漢初，曾入太學受業，漢章帝時，梁鴻因看望好友高恢，經過京城，作《五噫歌》諷世，章帝聞知，不悅，下詔搜捕。於是改姓運期，攜妻兒南逃。 |
| 東漢安帝（109） | 郎宗字仲綏，北海安丘人，少仕宦，爲吳縣令，學精道術，占候風炁。後一旦有暴風經窗間，占知京師大火燒大夏門，遣人往參，果爾。諸公聞之以博士徵宗，宗恥以占事，就夜解印綬，負笈遯去，居華山下，服胡麻丸得道。<br>《後漢書·郎顗傳》載郎宗事云：理京房《易》，善星算風角，六日七分，能望氣占候吉凶，常賣卜自奉。安帝徵對策，爲諸儒表，後拜吳令。時卒有暴風，宗占知京師當有大火，記識歲月，遣人參候，果如其言，諸公聞而表上，以博士徵之。宗恥以占驗見知，徵書到，乃懸印綬於縣庭而遁去，遂終身不仕。子顗，字稚元，傳父業，研精，學徒常數百人，顗帝陽嘉二年（133）徵詣闕上，書十一事，拜郎中。<br>按：裴君受支子元《服胡麻法》，服麻法蔣先生於黃金鰲祖山中授支公也。郎宗服麻有其淵源。《莊子·齊物論》："夫大塊噫氣，其名爲風。"古人認爲"風者天地之使也""陰陽散而爲風""陰陽怒而爲風"，風是上天意志的表現，是上天對人事吉凶的警示。郎宗所善"風角"是一種以風占卜吉凶的術數，根據風向、風力、風速、風色及起風的時間等，來預測人事吉凶福禍。 |
| | "黃盧（蘆）子西嶽公，姓葛，禁氣召龍。""黃神谷者嶽之東，乃真人黃蘆子隱居之所也。黃蘆子者，姓葛名越，但居此山，號曰西嶽公。""西嶽公黃盧子，姓葛，名越，楚人，善氣禁，能召龍使虎，後乘龍昇天，以符法傳弟子白羊公。"（《真靈位業圖》；《無上祕 |

| | |
|---|---|
| | 要》卷83、84。) |
| | 青烏公彭祖弟子，入華陰山中學道，服金液而升天。《真誥・甄命授》中稱"青烏公服金汋，而升太極"。《廣韻・平青》引漢・應劭《風俗通》"漢有青烏子，善數術。"唐《藝文志》葬書有《青烏子》三卷，有《相地骨》一卷。《藝文類聚》卷11引《抱朴子・極言》"相地理則書青烏之說。"傳青烏子著《相冢書》，後泛稱堪輿學著作爲《青烏經》。堪輿風水者多以青烏公爲祖師，因而將堪輿術稱爲青烏之術。<br>按：烏，係"烏"字之訛。青烏係羊的別稱，南朝梁任昉《述異記》"羊一名胡髯郎，又名青烏。"青烏公有可能就是白羊公。 |
| | 楊震字伯起，弘農華陰人。少時好學，明經博覽，無不窮究。常客居湖縣，不答州郡禮命數十年，五十歲才出仕州郡。大將軍鄧騭舉楊震茂才，四遷荊州刺史、東萊太守。元初四年（117），征入爲太僕，遷太常。永甯元年（120），代劉愷爲司徒。永寧二年（121），鄧太后去世，內寵恣橫。楊震上疏切諫，請裁抑嬖倖，得罪以安帝乳母王聖爲首的權貴。延光二年（123），楊震爲太尉，因拒絕任用安帝舅耿寶和皇后兄閻顯推薦的私人，結怨更深。安帝偏聽偏信，詔楊震歸本郡。楊震行至洛陽城西幾陽亭時，飲鴆自盡，終年七十餘歲。楊震微時，隱邇居牛心谷（峪），講授群書，學者如市，其谷多槐，故稱楊震槐市。虞放、陳翼就出自楊震門下。因其明經博學，諸儒謂之"關西夫子"。<br>《後漢書・楊震傳贊》："震畏四知，秉去三惑。"云楊震赴荊州任刺史途中，道經昌邑。昌邑令王密得知，欲以厚禮報答楊震知遇之恩（王密任昌邑令，乃由楊震舉薦），深夜"懷金十斤以遺震，震曰：'故人知君，君不知故人，何也？'密曰：'暮夜無知者。'震曰：'天知，神知，我知，子知。何謂無知？'密愧而出。"楊震以"四知"爲"慎獨"典範。《隸釋・太尉楊震碑》："至德通洞，天爵不應，貽我三魚，以章懿德。"云楊震居湖城，有冠雀銜三條鱣魚飛集講堂前，視爲吉兆。<br>《後漢書・楊震傳》"父寶"李賢注引南朝梁吳均《續齊諧記》："寶年九歲時，至華陰山北，見一黃雀爲鴟梟所搏，墜於樹下，爲螻蟻所困。寶取之以歸，置巾箱中，唯食黃花，百餘日毛羽成，乃飛去。其夜有黃衣童 |

| | |
|---|---|
| | 子向寶再拜曰：'我西王母使者，君仁愛救拯，實感成濟。'以白環四枚與寶：'令君子孫潔白，位登三事，當如此環矣。'"後用"雀環"爲知恩報德之典。<br>按：《朱子語類》卷 139"楊震輩皆尚讖緯，張平子非之。"漢朝在陰陽五行之學的盛行下和儒者的參與下，非常重視讖緯祥瑞。 |
| 漢安元年（142） | 《後漢書·張楷》張楷蜀郡人，字公超，授長陵縣令，不就，隱於華山。學者隨之，所居成市。後華陰山南遂有公超市。漢安元年（142）順帝詔徵，張楷隱避如故。<br>《華陽國志》："張霸字伯饒，諡曰文父，成都人也。聘士張楷，字公超。"《張霸傳》："五府連辟，舉賢良方正不就。""關西人裴優亦能爲三里霧，自以不如楷，從學之，楷避不肯見。桓帝即位，優遂行霧作賊，事覺被考，引楷言從學術，楷坐繫廷尉，詔獄積二年。"《桓帝紀》和平元年（150）扶風妖賊裴優自稱皇帝，伏誅。<br>按：聘士指不應朝廷以禮徵聘的隱士，東漢因應災異而有選拔人才措施，如賢良方正、直言極諫人士，集思廣益，有助救災決策，其中包括有道術、明習陰陽度機者。張楷被舉賢良方正，他的道術在當時已被社會公認。 |
| 漢桓帝時（155） | 李仲甫潁川人（今河南禹縣），漢桓帝時賣筆遼東市上。少學道於王君，服水丹有效，兼行遁甲能隱形，年百餘歲轉少。初隱百日，一年復見形，後遂長隱，但聞其聲，與人對語飲食如常，在民間三百餘年，後入西嶽山去。李翼字仲甫，與司命君俱事西城王君。仲甫爲入室弟子，司命君爲北牖弟子。但仲甫所受業異，恒服水玉有效，能步斗隱形，晝夜行三綱六紀之法；又作白虎七變，百餘歲轉更少壯。與司命君同受還丹一劑，服而歸家。《道德真經三解序》"大道正統"，稱至仙卿李翼凡十代，蓋自周而漢也，於是河上丈人出焉。西嶽仙卿李翼，師真人王探，得道仙去，以道傳河上公，授《道德》五千文，深究谷神玄牝之旨。又遇異人傳《易》，洞曉天地陰陽造化。《雲笈七籤》〈道教經法傳授部〉"太上老君命李仲甫出神仙之都，以法授江南左慈。"<br>按：上方即上界。《雲笈七籤》卷 22"上方九天之上，清陽空虛之內，無色無象，無形無影。"神仙之都即華山大上方。 |

| | |
|---|---|
| | 明·王世貞《弇州四部稿》卷 101 "孔元方東漢人，元方、郗、左同師。"《神仙傳》：孔元方許昌人也，常服松脂、伏苓、松實等藥，老而益少，容如四十許人，郗元節、左元放（左慈）皆爲親友，俱棄五經，當世之人，事專修道術。後以素書二卷授馮遇，委妻子入西嶽。" |
| | 劉寬字文饒（119—185），弘農人。少好道，曾舉漢方正，稍遷南陽太守，視民如子，怒不形顏，口不疾言，行陰德拯寒困，萬民悅而附之如父母焉。後爲司徒太尉。年七十三，遇青谷先生，降之寢室，授其杖解法。將去，入華山行九息服氣，又授以爐火丹方。漢靈帝時，棄司徒太尉而學道，年已七十三。（《玄品錄》）<br>〈漢太尉劉寬故吏碑〉：寬字文饒，靈帝時官太尉，中平二年（185）二月丁卯薨，封逯鄉侯諡曰昭烈。<br>《真誥》：昔有劉少翁，曾數入華山中，拜禮向山，如此二十年，遂忽一旦得見西嶽丈人，授其仙道。左慈初來，亦勤心數拜禮靈山，五年許，得深進洞玄。<br>按：劉寬即劉少翁。青谷先生所傳劉寬的九息服氣，即《裴君傳》中太素真人教裴君爲真人之法 "日夕視月，臨目閉氣九息，因又咽月光九過。當存月光，使入口中，即而吞之。"《雲笈七籤》卷一〇五 "閉氣九息，咽液九過，叩齒九通。" |
| | 東漢書法家張芝字伯英，父張煥，爲太常卿，徙居弘農華陰。生年不詳，約卒于東漢獻帝初平三年（192），少持高操勤學，好古經明行修，尤好草書，"臨池學書，池小盡黑。" 韋誕謂之草聖。朝廷以有道徵不就，故時人稱爲張有道。<br>《雲笈七籤》卷 87《太清神仙眾經要略》引葛玄曰：昔者，吾嘗學於陶先生，與邯鄲太子王休長、延闔子甘元淑、弘農張伯英、青牛子封君達、河南卜文先、陳留成仲式等，俱受《五氣端玄經》。數子並以學達昇玄，而吾以滯昧濁質，弗通味旨，然所志略猶可得而言。 |
| 漢末晉初（220－265） | 魯女生漢末晉初道士，採藥於嵩高山，見一女子坐山澗中，知其神人，因拜稽首，乞長生之要，遂出《五嶽真形圖》以與之，並告其施用節度。道成，告別親故，云入華山去。<br>《漢武帝內傳》 "魯女生，長樂人，初餌胡麻，乃永絕穀，八十餘年，少壯色如桃花。一日與親知故人別，入 |

| | |
|---|---|
| | 華山。"《後漢書。方術。華佗傳》云"冷壽光、唐虞、魯女生三人者，皆與華佗同時……魯女生數說顯宗時事甚明瞭，議者疑其時人也。"《博物志》卷五記魏王所集方士，亦有魯女生之名。魯女生既與華佗同時，則爲東漢末人。<br>按：魯女生以女而生，非坤道。 |
| 魏（220－265） | 《高道傳》王暉魏時人，白羊公弟子。居華嶽熊牢嶺洞真觀，常種黃精於溪側，虎爲之耕，豹爲之耘；出入亦乘虎豹，具鞴韂，行鞭策，如乘馬無異。餌黃精蒼朮，積有歲時。以道術傳王法沖，尸解而去。著秘訣百餘言。<br>《三國志・魏志・王肅傳》"明帝時大司農弘農董遇（字季真），善治老子，爲老子作訓注，又善左氏傳，頗傳於世。"<br>案：《抱朴子》內篇曰南陽文氏其先祖漢中人，值亂逃華山中，飢困欲死，有二人教之食朮，云遂不飢。數十年乃来還鄉里，顏色更少，氣力轉勝故。朮一名山精，《神藥經》曰必欲長生當服山精。 |
| 晉武帝 | 《仙苑編珠》華陰山中有學道者尹虔子、張石生、李方回，並晉武帝時人。授仙人管成（城）子蒸丹餌朮法，俱服得延年健行。又受蘇門周壽陵服丹霞之道，行已五十年，精心內視，不復飲食，體骨輕健，色如童子。<br>尹虔子、張石生、李方回此三人，晉武時人，俱在華山受蒸丹餌法、服丹霞之道。<br>按：《仙苑編珠》華陽山，《真誥》卷 14 稱華陰山，《無上祕要》卷 83 稱華山，《真靈位業圖》列尹虔子華山人。 |
| 晉（307－313） | 《晉書・隱逸傳》郭文，字文舉，河內軹人（洛陽）也。少愛山水，尚嘉遁。年三十，每遊山林，彌旬忘反。父母終，服畢，不娶，辭家遊名山，歷華陰之崖，以觀石室之石函。洛陽陷（永嘉五年（311）八王之亂），入餘杭大辟山中，時猛獸爲暴，文獨宿十餘年，卒無患害。晉建興二年（314）餘杭令顧颺與葛洪曾一同造訪，葛洪曾爲作傳，讚頌其美。著《金雄詩》、《金雌記》。後人於其所住床席下得之，次第尋看，讖緯相似，乃傳於世。有《老子經》二卷緼盛懸屋。<br>杜光庭《神仙拾遺・郭文》"太和真人曾降其室，授以沖真之道。晦跡潛修，世所不知。"郭文字文舉，歷華陰山石室中得石函，即神虎內真紫元丹章，後晉室亂乃 |

入餘杭大滌山。

《洞霄圖志》卷五〈人物門・靈曜郭真君〉：郭文舉，歷華陰山石室中得石函即神虎內真紫元丹章，吳地記載先生嘗坎木書之上曰《金雄記》下曰《金雌記》（皆當時讖緯之詞）蓋讖晉祚也。

無上祕要卷之二十七〈上清神符品〉"《洞真神虎內真符》：佩此符可以經危冒嶮，越山跨海，召神制鬼，封掌靈嶽，所之所向千妖伏側，萬靈束形，羣仙侍衛，身生異光。"

按：一、嘉遯謂合乎正道的退隱，合乎時宜的隱遯。《易・遯》："嘉遯貞吉，以正志也。"湯用彤《漢魏兩晉南北朝佛教史》第二分第七章："是以士大夫跼跡全生，見幾遠害。或厲操幽棲，高情避世，是曰嘉遯。"

二、《洞霄圖志》卷五云石函即神虎內真紫元丹章，《真誥》卷一云晉哀帝興寧三年（365）九華安妃授。《裴君傳》：五帝授裴君以《揮神》之章，《九有》之符。《揮神》爲神虎隱文中揮神之詩。郭文在華陰山石室中所得石函，爲裴君所留。據《洞霄圖志》金雄記、金雌記蓋讖晉祚，皆當時讖緯之詞。讖緯爲華山地區傳統。

三、道經上被稱爲太和真人者有二：①尹軌，傳說爲尹喜之後。②山世遠，陶弘景《真話》稱山世遠爲"太和真人"。《雲笈七籤》卷之一百一十：戴孟，本姓燕，名濟，字仲微。入華陰山，仙人郭子華、張季連、趙叔達、山世遠，常與之遊處。《真誥》有山世遠受孟先生法，孟先生即戴孟，太和真人降授郭文舉太真之道，戴孟後來入太和山，說明郭文舉與戴孟的淵源。

| 354 | 《冊府元龜》卷 228：王猛（325－375）字景略，於魏郡。出身貧寒，隱居華山。博學好讀兵書。東晉大將桓溫進兵關中，王猛往謁，捫虱而談天下形勢"公不遠數千里深入寇境，長安咫尺而不渡灞水，百姓未見公心故也，所以不至。"指出桓溫北伐只想提高個人威望，並無收復關隴失地的雄心。拒絕桓溫之聘。苻堅初鎮關中，將有大志，聞華山王猛名，遣呂婆樓招之，一見便若平生，語及廢興大事，異符同契，若元德之遇孔明。苻堅即位，任中書侍郎，官至丞相、中書監、尚書令，封清河郡侯，爲苻堅主要的輔佐。|
| | 按：與王猛同一時期的王嘉，兩者遭遇不一。《雲笈七籤》卷 110《洞仙傳》：苻堅大舉南征前，問在樓觀的 |

| | |
|---|---|
| | 王嘉，嘉曰：「金堅火強。」再不出一言。堅不解，更遣人問世祚如何，曰：未央。堅欣然以爲吉徵。明年，歲在癸未，堅大敗於壽春，遂亡秦國，是央在未年也，以秦居西爲金，晉都南爲火，火能鑠金也。後姚萇與苻登相持，問嘉曰：「吾將殺登定天下否？」嘉曰：「略得之。」萇大怒曰：「得當云得，何略之有？」遂斬之。 |
| | 敦煌道經 P‧2343 寫本卷十 "道陵還國品" 後附有《昇玄威儀訣》，稱"思遠所行。太元中（376-396），傳華山道士名保，或姓朱，或姓陳，或姓倪，莫測其真。" 鄭隱所傳華山道士無可考。（萬毅《敦煌本昇玄內教經試探》，唐研究（京）1995 年第 1 期。） |
| | 《真誥》卷 19〈真經始末〉：弘農楊洗和隆安四年（400）庚子歲，於海陵再遇隱盟上經二十餘篇，有數卷非真，其云尋經已來一十二年。<br>按：鄭隱所傳華山道士與弘農楊洗和，爲何先後自華山前來江南尋經訪道？ |
| | 成公興北魏初膠東人，字廣明，嘗爲寇謙之傭人，精於九章算數，曾教寇謙之演算《周髀算經》，後與寇謙之同隱華山、嵩山。晉安帝元興元年（402），太上老君下降，至華山敕成公興，令其移居嵩山，賜以仙藥，乃得仙去。<br>寇謙之（365-448），字輔真，馮翊萬年人。《魏書‧釋老志》載：寇謙之少修張魯之術，服食餌藥，歷年無效。後遇仙人成公興，隨之隱遁入華山，食公興所採藥，不復饑，後去嵩山修道。北魏明元帝神瑞二年（415）太上老君降，受以天師位，賜《雲中音誦新科之戒》二十卷，傳服氣導引之法，命其宣此《新戒》，"清整道教，除三張僞法，租米錢稅及男女和氣之術。"<br>按：魏太武帝始光元年（424）寇謙之獻道書於太武帝，改革舊天師道、五斗米道，制定樂章，建立誦戒新法。翊年帝賜於平成建立新天師道道場，世稱北天師道。 |
| 魏孝文太和十八年（494） | 陳寶熾，穎川人，不樂婚宦。後魏孝文太和十八年，隸籍樓觀，事法師王道義，未幾羽化，遂遊華陰，復遇陸景真人授秘法而歸。於是端誠虛己，依按修持，及誦大洞經，久之通感，故珍禽奇獸，常來侍衛。每朝老子祠，及八節投龍簡，則白虎馴遶左右，導從往來。人或有惡意，則咆哮震奪，觸觀左之槐，使彼惡者驚畏自匿，人因號老虎木。西魏文帝召入延英殿問道，太師安定公及 |

| | |
|---|---|
| | 朝士大夫皆從而師之。大統十五年（549）三月十七日解化，年七十有六。詔謚正懿先生。 |
| 北周武帝（561－578） | 焦曠字大度，周武拜爲帝師。於華陰造宮，巖間湧土，用足乃盡。以石甕貯油，油盡而自滿。每有外人來謁，嘗有青鳥二頭來報。山靈守護，猛獸衛門也。《西嶽華山志》謂上方白雲宮、中方太清宮、下方雲臺宮。皆因羽人焦道廣興建。又云：「周武帝時，有道士焦道廣，居此雲臺峰，辟粒餐霞，常有三青鳥報未然之事。周武帝親詣山庭，臨軒問道，因而谷口置雲臺觀。（《仙苑編珠》引《樓觀傳》） |
| 建德（572－577） | 王延字子元，扶風人也。纔九歲，好道。西魏孝文帝大統三年丁巳（538）入道，師正懿先生陳寶熾。至十八，肆業於樓觀，與真人李順興相友善。未幾，訪華山雲臺觀，復師焦曠真人，授三洞秘訣真經。周武帝欽其高道，遣使訪之……延來至都下久之，請還西嶽，居雲臺觀……其三洞玄奧，真經玉書，皆焦君所留，俾後傳於世。周武以沙門邪濫，大革其訛。玄教之中，亦令澄汰。而素重於延，仰其道德。又召至京，探其道要。乃詔雲臺觀精選道士八人，與延共弘玄旨。建德年間敕置通道觀，令道士王延"校三洞經圖，緘藏於觀內。延作珠囊七卷，凡經傳疏論八千三十卷，奏貯於通道觀藏，由是玄教光興。<br>按：三洞秘訣真經即茅山宗所傳的三洞真經，包括正一經、三皇經、靈寶經等。據顏真卿撰碑"初，隱居先生（指陶弘景）以三洞真經傳升玄先生（王遠知），升玄付體玄先生（潘師正），體玄付正一先生（司馬承禎），正一付先生（李含光）。自先生距於隱居，凡五葉矣，皆總習妙門大正真法，所以茅山爲天下道學之所宗矣。"因此焦曠與陶弘景（456－536）爲同一時期人。王延在雲臺觀時，藏書豐富，高道雲集，王延藉焦曠所留經藏以校三洞經圖。（《三洞群仙錄》卷6；《雲笈七籤》卷85；《仙鑑》卷30；《高道傳》卷一。） |
| 天和四年（569） | 韋節，字處元，京兆杜陵人，幼而好古，通經傳子史，占候之術，十四歲爲北魏宣武帝（483－515）擢爲東宮侍書，孝莊帝時任陽夏太守，後棄官師嵩山道士趙靜通，受三洞靈文神方秘訣，北方兵起，乃卜居華山之陽（因號華陽子），修煉辟穀，修三一、雌一（一名三元玉晨法）、八道（或名九素上書，或名太極中真玉文， |

| | |
|---|---|
| | 或名八道金策。）、九真（太上九真中經一名天上飛文，一名外國放品，一名神州靈章。）撰《三洞儀序》，註《妙真》、《西昇》等經，及《莊》、《列》、《中庸》、《孝經》、《論語》，惟《老子》、《周易》有別論八十餘卷。周武帝賜號"精思法師""玄中大法師"，賜太元精舍，時人號曰"關西夫子"。天和四年病逝，享年七十三年。（《仙鑑》卷29；《真仙碑記》；《陝西通志》卷65人物11） |
| 隋開皇初（581） | 楊伯醜，好讀《易》，隱於華山。隋開皇初，文帝搜訪逸隱，聞其有道，徵至京師，見公卿不爲禮。帝賜衣，著至朝堂，捨之而去。常被髮佯狂，遊行市里，形體垢穢，未嘗櫛沐。亦開肆賣卜，卦無不中。問其所學，曰：「太華之下，金天洞中，我曾受羲皇所教之易，與大道玄同，理窮眾妙。豈可與世儒常談，而測神僊之旨乎？」復歸華山。<br>《隋書・藝術傳・楊伯醜》"〔楊伯醜〕於是被髮陽狂，遊行市里，形體垢穢，未嘗櫛沐。"《隋書・楊伯醜傳》"見公卿不爲禮，無貴賤，皆汝之。"<br>《北史・楊伯醜傳》："時有張永樂者，賣卜京師，伯醜每從之遊。永樂爲卦有不能決者，伯醜輒爲分析爻象，尋幽入微。" |
| 武德二年（619） | 《雲笈七籤》卷120：公孫璞者，雍州高陵人也。武德二年爲華州司馬。璞表兄華陰令……璞全家修道，居於華陽山焉。 |
| 隋末 | 司馬郊字子都，隱居華山四五十年，禽獸日遊，目前有如家馴。每灌園不食菜心，以其傷生意。及四時山果熟，果大大鳥銜，果小小鳥銜，俱送郊齋中。不知紀極，嘆曰：禽鳥送我果甚多，但可日料三十顆，異日如戒，比三十年，及郊卒，百禽聚於庭，悲鳴累日而去。（陝西通志卷64引獨異志） |
| 唐太宗貞觀（627－649） | 三洞群仙錄卷五：劉法師不詳其名。貞觀中居華陰雲臺觀，煉氣絕粒二十年。每歲三元齋，有一人衣縫掖衣，貌陋而黔，來居坐末，齋畢亦無言而去，如此九十餘年，衣服顏色累不改。法師異而問之，則曰：予姓張名公弼，住蓮華峰東北隅。 |
| 貞觀中 | 《華嶽志》卷二：杜懷謙，貞觀中道士，居雲臺峰之長春石室，斷穀不食，棲息巖中，累月不動，自號長春先生。 |

| | |
|---|---|
| 景雲元年（710） | 金仙公主唐睿宗之女，唐玄宗之妹，景雲元年與玉真公主皆度爲道士，築觀京師，後入華山上方白雲峰，構舍修道。唐玄宗在山腳下和大上方修築仙姑觀、白雲宮。 |
| | 吳筠，字貞節，華陰人。十五歲有志於道，隱於南陽倚帝山。開元（713—741 年）中南游金陵，訪道茅山。久之，東遊天臺。天寶初（742 年）征至京師，度爲道士，就潘師正或馮尊師受正一法。天寶十三年（754 年）召入大同殿，進《玄綱論》，又詔居翰林。後乞請還茅山，東下廬山、會稽、天柱，與李白等唱和。吳筠於大曆十三年（778 年）羽化（26）。吳筠的著作有《宗玄先生文集》3 卷和《宗玄先生玄綱論》、《神仙可學論》、《心目論》、《形神可固論》等，多收入《道藏》。 |
| 開元 | 《玄品錄》卷 4：李泌字長源，本居鬼谷，開元十六年（728）以奇童召對，受張九齡寵愛，呼爲小友，及長博學，善治易，常游嵩華、終南間，羨慕神仙不死術。 |
| 開元中 | 太華希夷志：李琪唐開元中，華山隱者，"李奇斯須行數百里"。 |
| | 開元中華山雲臺觀有婢玉女，年四十五大疾，遍身潰爛臭穢。觀中人懼其污染，即共送於山澗幽僻之處。玉女痛楚呻吟，忽有道士過前，遙擲青草三四株，其草如菜，謂之："勉食此，不久當愈。"自是疾漸痊，不旬日復舊。玉女周旋山中，酌泉水、食木實而已。後逢前道士謂曰"雲臺觀西二里有石池，汝可日至辰時，投以小石，當有水芝一本自出，汝可掇之而食，久久當自有益。"玉女即依其教，自後筋骸輕健，翔翔自若。（《集異記》、《集仙錄》。） |
| | 劉若水（693—749）中唐時彭城（今屬江蘇）人。字齊物。曾祖劉皇任洺州司戶參軍；祖劉楚皇任房州上庸縣丞；父劉問終身不仕。若水幼而聰敏，性與沖和。年十三，聽人誦《度人經》，心慕神仙。遂詣中嶽韓尊師處，受授洞神經法，居勞盛山修行五載。開元初年，（713）又詣東嶽任尊師處，受"洞玄中盟八景要經"，居泰山日觀台十年。時茅山任尊師遊歷泰山，見之贊爲道門之寶，遂授以靈飛六甲、豁落七元、八籙秘文、大洞真要等上清經法，並傳授上清派養生隱訣。從此，若水卻粒服餌，修煉吐納氣法，身有仙風道骨。又轉居恒山大光焰峰三年，修煉九丹秘要、三洞經法，均成誦在心，如示諸掌，道法高妙，名稱於世。開元二十四年（736）， |

| | |
|---|---|
| | 道門威儀使奉玉真公主懿旨請至中嶽興唐觀校定經籙文書。天寶三年（744），詔住持西嶽雲台觀上方太清官。五年（746）應靈昌郡道眾竭請，於瑤台觀壇場授真一經法，建黃籙大齋。七年（748）主持東京睿宗大聖真觀。八年（749）六月卒。時年五十七。（《大唐王屋山仙人劉尊師碑》） |
| 天寶中 | 《劇談錄》唐天寶中（約750）處士劉平居於齊魯，善吐納之術，能夜中視物不假燈燭。安祿山在范陽厚幣致於門下……因知祿山爲邪物所輔，必不以正道克終，及祿山歸范陽，遂逃入華山而隱。 |
| | 張惠明趙城人，結廬中條山，遇混元子授以道術，代宗詔入便殿致醮有感，封妙濟大師，尋尸解於西嶽。（《山西通志》卷一百五十九《仙釋》） |
| | 《太平廣記》卷三五引《化源記》：柏葉仙人田鸞求長生術，入華山，見黃冠自山而出。鸞遂禮謁，祈問隱訣。黃冠舉頭指柏樹示之曰：此即長生藥也。"田鸞乃取柏葉曬乾爲末服之。隱居於嵩陽，貞元中（785－805）已年百二十三歲矣。 |
| 大中初（847） | 《唐才子傳》：馬戴字虞臣。曲陽人，會昌四年（844）進士。大中初，在太原幕府任掌書記，因直言被斥，貶龍陽尉，官終太學博士。曾隱居華山，有《會昌進士詩集》。 |
| 唐昭宗（888－904） | 鄭遨唐末道士，字雲叟，滑州人，敏於文辭，唐昭宗時，舉進士不第，見天下已亂，拂衣遠去，聞華山五鬣松脂淪，入地千歲化爲藥，能去三尸，因徙華陰求之，至碧雲洞隱居。與道士李道殷、羅隱之友善。後唐明宗時爲左拾遺，後晉高祖召以諫議大夫，不應，賜號"消遙先生"，天福四年（939）卒。 |
| 天福中（936－944） | 羅隱之君臨江軍新淦縣玉笥山玉梁觀道士，來居華山，或臨水，或登山，一觴一詠，高情自適。天福中賜號曰希夷先生。<br>案：羅隱之晉天福中賜號曰希夷先生，稍在陳摶之前，五代有兩希夷，皆居華山。 |
| | 鄭遨字雲叟，高節不屈，棄其妻子，聞華山五鬣松凝脂千歲，能延年卻老，至此洞隱居，天成中以拾遺詔不起，賜號曰逍遙先生。<br>鄭隱字明處，兗之奉符人，以經術爲業，遇道士傳辟穀煉氣之法，修習頗驗，居華山王刁岩逾二十年，冬夏裳 |

| | |
|---|---|
| | 衣皮裘，自冬涉春不出，人異之。大中祥符四年，賜號正（貞）晦先生。上並作詩爲賜，加以茶、藥、繒帛，辭賜物不受。 |
| | 道士李道盛與鄭遨、羅隱之爲友，遨種田，隱之貨藥以自給。道盛有釣魚術，釣而不餌。又能化石爲金，遨嘗驗之，信而不求。俱好酒能詩，善奕棋，長嘯，有大瓢，云可辟寒暑，置酒於其中，經時味不壞。《宋史·帝紀禮志》：「真宗大中祥符四年二月（1011），祀汾陰車駕至潼關，遣官祭西嶽……己巳幸雲臺觀觀陳摶畫像……庚午宴宣澤亭，紫雲如龍起，上召見隱士鄭隱，李寧，賜茶果束帛。賜隱號曰貞晦先生。 |
| | 翟士端字表正，齊人也，博通九經，祥符中（1008－1016）真宗幸汾陰，禮召不起，無疾而逝，七日肢體猶溫，及火之有聲如雷，五色光炳耀。 |
| | 三元極真之天曰王刁三洞，在嶽之東，隱者王遥、刁自然居此得仙。上洞人不能到，中洞有石遮洞門，下洞則避跡者可居，曰碧雲洞。與王刁洞相近，下爲碧雲溪，丁少微、鄭雲叟、羅隱之、翟表正、鄭明處居此，時稱五高士，居曰朝元洞。 |
| | 《同州府續志》卷12：王子華同州人，博學能文尤工詩。景德中（1004-1007）與華山隱者齊人翟士端，兗人鄭隱，南燕人鄭遨，臨江羅隱之等，號五高士，爲一時名流所推重。 |
| 五代後蜀廣政十年（947） | 彭曉，本姓程，字秀川，自號真一子。仕後蜀孟昶爲朝散郎，累遷漢州金堂令。喜道術，因感仕途沉浮，遂隸籍飛鶴山道士，與何五雲爲煙蘿之友，後隱居華山，遇異人授以訣，道業大進。《蜀檮杌》稱：彭曉善符籙，常以鐵扇符施人，疾病立愈。能長嘯作鸞鳳聲，飛鳥聞而雲集。蜀王孟昶屢召，問以長生久視之道。廣政十年著《周易參同契分章通真義》闡述《參同契》大旨，另著有《水火匡廓圖》、《三五至精圖》及《還丹內象金鑰匙》等。 |
| | 按：王家祐《巍山祠廟記》：玉皇閣正殿內頂上採用八環黑自交錯合半的"明鏡圖"爲飾。此圖與清徽觀正殿內頂飾，採用黑白兩半回曲各半的"太極圖"大異。《全唐詩》"彭曉字秀川，號真一子，永康軍昌利化鶴山道士也。孟蜀授朝散郎，守尚書祠部員外。嘗注《參同契》，復約其義爲《明鏡圖》。列八環而符動靜，明二象以定 |

| | |
|---|---|
| | 陰陽，爲訣二篇。"據《明鏡圖訣》後序所署"時孟蜀廣政十年（945），歲次丁未，九月八日，昌利化飛鶴山，真一子彭曉序"，可知與其說陳摶的《無極圖》是得之于呂洞賓，倒不如說他是受了彭曉的《周易參同契》注本中的兩個圖的影響。因爲陳摶的身世，僅略晚于彭曉，其隱于華山與孟蜀亦相隔不遠，而上距呂洞賓的生年就要相差大半個世紀了。（宋吳曾《能改齋漫錄》十八稱呂洞賓在唐咸通（861－874）中及第，距陳摶之死（989年）相差一百一十餘年。） |
| | 南嶽總勝集卷上：南嶽上清院隈巖鑿壁架險而居。昔有隱者號嬾翁。惟吞符餌茶。隱顯不常。建隆末（960－962）西入華山。 |
| | 《長春道教源流》卷6引《華山古蹟考》：王刁三洞在嶽之東，王遙字伯遼，鄱陽人，有妻無子，治病無不愈，有竹篋令弟子錢哥以九節竹杖擔之十餘年，未嘗見開，至此巖洞中，見刁自然，即開竹篋，取五舌竹簧三枚，三人共鼓之。至此洞後，王刁錢哥俱登仙。<br>按：河津縣志云：王刁洞在龍門山巖際仙人王刁隱居龍門得道。據此則王刁當宋初仙人或居華山或隱龍門。 |
| | 王若海宋建隆年間人。賜號"崇玄大師"，賜金紫綬。華山太一宮住持，爲上清三大景洞法師。見《西嶽華山志》。 |
| | 陳摶生於唐懿宗咸通十二年（871），後唐長興中（930－33）進士，既而棄科舉之武當山。清泰（934－36）有隱武當山詩，後周初（948－51）移居華山雲臺觀，元張輅編的《太華希夷志》裏有一個麻衣道友，與陳摶頗有密切的關係。後來以陳摶爲核心，發展出鍾呂丹道派。鍾離簡與弟權俱入華山三峰得道；呂洞賓因游華山遇鍾離子傳授延命之術；陳堯咨訪陳摶，座中有鍾離子；陳摶曾隨何昌一學鎖鼻術；譚峭居終南山時，與之爲師友；華陽隱士李琪自言唐開元中郎官；關中逸人呂洞賓有劍術，雖數百里頃刻輒至，皆數至摶齋館；劉海蟾陶真於泰華之間，遁迹於終南之下；張無夢入華山與种放、劉海蟾結方外友，事陳摶希夷先生；從陳摶學者眾，在此不論。（請參閱拙作《混元仙派研究》） |
| | 《癸辛雜識》續集卷下：華嶽極峻，直上四十五里，遇無路處皆挽鐵絙以上，有西嶽廟在山頂，望黃河一衣帶水耳，所謂龍池者僅方丈，龍在則水深黑，龍不在則清 |

| | |
|---|---|
| | 見底。山有郭仙姑者，年二百六七十歲矣，曾事陳希夷，又常隨呂公遊於世。 |
| | 《華嶽志》卷二云：元先生華山隱者，師事劉海蟾，常遊廣陵興化，館於賈氏，能以壤爲黃金，一旦舉葦席，置之溪流，泛泛而去，不知所之。 |
| | 新修大寧宮記：華西神川原大寧宮者華人以爲古后土之祠也，宮故並嶽祠，宋真宗幸華山賜今額，以華山道士武元亨主之。 |
| | 華山志：太平興國中，太宗詔休糧道人赴闕，賜經一藏及還山詩，賜號巖靜大師。 |
| | 李真不如何許人，隱華山。歧州之西王祐者，家鉅萬計，常設館以待四方士，嘉餚旨酒，無不備具。真攜琴負藥壺謁祐，遂迎于館。真問曰：「君之富，有侯伯之樂，然如不賢何！」祐笑而唯唯。真復曰：「君虛館置饌以俟賢者耶?以待饑者耶？苟以待饑者，則方今天下幸無關食者;苟以俟賢者，則未聞君得賢。以是知君不賢爾，毋訝我言也！正恐君徒尚虛名，而無待之之實，若若能悟，則吾言不惟無益矣。」祐輒動容再拜。又曰：「我聞人之樂，皆有以師事。縱橫者，必有游說之志:讀韜略者，必有戰敵之心。吾攜一張琴，一壺藥，豈無旨哉？攜琴者，我知琴有古風，欲使人還淳朴，省澆浮也。負藥壺者，我知人之多病，欲使人之少疾苦而常安平也。且我之琴，非正自化也，化人也。我之藥，非正自保也，保人也。君雖能以有餘濟於人，固與不義而誅剝以富者，則異矣。然此乃古之豪貴，待士則未也。要在賢不肖有別，則君之身可係無累矣。」祐復再拜，真乃命酒自酌，遲晚遽醉而去。王潛伺之，見真化一大鹿，西走不知所之。（三洞群仙錄卷 15；《仙鑑》卷 43；《高道傳》卷四） |
| | 丁少微亳州真源人，隱居華山，與陳摶齊名，因道不同，不相來往，善服氣，餌藥，年百餘歲。持齋戒奉科儀精至，於山中起壇場淨室，通夕朝禮，五十餘年未嘗稍懈。太平興國三年（978），召赴闕，獻以金丹、巨勝、南芝，留數月還山。（續資治通鑑卷第二十九；華嶽志卷二） |
| | 太平興國中（977－984），太宗召休糧道者赴闕，賜經一藏，及還山詩，賜號巖靜大師，有《休糧詩》三百章盛傳於世。（《西嶽華山志》） |

| 明昌<br>（1161－1195） | 《玉谿子丹經指要》卷中："昔華陽真人傳道於楊真人谷，秘爲三條，大抵皆修真內鍊之玄旨。"《蜀中廣記》卷95"真宗朝楊谷嘗遇仙於成都，藥市自授其道本。"《續夷堅志》卷三：道士楊谷，字洞微，代州人，隱居華山。爲人儀觀秀偉，道行卓絕，平生未嘗與物忤。通《莊》、《易》，世以"莊子楊先生"目之。明昌間詔徵高道，隸天長觀。未幾還山。晚愛中方，卜居之。中方舊無泉，苦於遠汲。洞微言"山秀如此，不應無泉。"乃齋沐致禱。筮之得吉徵。就壁取石，鑿竅嵌之，疊爲石梁，甃泉爲池。自是中方得水甚易。人目爲"楊公泉。"弟子呂澤、潘若淨，字清容，嘗從洞微遊。<br>按：歷史上名號中帶有"華陽"者，皆與華山有關，如：韋節卜居華山之陽，因號華陽子；上仙姓王，名玄甫，漢代東海人，師白雲上真得道，一號華陽真人，不記是何朝代。後傳道與鍾離覺，鍾離權有詩一章載《混成集》，詩曰：華陽山裏多芝田（華山產人蔘），華陽山叟復延年，青松巖畔高柯下（青柯坪），白雲堆裏飲飛泉，不寒不熱神蕩蕩，東來往氣綿綿，三千功行好歸去，休向人間說洞天。 |
|---|---|
| 金元 | 自全真派興起，華山即是全真道場，王重陽的弟子譚處端、郝大通都在華山長期住過。郝大通號廣寧子，開創全真華山派。大定二十一年（1181）譚處端居華山純陽洞，當年復歸洛陽。《水雲集》有《游華山》"噁食粗衣度歲華，白雲高臥隱煙霞。心靈福炷靈源起，定觀蓮峰十丈華。" |
|  | 《西嶽華山志》，題"蓮峰逸士王處一編"。卷首有金大定二十三年（1183）劉大用序，述王處一（子淵）棄家入華山修煉，及《西嶽華山志》的成書簡況。王處一字子淵，號蓮峰逸士，隱於雲光洞。<br>按：陝西省社科院張應超研究《華山志》，發現清乾隆華陰知縣姚遠瑃編修《華山志》時，未加考證，把《西嶽華山志》的編者金代蓮峰逸士王處一，與玉陽子王處一混淆，以致道光年間李榕蔭《華嶽志》延襲姚說，以訛傳訛。 |
|  | 淳熙十二年（1185）朱熹拜華州雲臺之命，故於次年稱雲臺真逸，時年五十有七。 |
| ？－1216 | 《渾源縣真常子劉君道行記》：劉道寧雲中白登人，師事劉柴頭，得微旨，後潛居華山上方白雲宮，爲道官。尹志平曾邀之主營華山，不受。道門稱其"真常子"。 |

| | |
|---|---|
| | 後師邱處機，加號真常。元太宗和乃馬真後朝，奉命主雲臺觀，並加修葺。 |
| 1211 | 白自然字常道，號陽和子，1211避亂入關，隱華山。 |
| | 《長春道教源流》卷五《真常子劉君道行記》。劉道寧（1171－1246）號真常子，雲中白登人（今屬山西）。世爲縣吏，以廉潔公平著稱。道寧少時即雅意玄門，及長，能棲心物表。泰和二年（1202）詣屏風山金泉觀，師事渾源隱士劉柴頭，劉柴頭歷試諸難，至遣乞食鄉間，道寧皆樂而爲之，遂傳授秘法微旨。從此，東遊海上，西歷關中，後寓華山上方白雲宮。貞祐四年（1216）歸故里雲中，環堵而居，但從學者日眾。興定四年（1220），住持渾源縣龍泉、金泉、玄元諸現。元光二年（1223），邱處機西行回歸，道寧執以弟子禮，受授全真道法，加號真常子。推爲道宮長，築室西京。元太宗八年（1236）尹清和謁祖庭還，與道寧相會于恒嶽，命主華山雲台觀，遣門弟子爲之經營，往返其間。 |
| 1196－1274 | 姜善信（1196－1274）趙城人，資稟恬黙，年十有九，挺身道流，嘗禮蓮峰真人靳道元（貞常）爲師，隱居碧雲洞十有餘年，屬陝右兵亂，士大夫避地者，往往依之。後承師命修習龍門山，訪王、刁故迹……其後三見聘，奏對多所禆益。中統三年（1262）會龍門禹祝因兵而毀，善信奉勑重建"龍門建極官"……復給田四十餘頃，命五弟子俱爲建極宮提點。遠近亦稱"天師"。中統間世祖南下，駐師驛亭，召善信問行師事，特陳仁義之舉，後屢聘，言事多中，年七十八羽化，（世祖）追封靖應真人。<br>按：龍門山在山西河津縣與陝西韓城縣之間，與禹門口隔河相對。龍門建極宮在大禹廟的基礎上改建而成。陳教友認爲，龍門派之"龍門"，即指此"龍門"。《金蓋心燈》卷一《趙虛靜律師傳》鮑廷博注引"《逸林·全真錄》"："元世祖賜開龍門派，欽定二十字"，陳教友認爲，此系譜並非由邱處機自作，也不是元世祖賜給邱處機或趙道堅的，而是賜給姜善信的。《廣陽雜記》云：「孫宗武言：今世全真道人所謂龍門法派者，皆本之邱長春，其地則王刁山也。王刁山在華陰太華之東，奇峭次於華嶽;開山之祖乃王刁二師，故以人名山。考王刁係宋初仙人，華山、龍門俱有王刁洞，孫宗武之言，聞之白雲觀王清正，清正聞之華山馬真一，自當有據。長春 |

| | |
|---|---|
| | 曾主華山席，斬貞常當即長春弟子，所以稱龍門者，貞常弟子姜善信承世祖寵遇，建龍門建極宮，其後徒眾日盛，創此法派，故云龍門也。世或謂長春曾居隴州之龍門，故號龍門派，恐非。《龍門正宗碧洞堂上支譜‧校理本觀宗譜序》亦云：「長春再傳弟子姜善信，師事蓮峰真人斬貞常，隱居于華山王刁後洞，奉師命修習龍門。世祖寵遇，建龍門建極宮。是時徒眾日益，創法派，故名龍門也」。（《明一統志》卷20；《山西通志》卷161；《長春道教源流》卷六；《方輿彙編》龍門山部紀事；劉獻廷《廣陽雜記》卷三。） |
| 貞祐初<br>（1177－1259） | 《順真冲虛真人毛尊師蛻化銘》：毛養素字壽之，號純素子。幼喪母，事父以孝聞。貞祐初（1213），一羽客見過，師奉之謹，羽客曰：此子可教。授以秘語，師問仙號，曰：我華山陳希夷也。言訖忽失所在。父既即世，棄家往禮太華惠照真人田無礙，即丹陽法嗣也。制行清苦，幾二十年，門人常志久請居鳳翼道院。乙未（1235）同常志久興葺洛陽朝元、棲霞二觀，及華陰清華觀。已亥（1239）關、洛饑，師發餘粟施困餒，活者甚眾。太宗十三年辛丑（1241）尹志平命爲棲霞提點，兼領披雲都寶藏八卦局。未幾，復領朝元、棲霞宮事，憲宗九年（1259）羽化。 |
| 1212－1299 | 賀志真，字元希，德順人。初師呂通明（邱處機之徒），又復學于綦志遠。元世祖至元十二年（1276）來華山，於玉泉院西鑿岩以居，號全真觀。再于太華之巔鑿朝元洞。既而還長安之棲真庵，大德三年（1299）卒。《太華山創建朝元洞之碑》，述賀志真之道行及創建朝元洞始末。稱其足跡所及，力事興建，如隴之玉宸，平涼之朝元，耀之長春、集靈，德順之昊天、玉泉、純陽、壽聖，曰宮曰觀，接建功之地。又以弘化度人爲己任，門人百餘。（元井道泉撰《太華山創建朝元洞之碑》；《華山碑石》錄有《太華山創建朝元洞之碑》。）<br>《華嶽志》引《井道泉記略》：「至元丙子（1276）元希賀尊師來自隴西，一築一缽，倘徉泉石間，尋卜築玉泉之西以居，雖署觀全真，而規模草昧，以爲振宗風崇德化爲未足也，遂登華之巔，闢山膺而洞其肇基也。大德已亥（1299）十一月曲肱而逝，享年八十有八……徒姚道常接其武…乃成，始事於丙子（1276）而畢於壬子（1312）…署以朝元而落成。<br>按：《創修大朝元洞碑》記賀志真開華山派，其本人爲 |

| | |
|---|---|
| | 第一代。至今經朝元洞過長空棧道，仍可見到賀志真當年煉養住過的賀老洞。 |
| 太宗八年(1236) | 史志經（1202－？）字天緯，號洞玄子、玄宣義大師，降州翼城人（今山西翼城縣）。王鶚《洞玄子史公道行錄》載：世習儒業，興定五年（1221）志經遁跡投玄，師事恆嶽真常子劉道甯爲全真弟子。元光二年（1223）邱處機東還，志經伴師劉真常拜謁，邱處機賜以今名。終歲問學，弊衣糲食。太宗八年，尹志平遣門人葺雲臺觀，請其作住持，至十三年始就任。辛丑（1241）西遊，博採諸記，著《華山志》十四卷。丙午（1246）劉真常羽化，詣渾源哭之，且心喪三年。已酉（1249）拜於洞真，參授經籙。辛亥（1251），從李真常北觀，例賜紫衣，加號玄真宣義大師。乙亥春，以後事囑諸嗣，師遂神遊於所居之松菊堂，春秋七十四。<br>元太宗十三年搜奇訪異，親歷見聞。著《華山志》十四卷。（《洞玄子史公道行錄・後跋》；《甘水仙源錄》；《洞玄子史公道行錄》） |
| 太宗八年(1236) | 孫碧雲馮翊人，幼即慕道年十三入華山，太宗八年太祖召赴京，語甚悅所賜之物辭不受，後還少華山，永樂中賜號虛宣子，年七十三羽化於武當山。<br>按武當山志：孫碧雲關西人，幼年穎悟願學仙，入西嶽華山，追希夷之蹟，巖棲穴處服氣養神，探黃老經旨，周易參同，與夫儒釋子史，罔不熟誦。洪武二十七年高祖徵至京師，賜衲衣齋供館於朝天宮，明年賜還華山。有詩賜華山孫碧雲。（《甘肅通志》卷 41 仙釋；《陝西通志》卷 95。） |
| 元太祖<br>（1199－1279） | 褚志通字伯達。幼業儒，長而遭時艱，寄跡老子法中，受學劉真常。棲遲名山。真常主華陰之雲臺宮（1227），始從之西。真常逝（1246）徙上方，留弟子主雲臺。上方天下之絕險，非恃鐵鐶，不得緣墜上下；將至其巔，下臨壑谷深數里，茫煙暮翳其中，非神完氣勁，鮮不視眩而魄震，君負食上下自給，如由室適奧，嬉然不爲艱。薄寒則上下負食益勤，爲禦冬備，一歲偶未集，冰雪塞山門，始服氣減食爲胎息，遠則數日一炊。明年山門開，弟子往哭求其屍，見步履話言不衰。其後，名聞天聰，俾禱有應不爲沴，賜號佑德真人，提點嶽祠灝靈宮。年八十，得益深、聞益彰，聖皇思見益急。至元己卯（1279），詔中使起之，虛車而返。（陳垣《道家金石 |

| | |
|---|---|
| | 略》元姚燧《太華真隱褚君傳》有完整記載。）<br>按：學道之士，隱居深山窮谷，食物運輸，深感不便，<br>儲蓄乾糧，常憂匱乏。辟穀之方，正為此輩而設。 |
| 至元（1279） | 《陝西通志·人物》：白德明字顯達，富平美源人，幼<br>穎悟，善屬文，為進士，後絕意婚宦，棄家為道士，居<br>三原龍陽宮，後遁跡華山，元世祖召入對，賜號"天光<br>真人"。 |
| | 陝西通志卷六十五：白守一，太山寨窊溝人，幼禮還元<br>趙真人為師，號碧然子，後入華峰隱跡。 |
| 1299 | 張清志虔州奉天縣人，自幼惡殺，不啖肉味；年十六從<br>天寶李師為道流，錫名清志……久之辭親入終南山，大<br>父年老招之出山，乃家居侍養；年二十六糾長安明道<br>觀，又適鳳翔扶風縣立天寶宮，及李師死師事岳師，畀<br>以扶風道教之職；年三十三為永昌王祈福於五嶽四瀆、<br>名山大川，既徧，復來關中修理前所糾寶觀，居太白山<br>龍虎洞三載，妖魅障厄亟至，一皆不攝……渡之河東，<br>居臨汾五紀白雲菴。地大震，城邑鄉村屋廬悉摧壓，死<br>者不可勝計……師徧巡木石間，聽呻吟聲，救活甚眾，<br>復歸華山舊隱。而天寶宮二趙一鄭攝掌教事，五年之間<br>相繼殞滅……於是宮之徒眾尋訪吾師，得之於華山嵩<br>谷。既至，眾皆悅服。<br>據《南宋新道教考》：真大道教八祖岳德文逝世前<br>（1299），將教事交付給張清志。但當岳德文"喪畢"，<br>張卻"潛遁"至山西臨汾，後又返華山歸隱，不接任掌<br>教。此後，趙真人（亡名）、趙德松、鄭進元相繼掌管<br>教事。5年之間，"二趙一鄭相繼殞命"。真大道徒眾<br>根據鄭進元臨終時囑咐，去華山請回張清志，仍推舉其<br>為九祖。（《大元汴梁路許州長社聶村天寶宮糾建祖師<br>之碑》） |
| | 趙道堅下傳第二代律師為張德純，號碧芝，河南洛陽<br>人。元皇慶元年（1312）受戒法，後隱華山。元至正二<br>十七年（1367）以教付陳通微，不知所終。<br>丘處機第三代傳人陳通微，初學正一道驅邪祈禱之法，<br>後往華山從第二代傳人張德純學全真法，疊承三戒，為<br>龍門派第三代律師，終隱於青城山，洪武丁卯（1387）<br>傳戒法於西安周玄樸。《道統源流》以龍門律宗第三代<br>陳通微、第四代周玄樸至第五代沈靜圓以下，名"龍門<br>靈寶派"，蓋謂此系兼傳靈寶法籙。陳通微本學正一 |

| | |
|---|---|
| | 法，可能兼傳正一靈寶符籙道法。（《缽鑒》；《金蓋心燈》） |
| 1341－1368 | 《華嶽志》：安育真人南峰南天門西石砂處，有安育真人（至正時人）龕，真人肉身坐石龕不壞，具衣履，儼如生人。 |
| | 《缺餅歌》的撰人鐵冠道人，姓張名中，遇異人授以太極數學，後事往往奇中，因嘗戴鐵冠，故名，宋濂曾為之傳。《鐵冠圖》，又名《透天玄機》，書前序曰「此書係鐵冠道人與劉伯溫先生同著，名《透天玄機》，謂劉伯溫於元末遊華山，見鐵冠道人，跪而請示數理。鐵冠道人乃授以「三元九宮」之數，由是推斷世運。 |
| | 元末，楊儼字敬夫，博覽經史，通達世務，喜淡泊、清靜，不好仕途，在秦倉谷隱居，設館授徒，從學者數百人。楊儼字敬夫，涉獵經史，元末隱陳倉谷中，淡然無宦情，明初累徵不起，賈志楊敬之撰華山賦。 |
| | 《武當山志》：孫碧雲（1345－1417）元末明初馮翊人，少好仙術，至西嶽華山，遍尋陳摶遺跡，岩棲穴處，閱道經，參同《周易》，探究黃老經旨。後師從武當張三豐。洪武二十七年（1394）奉詔入京。永樂十年（1412）明成祖復召至京師，賜詩文，並敕授武當山南岩宮住持。 |
| 洪武初 | 《武當山志》：單道安均州人，從南巖張真人學，精究道法，執弟子禮，懃懇弗怠。真人昇舉之後，潛藏於疊字峰室，屏絕人事，虔奉玄帝香火。洪武初遊西華、終南諸山，仍居重陽萬壽宮。一日以所授玄秘付與門人而去，弟子李素希攜冠復瘞於五華仙壠。 |
| 弘治末（1504） | 山西通志卷 159：陸本，雲間人，弘治末居太原昊天觀石洞中，有道術能符水，禱雨輒應，袖核於山頂搖之，雷聲輒隱起，後遊華山莫知所終。 |
| | 《同州府續志》卷十二：王汝霖字九谷，華陰人，性孝友，博學有文名，避跡華陰山之麓，以詩賦自娛。嘉靖登極（1522），詔求隱逸，有司累薦不起，台府高其節贈匾旌廬。著有松隱漫稿，草木靈異錄。 |
| 萬曆間（1573－1620） | 華嶽志卷一：高元和，為道士，改名高演元，自號還虛子。因"不冠績，髮及肩則斷之，人以蓬頭呼之"。初居河南靈寶縣玄真庵，自稱有老道授其游仙枕，可夢遊天下，後移華山。養真於青柯坪東谷中，後由京師，慈聖太后賜道藏四百八十函、十萬餘卷，創太虛菴，至萬曆十八年（1590）藏經閣成而納之。 |

| 萬曆間 | 馮從吾，重建青柯書館，更名爲"太華書院"，從學者三百餘人，盛況一時。 |
|---|---|
| | 明‧王履《宿玉女峯記》：嘗聞女道楊氏名妓也，少年入山今耄矣，初食松皮八年始火食，或絶火則枵腹坐，偶大雪不粒者七日亦無恙，竟日夜弗臥。其入山時才三十有七歲，今已七十三矣，乃自云一生無疾。觀其顏雖非丹，而精神粲然，步甚健固，知其有所養也……殿右觀韓姑姑遺蛻遺，僅撤所障亂，礐啟棺蓋窺之，臥棺中如初殁者，楊氏曰殁幾三十年矣，惟槁不腐，以杖摘其足亦不僵，有道者乃如是，蓋楊氏師也。（四庫全書書畫彙考卷 36。陝西通志卷 92 藝文八） |
| 崇禎（1643） | 東峰清虛洞張真人雨，號清虛，修養於此六十年，正癸未化去。 |
| | 《山西通志》卷 160：還陽子姓郭氏，名靜中，修武人。幼時嘗夢驅龍，爲行雨狀。差長棄家適華陰，遇異人授以金丹五雷法，由是號還陽。山西府督慕其名，創道院于會柏園，請靜中爲住持。名士傅山（青主）師事之，與文學家趙南星結爲方外友。著《易注》。 |
| | 清完顏崇實撰《昆陽真人道行碑》：王常月（？－1680），號昆陽子，潞安府長治人。兩遇趙復陽傳道，並以《天仙大戒》密授之，居華山多年，曾在北斗坪拜斗。清順治二十年（1655）離華山上北京。"丙申（1656）三月望日奉旨，主講白雲觀，賜紫衣凡三次，登壇說戒，度弟子千餘人，道風大振"。著有《碧苑談經》（亦名《龍門心法》係其弟子記錄）等。 |
| 明末 | 馬真一居華山王刁洞，以峰巓自號，或稱以瘋顛，亦漫應之。不談燒煉黃白等法，不爲齋醮符籙等事，清靜全真以爲教。能冬月以雪爲沐浴，氣蒸蒸如暑……矢口而答，無不奇中。或預言天下事不爽。忽一日謂其弟子曰：將東出關矣。旋去不知所在。或有遇之關外者，言峰巓事尤多奇云。清朝李楷《河濱文集》、錢謙益《初學文集》有萬尊師傳云：「尊師名國樞江西人。天啟丁卯（1627）登峨眉山，盧紫雲授以"薩真人神霄青符五雷祕法"，戊辰之楚，有馬全者補衣苴履，乞食湖湘間，目之而問曰：「子從峨嵋老人來耶？」萬語之故，馬曰：「心清則符靈，派清則法靈，子傳法而不傳派，其猶未也。」此馬全真當即馬真一。《廣陽雜記》云：馬真一者龍門法嗣，世號顛仙，言其不死，今猶在遼東。先後 |

| | |
|---|---|
| | 居華山王刁洞、遼寧北鎮廟、山海關等地修道傳徒，清初猶在。（《畿輔通志》卷85；《長春道教源流》卷七。） |
| | 《長春道教源流》卷七：王萊陽名清正，龍門法嗣馬真一嫡派也。孫宗武于華陽時與之友，知其人甚悉，今興復京都白雲觀。嘗言華陽道派有二，一太華，一王刁也；太華宗陳希夷，王刁宗邱長春。 |
| | 王于曜字元明，華陰人，崇正庚辰進士，爲行人司行人。陞山西鹽院，赴任至中途返文仙谷，十三年大饑，施粟濟眾，瘟疫施棺瘞骨，三徵不起。<br>按：明代設行人司，復有行人之官，掌傳旨，冊封、撫諭。 |
| | 《華嶽志》卷二：羽士高元和，改名演元，自號還虛子。蓬頭跣足，人稱高蓬頭。萬曆（1572－1620）諸生，先隱河南靈寶元真庵，後徙居華山太虛庵。蕭太后召入講秘義，並得神宗優禮。留數年還山，太后賜道藏，敕于上方建樓貯之。<br>程化樂，富平人。久應童子試不售，棄而入華山，華渭人士奉之如陳摶，著作甚富。據稱言未來事多奇驗。<br>劉虛中，字長倩，號翠峰，麟遊人。喜讀老子書，棄家居王刁洞，自稱朝來道人。<br>祝仙翁，明宗室，太平天國後，來華山爲道士，居二十餘年，八十餘歲卒。<br>李仙翁，榆林人。止嶽廟之東廡十餘年，康熙二年（1663）卒。 |
| | 顧炎武《復庵記》：范養民，號湖濱，襄陽人。幼而讀書，好《楚辭》，諸子及經史多所涉獵，爲東宮伴讀。方李自成之挾東宮二王以出也，范君知其必且西奔，於是棄其家走入關中，將盡厥職焉。乃東宮不知所之，而范君爲黃冠矣。崇禎十七年夏，自京師徒步入華山爲黃冠。數年，始克結廬於西峰之蓮花坪，名曰復庵。華下之賢士大夫多與之遊；環山之人皆信而禮之。 |
| | 明亡後，顧炎武隱居華陰，看中華山之險，卻又"綰轂關河之口，雖足不出戶，而能見天下之人，聞天下之事，一旦有警，入山守險，不過十里之遙，若志在四方，則一出關門，亦有建瓴之便"。顧炎武在華山，除華陰王弘撰外，盩屋李中孚（號二曲）是顧炎武在陝西最好的朋友。王弘撰（1622－1702），華陰人，字文修，一字無異，號太華山史。監生，博學工書，對書畫金石精鑒別。持反清復明之志，康熙十七年薦博學鴻詞，堅辭不就。世 |

| | |
|---|---|
| | 居華山，有讀易廬，著《易象圖述》、《山志》、《砥齋集》等。顧炎武稱王弘撰爲"關中聲氣之領袖"。 |
| | 陝西通志卷六十三：解引樾字拙存，韓城人，崇禎戊辰（1628）進士，授翰林編修，爲人孝友眞摯，雄才博學不可一世，闖賊入關，隱居太華龍門間，讀書不輟，稱韓山樵隱或龍門逸史。 |
| 1640 | 武當山志：楊常炫山西人，庚辰（1640）進士。明末棄官登華山，頂禮皇老大神，修真悟性，復遷嵩嶽，養氣中方，以門生故吏往來雜遝，乃三遷於武當之北巖，與住山白玄福相友善。餌精服朮於洞者六年。嗣是豫知山中劫數將至，出游江、漢間，爲副憲余公誦經救劫，刊《劉洞陽總真集》行世。 |
| | 康熙五十三年（1714）道士郎禮慧於青柯坪建九天宮。 |
| 雍正（1723－1735） | 《嘯亭雜錄》：華山道士云年九十餘，望之若仙，本滿洲人，從經略莫洛征王輔，洛爲輔臣誘殺，爲罪隱華山。又喬道人清臞鶴立談兵家事歷歷如繪。或云：年大將軍潰卒，曾戰青海者。又西城玉皇閣道士，云能預知，和相死期，在海淀寺祈晴，頗有小驗，後以其惑衆，逐出境外，不知所終。三人俱不詳爲何派，或亦全真道士也。 |
| | 第十三代律師王來還（1667－？），號卻塵子，北京人。幼信東王公教，長大後西遊關中，住玉泉洞玄真庵，繼登華山，開闡教法，雲集道衆。平日以針藥濟人。"得遇真人授以《太上律脈源流》。""後有李大真人請至（陝西）涇陽嵯峨山雲門宮"，開壇傳戒。"時聽戒者衆，有白復禮者，誠篤純樸，可任大事。故以歷敍源流，付之以衍其續。" |
| | 據《龍門傳戒譜系》：白復禮清雍正乾隆年間陝西綏德人。字慧直，號照圖子。十九歲，棄家東遊，訪道華峰，受業于應詔東，後雲遊關內浴水觀，改名通真，遂卜居之。後至涇陽峨嵋山雲門宮，參禮王來懷，聽傳龍門宗法，道授三大戒。王來懷付之大法，爲第十四代傳戒律師。復禮修真養性，苦志參玄，論虛無之妙道，究金丹之正理，居不數載，觀宇爲之改觀，時人尊稱通真上人。乾隆二年（1737）開演百日法戒，傳授弟子，以法統付程本煥。。五年（1740）病逝於觀中。事蹟詳《太上律脈源流》。<br>第十五代律師程本煥，號香岩，陝西龍門人。《龍門傳戒譜系》只說他是山西代州人，出家於太華峰，未載其 |

| | |
|---|---|
| | 簡歷，詳情不得而知。"幼棲（陝西韓城）紫雲觀，有學道志"，於是"卜象山修心煉己"。乾隆二年（1737）受戒，"於乾隆戊子年（1768）三月清明日登壇說戒"。付法於華山道士張本瑞。<br>張本瑞因與程本煥同輩，故亦被尊爲第十五代律師。小柳司氣太所見北京白雲觀歷代律師神位，第十五代列有兩位律師，分別是程本煥和張本悟。 |
| 庚寅（1890） | 丹經指南附錄：清末張松穀庚寅年（1890）差次長安，遂遊西嶽，謁吳興沈太虛真于郝祖洞，真人活午訣傳授。 |
| 光緒十年 | 虛雲大師全集：（四十五歲）虛雲七月初十日。越潼關。入陝西境。至華陰。登太華山。禮西嶽華山廟。所經攀鎖上千尺幢。百尺峽。及老君犁溝。名勝甚多。留八日。慕夷齊之聖。 |
| 民國初 | 九十老人李登雲，養生有術，道高德劭，棲真大上方金仙洞二十餘年。 |
| | 孏道人王信明，瀟灑自如，道學超群，詩書畫三絕，隱于小上方，後遷跨河嶺。 |
| | 馬法易，天水人，與西安八仙庵當家唐旭庵同門，仙風道骨，嘗爲北峰主持，抗戰勝利前，攜簡單行囊離山雲游，於山門攤布囊，示眾未私取公物，叩別而去。 |
| 民國二十七年（1931） | 侯崇祥（1917－1960）陝西華縣人，民國二十年（1931）出家華山五里觀。後相繼修道于西安八仙宮、終南樓觀台、興平縣桑鎮解北村小廟。1949年復至樓觀台，1955年繼任監院，爲中國道協理事。 |
| 民國二十六年（1937） | 民國二十六年七月二日，涵靜老人李玉階（1901－1994）偕過純華率子（子弋、子堅、子達、子繼），隱修華山。越五日蘆溝橋事件，應驗雲龍祖師"浩劫將興，國難臨頭"預示，後全家暨弟子，在華山香爐峰下之大上方（莎蘿坪對面山巔），長年祈禱"天帝佑我中華，對日抗戰勝利。"民國三十五年八月（1946）下山，三十六年冬前往台灣經商後，分批接家眷抵台。民國六十八年（1979）四月二十八日起公開講授"中國正宗靜坐"，此後蔚然成風，民國八十三年（1994）證道，享年九十四，從其學道者已十數萬人。 |
| | 閔智亭（1924－2004）號玉溪，河南南召人。民國三十一年（1942）日寇蹂躪中原，輟學流亡，投奔毛女洞修道，拜師劉禮仙，爲全真道華山派道士，先後任西安八仙宮監院、北京白雲觀律壇戒壇大師，中國道教協會會長。 |

# 附錄二：華嶽攬勝

　　華山 "玉泉閣" 王武導覽，李光光校註。

　　《方輿勝覽》 "華嶽三峯，芙蓉（又稱白雲峰）、明星、玉女也。" 《華嶽志》：嶽頂中峰曰蓮華峯（西峰）有上宮（即鎮嶽宮），宮前有池為玉井[1]，生千葉白蓮，華服之令人羽化，亦謂之玉女洗頭盆[2]。唐・杜甫詩 '安得仙人九節杖，拄到玉女洗頭盆。' 蓋嶽之最高處也；自上宮東南上三里，得明星玉女祠（在中峰），在大石上，又有仰天池（在南峰）、八卦池[3]、太乙池（在西峰）、二十八宿池[4]，皆在玉井之旁。

　　嶽頂東峰曰仙人掌，其峰旁面石上有痕，自下望之宛然一掌，五指俱備，張衡《西京賦》 "巨靈贔屭，高掌遠蹠，以流河曲。" 曹植《述征賦》 "表神掌於仙谷。" 薛綜曰 "華嶽與首陽本一山，河水當此曲行，河神巨靈，手盪腳開而為兩。" 今手掌在華山，人呼為仙掌，腳跡在東首陽下[5]。又有

---

1　現於鎮嶽宮，華山山上唯一的一口井。過去金仙公主在此修道。
2　玉女在中峰，玉女洗頭盆確實地點在中峰。秦穆公的女兒弄玉，相傳弄玉與其夫蕭史乘鸞鳳（乘龍跨鳳）飛升而去。
3　可能在松檜峰。
4　在鎮嶽宮下約一華里，有二十八個小水潭。
5　《史記・封禪書》正義注云 "華嶽本一山，當河水過而行，河神巨靈手盪腳蹋，開而為兩，今腳跡在東首陽下，手掌在華山。"

石月在仙掌上，日昃時望之儼如半輪月[6]。

　　嶽頂西峯曰巨靈足[7]，石有形如足。《魏收志》：華陰有巨靈，原指此嶽頂南峯，曰落雁[8]，以在嶽之中，亦曰中峰。唐・李白登落雁曰"此處最高，呼吸之氣，想通帝座。"[9]頂有黑龍潭仰天池，歲旱祈禱多應[10]。自頂折旋而下，有自然一峽，側身而入，中有巖，名全真巖[11]。

　　嶽頂西北曰毛女峰，以秦始皇宮人隱此而名也。嶽頂東北曰雲臺峰，兩峰並峙，四面陡絕，巋然獨秀，狀若雲臺。北周武帝時，有道士焦道廣[12]居此。峰上有試鑿穴，深不可測，旁有一石如鑿，相傳爲陳希夷先生仙蛻之所[13]。峰側有長春石室，唐貞觀中，有道士杜懷謙居此，自號長春先生[14]。

　　嶽頂北有公主峰與雲臺相近，相傳漢南陽公主避王莽亂，入山得仙處。又有白雲峰唐金仙公主修道處，又有甕肚，

---

6　昃 zè：日中則昃。在天梯與王母宮中間有"日月崖"，岩頂像一輪紅日，下彎曲如月芽。

7　西峰與南峰的相交處，有一足印，傳說是巨靈足。

8　三個主峰落雁峰、朝陽峰、蓮花峰成鼎峙之勢。

9　落雁峰頂有摩崖"呼吸之氣，想通帝座"以及"袖拂天星""沐浴日月"等字樣。

10　黑龍潭在黃蒲峪口，仰天池在南峰頂。當年祈雨沒有條件上南峰頂天池，黃蒲峪也叫黃神峪，峪中留有黃盧子修煉之古洞。

11　南峰後面，自南天門下，長空棧道盡頭（華山有七十二個半洞，在半洞的右上方百米處，凸起岩石）有三個大字曰"全真巖"，迄今無法解釋，此三個大字如何鐫刻。

12　焦仙洞在五里關內。

13　莎蘿坪下，石門右側過河，有一山峰，有石峽形似鑿過，曰"試鑿處"，似希夷先生蛻骨成仙處，亦稱"希夷峽"。峽中左側"玉皇洞"頂有"羽駕蓮峰"四字。

14　長春石室可能之處有二：一處老君犁溝旁，聚仙台有幾個石室。另一處在老君犁溝下，群仙觀上，"洞裡甕，甕裡洞"旁。

峰形如半甕，皆在嶽之北面[15]。

其餘又有虎頭、灝天、仰天、朝天、三盤、松檜、朝來、玉柱、玉秀、白石諸峯，皆環拱嶽之左右。杜甫詩所云"西嶽崚嶒竦處尊，諸峯羅列似兒孫。"又山有四洞，東曰昭陽[16]，西曰公元[17]，南曰正陽[18]，北曰水簾[19]。今洞之最著者曰石仙人洞[20]，又名水簾洞，在北面山腰。洞口丹青儼肖人形，上有瀑布，泉飛流直。下曰老君洞，在嶽頂東南，相傳老君隱華山居此。

次北有太上泉，泉旁爲老君菖蒲池，池中產菖蒲九節[21]。又東北峯上有丹爐，俗傳老君煉丹處。又有細辛坪，地多"細辛"[22]因名。又有白鹿龕[23]，在升嶽路之右。又有三公石室，在嶽之東南有三峰，嶷然森秀。又有碁石，在嶽頂東南別一孤峯，上遙望之有石如碁局，俗以爲即仙人衛叔卿博臺[24]。

又西南上三里許，得一箭如括爲天門，即杜詩所云箭括

---

15　白雲峰東北爲大上方，大上方有甕肚峰。

16　在南峰與東峰交界處。

17　在大上方。

18　不知所在之處。

19　在青柯坪上，蒼龍嶺西。

20　洞口上有丹石間青石，似丹青畫，出仙人之狀，冠帔衣服無不周備，高下大小如人形，號曰石仙人。

21　孝子峰下煉丹爐附近。菖蒲葉細如劍脊，其根每寸九節，服之令人強健延年益壽。

22　李時珍《本草綱目・草二・細辛》：一名小辛，味辛，溫，無毒。治欬逆，頭痛，百節拘攣，風濕痺痛，死肌。久服明目，利九竅，輕身，長年生山谷。

23　在莎蘿坪對面，河東側岩上，十八盤下。

24　東峰旁鷂子翻身下，有下棋亭（博台）

通天。有一門也，曰太極總仙洞[25]。道書以爲第四洞名總仙
之天，在毛女峯[26]之西壁中，其下即仙谷[27]也。

又有壺公石室[28]，在嶽西北孤峯上。相近又有洞元石室，
四圍懸絕[29]。又蜚蟲穴，在嶽北峯下，《山海經》"華山有
虵謂之蜚蟲[30]，六足四翼，見則天下大旱[31]。"

曰公元洞，嶽西面之洞也，道書爲第四洞天，三元極真
之天。

曰王刁三洞在嶽之東，隱者王遥、刁自然，居此得仙。
其上洞人不能到，中洞有石遮洞門，下洞則避跡者可居[32]。

曰碧雲洞[33]，與王刁[34]洞相近，下爲碧雲溪，晉有丁少微、

---

25 今南天門內有"洞天福地"四字，有一岩石俗稱"三間房一片瓦"，意
　　思是在一片岩石下有三個洞。
26 毛女峯鄰於上方。
27 今稱"仙峪"，在華山旁山谷中，風景幽美。
28 壺公石室在嶽之西北孤峰上，有石室可容十餘人，有泉東北入霧市谷東，
　　谷中即後魏道士寇謙之籌場，西谷中修羊公石榻穿之所。前往張超谷，
　　先進五里關，經焦仙洞、三官洞、玉皇洞，再行 150 米有白衣、壺公等
　　洞，今留有許多廢墟。
29 此地即莎蘿坪對面大上方，穿越雷神洞後別有洞天，四面皆山，無所通
　　達，可謂絕地。
30 又稱"蜚蟥"，是傳說中的神蛇。據說藏在水簾洞（青柯坪上）。
31 《方輿彙編》華山部彙考一：近嶽西北峰爲毛女峰、爲壺公石室、爲太
　　極總仙洞、爲洞元石室、爲肥蜚穴。《大清一統志》卷 189：壺公石室
　　在嶽西北孤峯上，相近又有洞元石室，四圍懸絕，穴在嶽北峰下。《山
　　海經》華山有蛇謂之蜚，六足四翼，見則天下大旱。
32 現今上洞、中洞留有殘缺神像遺跡，下洞較大可容數十人，洞前有水井，
　　常年不涸，今有人居此修煉。
33 往王刁洞途中有古廟，無道人看守。
34 王刁河津人隱居龍門山得道，鄭隱常居王刁三洞（文仙谷）。在嶽東，仙
　　人王遙刁自然，開竹篋取五舌竹簧共鼓處也。上洞人莫能到，中洞有飛石
　　遮於洞門，下洞隱居者皆在其中。據《雍勝畧》王刁三洞在華山東寶谷中，
　　僊人王遥，刁自然二十餘年冬夏常衣皮裘，寧精於藥術，老而不衰，每以
　　藥施人，人與金帛多拒之。並賜御詩并茶藥束帛，隱辭所賚不受。

鄭雲叟、羅隱之、翟表正、鄭明處居此，時稱五高士，居曰朝元洞，在落雁峯上[35]。

曰焦真人洞，在白雲峯旁[36]。谷之最著者曰牛心谷[37]，在嶽東，其谷北接華山，南通商洛，漢楊震居此講授。

曰黃神谷[38]在碧雲洞旁，真人黃蘆子隱居處，谷口有黃龍潭，旱則禱焉。

曰藏馬谷，與黃神谷相近，舊傳漢武獲馬，走藏於此。

曰文仙谷，在雲臺觀稍東，宋呂真君居之所[39]。

曰霧谷，在毛女峯東北，後漢張楷居此。楷字公超，亦名張超谷[40]，又名霧市谷，以公超能爲五里霧也。陳摶命弟子於張超谷鑿石室，即此谷中。有算塲、蘆花池。祖沖之《述異記》：後魏道士冠謙之，洞曉渾天儀，定天元五紀，棄其餘算，化爲葭，故名曰仙谷[41]。在霧谷西，一名石羊城，俗以爲黃初平叱石成羊處，入谷十里有車箱杜甫詩「車箱入谷無多路，箭括通天有一門。」

---

35 落雁峯即南峰，朝元洞在落雁峯右，南天門後，長空棧道前。內供玉皇，是華山最大的洞，賀志真元世祖至元十二年（1276）來華山，於太華之巔鑿朝元洞。文革前奉祀玉皇，洞內壁上列三百六十五尊神像。現有玉皇，配祀文武三師。

36 莎蘿坪東對小上方，又上爲大上方；白雲峰即上方峰，在雲台峰北。白雲峰上有白雲宮，爲後周武帝爲羽士焦道廣建，唐金仙公主亦曾於此修行。據《華山重修雲臺觀記》上方白雲宮在嶽頂據蒼龍嶺，昔羽人焦道廣常居之。中方太清宮枕太羅峰，下方即雲臺觀。五代亂離三方荒毀，高士陳摶披荊榛築室于下方。

37 在華山玉泉院與"仙峪"間，有一谷名曰"牛心谷"。

38 黃神谷即今黃甫峪。

39 經十二洞、仙姑觀，上文仙峪，可達洞濱殿。

40 在五里關上有一谷曰"張超谷"。

41 即今"仙峪"，在玉泉院西三華里。

　　曰桃谷、曰甕谷，俱在縣西南二十里。曰竹谷，曰大敷谷，俱在縣西南三十里。

　　舊志登嶽之路，自雲臺觀經王泉院、希夷峽、臥仙坪、洞天坪、十八盤、元天宮、青柯坪，自此引索而升。經回心石、千尺幢、百尺峽、老君犁溝、胡猻愁、閻王碥、日月崖，至蒼龍嶺，即古搦嶺也。又遇鷂子翻身、仙掌石月，則至頂矣。

# 參考文獻

## 古　籍：

《史記》

漢·王充《論衡》

張繼禹主編《中華道藏》，:華夏出版社 2004 年。

李時珍《本草綱目》

《大正新修大藏經》

《四庫全書》

元·駱天驤《類編長安志》，199 頁，三秦出版社 2006 年。

清·皮錫瑞《經學歷史》，台灣：河洛圖書出版。1974 年。

唐·義淨著，王邦維注《大唐西域求法高僧傳校注》，北京：
　　中華書局，1988 年。

## 著　作：

許地山《道教史》，上海：商務印書館 1934 年初版。

呂誠之《秦漢史》，上海：開明書店 1947 年。

陳槃《戰國秦漢間方士考略》，《中央研究院歷史語言研究
　　所集刊》17 本，1948 年。

《魯迅全集》，人民文學出版社 1957 年版。

方豪《中西交通史》，臺灣：中國文化大學出版部 1953 年初版，1983 年再版。

岑仲勉《漢魏兩晉南北朝篇》，台北：大乘文化出版社，1977 年。

顧頡剛《秦漢的方士與儒生》，上海：古籍出版社 1978 年。

錢鍾書《管錐編》第 2 冊，北京：中華書局 1979。

陳飛龍《葛洪之文論及其生平》，台北：文史哲出版社，民國六十九年（1980）。

卿希泰《中國道教思想史綱》，四川：人民出版社 1980 年。

王治來《中亞史》，中國社會科學出版社 1980 年版。

張維華《漢史論集》，齊魯書社 1980 年第 1 版。

聞一多《神仙考》，《聞一多全集》第一卷，北京：三聯書店 1982。

郭沫若《郭沫若全集・考古編》，北京：科學出版社 1982 年。

湯用彤《漢魏晉南北朝佛教史》，北京：中華書局 1983 年。

李豐楙《不死的探求－抱朴子》，台北：時報文化出版企業有限公司 1983 年。

王明《抱朴子內篇校釋》，中華書局 1985 年二版。

卿希泰《中國道教思想史綱》，四川人民出版社 1985 年。

李豐楙《誤入與謫降六朝隋唐道教文學論文集》，臺灣：學生書局 1986 年。

方國瑜《中國西南歷史地理考釋》，北京：中華書局 1987 年。

蒙文通《古學甄微》，巴蜀書社 1987 年。

葛兆光《道教與中國文化》，上海：人民出版社 1987 年。

湯一介《中國傳統文化中的儒道釋》，中國和平出版社 1988 年。

黃心川《印度宗教與中國佛教》，北京：中國社會科學出版
　　社 1988 年。

黃心川《印度哲學史》，北京：商務印書館 1989 年。

王先謙《漢書補注》，台北：新文豐出版公司 1988 年。

陳垣《元西域人華化考》，台北：世界書局 1989 年 4 版。

趙匡華《中國煉丹術》，香港：中華書局 1989 年。

鍾肇鵬《讖緯論略》，遼寧：教育出版社 1991 年。

《西漢南越王墓》，北京：文物出版社 1991 年。

季羨林《商人與佛教》，《季羨林學術論著自選集》，北京
　　師範大學出版社 1991 年。

陳國符《道藏源流考》，北京：中華書局 1992 年。

陳寅恪《史學論文選集》，上海古籍出版社 1992 年。

李養正《論道教與佛教的關係》，中國社會科學 1992 年第 3 期。

聞一多《聞一多全集》，湖北：人民出版社 1993 年。

饒宗頤《饒宗頤史學論著選》，上海古籍出版社，1993 年。

呂大吉《宗教學通論》，台灣：博遠出版社 1993 年。

鍾肇鵬《讖緯論略》，台北：洪葉文化事業有限公司 1994 年。

臧振《蒙昧中的智慧》，華夏出版社，1994 年。

江玉祥主編《古代西南絲綢之路研究》第二輯 47 頁，四川大
　　學出版社 1995 年版。

陳國符《中國外丹黃白考》，上海：古籍出版社 1997 年。

顧頡剛《史林雜識》，中華書局 1977 年。

湯用彤《漢魏兩晉南北朝佛教史》，北京：北京大學出版社，
　　1997。

朱越利《黃書考》，《中國哲學》第 19 輯 1998 年。

李經緯《中外醫學交流史》，長沙：湖南教育出版社，1998 年。

楊立華《黃庭內景經重考》，陳鼓應主編《道家文化研究》
　　第十六輯 280 頁，三聯書店 1999 年。

董每戡《董每戡文集》，廣東高等教育出版社，1999 年。

胡孚琛、呂錫琛《道學通論》，社會科學文獻出版社 1999 年。

李養正《佛道交涉史論要》，青松觀香港道教學院 1999 年。

柳存仁《道教史探源》，北京：北京大學出版社，2000 年。

宋峴・《回回方藥考釋》，北京：中華書局，2000 年。

李零《中國方術考》（修訂本），北京：東方出版社 2001
　　年 2 版。

李豐楙、劉苑如主編《空間、地域與文化 —— 中國文化空間的
　　書寫與闡釋》，台北：中央研究所中國文哲研究所，2002 年。

方廣錩《季羨林與佛教研究》，敦煌研究（蘭州）2002 年第
　　1 期。

王承文《敦煌古靈寶經與晉唐道教》，北京：中華書局 2002 年。

廖育群《認識印度傳統醫學》，台北：東大圖書公司 2003 年。

周偉洲《長安與南海諸國》，長安出版社 2003 年。

张星烺《中西交通史料匯編》，北京：中華書局 2003 年。

廖育群《認識印度傳統醫學》，台北：東大圖書公司 2003 年。

劉玉菁《東晉南朝江東士族與道教之關係 —— 以葛洪陸修靜
　　與陶弘景爲中心》2003 年。

蕭登福《道家道教與中土佛教初期經義發展》，上海：古籍
　　出版社 2003 年。

陳垣《史諱舉例》，北京：中華書局，2004 年。

陳國符《道藏研究論文集》，上海：古籍出版社 2004 年。

林富士《漢代的巫者》，稻鄉出版社 1988 年 4 月初版，2004
　　年二版。

顧頡剛《秦漢的方士與儒生》，上海：古籍出版社 2005 年。

蕭登福《六朝道教上清派研究》，台北：文津出版社 2005
　　年。

湯一介《早期道教史》，北京：崑崙出版社 2006 年。

趙益《六朝南方神仙道教與文學》，上海：古籍出版社 2006 年。

容志毅《道藏煉丹要輯研究》212 頁，齊魯書社 2006 年。

蕭登福《讖緯與道教》，台北：文津出版社 2006 年。

劉固盛、劉玲娣編《葛洪研究論集》，湖北：華中師範大學
　　出版社 2006 年。

張勛燎；白彬《中國道教考古》，北京：線裝書局 2006 年。

赫志清編《中國古代災害史研究》，中國社會科學出版社 2007
　　年。

王世偉《樓觀道源流考》，西安：三秦出版社 2007 年。

黃永鋒《道教服食技術研究》，北京：東方出版社 2008 年。

余英時《漢代貿易與擴張》，台北：聯經出版 2008 年。

張超然博士論文《東晉南朝上清經派的基礎研究》，2008 年。
　　師大謝聰輝教授提供 PDF 文檔。

朱越利主編《道藏說略》，北京：燕山出版社 2009 年。

張燕《長安與絲綢之路》，長安出版社 2010 年。

饒宗頤《西南文化創世紀》，上海：古籍出版社 2010 年。

姚衛群《婆羅門教》，中國社會科學出版社 2011 年。

李零《中國方術續考》，北京：中華書局 2012 年 4 版。

## 譯著：

日・桑原騭藏《隋唐時代西域人華化考》，1936 年翻譯，台北：新文豐出版公司印。

O・S・Johns0n 著，黃素封譯《中國煉丹術考》，上海商務印書館 1936 年。

吳之椿；歐陽采薇譯印度・潘尼迦《印度簡史》，北京：三聯書店 1956。

日・宇野精一主編，邱棨鐋譯《中國思想之研究（二）道家與道教思想》，幼獅文化事業公司，1979 再版。

日・安居香山編《讖緯思想綜合的研究》，東京，1984 年。

德・恰托巴底亞耶《順世論》，商務印書館 1992 年版。

日・中村璋八、安居香山《緯書集成》上冊《尚書帝驗期》，頁 387，河北人民出版社 1994 年。

韋伯《印度的宗教：印度教與佛教》Ⅱ，遠流出版事業公司，1996 年。

美・勞費爾著，林筠因譯：《中國伊朗編》，商務印書館，2001 年 3 月。

施舟人《道教的清約》，《法國漢學》北京：中華書局 2002。

法・施舟人（Kristofer M. Schipper）《中國文化基因庫》，北京大學出版社 2002 年。

荷・許理和著；李四龍、裴勇等譯《佛教在中國中古早期的傳播與適應》，江蘇人民出版社 2003 年。

法・沙畹著；馮承鈞譯《西突厥史料》，北京：中華書局，2004 年。

日‧吉川忠夫、麥谷邦夫編，朱越利譯《真誥校註》303 頁，
　　中國社會科學出版社 2006 年。

荷‧高羅佩著；李零、郭曉惠、李曉晨、張進京譯《中國古
　　代房內考》，北京：商務印書館 2007 年版。

余英時著，鄔文玲等譯《漢代貿易與擴張》（Trade and
　　Expansion in Han China）漢胡經濟關係的研究，聯經出
　　版 2008 年 6 月。

德‧夏德著；朱杰勤譯《大秦國全錄》，河南：新華書店 2009 年。

日‧小林正美著；王皓月譯《中國的道教》，齊魯書社 2010 年。

美‧狄宇宙（Nicola Di Cosmo）著，賀嚴、高書文譯《古代
　　中國與其強鄰》，中國社會科學出版社，2010 年。

日‧麥谷邦夫著；吉川忠夫編，劉雄峰譯《周氏冥通記研究》，
　　齊魯書社 2010 年。

李約瑟《中國科學技術史》第五卷第二分冊，上海：古籍出
　　版社 2010 年。

小林正美著；王皓月譯《中國的道教》，齊魯書社 2010 年。

## 論文：

岑仲勉《秦代已流行佛教之討論》，著於民國三十二年，收
　　錄於中國佛教史專集《漢魏兩晉南北朝篇》22-27 頁，
　　大乘文化出版社，民國六十六年。

鄺芷人《印度傳統的生命觀》。

謝聰輝《修與報：東晉道教上清經派仙傳敘述內涵與特質析
　　論》。

陳槃《戰國秦漢間方士考略》，《中央研究院歷史語言研究

所集刊》17 本，1948 年。

黎金《廣州的兩漢墓葬》，《文物》1961 年第 2 期。

殷汝章《山東安丘牟山水庫發現大型石刻漢墓》，《文物》
　　1960 年第 5 期。

顧頡剛《莊子和楚辭中崑崙和蓬萊兩個神話系統的融合》，
　　《中華文史論叢》1979 年第二輯。

卿希泰《道教產生的歷史條件和思想淵源》，世界宗教研究
　　1980 年第 2 期。

朱越利《西元二世紀道教的政治宗教運動評介》，《世界宗
　　教資料》1981 年第 3 期。

王明《論陶弘景》，世界宗教研究 1981 年第 1 期。

陳國符《石藥爾雅補與注》，世界宗教研究 1981 年第 3 期。

柳存仁著林悟殊譯《唐前火祆教和摩尼教在中國之遺痕》，
　　世界宗教研究 1981 年第 3 期。

孟乃昌《漢唐消石名實考辨》，《自然科學史研究》1983 年
　　第 2 期。

夏忠潤《山東濟寧縣發現一組漢畫像石》，《文物》1983 年
　　第 5 期。

容志毅《道教金丹仙藥「丹砂」考釋》，香港弘道雜誌 2004
　　年 1 期。

龍顯昭《論曹魏道教與西晉政局》，《世界宗教研究》1985
　　年第 1 期。

曾召南《尹軌和樓觀先師傳考辨》，四川大學《宗教學研究》
　　1985 年第 1 期。

孟乃昌；呂耀成；李小紅《中國煉丹術“金液”丹的模擬實

驗研究》,《自然科學史研究》1985 年第 1 期。

郝勤《道教養生源流簡論》,成都體院學報 1987 年第 1 期。

李亞東《煉丹術 —— 科學與宗教的畸形兒》,《自然辯證法
　　通訊》1987 年第 3 期。

《山東諸城藏家莊與葛布口村戰國墓》,《文物》1987 年 12 期。

趙匡華;張惠珍《中國古代煉丹術中諸藥金、藥銀的考釋與
　　模擬試驗研究》,《自然科學史研究》1987 年第 2 期。

曹婉如;鄭錫煌《試論道教的五嶽真形圖》,自然科學史研
　　究 1987 年第 1 期。

黃心川《密教的中國化》,世界宗教研究 1990 年第 2 期。

日本京都大學桑山正進著;徐朝龍譯《與巴米揚大佛的建立
　　有關的兩條路線》,《文博》1991 年第 2 期。

張勛燎《古器物所見五嶽真形圖與道教五嶽真形符》,成都
　　文物 1992 年第 2 期。

齊東方《李家營子出土的粟特銀器與草原絲綢之路》,載《北
　　京大學學報》1992 年第 2 期。

劉仲宇《度人經》與婆羅門思想,《學術季刊》1993 年第 3 期。

史俊《道教對中國書法影響小述》,上海教育學院學報 1993
　　年第 2 期。

鍾少異《道士、道人考》,(京)中國史研究 1995 年第 1 期。

李富華《關於楞嚴經的幾個問題》,《世界宗教研究》1996
　　年第 3 期。

張澤洪《中國南方少數民族與道教關係初探》,《民族研究》
　　1997 年第 6 期。

黃兆漢;文英玲《從華陽陶隱居集和真誥看陶弘景的宗教經

驗》，世界宗教研究 1998 年第 4 期。

朱越利《黃書考》，《中國哲學》第 19 輯，1998 年 9 月第 1 版。

黃心川《道教與密教》，台北：中華佛學學報第 12 期，1999 年 7 月。

張橋貴《道教與中華民族的凝聚力》，雲南民族學院學報 1999 年第 6 期。

吳相武《老子想爾注之年代和作者考》，《道家文化研究》264 頁，1999 年 3 月。

王青《論西域文化對魏晉南北朝道教的影響》，世界宗教研究 1999 年第 2 期。

楊立華《黃庭內景經重考》，《道家文化研究》第十六輯，三聯書店 1999 年。

王育成《東漢天帝使者類道人與道教起源》，道家文化研究十六輯 181 頁。三聯書店 1999 年 4 月。

王承文《早期靈寶經與漢魏天師道 —— 以敦煌本《靈寶經目》注錄的靈寶經爲中心》，《敦煌研究》1999 年第 3 期。

鄭振邦《華山爲我國道教組織三大發祥地之一》，渭南師專學報（社會科學版）1999 年第 6 期。

丁煌《道教的"沐浴"探究》，收入鄭志明主編《道教文化的精華》，嘉義：南華大學宗教文化研究中心，2000 年。

連劭名《秦惠文王禱祠華山玉簡研究》，《中國歷史文物》2000 年第 01 期。

張澤洪《論道教齋醮焚香的象徵意義》，成都：中華文化論壇 2001 年第 1 期。

戴念祖《釋譚峭的四鏡》，《自然科學史研究》2001 年第 1 期。

朱越利《六朝上清經的隱書之道》,《宗教學研究》2001 年 02 期。

余太山《兩漢魏晉南北朝正史西域傳所見西域諸國的宗教、
　　　神話傳說和東西文化交流》,西北民族研究(蘭州)2001
　　　年第 3 期。

朱越利《黃書考》,《中國哲學》第 19 輯。

趙益《三張二十四治與東晉南方道教靜室之關係》,東南文
　　　化 2001 年第 11 期。

王宗昱《三洞緣起》,世界宗教研究 2002 年第 2 期。

方廣錩《季羨林與佛教研究》,敦煌研究(蘭州)2002 年第 1 期。

劉文江《西域方術東傳與其影響略議》,收於鄭炳林主編《敦
　　　煌佛教藝術文化論文集》,蘭州大學出版社 2002 年。

法‧R.A.史太安著、朱越利譯《西元 2 世紀政治的宗教的道
　　　教運動》,《國際漢學》第八輯,第 371-435 頁。大象
　　　出版社,2003 年 5 月第一版。

何丙郁《我研究道藏煉丹術文獻的回顧與反省》,《自然科
　　　學史研究》2003 年第 2 期。

康保成《佛教與中國傀儡戲的發展》,南寧:《民族藝術》
　　　2003 年第 3 期。

龍延《楞嚴經真偽考辨》,長春:《古籍整理研究學刊》2003
　　　年第 3 期。

方漢文《薩滿、羨門與沙門:佛教入華時間新釋》,中國文
　　　化研究(京)2004 年第 1 期。

李炳海《蓬萊神話》,濟南:《東嶽論叢》2004 年第 4 期。

胡義成《閭希言師徒是今本西遊記定稿者》,唐山師範學院
　　　學報 2004 年第 3 期。

王克奇《齊地的方士文化與漢代的讖緯之學》，《管子學刊》2004 年第 3 期。

王青《西域地區的龍崇拜以及對中土文化的影響》，烏魯木齊《西域研究》2004 年第 2 期。

趙建永《湯用彤對太平經與早期道教關係的研究》，《哲學研究》2004 年第 8 期。

卿希泰《道教在巴蜀初探》，社會科學研究（成都）2004 年第 5 期。

張啟成、梁葆莉《論西王母及其歷史擅變》，貴州大學學報2004 年第 6 期。

羅寧、武麗霞《南嶽夫人內傳與南岳魏夫人傳考》，《新國學》第五卷，巴蜀書社 2005 年。

呂靜《中國古代盟誓功能性原理的考察 —— 以盟誓祭儀儀式的討論爲中心》，《史林》2006 年第 1 期。

羅爭鳴《雲笈七籤本墉城集仙錄探賾》，長春：《古籍整理研究學刊》2006 年第 4 期。

王明《論葛洪》，《葛洪研究論集》第 3 頁，華中師範大學出版社 2006.10。

溫玉成《用仙佛模式論說錢樹老君》，新疆師範大學學報 2006 年第 1 期。

馬曉坤《東晉的名士和道術 —— 許邁與鮑靚交遊考論》

尹志華《全真教主東華帝君的來歷略考》。

朱越利《道法會元中的關元帥》，2011 年 10 月《關帝信仰與現代社會國際學術暨皈依科儀研討會》論文集。

# 後　記

　　知識爆炸的時代，擁有軟體基礎能力和充沛的資料來源，是做學術研究必須具備的條件。如何使資料獲取更加便捷，得依賴快速到位的搜索器。從學術上講，掌握了搜索平臺，也就抓住了學術的制高點。感謝葉健欣先生的文史資料庫軟體，使我能進入資訊化高速公路，深化學術的研究。

　　新方法、新材料、新觀點、中西交融互釋，產生新反思、新解讀，新成果非憑空產生，是基於前人研究的成果。研究過程中，每次閱讀陳國符《道藏源流考》都有啟發，正是在前輩的基礎下，才能有所突破。

　　陳國符先生論與西域長生藥術之關係時說“應細檢釋藏”，過去許多學者侷限於所學，不能運用跨領域的資料。若能夠綜彙全方位文史資料，佐以出土考古材料，可以對所見史料正確的解讀。

　　2003 年，中國社科院盧曉衡先生、張新鷹先生的鼓勵，吳鴻淇先生的資助，於世界宗教研究所作兩年訪問學者，在馬西沙老師指導，與同仁的交往，開拓了我的視野。2007 年出版《混元仙派研究》後，馬西沙老師勉勵我繼續學術研究。

　　學術研究也需要機遇，偶然發現華山於兩漢間的方士活動，開始方仙道的探索，本來幾篇論文就打住的研究，在朱越利老師的循循善誘下，越作越深。沒有良師指導與益友的交流，不會有此成果。

　　僅以本書獻給曾隱修華山大上方的祖父涵靜老人李玉階

李顯光　2016/4/15